중국어와 중국인의 관계를 이해할 수 있는

중국 언어 알기

한중인문학교류연구소 **지음**

🗿 시사중국어사

중국어와 중국인의 관계를 이해할 수 있는

중국 언어 알기

초판인쇄	2023년 8월 20일
초판발행	2023년 9월 1일

저자	한중인문학교류연구소
책임 편집	연윤영, 최미진, 엄수연, 高霞
펴낸이	엄태상
디자인	공소라
조판	이서영
삽화	그린제인 디자인
영상콘텐츠 제작	이선희, 민주영
콘텐츠 제작	김선웅, 장형진
마케팅본부	이승욱, 왕성석, 노원준, 조성민, 이선민
경영기획	조성근, 최성훈, 김다미, 최수진, 오희연
물류	정종진, 윤덕현, 신승진, 구윤주

펴낸곳	시사중국어사(시사북스)
주소	서울시 종로구 자하문로 300 시사빌딩
주문 및 교재 문의	1588-1582
팩스	0502-989-9592
홈페이지	http://www.sisabooks.com
이메일	book_chinese@sisadream.com
등록일자	1988년 2월 12일
등록번호	제300 - 2014 - 89호

ISBN 979-11-5720-247-8 03720

이 지구상의 언어들은 모두 저마다의 특징을 갖고 있다. 그러한 특징은 특히 형식적으로 눈에 띄어 바로 구분이 된다. 예컨대, 한국어는 격조사를 갖고 있고, 경어법이 발달되어 있다. 그리고 영어는 유난히 복수 표현이 발달되어 있으며, 중국어는 양사가 발달되어 있는 반면 형식적 표지가 발달되어 있지 않다. 이러한 각 언어들의 특징은 과연 무엇에 의해 이루어진 것인가? 그러면 또 언어 간의 공통점은 없는 것인가? 본서는 바로 이러한 물음에 대해 중국어라는 언어에 한정하여 그 해답을 찾고 나아가 중국어와 중국인 간의 상호 관계성을 모색하는데 그 목적이 있다.

미국의 인지과학자 스티븐 핑커(Steven Pinker)는 사람이 개별 언어보다는 이른바 '사고의 언어(language of thought)'로 생각한다고 하였다. 이를 모든 언어에 선행하는 '메타언어'라 하고 인간이 다른 동물에 대해 가질 수 있는 '언어 본능'이라고 말한다. 이 말에 의하면 세계의 모든 언어는 분명 공통분모를 가지고 있다. 어찌 보면 바로 그러하기 때문에 번역과 통역이 가능할 수 있는 것이다. 그러나 그러함에도 분명히 각 개별 언어는 저마다 달라서 의사소통이 불가능하다. 이러한 상이점은 메타언어 이 외의 다른 요소에 의해 결정된 것으로 봐야 하는데, 본서에서는 이를 '개별 언어 사용자의 사고 체계'라고 본다. 앞에서 언급했듯이 한국어는 경어법이 발달되었는데, 그 이유는 무엇보다 한국인이 경어를 쓸 수밖에 없는 그들만의 삶의 방식이 있기 때문일 것이다. 마찬가지로 중국어가 형태가 발달하지 못했고 어순에 의존한다든지, 양사가 발달했다는 등의 특징 역시 중국인들 특유의 삶의 방식과 사고 체계가 빚어낸 결과물인 것이다.

개별 언어가 모종의 특징을 갖고 있다면 반드시 그러한 특징을 갖는 언어학적인 원인이 존재한다. 그 언어학적 원인은 절대 폐쇄적인 것이 아니다. 이것은 해당 언어 사용자와 연결되어 있으며, 해당 언어 사용자의 사유체계에 의해 동기화된다. 중국어는 수천 년간 수많은 과정을 거쳐 지금의 모습이 되었다. 최초의 형성, 그리고 그 이후의 변화 과정 속에서 인간 공통의 인지적 체계가 기초를 이루고 있겠지만, 중국인 특유의 사고 체계와 삶의 방식이 중국어라는 언어구조에 투영되어 중국어만의 형식적 특징을 형성한 것이다. 한 마디로 중국인의 사고 체계와 삶의 방식이라고 하는 동기성이 작용한 것이다. 본서에서는 바로 중국어의 각종 특징을 제시하면서 그 특징이 비롯된 동기성을 찾고 그것과 중국인과의 관계성을 밝히고자 한다.

하나의 언어가 형성되는 과정에서만 언어와 사용자 간의 긴밀한 동기적 관계가 존재하는 것은 아니다. 언어 사용자는 자신들의 언어를 사용하고 관찰하는 과정에서도 독특한 특성을 피력한다. 중국인들은 중국어를 사용하여 매우 적절하게 자신들의 삶의 모습과 생각을 표현한다. 그리하여 중국인 특유의 관습과 관념이 언어 사용 과정에 반영되기도 하지만 그러한 언어습관에 의해 자신들의 가치관이나 정신세계도 영향을 받는다. 그리고 중국인들은 이미 오래전부터 자신들의 언어를 관찰해왔다. 본래 정치적인 목적을 위해 언어를 관찰하기 시작했으나 이후 자신들의 사상과 관념을 밝혀내기 위해 중국어를 관찰하였다. 이 과정에서도 역시 중국인과 중국어 사이의 불가분의 관계를 발견할 수 있다.

이렇게 본다면 인간의 언어는 스티븐 핑커가 그렇게 부정하려 했던 사피어＆워프의 언어 결정론적인 측면도 있는 것 같다. 물론 언어가 인간의 사고에 일방적으로 영향을 준다는 견해는 문제가 있지만, 적어도 중국인이 중국인만의 사고 체계로 자신만의 독특한 언어체계를 형성하고, 또 자신의 언어로 관습상의 제약을 받는 등의 현상이 가능할지도 모를 일이다.

본서는 이처럼 단순히 중국어라는 언어의 이론적인 특징만을 소개하는 것을 넘어 그 특징의 배경에 놓인 동기성, 그것과 중국인과의 관계성을 고찰한다. 이렇게 함으로써 중국어와 그 사용자 간의 필연적 관계성을 살펴보고 나아가 중국어의 인문학적인 면모를 살펴본다.

본서는 크게 4개의 **Chapter**로 나누어 중국어를 소개한다. **Chapter 1**에서는 먼저 중국어의 기본 요소라 할 수 있는 '음운과 어휘, 문자'를 살펴본다. **Chapter 2**부터 본격적으로 중국어와 중국인의 관계를 소개하는데, **Chapter 2**에서는 인간의 인지적 체계 및 중국인의 사고 체계가 어떻게 중국어에 반영되어 있고 어떠한 특징으로 나타나는지 살펴본다. 그리고 **Chapter 3**에서는 이러한 특징이 시간과 공간 속에 어떻게 반영되어 중국어의 다양한 특징으로 나타나는지 살펴본다. 그리하여 중국어의 역사적 변천과 공간적 접촉 등의 상황을 소개하여 중국어와 중국인의 관계를 시공간 속에서 살펴본다. 마지막으로 **Chapter 4**에서는 중국인이 실제 삶 속에서 어떻게 중국어를 사용하여 자신들의 관습과 관념을 피력하는지 살펴본다. 아울러 중국인이 중국어를 관찰함으로써 얻어진 각종 결과물도 살펴본다.

보다 다양하면서도 재미있는 내용을 다루기 위해 본서는 총 11명의 중국언어학 전문가들에 의해 집필되었다. 이들은 모두 국내 유수 대학에서 문자, 음운, 어휘, 현대 어법, 고대 어법 등 중국언어학의 제 분야에서 연구를 진행하고 있으며 더불어 학생들을 가르치고 있다. 이들 모두 연구의 과정, 그리고 교학의 과정 속에서 추출한 엑기스와도 같은 지식을 본서에 담고자 노력하였다. 현재까지 중국어의 언어학적 특징을 소개하는 중국 어학 개론서들이 다수 출판된 바 있다. 그러나 대다수가 중국어라는 언어 자체에 국한하여 그 특징만을 소개하는 데 그치고 있다. 이제는 중국어의 특징을 중국인과 연계해서 바라보는 관점이 필요하다. 우리가 중국어를 배우고 중국학을 연구하는 이유는 무엇보다도 중국인과 중국을 정확히 알기 위해서이기 때문이다. 이에 집필진 일동은 《중국 언어 알기》를 통해 많은 한국인들이 중국인과 중국을 보다 정확히 '알기'를 바랄 뿐이다.

현재 한·중관계가 예전 같지 않은 냉랭한 상태가 지속됨으로써 한국의 중국 학계는 점차 그 열기가 식어가고 있다. 이러한 어려운 시기에 선뜻 본서의 출판을 허락해 주신 시사중국어사 대표님과 관계자분께 이 자리를 빌려 감사의 말씀을 전하고자 한다. 본서의 출판과 더불어 다시금 한·중관계가 불타올라 양국이 함께 윈윈하는 시대가 오길 필자 모두 희망한다.

2023년 8월
저자 일동

차례

일러두기

* 기본적으로 '한글(한자)'의 병기를 원칙으로 한다. 각 절에 처음 출현할 경우에 한하여 병기하고, 이후엔 한글만 표기한다. 단, 강조를 위해 다시 병기할 수 있다.

* 한자는 모두 중국의 간체자로 표기함을 원칙으로 한다. 여기에는 용어, 인명, 지명, 서명 및 예문도 포함된다. 보통화 普通话
    단, 고대중국어를 다루는 Part 02, Part 08, Part 09, Part 13에 한하여 번체자로 표기한다.

* 중국의 인명, 지명은 원칙상 '국립국어원 외래어표기법'에 의거 한글로 표기한 후 간체자를 병기한다. 단, 국가명, 왕조명, 민족명칭과 언어명칭은 한국한자음으로 표기한다.
     뤼수샹(吕叔湘), 당(唐), 청(淸), 한어(汉语), 장족(壮族)

* 용어는 한국식 용어로 순화함을 원칙으로 하되, 특별한 경우에 한하여 중국식 용어를 쓰기도 한다. 경우에 따라 '순화용어(중국식 표기)'로 병기될 수도 있다. 목적어(宾语)

* 모든 예문은 한국어로 번역함을 원칙으로 한다.

* 본문 각주에서 🔲는 참고문헌을 밝히기 위한 표기이며, 참고문헌의 한자 표기는 원서의 표기를 따른다.

들어가기

중국어란 무엇인가?

중국에서 사용하는 언어를 우리는 '중국어'라고 한다. 이는 우리나라에서 사용되는 용어이며, 이 외에도 다양한 명칭이 있다. 중국어는 개별 언어로 타 언어와 구별되는 독특한 특징이 있다. '들어가기'에서는 중국어의 특징을 본격적으로 알아보기에 앞서 중국어라는 명칭과 더불어 중국어의 개괄적인 특징을 살펴본다.

1 중국어의 명칭

● '중국어'와 '한어' 그리고 '보통화'

'중국어'는 넓은 의미와 좁은 의미로 접근할 수 있다. 넓은 의미로 말하면 '중국에서 사용되는 언어들'을 가리키고, 좁은 의미로 말하면 우리가 일반적으로 '중국어'라고 생각하는 개별 언어를 가리킨다. 여기서는 먼저 범위를 좁혀 '중국어'라는 개별 언어를 살펴볼 텐데, '중국어'와 관련된 다양한 명칭에 대해 확실히 구분하는 시간을 마련하고자 한다.

1. 중국어와 한어(汉语)

우리는 '중국어'라고 하면 오해의 여지 없이 중국인들이 사용하는 언어를 가리킨다고 생각하기 쉽다. 그러나 정작 중국에서는 '중국어'라는 개념이 모호해서 이 단어를 사용하지 않는다고 한다. 중국은 다민족 국가여서 매우 다양한 민족이 있고, 또 그 민족마다 사용하는 언어도 다르기 때문이다. 따라서 '중국어'를 단순히 '중국인이 사용하는 언어'나 '중국에서 사용되는 언어'라고 생각한다면, 우리가 생각하는 그 '중국어'를 정확히 가리킬 수 없다.

이 때문에 중국은 중국에서 사용되는 여러 언어에 대해 각 민족의 명칭을 붙여 언어의 명칭으로 삼기도 한다. 예를 들어, 한족의 언어는 '한어(汉语)', 장족의 언어는 '장어(壮语)', 몽골족의 언어는 '몽골어(蒙古语)', 만주족의 언어는 '만어(满语)' 등으로 부른다.

물론 우리가 일반적으로 생각하는 '중국어'는 중국 최대 민족인 한족의 언어, 즉 '한어'를 말한다. 위에서도 보았듯이 중국어는 한족의 언어인 '한어'와 한족 이외의 언어인 '비한어'로 나눌 수 있고, 그중에서 '한어'가 '중국어'에 대응한다. 중국은 최대 민족인 한족과 나머지 55개 소수민족으로 이루어진 다민족 국가이며, 한족은 소수민족에게 정치, 경제, 문화 등 모든 면에서 큰 영향을 주고 있다.[01]

---

01 현재 14억 1천만 명이 넘는 중국 인구 중에서 최대 민족인 한족은 12억 8천만 명이 넘어 91.11%를 차지하고 있고, 그 외 소수민족은 1억 2천만 명이 넘어 8.89%를 차지한다.

2. 보통화, 관화, 국어(国语)

그럼 현재 우리가 학교에서 배우는 중국어의 정확한 명칭은 무엇일까? 먼저 우리말로는 일반적으로 '중국어'라 하고, 중국어로는 '한족의 언어'라는 의미로 '한어'라고 하면 된다. 예를 들어, "나는 중국어를 할 줄 안다."는 말을 중국어로는 我会说汉语。라고 한다. 이렇게 '한어'는 중국어를 일반적으로 지칭하는 뜻으로 폭넓게 쓰인다.

그런데 우리가 생각하는 '중국어', 즉 '한어'는 실제로는 다양한 방언으로 이루어져 있다. 게다가 관화방언(官话方言)과 월방언(粤方言) 등처럼 일부 방언들끼리는 의사소통이 불가능해서 서양 언어학자들은 서로 다른 언어로 취급할 정도이다. 물론 언어 차이가 크다고 해도 중국이라는 같은 나라 안에서 쓰이므로, 중국에서 이들은 서로 다른 언어가 아니라 방언으로 간주된다.

'한어'를 다양한 방언을 포괄하는 넓은 뜻의 개념으로 본다면, 우리가 배우는 '중국어'는 '보통화(普通话)'라고 할 수 있다. '보통화'는 '보편적(普)으로 통용(通)되는 말(话)'이라는 뜻으로, 중화인민공화국 성립 이후 '중국어 표준어'라는 개념으로 제정된 명칭이다. 우리가 배우는 중국어는 엄밀하게 말하면 중국어 표준어인 '보통화'이지만, 실제로는 '한어'라는 말이 보통화와 동일한 개념으로 좀 더 일반적으로 쓰인다.

중국에는 소수민족이 많고 한족이라 해도 방언 차이가 큰 경우가 많지만, 중국 전역에서 '보통화'가 빠르게 보급되고 있으므로 의사소통이 가능하다. 현재 중국 정부는 중국어 방언 지역은 물론 소수민족 지역에 이르기까지 중국어 표준어인 '보통화' 교육을 점점 더 강화하고 있다.

중국어 표준어는 중화인민공화국의 '보통화' 이전에는 '관화(官话)'와 '국어(国语)'로 불리기도 했다. 먼저, '관화(官话)'는 명·청대에 중국어 표준어를 지칭하던 말이다. '관화'는 국가가 제정한 표준어의 명칭이 아니며, '공무를 처리하는 관리들의 공식 언어'라는 뜻으로 자연스럽게 중국어 표준어의 개념으로 쓰이게 되었다. '국어(国语)'는 청말(清末)부터 민국(民国) 시기에 정부가 중국어 표준어로 제시한 명칭으로, 타이완(台湾)에서는 지금도 중국어 표준어를 '국어(国语)'라고 한다.

2 중국어의 특징

● 성조가 있고 어순이 SVO인 고립어

개별 언어는 계통론이나 유형론 측면에서 그 특징을 살펴볼 수 있다. '계통론'은 언어 사이의 친족 관계를 찾는 학문이다. 이를테면, 어떤 언어들은 지금은 각각의 개별 언어로 존재하지만 옛날로 거슬러 올라가면 하나의 공통 조어(protolanguage)에서 분화되어 나왔다는 것이다. 이에 반해, '유형론'은 계통에 상관없이 특정한 언어 현상에 대해 같은 유형을 보이는 언어들끼리 묶어 분류하는 것을 말한다.

먼저, 계통론의 관점에서 볼 때, 중국어는 중국-티베트어족(汉藏语族) 가운데 티베트-버마어계 언어들과 동족어 관계에 있으며 그중에서도 티베트어와 관계가 가장 가깝다고 한다. 그러나 제리 노먼(Jerry Norman, 1988:11)이 제시한 중국어와 이웃 언어들 간의 유형적 특징 비교표를 보면, 중국어는 티베트어와 기본어순도 다르고 수식어와 피수식어 간의 어순도 다를 정도로 유형론적으로 큰 차이를 보임을 알 수 있다.

	단음절	성조	단성모	고립어	양사	수식어+피수식어	SVO
현대중국어	+	+	+	+	+	+	+
고대중국어	+	?	-	+	-	+	+
타이(샴)어	+	+	-	+	+	-	+
리어(Li)	+	+	-	+	+	-	+
베트남어	+	+	+	+	+	-	+
크메르어	-	-	-	+	+	-	+
먀오어	+	+	-	+	-	-	+
야오어	+	+	-	+	+	-	+
티베트글말	+	+	+	-	-	-	-
이(로로)어	+	+	+	+	+	-	-
징풔어	-	+	-	+	-	-	-
말레이어	-	-	+	-	-	-	+

루카이어	–	–	+	–	–	+	–
몽골어	–	–	+	–	–	+	–
만주어	–	–	+	–	–	+	–
위구르어	–	–	+	–	–	+	–
한국어	–	–	+	–	–	+	–
일본어	–	–	+	–	–	+	–

아시아 지역 언어들의 유형학적 특징📖

따라서 여기서는 계통론보다는 유형론 측면에서 중국어의 특징을 살펴본다.

1) 성조언어

세계의 언어들은 음의 높낮이에 따라 단어의 의미가 달라지는 성조언어와 그렇지 않은 비성조언어로 나눌 수 있는데, 중국어는 전형적인 성조언어이다. 중국어는 방언 지역에 따라 성조의 개수까지 차이를 보인다. 예를 들어, 베이징말에는 4개, 수저우말에는 7개, 창사말에는 6개, 난창말에는 7개, 메이셴말에는 6개, 광저우말에는 9개, 샤먼말에는 7개가 있다.

우리가 배우는 중국어 표준어 '보통화'는 베이징말의 발음을 표준음으로 채택하므로 성조가 4개 있다. 중국어를 표기하는 한자 하나하나는 모두 하나의 음절을 구성하며, 각 음절에는 모두 성조가 있다. 예를 들어 妈(엄마), 麻(삼), 马(말), 骂(욕하다)는 모두 발음이 ma이지만, 성조는 순서대로 1성(mā), 2성(má), 3성(mǎ), 4성(mà)으로 달라서 각각의 의미가 다르게 나타난다. 중국어는 이와 같이 초분절음소인 성조로 의미를 구분하는 또 하나의 요소로 삼고 있다.

2) 고립어

세계의 언어들은 문법적 기능을 표시하는 방법에 따라 교착어, 굴절어, 고립어 세 종류로 나눌 수 있다. 한국어처럼 단어의 문법적 기능이 주로 조사와 어미, 접사로 표시되는 언어를

📖『중국언어학총론』 26페이지 표1.1 인용

교착어(agglutinative language), 영어처럼 단어의 어형이 변화하여 문법적 기능을 표시하는 부분이 교착어와 같이 쉽게 분석되지 않는 언어를 굴절어(inflectional language), 중국어와 같이 단어의 어형변화가 없어서 단어의 문법적 기능이 주로 어순으로 표시되는 언어를 고립어(isolating language)라고 한다.

한국어의 교착어적 성격은 체언과 조사의 결합, 그리고 용언의 어간과 어미의 결합에서 잘 나타난다. 예를 들어 '너에게도'는 '너'라는 대명사에 두 조사 '에게'와 '도'가 붙어서 이루어진 말이다. 또 '가시었습니다'는 '가-'라는 어간에 '-(으)시-, -었-, -습니다'라는 어미 세 개가 붙어서 이루어진 말이다. 이처럼 교착어는 실질적 의미를 지닌 말에 문법적 기능을 하는 말들이 하나하나 접사처럼 붙어서 사용된다.

영어의 굴절어적 성격은 영어에서 한 단어가 여러 문법적 기능을 하지만, 이 기능들을 쉽게 분리할 수 없는 데서 잘 나타난다. 예를 들어 go의 현재 형태 goes는 '현재'라는 시제 외에 주어가 3인칭 단수임을 나타내지만 goes라는 형태에서 이러한 여러 기능을 따로 구분하기가 어렵고, go의 과거 went도 어형 변화로 단어의 실질적 의미와 문법적 기능을 구분하기 어렵다.

중국어와 같은 고립어는 조사나 어미를 포함한 접사가 발달하지 않았으며 어형도 변화하지 않는다. 따라서 문장 안에서 각 단어의 문법적 기능은 어순에 따라 결정된다. 예를 들어 我, 她, 爱 같은 단어들은 단어 개별적으로는 문법적 기능이 드러나지 않지만, 문장 안에서 어순이 정해지면 어순에 따라 '나는 그녀를 사랑한다(我爱她)'와 '그녀는 나를 사랑한다(她爱我)'와 같이 전혀 다른 의미를 나타내게 된다. 또한 단어들이 특별한 형태변화 없이 바로 품사 전환이 가능하여 科学는 '과학'이라는 명사이면서 동시에 '과학적이다'라는 형용사로도 쓰인다. 한국어에서는 명사가 동사가 되려면 반드시 '~하다'라는 접미사를 붙여야 하므로, 중국어와 사뭇 다르다.

3) 기본어순(SVO)

주어(S), 목적어(O), 타동사(V)로 구성된 평서문의 어순을 '기본어순(Basic word order)'이라 하며, 이 기본어순은 언어에 따라 여섯 가지 유형으로 나타난다. 그 가운데 세계의 언어들은 SOV, SVO, VSO의 순으로 많이 나타나며, 이 중에서도 역시 주어가 문장에서 먼저 나오는 '주어 우선 유형(SOV, SVO)'이 가장 많다. 한국어의 기본어순은 SOV이고, 중국어의 기본어순은 영어를 포함하는 인도유럽어족의 언어들처럼 SVO이다. 한편, SVO 어순의 언어는 대체로 수식어가 피수식어 뒤에 오는 후위수식형이 많은데, 중국어는 일찍부터 수식어가 피수식어 앞에 오는 전위수식형이어서 다른 SVO 언어들과는 약간 다르다.

4) 화제(Topic)가 발달한 언어

중국어에는 주어 앞에 주어와 유사한 또 다른 성분이 있는 문장들이 많다. 이와 같이 문장 맨 앞에 출현하여 나머지 문장 전체의 진술 대상이 되는 성분을 '화제(topic)'라 한다. 예를 들어, 这棵树叶子很大。라는 문장은 '这棵树(화제: 진술 대상)＋叶子很大(진술)'의 의미 관계를 나타낸다고 볼 수 있다.

① 这棵树**叶子很大。**　이 나무는 잎이 크다.

② 家具**旧的好。**　가구는 오래된 것이 좋다.

③ 面**我最喜欢吃辣的。**　국수는 나는 매운 것을 제일 좋아해.

이러한 화제는 주어와는 분명 다르다. 중국어는 이처럼 주어 중심인 영어 등의 언어와 차별화되고 있다.

더 알아보기

만다린(Mandarin)은 무엇인가?

영어에서 '북방 중국어'를 가리키는 말로 청의 관원들이 사용하던 '관화'를 지칭한다. Mandarin은 '말(言)'도 지칭하지만 중국어의 관(官)에 해당한다. 이것은 원래 '국가의 고문' 혹은 '장관'이라는 뜻의 말레이어 mantri가 포르투갈어 mandarim을 거쳐 영어로 정착된 것이다.▦ '만다린(또는 만다린차이니즈)'은 이처럼 '관화'에 해당하는 말이나 현재의 '보통화'를 지칭하는 영어 표현으로도 사용된다.

▦ '다음 백과사전' 참조

Chapter

1

중국어의 기본요소
낱말과 문자 그리고 소리

세계의 모든 언어는 기본적인 직관적 인식 단위인 단어를 갖고 있다. 이것은 당연히 소리로 나타나야 인간이 듣고 이해할 수 있다. 여기서 한 걸음 더 나아가 문자로 표기되어야 인간이 보고 이해할 수 있다. 이렇게 볼 때, 우리가 일상의 언어생활에서 가장 쉽게 접할 수 있는 기본요소로 단어와 발음 그리고 문자를 꼽을 수 있다. 중국어도 예외는 아니다. 중국어는 특히 전 세계적으로 드물게도 수천 년 전 상형문자에서 끊임없이 발달해 온 특유의 한자로 표기된다. 게다가 중국어 발음은 한자 하나에 대응되는 음절체계와 성조라는 독특한 시스템을 갖추고 있고, 중국어 단어는 한자 하나를 기본 형태소로 삼아 구성되어 있다. 이렇듯 중국어의 단어와 한자, 발음은 상호 밀접한 관계가 있으므로 중국어라는 언어를 이해하는 데 이들 세 가지는 사용자가 직관적으로 인식하는 중국어의 기본요소라 할 수 있다. 따라서 **Chapter 1**에서는 중국어의 기본요소에서 중국인이 자신들의 언어생활을 위한 기본 시스템을 어떻게 구축하고 있는지 살펴본다.

Part 01

중국어의 단어와
어휘 이야기

인간은 언어생활을 하는 과정에서 '말소리'와 '문자'로 언어를 인식하며, '이해'와 '표현'이라는 두 가지 방식으로 의사소통을 한다. 그렇다면 인간이 이러한 의사소통 과정에서 가장 직관적으로 인식할 수 있는 언어의 형식은 무엇일까? 그것은 다름 아닌 '단어'이다. 우리가 흔히 "나는 그 말을 안다."라고 했을 때 완벽한 형식을 갖춘 하나의 문장만을 이야기하는 것이 아니다. 그보다는 '단어'를 가리킬 가능성이 높다. 그 이유는 단어가 우리 일상에서 가장 쉬우면서도 유용하게 여기는 언어 단위이기 때문이다. Part 01에서는 언어의 기초 단위인 단어를 중심으로 단어를 구성하는 형태소 그리고 단어로 이루어지는 여러 관용 표현을 살펴본다.

❶ 중국어의 단어와 형태소

● '한자(字)'를 넘어 '단어(词)'의 세계로

단어와 형태소는 모두 언어의 기초를 구성하는 단위이다. 단어는 우리에게 가장 직관적으로 인식되는 단위이다. 그렇지만 단어가 언어의 최소 단위는 아니다. 단어는 더 작은 단위인 형태소로 이루어진다. 아래에서는 단어와 단어의 구성요소인 형태소의 기본 개념을 알아보고, 이들이 중국어에서 어떻게 표현되는지도 함께 살펴본다.

1. 단어란 무엇인가?

단어(词, word)는 '독립적으로 운용되는 최소 언어 단위'를 말한다. 즉, 단어가 성립되려면 '독립적 운용'과 '최소의 언어 단위' 두 조건이 모두 갖추어져야 한다. 여기에서 말하는 '독립적 운용'은 단독으로 문장을 이루거나 문장의 구성 성분이 되는 것을 가리킨다. 다음의 예를 보자.

① A: 你到哪儿去？ 어디로 가십니까?

　　B: 图书馆。 도서관이요.

② A: 这种苹果甜不甜？ 이 사과는 달아요?

　　B: 甜。 달아요.

图书馆, 甜 등은 통상 문장의 구성 성분으로 자유롭게 쓰이지만, 위의 예처럼 질문에 대한 대답에서는 단독으로 문장을 이루기도 한다. 이처럼 단독으로 문장을 이루는 단어들을 '실사(实词, 내용어)'라 한다. 반면 还나 吗 등은 통상 단독으로 문장을 이룰 수 없지만, 你明天还来吗? 에서와 같이 문장을 구성하는 독립적인 성분으로 쓰여 일정한 문법적 의미를 나타낼 수 있다. 이러한 단어들을 '허사(虚词, 기능어)'라고 한다. '실사'나 '허사' 모두 독립적으로 문장의 구성 성분이 된다는 점에서 첫 번째 요건을 갖추었다고 할 수 있다.

구(短语, phrase)도 독립적으로 운용되는 언어 단위이다. 예를 들어, 中国的首都(중국의 수도)라는 말은 그 자체로 문장을 이룰 수도 있고, 다른 문장의 구성 성분이 될 수도 있다. 하지만 中国的首都는 中国, 的, 首都 등과 같이 더 작은 단위로 나뉠 수 있어서 두 번째 성립 조건인 '최소의 언어 단위'의 조건에 부합하지 않는다. 즉, 독립적으로 운용되지만 최소의 단위가 아니므로 단어로 볼 수 없다. 이러한 구에 비교하면, 앞에서 언급한 실사나 허사들은 독립적으로 운용되면서 최소의 언어 단위라는 두 번째 요건도 갖추었다. 바로 이러한 차원에서 단어는 구와 다르다.

어휘(词汇, vocabulary)라는 개념도 별도로 존재한다. 어휘는 문자 그대로 풀이하면 '단어가 모인 것'을 말한다. 즉 집합 개념으로 한 언어에서 사용되는 모든 단어와 단어에 상당하는 기능을 하는 고정구(固定词组)들의 총합을 말한다. 여기에서 고정구는 성어(成语), 관용어(惯用语), 헐후어(歇后语), 속담(谚语) 등 이른바 숙어(熟语)에 해당하는 다양한 형식을 가리킨다. 어휘는 상용성 여부에 따라 기본어휘와 일반어휘로, 사용범위에 따라 통용어와 전용어로, 어원에 따라 고유어와 외래어 등으로 기준에 따라 다양하게 분류할 수 있다.

더 알아보기

중국어의 실사와 허사

중국어 단어는 문장 내 기능에 따라 일반적으로 실사와 허사로 나뉜다.

실사는 어휘적 의미와 문법적 의미를 가지고 있으며, 문장성분으로 쓰일 수 있는 단어를 가리킨다. 일반적으로 실사에는 명사(名词), 대사(代词), 동사(动词, 조동사 포함), 형용사(形容词), 수사(数词), 양사(量词), 의성사(象声词), 감탄사(叹词)가 포함된다.

허사는 어휘적 의미 없이 문법적 의미만 가지고 있으며, 문장성분으로 쓰일 수 없는 단어를 가리킨다. 이러한 허사에는 보통 전치사(介词), 접속사(连词), 조사(助词), 부사(副词)가 포함된다. 그런데 부사는 의미의 스펙트럼이 넓어서 어떤 것은 실사에 가깝고 어떤 것은 허사에 가깝다. 예컨대, 就, 才, 在, 又, 都, 也같이 관계나 시간을 나타내는 부사들은 문법적 의미가 강하여 허사에 가깝다. 반면, 暗暗, 偷偷, 公然 등과 같은 양태부사들은 어휘적 의미가 강하여 실사에 가깝다. 대사, 양사, 조동사도 경계가 모호하다. 대사는 다른 허사들에 비해 어휘적 의미가 강하지만 지칭하는 개념들은 매우 추상적이다. 양사는 비교적 구체적인 의미를 나타내지만, 이는 양사의 기원인 명사나 동사의 본래 기능이 축소되고 모종의 문법적 의미가 추가되어 이루어진 것이다. 조동사는 형용사나 동사에서 기원하였으므로 어휘적 의미가 일정 정도 있다. 하지만 조동사의 의미 가운데 추측, 가능성 등은 매우 추상화된 것들이다.

정리하면 중국어에서 명사, 동사, 형용사, 수사, 의성사, 감탄사는 확실한 실사로 볼 수 있고, 전치사, 접속사, 조사는 확실한 허사로 볼 수 있다. 그러나 부사를 비롯하여 양사, 조동사, 대사는 실사와 허사 모두에 걸쳐 있어 한마디로 정리하기 어렵다.

2. 중국어의 형태소

1) 형태소란 무엇인가?

단어는 형태소(语素, morpheme)로 구성된다. 형태소는 통상 '언어에서 의미를 나타내는 최소의 단위'를 말한다. 형태소를 더 작은 단위로 더 분해하면 의미가 없는 음절이나 음소와 같은 소리의 단위가 추출된다. 예를 들어, '손가락'이라는 단어는 '손'과 '가락'이라는 두 형태소로 되어 있다. 여기에서 '가락'을 다시 '가'나 '락'으로 나눈다면 각각은 형태소가 되지 않고 단지 무의미한 음성 단위에 그친다. 형태소는 직접적으로 문장의 구성 성분이 되지 못한다. 형태소들이 다양한 방식으로 조합되어 하나의 단어를 이룬 후에 비로소 문장을 구성하는 성분이 될 수 있다. 아래와 같이 중국어 문장도 단어와 형태소로 분석할 수 있다.

예 沙发上放着钱包和手机。 소파 위에 지갑과 휴대전화가 놓여 있다.

| 단어 | 沙发 | 上 | 放 | 着 | 钱包 | 和 | 手机 |

| 형태소 | 沙发 | 上 | 放 | 着 | 钱 包 | 和 | 手 机 |

위의 예문은 7개 단어와 9개 형태소로 분석할 수 있다. 단어와 형태소의 개수가 다른 이유는 2음절 단어 钱包와 手机가 각각 钱과 包, 手와 机의 형태소로 분석되기 때문이다. 이 중 沙发의 경우 沙와 发 두 형태소로 나뉘지 않는데, 이는 沙发 전체가 음역된 외래어라서 독립적 의미를 갖는 단위로 다시 분절될 수 없고, 반드시 沙와 发가 함께 쓰여야만 '소파'라는 뜻을 나타내기 때문이다.

2) 형태소의 종류

형태소는 여러 가지 기준에 따라 다양하게 분류할 수 있다.

(1) 자립형태소와 의존형태소

자립형태소(成词语素)는 독립적으로 단어가 될 수도 있고, 다른 형태소와 결합하여 단어를 구성할 수도 있다. 예를 들어, 天, 地, 牛 등은 그 자체만으로 발음과 의미가 온전히 갖추어진 단어를 이룰 수도 있고, 다른 형태소와 결합하여 天气, 地下, 牛奶와 같은 단어를 구성하기도 한다.

의존형태소(不成词语素)는 스스로 단어를 이루지 못하고 다른 형태소와 결합해야만 단어를 구성하는 형태소를 말한다. 예를 들어, 语, 民, 习 등은 모두 고유의 발음과 의미가 있지만 독립적으로 단어를 이루지 못하며, 다른 형태소와 결합해야만 语言, 民众, 习惯과 같은 단어가 된다.[02]

(2) 단음절형태소와 다음절형태소

중국어의 형태소는 대부분 단음절이다. 이는 자주 언급되는 중국어의 유형학적 특징 중 하나이다. 앞에서 언급한 天, 地, 牛, 语, 民, 习 등과 같이 중국어에는 수많은 단음절형태소가 존재한다. 하지만 중국어에는 다음절형태소도 일부 있다. 예를 들어, 巧克力, 奥林匹克, 玻璃, 灿烂 등은 모두 온전한 의미를 나타내며, 이들을 의미가 있는 더 작은 단위로 나눌 수 없다. 즉 이들의 음절 하나하나를 떼어놓는다고 해서 본래 뜻과 관련된 어떠한 의미도 가질 수 없다. 따라서 이들은 형태소로 성립할 수 없다.

(3) 어근형태소와 접사형태소

어근(词根)은 한 단어의 핵심 요소를 말한다. 단어의 기본 의미를 구성하는 성분들은 모두 어근에 속한다. 예를 들어, 帽子에서 帽는 子와는 다르게 단어 전체의 의미 가운데 실질적 어휘 의미를 나타내므로 어근이라 할 수 있다. 电视의 경우 电과 视 모두 실질적 의미를 나타낸다. 이런 경우는 두 형태소 모두 어근에 해당한다.

접사(词缀)는 어근에 부가되는 형태소이다. 앞의 帽子에서 子가 접사에 해당한다. 접사가 나타내는 의미는 대체로 부가적 문법 의미에 해당하며, 위치도 상대적으로 고정적이다.[03] 접사 가운데 어근 앞에 쓰이는 접사를 접두사(前缀)라고 하며, 어근 뒤에 쓰이는 접사를 접미사(后缀)라고 한다. 老虎의 老는 접두사이며, 帽子의 子는 접미사이다. 중국어에서 상용

---

02 전통적으로 중국어의 한 글자(字)는 하나의 단어로 쓰였다. 예를 들어, 民은 '백성'을 의미하는 하나의 단어였다. 그러나 현대중국어에 와서는 이것이 하나의 단어로 쓰이지 못할 정도로 그 지위가 축소되어 하나의 의존형태소가 되어버렸다. 현대중국어에는 이처럼 독립적 단어였다가 의존형태소로 변화된 형태소가 다수 존재하는데, 이를 이른바 '의존성어근'이라고 한다. 이러한 의존성어근의 증가가 현대중국어의 한 특징이기도 하다.

03 어근형태소와 접사형태소는 이처럼 실질적 의미의 유무 차이도 있고, 고정 위치의 차이도 있다. 따라서 전자의 특징에 근거하여 '실질형태소'와 '형식형태소'라고도 하고, 후자의 특징에 근거하여 '고정형태소(定位语素)'와 '비고정형태소(不定位语素)'라고도 한다.

되는 접사는 아래와 같다.

- **접두사**(前缀) 예 阿, 老, 小, 第 등

- **접미사**(后缀) 예 子, 儿, 头, 家, 者, 化, 性 등

3. 중국어 단어의 구조

단어는 내부 구조에 따라 형태소 하나로 이루어진 '단일어(单纯词)'와 둘 이상의 형태소로 이루어진 '복합어(合成词)'로 구분할 수 있다.

1) 단일어

단일어(单纯词)는 天, 山, 咖啡, 奥林匹克 등과 같이 단어 전체가 단 하나의 형태소로 이루어진 단어를 말한다. 단일어는 음절 수에 따라 다시 하나의 음절로만 이루어진 단음절어와 둘 이상의 음절로 이루어진 다음절어로 나뉜다.

중국어의 한자는 대부분 하나의 낱글자가 하나의 음절을 구성하면서 동시에 일정한 의미를 나타낸다. 따라서 중국어에서 의미를 갖는 최소 단위인 형태소는 대부분 1음절 낱글자 형식으로 되어 있다. 그런데 단일어는 한 형태소로만 이루어지므로 중국어의 단일어는 天, 人, 脚, 学 등과 같이 대부분 1음절에 해당한다.

중국어에는 상대적으로 소수이지만 咖啡, 玻璃, 玫瑰, 奥林匹克 등과 같은 다음절 단일어도 존재한다. 다음절 단일어의 각 음절이 나타내는 의미는 단어 전체의 의미와 직접 관련이 없으며, 각 음절들이 서로 합쳐져야만 단어의 의미를 온전히 나타내게 된다. 다음절 단일어에는 연면어, 음역어, 첩음어, 의성어 등이 있다.

연면어(连绵词, 联绵词)는 두 음절이 하나의 형태소를 이루고 단 하나의 의미를 나타내는 단일어를 말한다. 일반적으로 개별 한자는 단어의 일부로 쓰이더라도 스스로 온전한 의미를 갖춘 형태소 역할을 하지만, 두 글자 모두 개별적 의미를 나타내지 않고 연면(连绵), 즉 서로 연이어져 하나의 의미를 나타내는 경우가 있다. 현대중국어의 연면어는 대부분 고대중국어에서 사용되던 것들을 전승하고 있다. 연면어는 두 음절 사이의 음운관계에 따라 쌍성어, 첩운어, 비쌍성첩운어 세 종류로 나눌 수 있다. 쌍성어(双声词)는 두 음절의 성모가 같은 것을 말하며, 첩운어(叠韵词)는 두 음절의 운모(주요모음+운미)가 같은 것을 말한다. 비쌍성첩운

어(非双声叠韵词)는 쌍성도 첩운도 아닌 연면어로 두 음절의 성모와 운모가 모두 다른 경우를 말한다.

- **쌍성어**(双声词)
  - 🔤 吩咐(fēnfù 분부하다), 玲珑(línglóng 영롱하다), 崎岖(qíqū 기구하다), 坎坷(kǎnkě 순탄하지 못하다)

- **첩운어**(叠韵词)
  - 🔤 灿烂(cànlàn 찬란하다), 糊涂(hútu 어리석다), 叮咛(dīngníng 부탁하다), 徘徊(páihuái 배회하다)

- **비쌍성첩운어**(非双声叠韵词)
  - 🔤 马虎(mǎhu 건성건성하다), 憔悴(qiáocuì 초췌하다), 蝴蝶(húdié 나비), 垃圾(lājī 쓰레기)

음역어(音译词)는 외래어 가운데 음을 그대로 옮긴 것을 말하고, 첩음어(叠音词)는 형태소를 이루지 못하는 음절을 중첩하여 만든 단어를 말한다. 의성어(象声词)는 사물의 소리를 모방한 단어들을 말한다.

- **음역어**(音译词) 🔤 咖啡(커피), 奥林匹克(올림픽), 玻璃(유리), 胡同(골목)

- **첩음어**(叠音词) 🔤 太太(부인), 猩猩(오랑우탄), 妈妈(엄마), 姥姥(외할머니)

- **의성어**(象声词) 🔤 哎哟(아야), 轰隆(우르르), 扑通(쿵쿵, 풍덩), 稀里哗啦(달그락달그락)

2) 복합어

복합어(合成词)는 教室, 黑板, 电视, 照相机 등과 같이 둘 이상의 형태소로 이루어진 단어를 말한다. 현대중국어의 단어는 대부분 복합어이며, 지금 새롭게 만들어지는 신조어들도 대부분 복합어의 조어법을 따른다. 복합어는 형태소의 결합 방식에 따라 크게 합성어, 중첩어, 파생어 세 종류로 다시 나눌 수 있다.

합성어(复合词)는 어근과 어근이 일정한 관계에 따라 결합하여 이루어지는 단어를 말한다. 합성어는 내부 형태소 간의 관계에 따라 '연합식, 편정식, 주술식, 술목식, 술보식'으로 다시 나눌 수 있다.

- **연합식**(联合式)

  병렬된 두 어근으로 구성되며, 앞뒤 두 어근의 관계는 주종 구분이 없고 대등하다. 두 형태소의 의미는 서로 유사할 수도 있고 대립될 수도 있다. '병렬식' 또는 '대등식'이라고도 한다.

  예 朋友(친구), 离别(이별), 大小(크기), 反正(어쨌든), 骨肉(혈육), 江山(강산)

- **편정식**(偏正式)

  앞의 형태소가 뒤의 형태소를 수식하고 제한하는 구조로 이루어지며, 주로 명사, 동사, 형용사로 사용된다. '수식식'이라고도 한다.

  예 象牙(상아), 飞机(비행기), 黑板(칠판), 迟到(지각하다), 轻视(경시하다), 雪白(새하얗다)

- **주술식**(主谓式)

  앞의 형태소는 진술의 대상, 뒤의 형태소는 그에 대한 진술의 구조로 이루어지며, 주로 명사, 동사, 형용사로 사용된다. '진술식'이라고도 한다.

  예 地震(지진), 政变(정변), 心疼(아끼다), 情愿(매우 원하다), 目击(목격하다), 心酸(슬프다)

- **술목식**(述宾式)

  앞의 형태소가 동작이나 행위를 나타내고, 뒤의 형태소는 동작, 행위의 지배를 받는 대상이 되는 구조로 이루어진다. 주로 명사, 동사, 형용사로 사용된다. '지배식'이라고도 한다.

  예 司机(운전사), 知己(절친한 친구), 伤心(상심하디), 出席(출석하다), 注意(주의하다), 刺眼(눈에 거슬리다)

- **술보식**(述补式)

  앞의 형태소는 진술, 뒤의 형태소는 그에 대한 보충의 구조로 이루어지거나, 앞의 형태소가 명사, 뒤의 형태소가 그에 상응하는 양사로 이루어진다. 주로 명사, 동사, 형용사로 사용된다. '보충식(补充式)'이라고도 한다.

  예 说明(설명하다), 打倒(타도하다), 改正(개정하다), 事件(사건), 书本(책), 车辆(차량)

  중첩어(重叠词)는 동일한 어근이 중첩되어 이루어진 단어이다.

  예 妈妈(엄마), 伯伯(백부), 仅仅(단지), 常常(항상), 断断续续(끊어졌다 이어졌다 하다), 轰轰烈烈(기세가 드높다)

  파생어(派生词)는 어근과 접사로 이루어지는 단어이다. 파생어는 다시 아래의 몇 가지 유형으로 나눌 수 있다.

- **접두사 + 어근**

  예 阿姨(이모), 老师(선생님), 老虎(호랑이), 初一(초하루), 第九(아홉째), 可爱(귀엽다)

- 어근＋일반 접미사
  - 예 **刀子**(칼), **花儿**(꽃), **盖儿**(덮개), **木头**(나무), **作者**(작자), **弹性**(탄력성), **绿化**(녹화하다), **突然**(갑자기)

- 어근＋첩음 접미사
  - 예 **红通通**(새빨갛다), **绿油油**(짙푸르다), **血淋淋**(피범벅이 된 모양), **热乎乎**(뜨끈뜨끈하다), **甜蜜蜜**(달콤하다), **慢腾腾**(느릿느릿하다)

4. 이합사

이합사(离合词)는 단어를 구성하는 형태소들이 분리되어 사용될 수 있는 특수한 문법 단위를 말한다.[04] 예를 들어, 帮忙은 단독으로 사용되기도 하지만 帮个忙, 帮不了忙, 帮他的忙과 같이 중간에 다른 성분이 삽입되어 분리될 수도 있다. 두 형태소가 긴밀히 연결되면 단어처럼 보이지만, 서로 분리되어 사용되면 구의 성질을 갖는다. 이러한 이유로 학자에 따라 이합사를 단어로 보기도 하고 구로 보기도 한다. 이합사를 구성하는 형태소의 결합 관계는 다음 몇 가지 유형으로 나뉜다.

- 동사성 형태소＋명사성 형태소
  - 예 **操心**(마음을 쓰다), **帮忙**(일을 돕다), **生气**(화를 내다), **结婚**(결혼하다)

- 동사성 형태소＋동사성 형태소
  - 예 **着凉**(감기에 걸리다), **打赌**(내기를 하다), **发愁**(근심하다), **受骗**(속임을 당하다)

- 동사성 형태소＋형용사성 형태소
  - 예 **道歉**(사과하다), **受惊**(놀라다), **造反**(반란을 일으키다), **认错**(잘못을 인정하다)

---

04 자주 쓰이는 이합사로는 아래와 같은 것들이 있다.

예 见面(만나다), 睡觉(자다), 散步(산보하다), 洗澡(목욕하다), 游泳(수영하다), 唱歌(노래를 부르다), 帮忙(일을 돕다), 结婚(결혼하다), 订婚(약혼하다), 离婚(이혼하다), 握手(악수하다), 请客(초대하다), 请假(휴가를 받다), 操心(마음을 쓰다), 听话(말을 듣다), 受骗(속임을 당하다), 告状(고소하다), 吵架(다투다), 发火(화내다), 生气(화내다), 报仇(복수하다), 上当(속다), 吃亏(손해를 보다), 毕业(졸업하다), 跳舞(춤을 추다), 鼓掌(손뼉 치다), 发愁(근심하다), 打赌(내기를 하다), 聊天(잡담하다), 保密(비밀을 지키다), 拜年(세배하다), 接吻(입맞춤하다), 建交(국교를 맺다) 등

이합사는 일반적인 술목 구조 복합어와 비교하면, 중간에 다른 성분이 삽입될 수 있다는 점에서 큰 차이가 있다. 了, 着, 过 등의 동태조사가 삽입되기도 하고(睡了觉, 见过面), 동량보어나 시량보어가 삽입되기도 한다(她结过两次婚, 说了半天话). 그 밖에 제한이나 수식을 하는 성분들이 삽입되기도 한다(说了一些话, 受妈妈的气).

이합사는 이미 술목 구조를 이루므로 목적어를 다시 취할 수 없다. 따라서 이합사는 아래와 같이 다양한 형태로 목적어를 취한다.

- 주어＋전치사＋목적어＋이합사
  ① 我见面朋友。(X) ➡ 我和朋友见面。(○) 나는 친구를 만난다.
  ② 老师结婚他。(X) ➡ 老师跟他结婚。(○) 선생님은 그와 결혼한다.

- 주어＋이합사(동사)＋목적어＋이합사(목적어)
  ① 我去见面朋友。(X) ➡ 我去见朋友的面。(○) 나는 친구를 만나러 간다.
  ② 妈妈生气孩子。(X) ➡ 妈妈生孩子的气。(○) 엄마가 아이에게 화를 낸다.

- 주어＋이합사＋전치사＋목적어
  ① 莉莉毕业北京大学。(X) ➡ 莉莉毕业于北京大学。(○) 莉莉는 베이징대학을 졸업했다.

- 주어＋동사＋목적어＋이합사
  ① 我留学中国。(X) ➡ 我去中国留学。(○) 나는 중국으로 유학을 간다.

5. 중국어 단어와 구의 차이: 비슷하면서도 다른 존재

구(短语, phrase)는 둘 이상의 단어로 구성되면서 문장을 이루지 않는 언어 단위를 말한다. 형태소(语素)들이 결합하여 단어(词)를 이루듯 단어들이 서로 결합하여 구를 이룬다. 즉 구는 단어보다는 크고 문장보다는 작은 언어 단위이다. 물론 구에 일정한 어조(语调)가 부여되면 그 자체로도 온전한 하나의 문장을 성립시킬 수 있다.

중국어 단어의 구성 방식과 구의 구성 방식은 편정, 부가, 연합, 주술 등 서로 매우 유사하다. 게다가 단어 자체로도 하나의 구를 이룰 수 있다. 이에 따라 중국어는 단어와 구를 구분하기 어려운 경우가 매우 많다. 양자의 구분은 아래 세 가지 측면에서 고려해 볼 수 있다.

첫째, 단어와 구는 의미 표현에서 차이점이 있다. 한 단어의 의미는 대체로 단일하며 고정적이다. 즉 단어를 구성하는 형태소들은 서로 융합하여 하나의 전체적인 개념을 이룬다.05 그러므로 형태소들의 개별적 의미를 하나하나 더하더라도 단어 전체의 의미가 도출되지 않는다. 예를 들어, 黑板(칠판)은 黑(검다)와 板(판자) 두 형태소로 구성되는데, 두 형태소의 의미를 합해도 단어 전체의 의미를 이루지 못한다. 따라서 黑板은 단어로 판별할 수 있다. 반면 白花(흰 꽃)는 그 의미가 白(희다)와 花(꽃) 두 성분의 의미를 합한 것과 대체로 동일하다. 따라서 白花는 단어와 단어의 결합체인 구로 판별할 수 있다.

둘째, 단어는 대체로 2음절로 구성되는 특징이 있다. 물론 단어 중에는 2음절이 아닌 것들도 있고, 구 중에도 2음절인 것들이 있으므로 이를 절대적인 기준으로 삼을 수는 없다. 하지만 현대중국어에서 단어 대부분이 2음절이라는 점에서 부차적 판별 기준으로 참고할 수 있다.

셋째, 단어와 구는 구성 성분 간의 결합관계가 서로 다르다. 단어의 구성 성분들은 매우 긴밀하게 결합되어 이들을 분리하거나 다른 성분을 삽입하는 것을 허용하지 않는다. 예를 들어, 语言에 和를 삽입하여 语和言이라 말할 수 없으며, 风水에 和를 삽입하여 风和水라 말할 수 없다. 물론 骨肉(혈육)는 중간에 和를 삽입하여 骨和肉라고 말할 수 있지만, 이는 단어의 본래 의미인 '혈육'이 아닌 '뼈와 살'을 나타내므로 기존의 단어와 같다고 볼 수 없다. 즉 단어와 단어의 조합인 구로 봐야 한다. 같은 원리를 적용하면, 好手(뛰어난 사람)는 好的手(좋은 손)로 白菜(배추)는 白的菜(하얀 채소)로 확장할 수 없으므로 단어이며, 好书(좋은 책)는 好的书(좋은 책)로 白布(흰 천)는 白的布(흰 천)로 확장할 수 있으므로 구이다. 이처럼 확장할 수 있는지를 활용하면 구와 단어를 구분할 수 있다.06

---

05 이와 같은 것을 이른바 '게슈탈트'라고 한다. "이것은 심리학, 철학 등의 개념으로, 부분이 모여서 된 전체가 아니라, 완전한 구조와 전체성을 지닌 통합된 전체로서의 형상과 상태를 게슈탈트라고 한다."(위키백과 참조) 즉 '1+1=2+α'처럼 어떤 부분들이 모여서 그 부분들의 모임 그대로가 전체로 반영되는 것이 아니라 단순한 합 이상의 무언가가 더해져 완전한 구조로 인식하는 것을 말한다. 그래서 '전체는 부분의 합 이상이다'라는 표현을 사용하기도 한다. 이것은 언어학에서 형태소들이 결합하여 하나의 단어가 될 때, 단순한 부분들의 합 이상의 의미를 나타내는 것으로 나타나기도 한다.

06 이합사(Part 01 4. 이합사 참조)는 帮他的忙, 生妈妈的气와 같이 중간에 다른 성분을 삽입할 수 있다. 따라서 이합사는 위의 방법을 적용하여 단어 성립 여부를 판단할 수 없다.

2 중국어 단어의 의미

● 중국어 사용을 풍부하게 해주는 요소!

단어의 의미(词义)는 단어가 나타내는 뜻을 말한다. 단어는 음성과 의미가 결합된 언어 단위이다. 단어의 음성이 단어의 물리적 외부 형식이라면, 단어의 의미는 단어의 내용이라 할 수 있다. 단어의 의미는 통상 어휘적 의미와 문법적 의미를 모두 포함한다. 그러나 어휘학에서는 주로 단어의 어휘적 의미를 말하며, 문법적 의미는 주로 문법학에서 언급된다. 여기에서는 주로 어휘적 의미가 중국어의 단어에 어떻게 반영되는지 알아본다.

1. 중국어 단어의 의미 구성

단어의 의미는 '개념의미'와 '부가의미'로 구분된다. 단어의 의미에는 객관적 사물에 대한 인간의 인식과 주관적 평가가 모두 반영된다. 따라서 대부분 실사는 개념과 관련된 핵심적 의미 즉 개념의미를 가지며, 동시에 개념의미에 부착되는 부가의미를 가질 수도 있다.

1) 단어의 개념의미

단어의 개념의미(概念义)는 객관적 사물의 변별적 특징이 인간이 사유하는 과정에서 개괄적으로 반영된 의미를 말한다. 개념의미는 '이성의미(理性义)'라고도 한다. 예를 들어, 手의 개념의미는 '인체의 팔 앞쪽 끝에 손바닥과 손가락으로 이루어진 부분'이라 할 수 있으며, 学校의 개념의미는 '학생들을 교육하기 위한 일종의 기구'라 할 수 있다. 이상의 개념의미들은 手와 学校라는 사물을 다른 사물과 구분하는 본질적 특징을 개괄한 것이다. 개념의미는 사회구성원들에게 공인되어 상대적으로 안정적인 의미이다. 우리가 흔히 보는 사전의 설명은 대부분 단어의 개념의미들로 구성되어 있다.

2) 단어의 색채의미와 문화의미

대부분의 단어는 개념의미 이외에 개념의미에 부속되는 이른바 부가의미(附加义)를 함께 갖는다. 부가의미는 사물의 본질적 특성 이외에 부가된 의미를 말하며, 대표적인 부가의미로 색채의미(色彩义)와 문화의미(文化义)가 있다. 예를 들어, '성년의 여성'이라는 개념의미를 가지는 중국어 단어로는 妇女 이외에 女士, 女人家, 娘儿们 등 매우 다양하다. 화자가 이 가운데 어떤 단어를 선택할지는 화자의 감정, 태도, 교양 수준, 문화적 배경 지식 등 상황에 따라 다양하게 판단한다.

색채의미는 다시 감정색채, 문체색채, 형상색채 등으로 나뉜다.[07]

감정색채(感情色彩)는 객관적인 사물이나 현상에 대한 인간의 주관적 평가와 태도를 말한다. 감정색채는 주로 포폄(褒贬, 좋고 나쁨에 대한 평가)의 차이로 드러난다. 예를 들어, 成果, 结果, 后果는 모두 어떤 일의 최종 결과를 나타내는 단어이다. 하지만 成果는 긍정적 감정을 주는 이른바 '포의어(褒义词)'이고, 后果는 부정적 감정을 주는 이른바 '폄의어(贬义词)'이며, 结果는 포폄 구분이 없는 '중성어(中性词)'이다.

- 포의어(褒义词) **예** 英雄(영웅), 先烈(선열), 诚实(성실하다), 勇敢(용감하다)

- 폄의어(贬义词) **예** 叛徒(역적), 走狗(앞잡이), 卑鄙(비열하다), 懒惰(게으르다)

- 중성어(中性词) **예** 长江(장강), 国家(국가), 辛苦(고되다), 学习(공부하다)

문체색채(语体色彩)는 특정한 문체나 환경에서만 사용되는 언어색채를 말한다. 주로 장소, 신분, 사회적 배경 등에 따라 부가되는 의미이다. 문체색채는 크게 구어색채(口语色彩, 구어체)와 서면어색채(书面语色彩, 문어체)로 나뉜다. 毛手毛脚(덜렁대다), 马马虎虎(대강대강하다), 吃香(인기가 있다) 등 구어색채 단어들은 구어에 자주 쓰이며 상대적으로 평이하고 자연스러운 느낌을 준다. 追究(추궁하다), 依法(법에 의거하다), 严禁(엄금하다) 등 서면어색채의 단어들은 서면어에 자주 쓰이며 상대적으로 고상하고 장중한 느낌을 준다.

---

07 이 외에 완곡색채(委婉色彩)와 아속색채(雅俗色彩)를 추가하기도 한다. 사람들이 금기시하는 사물이나 현상을 완곡한 언어로 표현하는 경우가 많은데, 이를 '완곡색채'라 한다. 또 단어 중에는 공식적인 자리에서 쓰이는 것이 있고 편한 자리에서 쓰이는 것이 있다. 전자는 상대적으로 문아한 색채를 가지고, 후자는 상대적으로 토속적 색채를 갖는다. 이러한 색채를 '아속색채'라 한다.

구어색채	서면어색채	의미
小气	吝啬	인색하다
吓唬	恐吓	위협하다
溜达	散步	산책하다
要不	否则	그렇지 않다면
开溜	逃跑	도망가다
害怕	畏惧	두려워하다
见面	会晤	만나다
打听	询问	물어보다

구어색채는 다시 표준구어(普通口语)와 방언구어(方言口语)로 나뉜다. 예를 들어, 太阳, 脑袋, 小孩儿은 표준구어에 속하며, 日头, 脑壳, 细伢儿은 방언구어에 속한다. 서면어색채도 头颅, 孩提와 같은 문예문체(文艺语体), 专制, 弹劾와 같은 정론문체(政论语体), 化合, 因特网과 같은 과학기술문체(科技语体), 案由, 函达와 같은 사무문체(事务语体) 등으로 다시 나눌 수 있다. 문체에 따른 색채의미는 매우 상이하므로 동의어를 제대로 구분하여 사용하려면 단어의 문체색채를 정확히 이해해야 한다.

형상색채(形象色彩)는 구체적인 사물의 형상이나 상태를 반영하는 단어들이 그것을 사용하는 사람에게 주는 매우 구체적인 형상감을 말한다. 형상색채를 갖는 단어는 생동감이 있으며, 매우 구체적인 형상으로 사람의 시각, 후각, 미각 등을 자극한다. 형상색채는 다음 몇 가지로 나누어 볼 수 있다.

- 형태적 형상색채 예 云海(구름바다), 蛇山(뱀산), 马尾松(산잣나무)

- 동태적 형상색채 예 垂柳(수양버들), 碰碰船(범퍼 보트), 飘扬(바람에 휘날리다)

- 후각적 형상색채 예 喷香(진한 향기), 腥臭(비릿하다), 芬芳(향기롭다)

- 미각적 형상색채 예 蜜桃(수밀도), 蜜枣(꿀에 잰 대추), 苦寒(몹시 춥다)

- 청각적 형상색채 예 布谷鸟(뻐꾸기), 乒乓球(핑퐁, 탁구), 恰恰舞(차차차[댄스])

문화의미(文化义)는 문화적 원인으로 개념의미에 부여되는 연상적, 상징적 부가의미를 말한다. 모든 민족은 고유의 풍속과 사유방식, 민족감정이 있는데 이런 특징들이 문화적 의미를 형성한다. 예를 들어, 중국인에게 '까치(喜鹊)'는 '기쁜 일'을 연상하게 하고 '까마귀(乌鸦)'는 '장례'를 연상하게 한다. 전고, 시문 등의 내용들은 문화의미의 주된 구성요소이다. 예를 들어, '계륵(鸡肋)'은 『삼국지·위서』에 따르면 본래 '닭의 갈비'를 말하지만, '먹자니 별로 맛이 없고 버리자니 아까운, 즉 큰 의미나 가치가 없는 일'을 가리킨다. '뽕나무와 가래나무(桑梓)'는 『시경·소아』에서 '부모님께서 심으신 것이니 경의를 표해야 한다'라는 뜻으로 쓰였는데, 이후 '고향'을 가리키는 말로 쓰이게 되었다.

2. 단어의 다의성과 의미 변화

1) 단의어와 다의어

단어는 의미항(义项, 단어가 지니는 의미의 항목)의 수에 따라 단의어와 다의어로 나눌 수 있다. 단의어(单义词)는 하나의 의미항만 있는 단어를 말한다. 중국어는 다의어에 비해 단의어의 수가 적다. 단의어는 桌子, 牛, 沙发와 같은 일상에서 접하는 사물의 명칭, 上海, 中国, 长江과 같은 고유명사, 辅音, 函数, 电子와 같은 전문용어 등에서 자주 보인다. 다의어(多义词)는 반대로 의미항이 여러 개인 단어를 말한다. 예를 들어, 肯定은 '인정하다(老板肯定了他的能力)'의 뜻으로 쓰이지만, '확실히(那件事我肯定没记错)'라는 뜻으로도 쓰인다.

단어는 최초에 하나의 의미만을 나타내는 단의어 신분으로 생성되었다. 그런데 이들 중 대부분은 시간이 흐르면서 점차 다의어로 변화·발전한다. 즉 다의어는 의미 변화의 결과물인 것이다. 다의어의 여러 의미항은 서로 긴밀한 관계가 있지만, 사용할 때는 주어진 언어 환경에 따라 상호보완적으로 선별되어 적용된다. 예를 들어, 深에는 '(수심이) 깊다, 심오하다, (감정이) 깊다, (시간이) 오래되다, (색이) 깊다' 등 관련된 의미항이 여럿 있는데, 사용될 때는 개별 언어 환경에 가장 부합하는 항목만 선별적으로 적용된다.

의미항 사이에는 서로 다른 지위가 존재한다. 그중에서 본의(本义)는 문헌에 기록된 최초 의미를 말하며, 기본의미(基本义, 중심의미)는 현재 시점에서 가장 자주 쓰이고 가장 핵심적인 의미를 말한다. 胜(이기다), 圆(원) 등과 같이 본의와 기본의미가 동일한 단어들도 있지만 그렇지 않은 경우가 훨씬 많다. 예를 들어, 走의 본의는 '달리다'이지만 기본의미는 '걷다'이며, 汤의 본의는 '뜨거운 물'이지만 기본의미는 '국, 탕'이다. 현대중국어에서 '달리다'는 跑가 '뜨거운 물'은 开水가 대신 나타낸다.

인신의미(引申义)는 인신으로 생성된 의미를 말한다. 인신(引申, 파생)은 관련성에 근거하여 본래의 의미에서 새로운 의미로 파생되는 것을 말한다. 예를 들어, 铲은 흙을 뜨는 연장인 '삽'의 뜻을 나타냈는데, 이와 관련 있는 '삽으로 파다'의 의미로 발전하게 된 것이다. 인신의 방식은 '방사형(辐射式)'과 '연쇄형(连锁式)' 두 유형이 있다. 방사형은 深의 기본의미인 '(수심이) 깊다'에서 '(감정이) 깊다, (시간이) 오래되다, (색이) 깊다' 등 여러 의미로 직접 발전하는 방식을 말한다. 연쇄형은 冰의 의미가 '얼음'에서 '차다'로 인신되었다가 다시 '차게 하다'로, 年이 '곡식이 익다'에서 '해'로 인신되었다가 다시 '나이'로 인신되었듯이 한 번 인신된 의미에서 다시 새로운 의미로 인신되는 방식이다.

비유의미(比喻义)는 단어의 비유적 용법들이 굳어서 생성된 의미이다. 인신이 관련성에 근거한다면, 비유는 사물 간 유사성에 근거한다. 예를 들어, 回春은 '봄이 돌아오다'의 의미인데, 봄이 오면 만물이 소생한다는 유사성에서 '다시 젊어지다, 중병을 치료하다'의 의미로 발전하였다. 비유의미는 원래 의미에 비해 상대적으로 추상적이며, 성질상 큰 차이를 보이는 경향이 있다. 예를 들어, 高峰의 비유의미 '발전단계의 정점'과 放炮의 비유의미 '말로 맹렬히 공격하다'는 이들의 본래 의미인 '높은 산'과 '포를 발사하다'에 비해 추상적이며 지칭하는 대상도 본질적으로 매우 달라졌다.

2) 의미 변화의 유형

언어가 끊임없이 발전함에 따라 단어의 의미도 변화한다. 여기에서 말하는 단어의 의미 변화란 형태는 변하지 않지만 나타내는 의미에 어떤 변화가 발생했음을 말한다. 단어의 의미는 의미의 확대와 축소 그리고 전환 등의 방법으로 발전하였다.

의미 확대(词义扩大)는 단어의 의미가 본래 의미보다 확대되는 것을 말한다. 이때 대개 개별적 의미에서 일반적 의미의 방향으로 발전한다. 의미 축소(词义缩小)는 이와 반대로 단어의 의미가 가리키는 범위가 작아지는 것을 말하며, 대개 일반적 의미에서 개별적 의미로 발전한다. 의미 전환(词义转移)은 단어 본래의 의미가 변화하여 새로운 의미를 갖게 되는 경우를 말한다.

의미 확대	개별적 의미		일반적 의미
河	황하(黃河)	➡	모든 강
江	장강(長江)	➡	큰 강
收获	농작물의 수확	➡	모든 행위의 성과
粉	쌀가루	➡	모든 가루
의미 축소	일반적 의미		개별적 의미
金	5색 금속의 총칭	➡	황금
虫	다양한 동물	➡	곤충
臭	냄새	➡	좋지 않은 냄새
为	원인과 목적	➡	목적
의미 전환	본래의 의미		새로운 의미
走	달리다	➡	걷다
闻	귀로 듣다	➡	냄새를 맡다
大夫	관직명	➡	의사
牺牲	제사에 바치는 소나 양	➡	희생(하다)

3. 동의어와 반의어

1) 동의어

단어와 단어 사이에는 동의관계, 반의관계, 포함관계 등 다양한 의미 관계가 존재한다. 이 중 동의어(同义词)는 동의관계 즉 단어의 의미가 서로 같거나 비슷한 관계에 있는 단어를 말한다. 동의어는 크게 두 종류로 다시 나눌 수 있다. 하나는 의미가 완전히 동일한 절대적 동의어인 이른바 '등의어(等义词)'이며, 다른 하나는 의미가 비슷한 상대적 동의어 즉 '유의어(近义词)'이다.[08]

---

08 중국언어학계는 통상 절대적 동의어를 等义词로, 의미가 서로 비슷한 상대적 동의어를 近义词로 지칭하고, 이 둘의 상위개념으로 同义词를 사용한다. 물론 이는 상대적인 개념에 비추어 쓰인 것이다. 언어에는 개념뿐 아니라 미묘한 감정까지 포함되어 있어서 어떠한 문맥에도 대치되는 완전동의어는 이론상 존재할 수 없다.

등의어(等义词)는 의미가 완전히 동일하고 어떠한 언어 환경에서도 서로 바꾸어 쓸 수 있는 단어를 말한다. 이들 가운데 일부는 방언의 차이로 등의어가 된 것도 있고, 일부는 본래 외래어인데 상이한 번역 방법에 따라 등의어가 된 것도 있다. 언어는 부단히 변화하기에 등의어 가운데 일부는 도태되기도 하고 일부는 사용에 제한이 따르기도 한다.

예 西装 / 西服 양복   自行车 / 脚踏车 자전거
   星期日 / 礼拜天 일요일   青霉素 / 盘尼西林 페니실린

유의어(近义词)는 의미가 거의 동일하지만 부속적 의미이거나 용법이 상이한 단어를 말한다. 즉 유의관계의 단어들은 서로 의미가 같으면서 동시에 다른 면도 있다. 따라서 이러한 관계의 단어들을 사용할 때는 이들의 개별적인 특징에 주의해야 한다.

예 坚决 / 坚定 확고하다   局面 / 场面 국면, 상황
   表现 / 表示 나타내다   愉快 / 高兴 기쁘다
   信 / 信件 / 信函 편지   拉 / 拖 / 拽 / 扯 끌다
   爱护 / 爱惜 / 珍爱 아끼다   启迪 / 启发 / 启示 계발하다

2) 반의어

반의어(反义词)는 반의관계 즉 상반되거나 서로 대립적인 의미를 나타내는 단어를 말한다. 예를 들어, 希望/绝望에서는 상반되는 상태를, 女人/男人에서는 대립적 사물을, 来/去, 进/出에서는 상반되는 두 행위를 나타낸다. 반의어는 관계에 따라 다시 '절대적 반의어'와 '상대적 반의어'로 나눌 수 있다.

절대적 반의어(绝对反义词)는 두 단어의 의미가 정(正)과 반(反) 두 측면을 나타내는 관계인 반의어를 말한다. 이러한 관계의 단어들은 의미가 대립적일 뿐 아니라 상호 배타적 관계에 있다. 즉 '갑'을 긍정하면 반드시 '을'을 부정하게 되고, '갑'을 부정하면 반드시 '을'을 긍정하게 되며 다른 가능성이 없다.

상대적 반의어(相对反义词)는 두 단어의 의미가 서로 반대되지만 배척하지 않는 관계에 있는 반의어를 말한다. 즉 '갑'을 긍정하는 것은 '을'을 부정하는 것이지만, '을'을 부정한다고 반드시 '갑'을 긍정하는 것이 아니라 다른 종류를 가리킬 수 있는 관계를 말한다. '을'을 부정하면서 동시에 '갑'도 부정할 수 있는 상황이다.

- 절대적 반의어

  예 男 / 女　　生 / 死　　　真 / 假　　　动 / 静

  　　正 / 反　　正确 / 错误　　合法 / 非法　　出席 / 缺席

- 상대적 반의어

  예 大 / (中) / 小　　　　　黑 / (灰) / 白　　　　胜 / (平) / 输

  　　胖 / (不胖不瘦) / 瘦　　美 / (不美不丑) / 丑　　好 / (不好不坏) / 坏

  　　反对 / (中立) / 拥护　　寒冷 / (不寒不温) / 温暖

　　전술한 바와 같이 단어는 단의어와 다의어로 나뉜다. 단의어와 단의어 사이에 반의관계가 성립하면 贏(이기다)/输(지다)와 같이 비교적 단순하게 단의어의 각 의미가 서로 대립하게 된다. 하지만 다의어는 여러 의미항이 동시에 서로 다른 반의관계를 형성하기도 한다. 예를 들어, 开/关에서 开와 关은 모두 다의어인데, 그중 开는 '열다, 꽃이 피다, 운전하다' 등의 의미가 있고, 关는 '닫다, 끄다, 관문' 등의 의미가 있다. 이 중 '열다/닫다'의 관계에서만 반의관계가 성립하고 '열다/관문' 등 다른 조합에서는 반의관계가 성립하지 않는다. 快는 '빠르다, 날카롭다' 등의 의미항목이 있는데, '빠르다'의 반의어는 慢이고 '날카롭다'의 반의어는 钝이다.

　　반의어의 성립에는 전제조건이 있다. 첫째, 단어가 나타내는 의미가 서로 반대 또는 대립관계여야 한다. 둘째, 반의어는 동일한 의미 범주에 속해야 한다. 예를 들어, 长/短은 '길이'의 범주에 속하고 古/今은 '시간' 범주에 속하는 단어 사이의 대립이다. 따라서 범주가 다르면 반의관계는 성립할 수 없다. 셋째, 반의어는 양자 모두 단어인 경우만을 말한다. 예를 들어, 好와 不好는 대립관계이지만 서로 반의어라 할 수 없다. 好는 단어이지만 不好가 구이기 때문이다.

3 중국어의 숙어

● 전체는 부분의 합이 아닌 그 이상

숙어(熟语)는 형식이나 구성 성분이 모두 상대적으로 고정적인 구나 문장을 말한다. 숙어는 형식이 고정적이며 의미가 하나의 단어와 같은 총체성을 갖는다. 따라서 숙어는 문장에서 단어와 같이 활용되고 임의로 구성 성분이나 어순을 바꿀 수 없다. 중국어의 숙어에는 성어, 관용어, 헐후어, 속담 등이 있는데, 이를 자세히 살펴본다.

합성성의 원리

앞에서 단어와 구의 차이점을 '게슈탈트(여러 부분을 통합된 전체로 인식하려는 경향으로 통합의 과정에서 새로운 의미가 추가될 수 있음)'라는 개념으로 설명하였다. 이러한 경향은 단어뿐만 아니라 숙어 구성에서도 찾아볼 수 있는데, 여기에서는 '합성성(compositionality)의 원리'로 설명하겠다. 합성성의 원리는 '전체는 그것을 구성하는 부분들의 총화로 얻어진다'라는 원리이다. 문장이나 구의 의미를 이루는 기초적인 원리로, 예를 들어 '작은아버지'가 단순히 '키가 작은 아버지'의 의미라면 합성성이 높고 투명성이 높은 것이고, '숙부'의 의미라면 합성성이 낮고 투명성이 낮은 것이 된다.

숙어는 구성 성분 의미의 전체 합이 해당 숙어의 의미와 일대일로 대응하는 경우가 매우 적다. 숙어의 의미는 대개 구성하는 부분들의 합 이상의 의미가 추가되기 때문이다. 이는 합성성의 원리를 위반한 대표적 예라 할 수 있다. 즉 숙어를 구성하는 성분들의 투명성과 합성성은 매우 낮다고 할 수 있다. 언어는 인간의 게슈탈트 심리로 인식되는 경우가 많아서 단어나 숙어의 창조와 사용 모두 낮은 합성성을 추구하는 경향을 보인다.

1. 성어와 헐후어: 중국어만의 독특한 숙어

1) 성어

성어(成语)는 역사적으로 전승되어 내려오는 표현 방식으로 구조와 의미가 굳은 고정형식이다. 성어는 대개 고대 우언(寓言), 명구, 역사 고사 등에서 유래한다. 형식은 간결하면서도 의미가 명료하고 형상성이 강하여 문장의 함의를 풍부하게 한다. 회화나 작문에서 적절히 성어를 쓰면 의미도 분명해지고 표현도 선명해지는 효과를 얻는다. 성어는 대개 三顾茅庐(삼고초려, 간절히 거듭 요청하다), 守株待兔(수주대토, 나무 그루터기를 지키며 토끼를 기다리다)

와 같이 4자로 구성되어 이른바 '사자성어'의 형식을 취한다. 물론 醉翁之意不在酒(취옹의 뜻은 술에 있지 않다, 다른 속셈이 있다)와 같이 4자 이상인 성어들도 일부 있다. 다음은 성어의 특징이다.

첫째, 성어는 정형성을 갖는다. 성어는 대부분 4자로 구성되어 四字格이라는 별칭이 있다. 성어의 구성 성분은 대개 임의로 바꿀 수 없고, 순서도 함부로 바꿀 수 없다. 예를 들어, 釜底抽薪(솥 밑의 장작을 꺼내어 끓어오르는 것을 막다, 발본색원하다)을 锅底抽薪으로, 刻舟求劍(각주구검, 융통성이 없어 사태의 변화를 모르다)을 求劍刻舟와 같이 구성 성분이나 출현 순서를 임의로 바꿀 수 없다.

둘째, 성어는 총체성을 갖는다. 성어는 그 자체를 하나의 단위로 이해해야 한다. 만약 성어를 한 글자씩 해석하여 이해한다면 본래 의도에서 매우 멀어지게 된다. 예를 들어, 胸有成竹를 '가슴에 잘 자란 대나무가 있다'고 문자 그대로 해석할 수 없다. 石破天惊의 축자적 의미는 '돌이 깨져 하늘을 놀라게 하다'이지만, 실제 의미는 '말이나 글이 신기하고 놀랍다'이다. 물론 문자 그대로의 의미를 나타내기도 한다. 义愤填膺의 축자적 의미는 '의로운 분노가 가슴에 가득하다'인데 실제 의미와 대체로 비슷하다.

셋째, 성어는 고어성을 갖는다. 성어는 대다수가 고대부터 전해 내려왔다. 따라서 성어의 이해에 고대중국어의 지식은 매우 중요한 역할을 한다. 특히 일부 형태소는 고대와 현대의 의미가 달라서 오해를 불러오기도 하고, 문법 구조가 현대중국어와 달라서 이해에 어려움을 주기도 한다.

> **대放厥词** 쓸데없는 말을 일으키다. ➡ 厥는 '그(것)'의 의미
>
> **不过尔尔** 이런 정도에 불과하다. ➡ 尔尔은 '이와 같다(如此)'의 의미
>
> **高枕无忧** 베개를 높게 하고 걱정 없이 잘 자다. ➡ 高枕의 高는 형용사의 사동용법에 해당
>
> **一以当十** 하나로 열을 당하다. ➡ 一以는 以一의 의미로 목적어 전치에 해당

2) 헐후어

헐후어(歇后语)는 앞뒤 두 부분으로 이루어지는 해학적이고 형상적인 어구이다. 은어적인 구두어로 짧고 간단하면서도 재미가 있다. 앞과 뒤 두 부분으로 구성되는데, 앞부분은 수수 께끼 문제처럼 비유하고 뒷부분은 수수께끼 답안처럼 그 비유를 설명한다. 실제 표현에서는 뒷말은 생략하고 앞부분만 말하기도 하는데, 이러한 이유로 '歇后语(뒷말 줄임어)'라고 한다.

헐후어는 대부분 전반부가 형상적인 묘사로 이루어지며, 후반부는 해당 묘사의 함의를 설명하는 방식으로 구성된다. 수사적 측면에서 대부분 비유(比喩), 쌍관(双管), 일치(一致) 등의 수법으로 말하려는 실제 의미를 효과적으로 나타낸다.

	전반부	후반부	실제 의미
비유	兔子尾巴 토끼 꼬리는	长不了 길 수가 없다	무슨 일도 오래가지 못한다.
쌍관	墙上挂门帘 담벼락에 문발을 걸다	没门儿 문이 없다	방법이 없다(没门 = 没办法).
일치	泥菩萨过河 진흙 보살이 강을 건너다	自身难保 저 자신도 보전하기 어렵다	저 자신도 보전하기 어렵다.

2. 관용어와 속담

관용어(惯用语)는 구어에서 관습적 의미로 쓰는 고정구를 말한다. 성어에 비해 구어성이 강하며, 문자 그대로의 의미보다 인신된 의미나 비유적 의미를 나타내는 경우가 많다. 예를 들어, 抱大腿는 '권세가 있는 사람에게 의지함'을 말하며, 开绿灯은 '동의하다'를 나타낸다. 구조적으로 说大话(허풍 떨다), 碰钉子(거절하다), 拍马屁(아부하다)처럼 3음절의 술목 구조가 가장 많다. 그 외에 活字典(지식이 해박한 사람), 丧家狗(의지할 곳 없이 떠도는 사람)처럼 3음절 편정(수식) 구조도 보이며, 吃大锅饭(평균분배하다), 摸老虎屁股(잠자는 호랑이를 건드리다)와 같은 3음절 이상인 예들도 종종 보인다. 관용어는 성어보다 덜 고정적이어서 拍老板的马屁(사장님에게 아부하다)와 같이 중간에 다른 성분을 삽입하거나 马屁拍得挺有水平(아부하는 수준이 상당하다)과 같이 어순을 바꿀 수도 있다.

속담(谚语)은 예부터 유전된 것으로 민족 풍속을 간결하고 세련되게 형상화한 문구이다. 여기엔 사회생활과 생산 경험의 지식들이 반영되어 있다. 속담은 성어에 비해 구어적 특징이 강하고 형식의 변화가 다소 허용된다. 농업 생산 경험을 총화한 '농언(农谚)'09, 기후 변화

---

09 🔟 庄稼一枝花，全靠肥当家。 농작물을 잘 자라게 하려면 비료가 충분해야 한다.

의 규칙성을 총괄한 '기상언(气象谚)'[10], 칭송이나 폭로의 내용을 담은 '풍송언(讽颂谚)'[11], 권고나 경계의 내용을 담은 '규계언(规诫谚)'[12], 지방의 풍토와 물산을 개괄하는 '풍토언(风土谚)'[13], 의식주와 관련된 지식을 총괄하는 '생활상식언(生活常识谚)'[14] 등이 있다.

4 중국어와 외래어

● 중국인의 언어습관이 담긴 중국어 차용어

1. 중국의 외래어 차용 단계

중국은 고대부터 이른바 '삼서(三西)'의 영향을 받아왔다고 한다. 이 '삼서'는 고대의 '서역(西域)', 고대의 '서토(西土, 즉 인도)', 그리고 현대의 '서방(西方, 즉 서구 각국)'을 가리킨다. 이렇듯 중국은 고대부터 현대에 이르기까지 주변국은 물론 먼 지역의 나라와 지속적으로 접촉, 교류하면서 수많은 민족, 언어와 접촉해 주로 외래어(차용어)로 그 흔적을 남기게 되었다. 이 과정은 크게 아래의 세 시기로 구분할 수 있다.▣

---

10 ❶ 清明断雪，谷雨断霜。 청명이 지나면 눈이 그치고, 곡우가 지나면 서리가 그친다.

11 ❶ 富人四季衣穿，穷人衣穿四季。 부자는 사계절 다른 계절 옷을 입지만, 가난한 사람은 사계절 한 옷을 입는다.

12 ❶ 打蛇打七寸。 뱀을 잡으려면 칠촌 부분을 잡아야 한다. 일을 하려거든 반드시 중요한 부분을 잡아야 한다.

13 ❶ 东北有三宝：人参、貂皮、乌拉草。 동북 지역에는 인삼, 초피, 오랍초 세 보배가 있다.

14 ❶ 饭后百步走，活到九十九。 밥 먹은 후에 백 보를 걸으면 아흔아홉까지 살 수 있다.

▣ 赵晓华·劉焱(2007)의 「从汉语外来词的译借方式看汉民族的语言文化心理」(肇庆学院学报, 第6期)와 Chao fen Sun의《중국언어학입문》참조

1) 한당(汉唐) 시기(기원전 206년~기원후 907년)

이 시기는 정치적으로 안정되고 경제 문화가 비교적 발달하여 백성들의 생활이 안정되던 때였으며, '통서역(通西域)'과 '구불경(求佛经)'이라고 하는 두 가지 큰 사건이 발생하였다. 통서역은 특히 장건(张骞)이 비단길을 개척해 서역과 교류한 것을 의미하고, 구불경은 동한 시기 불교가 전파된 이후 당대(唐代)까지 끊임없이 계속된 인도와의 불경, 불교 관련 문화 교류를 의미한다. 이 두 사건으로 한문화와 외국문화가 광범위하면서 깊이 있게 교류하게 되었다. 그리하여 대규모 외래어가 한어의 어휘에 스며들게 되었다. 서역과 교류하면서 葡萄, 石榴, 茉莉, 狮子, 骡, 驼, 琥珀, 琉璃, 琵琶 등 각종 동물, 식물, 식품, 악기류 어휘들이 유입되었다. 그리고 불교가 중국에 전파되면서 和尚, 僧, 袈裟, 魔, 头陀, 罗汉, 弥勒佛, 比丘 등 각종 불교 관련 어휘가 한어에 유입되었다.

2) 만청(晚晴)~5·4 시기

아편전쟁 이후 서방의 과학기술과 사상문화가 중국에 유입되었다. 그와 함께 관련 외래 어휘들이 대거 유입되었는데 정치, 경제, 군사, 과학, 의약, 문화예술 및 백성 생활과 관련된 각 방면의 어휘들이 들어왔다. 이 어휘들은 현재도 사회 각 방면에서 매우 활용도가 높게 사용되고 있고, 한국에도 거의 그대로 수입되어 사용되고 있다. 또한 중국에서 직접 음역, 또는 의역되어 한자로 표기되는 과정을 거치기도 했으나 상당 부분이 일본에서 먼저 한자 어휘로 번역되어 다시 중국에 수입되기도 하였다. 이 과정에서 일본에서 유럽의 용어를 일본한자로 번역한 것을 중국이 수입한 어휘에는 哲学, 广告, 银行, 建筑, 元素, 工厂, 工业, 国际, 卫生, 情报, 民族 등이 있고, 일본에서 바로 한자를 조합해 만든 어휘들을 중국이 수입한 어휘에는 场面, 内容, 处女作, 要点, 方针, 目标 등이 있다. 이 가운데 특이한 것은 바로 중국에 원래 있던 한자 어휘를 일본이 유럽 용어를 번역하려고 사용한 것을 중국이 다시 수입한 경우로, 文化, 会计, 资本, 古典, 国民, 会话, 经济, 宪法, 自然, 革命, 理论, 时间, 思想, 传统, 解放, 共和 등이 있다.

3) 개혁개방 이후 외래어

개혁개방 이후 여러 경로로 중국에 각종 외래어가 유입되었다. 이들은 중국어 어휘 체계에 큰 영향을 미쳤는데, 이 시기에 중국어는 능동적이든 피동적이든 새로운 어휘를 만들어 각국에서 유입되는 신관념, 신사물들을 표현했다. 대표적인 예로 基因(genes), 厄尔尼诺(Elnino), 呼拉圈舞(hula hoop), 拉力赛(rally), 欧佩克(OPEC), 丁克(dink), 克力架(crackers), 热狗(hot dog) 등이 있다.

2. 중국어 외래어의 조어 방식과 특징

중국인은 외래 어휘를 차용하여 그대로 사용하는 것을 매우 기피하는 경향이 있다. 중국인은 가능하면 한자로 표기하기를 선호하였고, 그것도 한자의 음과 뜻을 모두 사용하는 방향으로 점점 더 발전해 나갔다. 아래는 중국인이 외래어를 표기하는 다양한 방식이다.

(1) **음역**(音译)은 외래어 발음을 그대로 한자로 표기하는 방식이다.
> 예 **阿门**(아멘), **吉他**(기타), **马拉松**(마라톤), **巧克力**(초콜릿), **巴士**(버스), **尼龙**(나일론)

(2) **음역겸의역**(音译兼意译)은 발음이 비슷하고 사용된 글자는 그 사물의 의미와 관련이 있는 글자를 사용하여 발음도 비슷하면서 뜻도 어느 정도 고려하여 새로 만드는 방식이다.
> 예 **袈裟**(범어의 kasaya), **茉莉**(범어의 molli), **钙**(gài, 영어의 calcium), **可口可乐**(영어의 Coca-Cola), **奔驰**(독일어 Benz), **维他命**(영어 vitamin)

(3) **음역가의역**(音译加意译)은 이른바 '차용합성어'라고도 하며, 두 가지 유형이 있다.
- **반음역반의역**(半音译半意译)
  冰淇淋(icecream)의 경우, ice를 冰으로 의역하고 cream은 음역하였다. 迷你裙(miniskirt)은 skirt는 의역하고 mini는 음역하였다. 因特网(internet)도 net은 网으로 의역하고, inter는 음역하였다.

- **음역 후 한어 형태소 첨가**(音译加汉语类别语素)
  이것은 음역한 어근에 중국어의 형태소를 첨가한 것인데 그런 측면에서는 (1)과 유사하지만 추가되는 형태소는 일종의 종류를 의미하고 완전한 어휘 형식으로 추가한다는 점에서 다르다.
> 예 **啤酒**(맥주), **比萨饼**(피자), **卡车**(트럭), **吉普车**(지프), **华尔兹舞**(왈츠), **摩托车**(오토바이)

(4) **원형법**(原形法 또는 形译)은 일종의 음역 방법으로, 최근에 유행하는 것이다. 외래어의 원래 형식을 가급적 그대로 표기하는 것을 말한다. 다음 몇 가지로 구분이 가능하다.

- 외래어＋중국어 형태소　⑩ X光, VCD光盘

- 외국어 축약어휘　⑩ CT, IQ, CD, GDP, UFO

- 외국어 원형어휘　⑩ OK, COPY, MODEM, E-MAIL

(5) **의역**(意译)은 일명 '의미기반 신조어'라고 하며, 외국어를 번역하는 과정에서 중국어 고유 형태소만을 이용해 만든 어휘들이다. 여기엔 다음 두 가지 경우가 있다.

- 원래 어휘의 각 형태소를 중국어 형태소에 일대일 대응해서 의역하는 방법

  ⑩　foot ball　　　black board　　　hot dog
  　　足 球　　　　黑 板　　　　热 狗

- 원래 어휘를 중국어 형태소와 대응하지 않고 의역하는 방법
  ⑩ laser － 激光, Esperanto － 世界语

3. 중국어 외래어 조어 방식의 발전양상과 중국인의 심리

'음역, 음역겸의역, 음역가의역, 원형법, 의역'의 다섯 가지 가운데 초창기에는 음역이 주류였다가 점차 의역이 가미된 음역겸의역, 음역가의역의 방식이 함께 쓰이게 되었고, 그 이후 의역이 주류가 되기도 하였다. 음역어였던 德谟克拉西(démókèlāxī 민주주의)는 民主로 대체되었고, 赛因斯(sàiyīnsī 과학)는 科学로, 德律风(délùfēng 텔레폰)은 电话로 대체되었다. 한편, 개혁개방 이후 '음역'이 다시 유행하기 시작하여, 특히 '음역겸의역'이 주류가 되었다. 그외에 타이완 등지에서 유행하는 '원형법'에 따른 형식들도 많이 등장했다. 이러한 중국어의 차용어 중 가장 성공적인 조어 방식은 '의미와 음성을 동시에 고려하는 것'이라 할 수 있다. 대표적으로 可口可乐(Kěkǒu kělè 코카콜라)를 보면, 음성적으로 원래의 외국어와 비슷하면서도 의미적으로 글자 하나하나가 그 뜻을 잘 전달하고 있다.

이상의 외래어 조어 방식을 살펴봤을 때, 최초에는 발음 그대로를 표기하는 음역이 유행하다가 점차 의역의 방향으로 변화하는 것을 볼 수 있는데 이는 비단 현대중국어뿐만 아니라 고대 외래어에서도 유사한 현상들이 발견된다. 이러한 현상은 바로 중국 민족의 보수성과 한어의 강대한 동화력을 반영한 것이다. 보수성과 동화력은 단순히 외세를 배척하고자 하는 중국인들의 심리에서 나온 것이라기보다는 한어와 한자의 언어학적인 원인이 크다. 중국어는

기본적으로 단음절을 형태소로 하며 문자는 형태소 음절문자이다. 음절체계가 단순하여 동일한 한 음절이 여러 가지 의미 정보를 전달하는 경우가 많다. 즉, 동음이의어의 발생 여지가 매우 크다. 중국인들은 이러한 문제를 문자로 해결하기도 한다. 발음상 같더라도 시각적으로 문자를 다르게 처리함으로써 위와 같은 문제를 해결한 것이다. 이러한 문제는 중국인으로 하여금 이른바 '망문생의(望文生义)'[15]하는 화용 심리를 양성하게 하였다. 즉, 발음상 비슷한 것을 시각적 문자로 보충하여 이해하는 습관으로, 외국의 어휘가 유입되었을 때, 이를 단순히 음역하여 소리 나는 대로 표기하는 것을 그다지 좋아하지 않고 이보다는 외국어를 표기하는 한자마저도 그 원래의 의미와 연관되어야 한다는 심리가 생겨났다. 그리하여 단지 소리만 표시하고 의미를 표현하지 못하는 단순 음역어를 점차 지양하게 되었다. 이러한 현상은 외국인 인명, 지명 등의 고유명사를 표기할 때도 적용되어, 가급적 뜻이 좋은 글자를 선호하게 되었고, 그것이 불가능할 경우는 가능하면 중성적 의미 글자를 사용하려고 하였다. 그리하여 美国, 英国 등의 국호가 그러한 특징을 보여주며, 사람 이름에도 死보다는 斯를, 屎와 失보다는 史와 施 등 중성적인 성격의 글자를 사용하게 되었다.

---

15 '글의 확실한 뜻은 이해하지 못하면서 글자만 보고 대강 뜻을 짐작하다'는 의미

胡의 유래

원래 '사람'이란 뜻의 흉노족(匈奴)어 어휘였던 *Ghua라는 말이 2,000여 년 전 중국어에 수용된 후 한자 胡(hú)로 표기되었다. 이것은 '흉노'라는 명칭을 표기하던 또 다른 형태의 음역어였다. 이처럼 원래 고유명사 표기였다가 이후 '외국인(오랑캐)'이라는 의미로 좀 더 일반화해 사용되어 왔다. 차용된 어근인 胡는 이후 중국 고유의 어근과 결합하여 다량의 어휘가 탄생하기도 하였는데, 여기에는 胡桃(호두), 胡椒(후추), 胡人(외국인), 胡食(외국음식) 등이 있다. 우리나라에서 많이 먹는 '호떡'도 여기서 유래했다고 한다. 기록에 따르면 한나라 때 흉노족으로부터 납작하고 둥그런 '난' 모양의 빵이 중국에 전해졌다고 한다. 이 빵 안에는 당시 서역에서 수입된 호두 등이 잔뜩 들어 있었다고 한다. 중국인은 이를 胡餅이라 칭했고, 이것이 우리나라에 전해져 '호떡'이 된 것이다. 그런데 '호빵'은 '호호 불어서 먹는 것'이라서 '호빵'이라 했다는데 信不信由你(믿거나 말거나)이다.

신장의 낭빙(饢饼)

1. 다음 문장을 단어와 형태소로 각각 분석하시오.

　① 中华民族具有悠久的历史。

　　　단어 ＿＿＿＿＿＿＿＿＿＿＿＿＿＿　　　형태소 ＿＿＿＿＿＿＿＿＿＿＿＿＿＿

　② 他手上拿着一杯白兰地。

　　　단어 ＿＿＿＿＿＿＿＿＿＿＿＿＿＿　　　형태소 ＿＿＿＿＿＿＿＿＿＿＿＿＿＿

　③ 我喜欢弹琵琶。

　　　단어 ＿＿＿＿＿＿＿＿＿＿＿＿＿＿　　　형태소 ＿＿＿＿＿＿＿＿＿＿＿＿＿＿

2. 다음 합성어들의 구조관계를 분석해 봅시다.

　① 接近　　② 头昏　　③ 卫生　　④ 改善

　⑤ 推广　　⑥ 道路　　⑦ 高级　　⑧ 赏罚

　＿＿

3. 妈妈와 父亲, 妈妈와 哥哥는 각각 반의어 관계가 성립할까요? 만약 그렇지 않다면 그 이유를 말해 봅시다.

　＿＿

4. 중국어의 성어 몇 개를 찾아서 그 성어의 축자적 의미와 실제 의미 간의 차이를 말해 봅시다.

　＿＿

5. 중국어의 외래어 중 한국을 포함한 외국 상품 이름을 중국어로 번역하여 사용한 예를 찾아봅시다.

　＿＿

Part
02

가장 오래된 살아 있는 문자,
한자(漢字)

한자는 중국뿐 아니라 동아시아 여러 나라에서 공유하는 문자 체계이다. 한자는 소리나는 대로 표기하는 표음식 문자 체계와 다름에도 많은 나라에서 오랫동안 사용하고 있다. 한자에 도대체 어떠한 특징이 있기에 시간과 공간을 초월하여 이렇게 오랫동안 그리고 이렇게 많은 나라에서 아직도 사용되는 것일까? Part 02에서는 한자의 발달과정, 한자의 구조 등 한자의 다양한 특징을 살펴봄으로써 한자의 문화적 역량을 알아본다.

1 한자의 정체

● 형태소-음절문자

1. 문자란 무엇인가?

언어는 좁은 의미에서 인간의 생각이나 느낌을 전달하는 음성체계를 말한다. 즉, 복잡한 말소리에 의미가 결합된 것인데, 인류가 언어를 구사하기 시작한 것은 호모 에렉투스(Homo Erectus)에서 호모 사피엔스(Homo Sapiens)로 진화하는 4만~5만 년 전으로 추정한다. 인간이 사용하는 음성언어는 충분히 다양한 정보를 전달할 수 있지만, 두 가지 측면에서 제약이 있다. 하나는 공간적 제약으로 멀리 있는 사람에게 전달할 수 없다. 예를 들면, 서울 강남역에 있는 사람이 아무리 큰 소리로 말을 해도, 부산 해운대에 있는 사람에게는 그 말소리가 전달되지 않는다. 다른 하나는 시간적 제약으로 한번 발화된 말은 오래 남지 않는다. 친구와 오랜 시간 나눈 대화를 녹음하지 않는다면 서로 나눈 이야기들은 기억에만 남을 뿐, 그 순간순간의 말소리들은 사라지고 만다. 따라서 인류는 이러한 언어의 제약을 극복하려고 문자를 발명하고자 했는데, 바로 눈으로 볼 수 있는 기호를 만들어 언어와 대응하는 작업이었다.

고대 사람들이 우리에게 남긴 흔적들 가운데 동굴에 그려진 그림이나 바위에 새겨진 기호들이 무수히 존재한다. 이러한 그림이나 기호들을 모두 그 당시 문자로 볼 수 있을까? 그림이나 특수한 기호들을 고대 사람들이 눈으로 보고 언어로 읽을 수 있었던 것인지, 아니면 그저 그림이나 기호에 담긴 뜻만 이해했는지 현재로서는 알 수 없다. 다음 그림은 1940년 프랑스 남서쪽 도르도뉴 데파르트망의 몽티냐크 마을에서 소년들이 우연히 발견한 라스코 동굴 벽화이다. 1만 7000년~1만 5000년 경 그려진 것으로 추정하는 후기 구석기시대의 매우 유명한 그림이다. 들소, 야생마, 사슴 등이 그려져 있고, 고양이와 주술사와 같은 것도 그려져 있다.

라스코 동굴 벽화

다음은 우리나라에서 1970년에 처음 발견되어, 1973년 학계에 보고된 울주 반구대 암각화이다. 이 암각화에는 인간상 8점, 고래와 물고기, 사슴, 호랑이, 멧돼지, 곰, 토끼, 여우 등의 동물 120여 점, 고래잡이하는 배와 어부들, 사냥하는 광경 등 5점, 기타 명칭 불명의 동물 30여 점 등 300여 점이 넘는 바위조각이 대대적으로 새겨져 있다.▣

반구대 암각화 ❶ 북방긴수염고래 ❷ 혹등고래 ❸ 새끼를 업은 고래 ❹ 작살이 꽂힌 고래 ❺ 호랑이 ❻ 멧돼지 ❼ 사슴 ❽ 주술사 ❾ 창을 든 전사 ❿ 고래잡이 배(우마이)

프랑스 라스코 동굴 벽화와 우리나라 반구대 암각화에 그려진 것들은 의미를 전달하는 기호로 볼 수는 있지만, 이러한 것들이 당시 인류가 그들의 언어로 읽어낼 수 있는 체계적인 기호였는지는 알 수 없다. 이에 비해, 가장 오래된 한자인 상(商)나라의 갑골문(甲骨文)은 각각의 기호들이 모두 발음이 있고, 그 기호들이 언어를 충분히 기록할 정도로 체계적으로 나열되어 있어서 고대 중국어를 표기한 문자라는 것을 확신할 수 있으므로, 가장 오래된 한자로 인식한다.

언어는 말소리와 의미가 결합된 것이고, 문자는 그 언어를 눈으로 보고 읽을 수 있는 것이다. 즉, 문자는 언어를 표기한 기호체계를 말한다. 언어를 표기하지 않았지만, 특정한 의미가

▣ 문명대(1973년) 문화재 「울산의 선사시대 암벽각화」 7호 50~60페이지 참조

있는 기호들은 문자로 정의하지 않는다.[16] 한국어는 우리나라 사람들이 사용하는 언어이고, 한글은 한국어를 표기한 기호체계이다. 영어는 영미권 사람들이 사용하는 언어이고, 알파벳은 영어를 표기하는 기호체계이다. 마찬가지로 중국어는 중국 사람들이 사용하는 언어이고, 한자는 중국어를 표기하는 기호체계, 즉 중국어의 문자이다.

2. 한자의 성질: 한자는 표의문자인가?

한글과 알파벳은 표음문자이고, 한자는 표의문자일까? 일반적으로 사람들은 한자의 개별 글자는 모두 특정 '뜻'이 있다는 이유로 한자를 단순히 표의문자로 분류한다. 그러면 한자라는 문자의 개별 글자들이 '발음'을 가지지 않았는가? 결코 그렇지 않다. 한번 생각해 보자.

문자는 언어를 표기하는 기호체계라고 하였다. 문자를 성질에 따라 분류하고 싶다면, '문자는 언어를 표기한 기호체계'라는 전제를 근거로 언어와 글자의 대응 관계를 살펴봐야 한다. 중국의 언어학자 뤼수샹(呂叔湘)은 이런 방식으로 문자를 크게 세 가지로 분류하였는데, 음소문자(音素文字)와 음절문자(音節文字), 그리고 형태소-음절문자(形態素-音節文字)가 그것이다. 뤼수샹은 문자의 기본 단위가 해당 언어와 어떻게 대응되는지를 기준으로 삼았는데, 알파벳과 한글의 기본 단위들은 영어와 한국어의 음소와 대응되고, 일본어를 표기하는 가나문자의 기본 단위들은 일본어의 음절과 대응됨을 알 수 있다. 표로 나타내면 다음과 같다.

알파벳	영어의 음소
a, b, d, t	[ə], [b], [d], [tʰ]
한글	한국어의 음소
ㅂ, ㅍ, ㅣ, ㅔ	[b], [p], [i], [e]
가나	일본어의 음절
か, き, く, け, こ	[ka], [ki], [ku], [ke], [ko]

문자와 발음의 대응 상황

---

16 넓은 의미에서 특정한 의미가 있는 모든 도상이나 기호도 문자로 보는 학자도 있지만, 여기서는 좁은 의미에서 반드시 인간의 언어를 표기한 기호만을 문자로 정의한다. 즉, 언어의 말소리와 대응하는 기호여야 문자로 간주한다.

따라서 알파벳과 한글은 음소문자이고, 가나는 음절문자라고 할 수 있다.

그러면 한자는 어떤 문자에 해당할까? 한자는 '형태소-음절문자'라고 하는 것이 맞다. 그 이유는 한자의 기본 단위인 자(字)가 발음으로는 하나의 중국어 음절을 나타내고, 의미로는 최소한 중국어 형태소의 의미를 나타내기 때문이다. 人이라는 글자는 rén이라는 음절을 나타내면서, 동시에 '사람'이라는 단어 의미를 가지고 있다. 好人은 2음절 hǎorén으로 읽을 수 있는데, '좋은 사람'이라는 단어 의미를 나타내며, 好(좋다)라는 형태소와 人(사람)이라는 형태소로 결합된 합성어이다. 人은 단독으로 사용되면 단어 의미를 나타내고, 다른 글자와 결합할 때는 형태소 의미로 작용하는 것이다. 또 地震은 2음절 dìzhèn으로 읽을 수 있고, '지진'이라는 단어 의미를 나타낸다. 이는 '地(땅)'라는 형태소와 '震(진동)'이라는 형태소로 결합된 합성어이다. 따라서 한자는 하나의 자(字)가 형태소 의미와 음절을 겸하여 표기하는 문자이므로, 형태소-음절문자로 분류해야 마땅하다.

2 한자의 발달과정

● 고대문자와 근대문자 그리고 간체자

1. 한자의 기원

한자를 창제했다고 전해지는 창힐(倉頡)이라는 인물이 있다. 주로 춘추전국시대의 문헌에 출현하는데, 황제(黃帝)의 사관(史官)이었다는 설에서 눈이 네 개 있었다는 말까지 매우 황당한 전설의 하나로 전해진다. 고대사회에서 최초의 문자 발명은 특정한 한 사람이 순식간에 할 수 있는 일은 아니었을 것이다. 순자(荀子)는 창힐에 대하여

창힐

문자와 관련된 일에 전문적으로 종사했던 인물일 가능성을 제시하였는데, 만일 창힐이라는 인물이 실존하였다면 순자의 주장이 비교적 합리적이라고 생각된다.

인류는 문자를 사용하기 전에 음성 언어로 의사소통을 해왔는데, 중국도 예외는 아니다. 현재 우리가 중국어를 표기한 기호체계로서 인정할 수 있는 가장 오래된 한자는 상나라의

갑골문이다. 여기서는 먼저 갑골문 이전에 고대 중국인이 사용했던, 한자의 기원이 되는 의사소통의 흔적을 소개하겠다.

위에서 언급한 것처럼, 인류는 언어가 갖는 시간과 공간의 제약을 극복하려고 문자를 발명하였다. 사회가 발달하면서 수렵이나 채집에서 벗어나 농경사회로 진입하면 생산력이 증대될 수밖에 없다. 사냥으로 짐승을 잡거나 강이나 바다에 나가 물고기를 잡는 방식에서 온순한 동물들을 길들여 개량하고 교배시켜 가축을 많이 보유하게 되면, 먹을 것이 풍부해져 자연스럽게 인구가 증가하고, 소규모 부족 공동체가 대규모 국가 체계를 갖출 정도의 거대한 공동체로 발전한다. 대규모 사회에서는 기억해야 할 사건이 많아지고 후손들을 교육해야 할 일들도 복잡해지는데, 인간의 언어만으로는 한계가 있으므로 이를 극복하는 방법으로 기억의 보조 수단을 사용하거나 그림을 그려 특정 의미를 부여하여 남기고 전달하였을 것이다. 대표적인 기억 보조 수단으로는 결승(結繩)과 서계(書契)가 있다.

결승은 끈으로 매듭을 지어 특정한 의미를 전달하는 수단으로 고대 페루의 퀴푸(quipu)가 유명하다. 결승은 고대 중국, 티베트, 일본, 시베리아, 아프리카, 캘리포니아, 폴리네시아 제도에서도 사용되었다.

고대 페루의 결승 서계

중국의 고대 문헌에도 결승과 관련된 기록이 보이는데, 『주역(周易)』과 그에 대한 정현(鄭玄)의 주석에는 다음과 같이 나와 있다. "상고 시기에 매듭을 지어 백성을 다스렸고, 후대 성인은 그것을 바꾸어 서계로 다스렸다"[17], "매듭을 만들어 약정으로 삼았는데 사안이 크면 끈을 크게 묶고, 사안이 작으면 끈을 작게 묶었다"[18].

서계는 나무를 사용하는 것으로, 나무에 홈을 파서 그 홈의 개수로 특정 물건의 수량을 나타낸다. 이것을 세로로 자르면 물건을 거래하는 계약서 역할을 하게 된다.

서계 역시 중국 고대 문헌의 기록에 보이는데, 『주례(周禮)』의 기록은 다음과 같다. "서계

---

17 上古結繩而治，後世聖人易之以書契.『周易·繫辭』

18 結繩爲約，事大，大結其繩，事小，小結其繩.『周易注』

는 물건의 계약서를 주고받는 것이다. 그 계약서의 형상을 2개의 목간 측면에 새긴 것이다"[19].

결승과 서계는 일종의 기억 보조 수단일 뿐, 이들을 문자로 볼 수는 없다. 결승·서계 이외에 한자의 기원으로 가장 많이 거론되는 기호들이 바로 대략 기원전 4000년경에 만들어진 것으로 추정되는 시안(西安) 반포(半坡)의 도기기호(陶器記號)와 기원전 3000년~기원전 2500년경으로 추정되는 산둥성(山東省) 다원커우 문화(大汶口文化) 유적지의 도기기호이다. 이 두 가지 도기기호를 살펴보자.

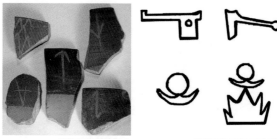

시안 반포 도기기호   다원커우 문화 도기기호

이 기호들은 모두 하나의 도기에 새겨진 단편의 기호이거나 파편에 단편적으로 새겨진 기호들이다. 갑골문처럼 언어를 기록한 것으로 문장형식을 갖추어 나열된 형태가 발견된 것은 단 하나도 없다. 따라서 이러한 도기기호들은 한자가 형성되는 데 어느 정도 모티브가 되었을 가능성은 있지만, 한자의 직접적 기원이 되는 기호들로 보기는 어렵다.

다원커우 문화 도기기호의 시대적 상한선이 기원전 3000년 전이고, 갑골문이 사용된 시기가 기원전 1300년 전이므로, 한자가 만들어진 시기는 지금부터 5,000년에서 3,300년 전으로 추정할 수 있다. 그리고 구체적으로 고대 중국어를 처음 기록한 최초의 한자가 탄생되는 배경은 급속도로 발전하는 사회의 변화 속에서, 지배계층과 피지배계층의 구분이 생기고, 권력을 쥔 사람이 피지배계층을 통제하는 수단과 방법을 강구하게 되면서, 통제를 위한 행정 문서의 필요성이 대두되는 것과 긴밀한 관련이 있을 것이다. 즉, 언어와 특정 기호들을 온전히 대응하는 작업으로 문서 행정을 시행하려고 한자가 만들어졌을 것이다.

2. 상(商)나라 한자: 갑골문(甲骨文)

중국인이 사용한 가장 오래된 문자는 상(商)나라(기원전 1600년~기원전 1046년) 후기의 한자이다. 이 시기에는 주로 거북이 배 껍질과 소 어깨뼈에 새긴 갑골문, 청동기에 새긴 금문

---

19 書契取予市物之券也. 其券之象、書兩札, 刻其側.『周禮·質人注』

(金文), 그리고 도기에 새긴 도문(陶文)이 발견되었지만, 갑골문의 수량이 월등히 많으므로 여기서는 갑골문에 대해서만 서술하겠다.

거북 복갑(腹甲)의 정면　　　거북 복갑(腹甲)의 반면

갑골문(甲骨文)은 거북이의 껍질인 귀갑(龜甲)과 짐승의 뼈인 수골(獸骨)을 이용하여 점을 치고, 그 내용을 글자로 새겨 넣은 것이다. 따라서 귀갑수골문자(龜甲獸骨文字)라고 하였는데, 후에 이를 줄여서 갑골문이라고 한 것이다. 중국 상나라의 왕인 반경(盤庚)이 은(殷, 지금의 허난성(河南省) 안양시(安陽市) 샤오툰(小屯) 마을)으로 도읍을 옮긴 이후부터 마지막 왕인 제신(帝辛), 즉 주왕(紂王)까지 약 273년 동안 왕과 귀족들은 국가의 대소사를 결정할 때 점을 쳤는데, 여기에는 주로 거북이 배 껍질과 소 어깨뼈를 사용하였다.[20] 갑골의 바깥쪽 면을 정면(正面)이라 하고 안쪽 면을 반면(反面)이라고 한다. 타원형의 착(鑿)과 원형의 찬(鑽)이라고 불리는 움푹한 곳을 파내고 그 파낸 홈에 뜨겁게 달군 쇠를 가져다 대거나 뜸을 뜨면, 반대쪽인 정면에 卜모양의 균열이 생긴다. 상나라 사람들은 이 卜모양의 균열을 보고 길흉(吉凶)을 판단하였다. 卜모양의 균열을 본떠 만든 글자가 바로 '卜(점 복)'자이며, 卜자의 발음(*puk)이 균열이 나는 소리와 관련이 있다는 주장도 제기되고 있다.[21]

갑골문은 1899년(청(淸)나라 광서(光緒) 25년) 왕의영(王懿榮)이 세상에 알렸다. 왕의영은 당시 북경의 국자감좨주(國子監祭酒)로 금석학에 조예가 깊은 학자였다. 전하는 바에 따르면 왕의영이 당시에 말라리아에 걸렸는데, 달인당(達仁堂)이라는 약방에서 거북판을 구매하여 복용하였다고 한다. 그의 사저에 머물던 유악(劉鶚)이 거북판에 글자가 새겨져 있는 것을 보고 왕의영에게 보여주면서 처음 갑골문을 인식하게 되었다고 한다.

---

20 거북의 경우 등껍질을 간혹 사용하기도 하였고, 그 밖에 소의 다리뼈나 늑골, 두개골, 사슴의 두개골이나 뿔, 코뿔소나 호랑이 뼈도 사용하였으며, 심지어 사람의 두개골을 사용한 것도 있다.

21 그러나 이처럼 실제 소리를 인간의 언어로 구현하면서 어원이 되었다는 것에는 조심스럽게 접근해야 한다. 돼지의 울음소리가 영어에서는 '오잉크(oink)'로, 한국어에서는 '꿀꿀'로 구현되는데, 3,300년 전 상나라 사람들이 거북 껍질에 균열이 나는 소리를 *puk으로 구현했을지는 정확히 알 길이 없기 때문이다. *puk에서 *는 옛 발음을 재구할 때 표기하는 기호로 '재구음 표기'이다.

그런데 이는 꾸며낸 이야기로 사실이 아니다. 본래 갑골은 상나라가 멸망한 후, 오랫동안 땅속에 매장되어 있었고, 수많은 세월을 지나오며 상나라의 마지막 도읍인 은지역에 거주하는 농부들에 의하여 파괴되거나 버려졌다. 명(明)~청(淸) 시기에 오래된 동물의 뼈나 갑각류의 껍질이 용골(龍骨)이라는 이름으로 약재로 쓰였는데, 농부들이 이 사실을 알고 갑골을 약방에 팔기 시작하였다. 그러던 중 골동품을 취급하는 상인들 가운데 범유경(范維卿)이라는 사람이 샤오툰 마을에서 약재로 팔리는 갑골들에 글자가 새겨져 있는 것을 알고 문화재적 가치가 있다고 판단해 대량으로 구매하였으며, 1899년 왕의영에게 가져다주어 세상에 알려지게 된 것이다.

지금까지 발견된 갑골의 총 수량은 13만여 조각이며, 그 가운데 70%가 거북이 껍질이고, 30%는 소 어깨뼈이다. 그리고 거북이 배 껍질과 등 껍질을 놓고 보면, 배 껍질이 99% 이상으로 월등히 많다. 균열을 내어 점을 치고, 글자를 기록하기에는 편평한 거북이 배 껍질이 훨씬 편리했기 때문이었을 것이다. 13만여 갑골 조각에 새겨진 갑골문자의 총 수량은 대략 150만 자이며, 당시에 사용된 갑골문자의 개수는 4,000여 자에 달한다. 지금 중국 대륙에서 교육용 상용자로 지정된 글자가 3,500자인 것을 감안하면, 상나라 때 갑골문은 이미 매우 발전되고 체계를 갖춘 문자였다는 것을 알 수 있다. 다만 아직 해독하지 못한 글자들이 많은데, 현재까지 학계에서 해독한 글자는 1,000자 정도밖에 되지 않는다.

갑골문은 글자 수량에서뿐만 아니라, 후대의 한자 분석 이론인 육서(六書)를 적용하였을 때에도, 모든 글자가 상형(象形), 지사(指事), 회의(會意), 형성(形聲)과 맞아떨어질 정도로 고도로 발전된 문자였다. 특히 이 가운데 한자의 가장 효율적인 조자(造字) 방법인 형성자에 해당하는 갑골문자 수가 전체 글자 가운데 45%에 달하였다.

육서	해서체 한자	갑골문	조자 원리
상형	冊		대나무로 엮어 만든 책을 본뜬 글자
	鼎		솥을 본뜬 글자
지사	上		기준선 위에 부호를 더한 글자
	亦(腋)		겨드랑이에 부호를 더한 글자

회의	涉		물(水)을 건너는 두 발(步)
	好		엄마(女/母)와 아이(子)
형성	星		별에 소리 부호 生을 더한 글자
	往		발에 소리 부호 王을 더한 글자

갑골문의 조자원리

갑골문은 상나라 왕실과 귀족들이 점을 친 기록이므로 그 내용이 날씨, 천문, 사냥, 전쟁, 농사, 질병, 제사, 출산 등에 이르기까지 매우 다채롭고 풍부하다. 따라서 갑골문으로 중국 상나라의 역사와 문화를 이해하는 데 큰 도움을 받을 수 있다. 갑골에 기록된 문장들을 복사(卜辭)라고 하는데, 그 형식은 비교적 정형화되어 있다. 먼저 점을 친 날짜와 사람 이름을 기록한다(전사, 前辭). 두 번째로 묻고 싶은 내용이 기록되며(명사, 命辭), 세 번째로 점괘의 결과(점사, 占辭)를 기록하고, 마지막으로 점사대로 실현이 되었는지까지 기록하였다(험사, 驗辭). 갑골문에서 비가 오는 방향에 관하여 점을 친 흥미로운 기록이 있어 아래에 소개한다.

癸卯卜, 今日雨.
계묘일에 (점을 위한) 균열을 냈다: 오늘 비가 올 것이다.[22]

其自西來雨.
아마도 서쪽으로부터 오는 비일 것이다.

其自東來雨.
아마도 동쪽으로부터 오는 비일 것이다.

其自北來雨.
아마도 북쪽으로부터 오는 비일 것이다.

其自南來雨.
아마도 남쪽으로부터 오는 비일 것이다.

합12870의 탁본　　합12870의 모사본

---

22 David N. Keightley, Paul L-M.Serruys, David S.Nivison, Edward L.Shaughnessy 등 서양의 연구자들이 명사(命辭)를 의문문으로 보는 견해에 처음 문제를 제기하였고, 중국의 리쉐친(李學勤), 치우시구이(裘錫圭) 등 고문자학자들이 심도 있는 논의를 진행하였다. 점을 치는데 반드시 의문형이 아니더라도 긍정과 부정의 형태로 의문을 던질 수 있으며, 특정 명사를 의문문으로 번역할 때 심각한 오류가 일어나는 사례가 있기 때문이다. 따라서 여기서는 갑골문의 명사(命辭)에 해당하는 부분에 마침표를 찍고, 평서문으로 번역하였다.

3. 서주춘추(西周春秋)시대 한자: 금문(金文), 후마맹서(侯馬盟書), 조충서(鳥蟲書)

금문은 청동기에 새겨진 글자를 말하며, 발굴되어 볼 수 있는 금문은 상나라부터 주나라와 진한(秦漢)시대까지 있다. 그 가운데 서주(西周)시대(기원전 1046년~기원전 771년) 금문의 수량이 가장 많고 대표적이라고 할 수 있다. 청동기에 새긴 글자를 금문이라고 하는 이유는 금속에 새겼기 때문이다. 그리고 고대에는 청동을 길금(吉金, 단단한 쇠)이라고 해서 길금문(吉金文)이라고도 하고, 발견된 청동기물 가운데 종(鐘)과 정(鼎)이 가장 많아서 종정문(鐘鼎文)이라고도 한다.

종(鐘)   정(鼎)

갑골문은 갑골에 먼저 붓으로 쓰고 나서 칼로 새기거나, 곧바로 칼로 새겨 넣은 글자들이므로 필획이 비교적 날카롭고 뾰족한 형태로 된 것들이 많다. 반면에 금문은 칼로 새긴 것도 있지만, 대부분 진흙으로 만든 거푸집에 글자를 새겨 넣어 주조된 형태로 나타나므로 필선이 부드럽고 굵은 것이 특징이다. 주조하기 전에 만든 틀은 안틀과 겉틀이 있다. 이를 각각 모(模)와 범(范)이라 하며, 이 모와 범의 틀에 쇳물이 들어가 기물이 만들어진다. 오늘날 우리가 말하는 '모범적'이라는 말의 한자어 모범(模範)이 바로 거푸집을 뜻하는 모범에서 왔다. 상나라 금문은 새겨진 글자 수가 비교적 적은데, 대체로 한두 글자로 부족의 명칭이나 조상신의 이름이 새겨졌고, 많아도 50자를 넘지 않는다.

사정(史鼎)

상나라가 멸망하고 주(周)나라가 봉건제도를 실시하며 중국을 통치하기 시작하였다. 주나라는 혈연관계에 있는 사람들을 각 지역으로 파견하여 지방을 통치하도록 하였고, 이러한 분봉(分封)으로 영토와 관직, 하사품을 받은 것을 기념하는 청동기를 많이 제작하였다. 그리고 세력을 확장하며 발생하는 전쟁에서 자연스럽게 세워진 공적을 기념하는 청동기들도 많이 제작되었다. 따라서 주나라 금문은 주로 분봉, 전쟁, 포상, 제사 등에 관한 내용이 집중적으로 많고, 보통 한 기물에 새겨진 글자 수는 100자 내외에서 많은 것은 500자에 달하기도 한다.

작책반언(作冊般甗)

대우정(大盂鼎)　　　　　　　모공정(毛公鼎)

서주시대는 주나라 왕실의 쇠퇴와 제후국들의 세력이 강화되는 시기에 북방 견융(犬戎)의 침입으로 평왕(平王) 때 도읍을 동쪽 낙읍(洛邑)으로 이전하면서 막을 내리고, 동주(東周)시대가 시작된다. 동주시대는 다른 말로 춘추전국(春秋戰國)시대라고도 하며, 동주시대의 전반기가 춘추시대(기원전 770년~기원전 476년), 후반기가 전국시대(기원전 475년~기원전 221년)이다. 춘추시대의 한자로는 제후국인 진(晉), 제(齊), 초(楚), 오(吳), 월(越) 등 각 제후국들의 금문과 각 나라들의 맹약을 기록한 맹서(盟書)를 볼 수 있는데, 글자 모양에서 많은 변화와 지역의 특색이 드러나기 시작한다.

1965년~1966년 중국 산시성(山西省) 허우마시(侯馬市) 친촌(秦村)에서 옥기가 5,000여 편 발견되었다. 이들은 춘추시대 진(晉)나라 문자가 새겨져 있고, 국가 사이의 맹약을 기록한 것이 주된 내용이다. 후마맹서(侯馬盟書)라고 하는 이 문자 자료를 보면 자형(字形) 변화가 많이 보이는데, 뒤에서 언급할 예서(隸書)의 모습이 이미 조금씩 보이는 것을 알 수 있다.

후마맹서

춘추시대 금문의 두드러진 특징은 글자에 굴곡을 강조하고 아래로 길게 늘어뜨리는 형태로 쓰는 것이다. 또 춘추시대 후기에서 전국시대 초기까지 글자에 독특한 장식을 더하는 풍조가 유행하는데, 새 모양 또는 벌레 모양의 장식을 더하는 것으로 이를 조충서(鳥蟲書)라 한다.

元　　正　　自　　用　　之　　子

조충서(鳥蟲書)

62

4. 전국(戰國)시대 한자: 전국문자(戰國文字)

춘추시대의 진(晉)나라가 한(韓)·위(魏)·조(趙) 세 나라로 분열되고, 한·위·조에 제(齊)나라, 초(楚)나라, 연(燕)나라, 진(秦)나라까지 총 일곱 나라가 천하를 차지하려는 각축전을 벌이면서 전국시대가 시작된다. 전국시대는 제후국들의 세력이 더욱 커지고 나라 규모도 확대되면서 하급 관리들이 급증하게 된다. 자연스럽게 행정 문서가 많아지고 문자의 사용범위가 점차 넓어지면서 글자 모양에도 급격한 변화가 일어난다. 전국시대의 문자는 금문, 대나무나 비단에 쓴 간백문자(簡帛文字), 도장에 새긴 새인문자(璽印文字)가 주를 이룬다. 여기서는 간백문자만 설명하겠다.

간백문자의 서사 재료인 대나무는 상나라 초기부터 사용했을 것으로 추정하고, 비단은 그보다 늦은 시기에 사용했을 것으로 추정한다. 갑골이나 청동기에 비해 내구성이 떨어지므로 초기에 사용된 간백문자는 보존되지 못하였고, 우리가 현재 볼 수 있는 가장 이른 시기의 간백 자료는 전국시대 이후의 것들이다. 전국시대의 것으로 출토된 죽간(竹簡) 자료는 1986년~1987년까지 후베이성(湖北省) 징면시(荊門市) 포산(包山) 2호 초나라 묘에서 발견된 포산초간(包山楚簡), 1993년에 징면시에 있는 곽점(郭店) 초나라 묘에서 발견된 곽점초간(郭店楚簡), 1994년 상하이박물관이 홍콩 경매시장에서 구입한 상하이박물관장전국초죽서(上海博物館藏戰國楚竹書), 2008년 칭화대학(淸華大學) 졸업생의 기증으로 소장하게 된 초나라 죽간인 칭화대학장전국죽간(淸華大學藏戰國竹簡), 2019년에 발표한 안후이대학장전국죽간(安徽大學藏戰國竹簡) 등이 대표적이다. 이들 죽간에 기록된 문서들은 대부분 옛 경전들로 시경(詩經), 상서(尙書), 노자(老子) 등 선진(先秦)시대의 다양한 사상과 역사 관련 텍스트들이며, 이러한 발견으로 현재 중국의 고대사와 고대 사상에 대한 연구가 새롭게 진행되고 있다.

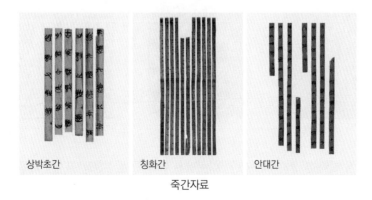

상박초간　　칭화간　　안대간

죽간자료

비단에 쓴 문서 중 전국시대의 것은 역시 초나라 백서(帛書)로 1942년에 창사(長沙)의 초나라 무덤에서 발견된 것이다. 내용은 주로 천문(天文)과 사시(四時)와 관련된 것이다.

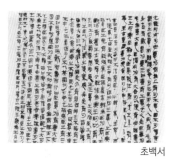

초백서

5. 진(秦)나라 한자: 소전(小篆), 진례(秦隸)

전국시대는 진시황의 전국 통일로 막을 내리고, 통일 진나라(기원전 221년~기원전 207년)시대가 시작된다. 진시황은 길이·용적·무게를 재는 도량형(度量衡)과 수레바퀴의 폭 등을 통일하였으며, 동시에 전국 시기 진나라를 제외한 여섯 나라의 글자, 즉 육국문자(六國文字)를 폐기하고 진나라 스타일의 서체만 사용하도록 문자를 통일하였다. 당시 승상이었던 이사(李斯)가 자형을 정리하였는데, 그것이 바로 진시황 통일 서체인 소전(小篆)이다. 소전은 춘추전국시대 진나라 한자의 계통을 이어온 것으로 곡선이 뚜렷하고 장방형(長方形)으로 가로와 세로의 비율이 2:3인 것이 특징이다. 지금 우리가 볼 수 있는 통일 진나라의 소전으로는 진시황이 전국을 통일하고 각종 명산(名山)을 다니며 제사를 지내고 비석을 세워 글자를 새긴 각석(刻石)과 도량형에 새겨진 명문들이 있다. 대표적인 것으로 태산각석(泰山刻石), 역산각석(嶧山刻石), 진조판(秦詔版) 등이 있고, 『설문해자(說文解字)』에 수록된 9,353개의 표제자는 후대에 전해진 글자들이지만, 역시 진나라 소전의 모습을 볼 수 있는 중요한 자료이다.

역산각석

진조판

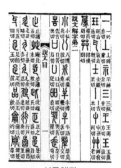
설문해자

진나라에서 사용한 글자가 소전만 있는 것은 아니다. 춘추전국 시기에 태동되어 형성된 예서(隸書)도 많이 사용하였다. 예서라는 서체가 소전이 형성되고 나서 만들어진 것은 결코 아니다. 예서의 특징은 필획이 곡선에서 직선으로 변화되고, 윤곽이 간단한 필획으로 간소화된 서체인데, 이미 춘추시대 후마맹서에서 이러한 특징이 서서히 보이기 시작한다. 전국시대에 수많은 사람이 문서 행정을 하면서 자형이 간소화된 예서의 모습이 자연스럽게 형성되었고, 진나라에 와서는 비석이나 도량형, 중요한 문서는 소전으로 쓰되, 그 이외의 일반적인 행정 문서에서는 초기 예서를 사용한 것을 알 수 있다.[23] 따라서 진나라 시기의 예서를 진례(秦隸) 또는 고례(古隸)라 하고, 한나라 이후의 예서를 한례(漢隸) 또는 금례(今隸)라 한다. 통일 진나라 시기의 예서체를 볼 수 있는 중요한 자료로는 수호지진간(睡虎地秦簡), 이야진간(里耶秦簡), 악록진간(嶽麓秦簡) 등이 있다.

수호지진간 진례

이야진간 진례

6. 근대 한자: 한례(漢隸), 초서(草書), 해서(楷書), 행서(行書)

진시황의 갑작스러운 전국 통일과 무력에 의한 통치, 그리고 진시황 사후 환관 조고(趙高)의 전횡으로 진나라는 15년 만에 멸망하고, 한고조(漢高祖) 유방(劉邦)이 세운 한(漢)나라(기원전 207년~기원후 220년)가 들어선다. 진나라는 소전과 진례를 공식 서체로 삼았는데, 한나라는 예서의 모습이 좀 더 분명해진 직선 필획과 회화성이 완전히 사라진 정형화된 예서를 공식 서체로 삼았다.[24] 또한 이처럼 정형화된 예서로 변화하는 과정에서 한자 자형이 고문자에서 근대문자 단계로 진입했다고 할 정도로 예서를 기점으로 많은 격변이 일어났으므로 이러한 변화를 따로 예변(隸變)이라고 한다.

---

23 예서의 탄생과 관련하여 진시황 통일 이후, 가혹한 무력 통치가 이어지자 감옥에 갇히는 사람이 많아졌고, 간수로 일하던 정막(程邈)이라는 사람이 서사의 편리를 위하여 개발하였다는 이야기가 전해지는데, 이는 후대 사람들이 만들어낸 이야기에 불과하다.

24 일반적으로 한자의 발전을 이야기할 때, 갑골문부터 소전까지를 고문자 단계로 보고, 예서(隸書) 이후의 한자를 근대문자 단계로 본다. 그러나 진한(秦漢)시대의 다양한 문헌자료가 출토되면서 서체는 예서인데, 글자 구성은 고문자 모습을 간직한 자형들을 보게 된다. 따라서 지금은 상나라 갑골문, 금문부터 진나라, 한나라 출토문헌(出土文獻)의 예서까지를 고문자 단계로 보고, 완연한 예서의 모습을 형성한 한나라 이후의 예서체부터 근대문자로 간주한다.

예변(隸變)

예변은 고문자 단계의 글자 모양이 예서체로 변화되는 과정을 말한다. 예변으로 인하여 글자 모양에 큰 변화가 생기는데, 크게 두 가지로 나누어 볼 수 있다. 하나는 이화(異化)되는 것으로 특정 글자들의 동일한 일부 모양이 각기 다른 형태로 변화하는 것이고, 다른 하나는 동화(同化)되어 특정 글자들의 각기 다른 일부 모양이 동일한 형태로 변화하는 것이다. 전자를 '예분(隸分)'이라 하고, 후자를 '예합(隸合)'이라 한다. 편의상 소전을 가지고 예를 들면 아래와 같다.

예분		예합	
炎 → 赤		素 → 素	
然 → 然		表 → 表	
灼 → 灼		貴 → 貴	
光 → 光		靑 → 靑	

소전	山	馬	學	貴
진례	山	馬	學	貴
한례	山	馬	學	貴
해서	山	馬	學	貴

　초서(草書)는 예서를 빠르게 휘갈겨 쓰면서 만들어진 서체이다. 동한(東漢) 시기부터 종이가 보급되고 서사에서 더욱 편리함을 추구하면서 필획을 흘려 쓰다 보니 형성된 서체이다. 초서의 명칭은 '거칠고 조잡하다'는 뜻의 '요초(潦草)'에서 초를 가져와 '초서'라 하였다. 초서는 동한부터 위진남북조(魏晉南北朝)를 거치며 발전하는데, 흘려 쓴 정도에 따라 장초(章草), 금초(今草), 광초(狂草)로 나눈다. 장초는 한나라 때의 초기 초서이고, 금초는 동진(東晉) 시기의 초서이며, 광초는 당(唐)나라 때 출현한 것으로 거의 미친 듯이 흘려 쓴 초서이다.

장초	금초	광초

해서(楷書)는 비교적 어려운 예서를 편리하게 쓰면서도 초서의 빨리 쓰는 장점을 결합한 서체로 진서(眞書)라고도 한다. 모범적인 서체라는 뜻에서 楷(본보기 해)자를 써서 해서라고 한다. 해서는 위진남북조시대에 형성되었고, 당나라 때 공식 서체가 되었다. 지금 우리가 일반적으로 사용하는 한자 서체가 해서이며, 한자 자형의 변화 및 발전은 기본적으로 해서에서 종지부를 찍었다고 해도 지나친 말이 아니다.

행서(行書)는 해서를 조금 빠르게 흘려 쓴 것으로, 예서를 아주 많이 흘려 쓴 초서보다는 알아보기 쉽다는 장점이 있다. 따라서 현재 중국인은 일상생활에서 필기할 때, 행서체를 많이 사용한다.

해서	행서

7. 현대 한자: 대륙의 간체자(簡體字)

한자는 갑골문부터 같은 글자인데 번잡하게 쓴 것과 간략하게 쓴 자형을 이미 동시에 사용해왔다. 즉, 번체(繁體)와 간체(簡體)를 함께 사용해 왔고 추세는 간략한 것을 취하는 방향으로 발전한 것이다. 해서체 한자를 공식적으로 사용한 이래, 1950년 마오쩌둥(毛澤東)은 한자의 간화 작업을 지시하였고, 1956년 정식으로 한자간화방안(漢字簡化方案)을 공표하였다. 그 후 간체자 만드는 작업을 지속하여 1964년 간화자총표(簡化字總表)를 발표하고, 1986년에 중복되는 글자를 정리하여 총 2,235개의 간체자를 확정하였다. 현재 대륙에서 사용하는 간체자는 완전히 새롭게 만들어낸 글자도 있지만 과거에 사용하던 해서체의 간략한 자형을 그대로 가지고 온 것이 많다. 간체자가 만들어진 유래를 정리하면 대략 8가지로 귀납할 수 있으며, 대표적인 예를 들면 다음과 같다.

• 글자의 일부만 취한 것				• 간단한 회의자(會意字)를 만든 것			
業	聲	習	麗	淚	塵	體	竈
业	声	习	丽	泪	尘	体	灶
• 간단한 편방(偏旁)으로 복잡한 편방을 교체한 것				• 간단한 형성자(形聲字)를 만든 것			
難	鷄	戲	對	膚	護	驚	戰
难	鸡	戏	对	肤	护	惊	战
• 필획이 적은 동음자(同音字)로 대체한 것				• 초서체 글자를 해서체 스타일로 바꾼 것			
裏	後	瞭	穀	車	書	堯	專
里	后	了	谷	车	书	尧	专
• 고자(古字)로 대체한 것				• 자형 전체를 간단한 윤곽으로 바꾼 것			
氣	雲	電	從	倉	龜	齊	
气	云	电	从	仓	龟	齐	

3 한자의 조자(造字)와 운용의 원리

● 육서설과 삼서설

1. 육서설

한자에 대한 분석은 한나라 때 본격적으로 시작되었다. 진시황이 전국을 통일했을 무렵, 독재적인 무력 통치로 수많은 유생(儒生)이 반발하자 진시황은 거세게 저항하는 유생들을 생매장하여 죽이고, 실용적인 서적을 제외한 모든 경전을 불태우는 분서갱유(焚書坑儒)의 만행을 저질렀다. 따라서 중요한 유교 경전이 불태워져 사라졌으나, 나중에 한나라가 세워지고, 한무제(漢武帝)가 유교를 국교로 세우며 유교 경전을 복원하였다. 이때 진시황의 난을 피하여 숨어 지내던 복생(伏生)이라는 늙은 유생을 찾아갔고, 거의 모든 경전을 암송하던 복생의 기억에 의존하여 당시 한나라의 서체인 예서로 경전을 복원하였다. 그런데 세월이 흐르면서 여러 지역에서 감춰두었던 옛 경전들이 하나씩 발견되었다. 특히 한나라 경제(景帝) 때 공자의 옛집을 허물고 궁궐 확장 공사를 진행할 때 공자의 집 벽 속에서 무수한 경전이 쏟아져 나온 사건이 유명한데, 공자의 집 벽에서 나온 경전들이라서 '공벽서(孔壁書)' 또는 '벽중서(壁中書)'라고 불렀고, 이 경전들이 모두 전국문자로 쓰여 있었으므로 '고문경(古文經)'이라 했다.

복생의 경전은 예서체로 썼으므로 '금문경(今文經)'이라 했는데, 금문경을 중시하는 금문학파와 고문경을 중시하는 고문학파로 학자들의 파벌이 나뉘면서 금고문 논쟁이 시작되었다. 고문학파는 고문경을 해독하려면 글자를 분석해야 했는데, 이러한 상황에서 자연스럽게 한자에 대한 분석과 연구가 시작되었고, 한자가 만들어지는 원리와 운용되는 원리를 이론화한 '육서 이론'이 이 시기에 정립되었다. 고문학파이던 허신(許慎)은 자전(字典)이자 최초의 문자학 이론서인 『설문해자』라는 책을 저술하면서 육서 이론을 실례를 들어 구체적으로 설명하였다. 『설문해자』에 소개된 육서 이론을 살펴보자.

지사(指事)는 보아서 인식할 수 있고, 살펴보아서 그 의미를 알 수 있는 것으로 上, 下가 이에 속한다. 指事者，視而可識，察而可見，上下是也.

지사는 기하학적인 부호를 사용하여 특정 의미를 나타내는 방식으로 만든 독체자(獨體字)로 허신은 上과 下를 예로 들었다. 갑골문을 봐도 기준선에 위·아래에 짧은 필획을 더하여 ⌒(上), ⌒(下)로 썼는데 그 의미를 명확히 알 수 있다.

상형(象形)은 사물의 형체를 그려내는데 그 물체의 윤곽에 따라 그대로 구부리고 그리는 것이며 日, 月이 이에 속한다. 象形者, 畫成其物, 隨體詰詘, 日月是也.

상형은 사물을 그대로 본떠 만든 독체자(獨體字)로 허신은 日과 月을 예로 들었다. 日은 태양을 본뜬 글자로 갑골문에서 ⊙로 쓰고, 月은 달을 본뜬 글자로 갑골문에서 𝕯로 쓴다.

형성(形聲)은 사물의 공통된 부류를 글자의 편방으로 삼고, 독음이 가까운 소리의 편방을 취해 이 둘이 서로 합해져 글자가 만들어지는 것으로 江, 河가 이에 속한다.
形聲者, 以事爲名, 取譬相成, 江河是也.

형성은 의미를 나타내는 글자와 발음을 나타내는 글자를 합하여 만든 합체자(合體字)이다. 江과 河는 모두 '물'이라는 큰 의미로 氵(水)를 구성요소로 하고, 각각 발음을 나타내는 工과 可를 구성요소로 삼는다.

회의(會意)는 글자의 무리(字類)를 나란히 합하여 새로운 뜻을 만들어 가리키는 바를 나타내는 것으로 武, 信이 이에 속한다. 會意者, 比類合誼, 以見指撝, 武信是也.

회의는 의미를 나타내는 두 개 이상의 글자를 합쳐 만든 합체자(合體字)이다. 武는 본래 '발'을 의미하는 止와 '무기'를 나타내는 戈로 구성되어 무기를 들고 가서 싸우는 의미이며, 信은 人과 言으로 구성되어 사람의 말에는 신뢰성이 있어야 한다는 의미에서 '믿음'을 나타낸다.

전주(轉注)는 하나의 부수를 세워 같은 의미를 서로 주고받는 것으로 考, 老가 이에 속한다. 轉注者, 建類一首, 同意相受, 考老是也.

전주는 같은 구성요소를 가지는 두 글자가 서로 의미를 주고받는 것으로 이해할 수 있다. 考와 老는 모두 耂라는 공통점이 있는데, 실제 『설문해자』를 검색해 보면 '考는 老라는 뜻이다(考, 老也)', '老는 考라는 뜻이다(老, 考也)'라고 나와 있다. 다만 이러한 사례가 거의 없으므로 한나라 학자들이 육서 이론에 전주라는 항목을 무슨 이유에서 세웠는지 의문을 가지면서 다양한 학설이 주장되어 왔으니, 무려 9가지로 정리될 정도로 난해한 항목이라고 할 수 있다.[25]

---

25 푸단대학(復旦大學)의 학자 치우시구이(裘錫圭)는 전주를 제외하고도 한자의 구조와 원리를 충분히 설명할 수 있으므로 혼란만 가중하는 전주는 배제하는 것이 낫다고 주장하기도 한다.

가차(假借)는 본래의 글자가 없어 소리에 의거해 의미를 기탁하는 것으로 令, 長이 이에 속한다. 假借者，本無其字，依聲託事，令長是也.

본래의 글자가 없어서 소리에 근거하여 의미를 기탁하는 것을 말하며, 이는 '동음이의어'를 표기하는 방식으로, 가차(假借)라고 한다. 그런데 令은 본래 의미가 '명령하다'이며, 의미가 확대되어 '명령하는 사람'이 되었고, 행정구역인 현(縣)을 다스리는 사람을 현령(縣令)이라한다. 長 역시 본래 의미가 '길다, 성장하다'로 의미가 확대되어 '우두머리'라는 뜻이 파생되었고, 행정구역 또는 부서를 책임지는 사람을 시장(市長), 부장(部長)이라 한다. 의미가 확대되어 새로운 의미가 파생된 경우를 청나라 이후로 인신(引伸)이라고 하여 가차와 구분하는데, 고문학파 허신은 가차를 설명하고 인신의 예시를 들었으므로 상호 모순이 된다. 아마도 한나라 때 학자들은 인신과 가차의 개념을 명확하게 나누어 생각하지 않았던 것 같다. 한 글자가여러 가지 의미를 나타내는 경우를 모두 가차라는 용어로 함께 포괄한 것으로 추정된다.

2. 삼서설

육서설은 송나라의 정초(鄭樵)와 청나라의 대진(戴震)에 의하여 '사체이용설(四體二用說)'로 발전되었다. 지사, 상형, 형성, 회의 네 가지는 모두 글자가 만들어지는 원리를 설명한 것으로 체(體)에 해당하고, 가차와 전주는 글자가 운용되는 원리를 설명한 것으로 용(用)에 해당하기에, 사체(四體)와 이용(二用)으로 육서를 재분류한 것이다. 그런데 청나라 말기에 갑골문이 발견되면서 갑골문, 금문 등 고문자(古文字)를 근거로 새롭게 한자 분석 이론을 정립해야 할 필요성을 느낀 학자들이 육서설을 수정한 삼서설을 제기하였다. 삼서설을 제기한 학자로는 대표적으로 탕란(唐蘭), 롱위춘(龍宇純), 천명자(陳夢家), 치우시구이(裘錫圭) 등이 있으며, 세부적인 내용에서는 각자 조금씩 다른 태도를 취하고 있다. 여기서는 치우시구이의삼서설만 소개하겠다.

치우시구이는 먼저 한자를 하나의 문자 부호로 볼 때, 의미부호와 소리부호로 나눌 수 있다는 것을 전제로 하여 크게 세 가지로 분류하였는데, 의미부호로만 이루어진 '표의자(表意字)', 의미부호와 소리부호로 이루어진 '형성자(形聲字)', 소리부호 역할만 하는 '가차자(假借字)'가 있다.

표의자는 추상적인 부호로 이루어진 추상자(抽象字), 사물을 그대로 본뜬 것 자체가 명칭이 되는 상물자(象物字), 사물을 그대로 본뜬 것에 지시 부호를 더한 지시자(指示字), 사물을 본뜬 글자이지만 표기하는 단어 의미는 사물과 관련된 의미를 나타내는 상물자식 상사자(象物字式象事字), 두 개 이상의 의미부호로 이루어진 회의자(會意字), 기존의 글자에 필획을 증감하거나 방향을 바꾸어 만든 변체자(變體字)로 나누었다. 그리고 회의자를 다시 도형식 회의자(圖形式會意字), 편방 사이의 위치 관계를 이용한 회의자, 주체와 기관의 회의자, 동일 편방(偏旁)을 중복해 만든 회의자 등으로 나누었다. 형성자는 네 가지로 세분하였는데, 의미부호와 소리부호로 이루어진 것으로 표의자에 소리부호를 더한 형성자, 표의자의 일부분을 소리부호로 교체한 형성자, 기존의 글자에 의미부호를 더한 형성자, 형성자의 편방을 교체한 형성자가 있다. 가차자는 기존의 글자가 단순히 소리부호 역할만 하는 글자를 말한다. 쉽게 말하면 동음이의어를 표기하는 것으로 기존의 글자들 가운데 발음이 같거나 유사한 글자를 활용하는 것이다. 치우시구이의 삼서설을 쉽게 이해하도록 예시와 함께 표로 나타내면 다음과 같다.

종류		예시
표의자(表意字)	추상자(抽象字)	一(一), 二(二), 三(三), 亖(四) ✓(上), ⌒(下), □(方), ○(圓) 回(回), ♀(糾), ﹀(小)
	지시자(指示字)	本(本), 亦(亦), 厷(厷), 面(面)
	상물자(象物字)	山(山), 象(象), 門(門), 弓(弓)
	상물자식 상사자(象物字式象事字)	右(右), 左(左), 矢(矢)
	도형식 회의자(圖形式會意字)	疾(疾), 从(从), 卽(卽)
	편방 사이의 위치 관계를 이용한 회의자	出(出), 逐(逐), 莫/暮(莫/暮)
	주체와 기관의 회의자	視(視), 旣(旣), 臭(臭)
	동일 편방을 중복해 만든 회의자	珏(珏), 林(林), 森(森)

72

	표의자에 음부(音符)를 더한 것	(鳳), (鷄), (齒)
형성자(形聲字)	표의자의 일부분을 음부로 교체한 것	(圃), (何)
	기존의 글자에 의부(意符)를 더한 것	取-娶, 然-燃, 益-溢
	형성자의 편방을 바꾼 것	振-賑
가차자(假借字)	동음이의어를 표기하는 것	其, 之, 東, 西, 南, 北, 無 등

4 한자의 총량과 구조

● 한자는 몇 개나 되고 왜 이렇게 복잡한가?

1. 한자의 총량

중국인이 사용하는 한자는 총 몇 글자나 될까? 가장 오래된 한자인 갑골문으로 거슬러 올라가 보면, 위에서 언급하였듯 상나라 때 한자의 개수는 이미 4,000여 개 글자가 되었고, 한나라 때 허신이 쓴 『설문해자』에는 9,353개 글자가 수록되어 있다. 청나라 때 제작된 『강희자전(康熙字典)』에는 47,043개 글자가 수록되었으며, 1980년대에 만들어진 『한어대자전(漢語大字典)』에는 54,678개 글자가 수록되었다. 그렇다면 중국인은 5만 개가 넘는 글자를 모두 알아야 할까? 결코 그렇지 않다. 최근에 만들어진 대형 자전들은 모두 역사를 거듭하며 생성되었다가 더는 쓰지 않는 모든 한자, 그리고 실제로는 같은 글자인데 모양만 다른 이체자(異體字)들이 모두 수록되었기 때문에 글자가 만 단위나 들어 있는 것이다. 『논어』에 사용된 글자의 총량은 1,339자이고, 십삼경(十三經)에 사용된 글자의 총량은 6,544개 글자에 불과하며, 현대의 일상생활에서 실질적으로 사용되는 한자의 총 수량 역시 결코 1만개 글자가 넘지 않는다.

중국 대륙에서는 한자가 사용되는 빈도와 분포도 그리고 단어를 구성할 수 있는 구성 능력에 근거하여 일반 서적과 잡지, 각종 전문 용어에 사용되는 한자를 통계 낸 바 있다. 1988년 3월 25일에는 국가어언문자공작위원회와 중화인민공화국신문출판서가 공동으로 『현대한어통용자표(現代漢語通用字表)』를 발표하였고, 여기에는 통용자 7,000개 글자가 수록되어 있다. 또 1988년 1월 26일 국가어언문자공작위원회와 국가교육위원회가 공동으로 『현대한어상용자표(現代漢語常用字表)』를 발표하였는데, 여기에는 1급 상용자 2,500개, 2급 차(次)상용자 1,000개로 총 3,500개 상용자가 수록되었다. 이들 상용자가 차지하는 비율은 99.48%로 한자 3,500개면 모든 중국어 서적을 읽고 이해하는 데 전혀 문제가 없다고 할 수 있다.

2. 한자의 형·음·의

한자의 한 글자는 기본적으로 자형(字形), 자음(字音), 자의(字義) 삼위일체로 되어 있다. 위에서 말한 것처럼 한자는 형태소-음절문자이므로 한 글자가 하나의 음절을 가지면서 동시에 최소한 하나의 형태소 의미를 지닌다.

	자형	好
好	자음	hǎo / 호
	자의	좋다

한자의 형·음·의

본래 하나의 한자는 하나의 '자형'을 가져야 하는데, 과거로부터 한자를 사용해 오면서 중국인은 서체의 예술 즉 서예 측면에서 글자 모양을 변형시키는 경우가 많았다. 한 글자의 자형을 변형시켜 다른 모양의 자형이 만들어지고, 그것을 오랫동안 널리 사용하면 습관이 되어 두 가지 이상의 자형을 쓰게 된다. 이러한 것을 이체자(異體字)라 하는데, 예를 들면 恥/耻(부끄러울 치), 鷄/雞(닭 계), 涙/泪(눈물 루), 塵/尘(티끌 진), 體/体(몸 체) 등이 있다. 이러한 이체자들은 한자를 배우고 사용하는데 어려움을 주는 요소이기에 중국 대륙에서는 한자를 규범화하는 과정에서 간체자를 제정하여 사용함과 동시에 이러한 이체자들을 대량으로 정리하여 한 글자에 하나의 자형만 사용하도록 하였다.

'자음'도 한 글자에 하나만 가지는 것이 일반적인데, 한 글자가 여러 가지 자음을 가지게 되면 그 뜻이 달라지는 경우가 있다. 이러한 것을 다음자(多音字)라고 한다. 예를 들면 樂을 yuè로 읽으면 '음악'을 뜻하고, lè로 읽으면 '즐겁다'는 뜻이 된다. 好를 hǎo로 읽으면 '좋다'는 뜻이고, hào로 읽으면 '좋아하다'는 뜻이 된다. 打를 dǎ로 읽으면 '때리다'가 되고 dá로 읽으면 '다스(dozen)'가 된다. 只를 zhǐ로 읽으면 '단지'를 가리키고, zhī로 읽으면 隻의 간체자로 '(짐승을 세는 단위의) 마리'라는 뜻이 된다. 이처럼 다음자가 형성되는 데는 두 가지 이유가 있는데, 바로 '인신(引伸)'과 '가차(假借)'이다. 인신은 앞서 얘기했듯이 단어의 한 의미가 연관이 있는 다른 의미를 파생시키는 것을 말한다. 樂이 '음악'이라는 뜻에서 '즐겁다'는 의미로 확대되면서 새롭게 만들어진 의미의 발음이 달라서 다음자가 된 것이다. 好자 역시 '좋다'에서 '좋아하다'로 인신되고 다음자가 되었다. 가차는 동음이거나 발음이 비슷한 단어를 기존의 글자로 표기하는 것이다. 打는 본래 '때리다'는 의미의 단어를 표기하는데, '한 다스'로 음역하여 다음자가 되었고, 只는 '단지'와 '마리'를 뜻하는 단어가 유사한 발음이라서 다음자가 된 것이다.

한 글자의 '자의'는 일반적으로 여러 가지일 수 있다. 다음자에서 설명했듯이, 인신과 가차 때문이다. 한자는 형태소-음절문자로 중국어의 형태소 또는 단어를 표기하며, 기본적으로 언어 형태소 또는 단어의 의미는 인신 때문에 여러 가지 의미가 파생되어 한 글자가 하나의 자의만 가지는 경우는 드물다. 예를 들면, 日이 日出일 때는 '태양'을 뜻하지만, 日子일 때는 '하루, 날'을 뜻하고, 上이 上边일 때는 '위'를 뜻하지만, 上车일 때는 '오르다'는 뜻이 된다. 동음이거나 발음이 유사한 단어를 표기하는 가차 때문에 한 글자가 여러 가지 자의를 가질 수도 있다. 예를 들면, 可가 可以일 때는 '가능'을 나타내고, 可乐일 때는 '콜라'의 음역이 된다. 干이 干事儿일 때는 '(일을) 하다'는 뜻이고, 干燥일 때는 '마르다'는 뜻이 된다.

3. 한자의 필획(筆劃)·편방(偏旁)·부수(部首)

한자는 기본적으로 필획에 따라 자형이 만들어진다. '필획'은 글자를 완성하는데 필요한 점과 선을 말하는데, 한자의 자형을 형성하는 모든 점과 선은 필획이 된다. 한자를 구성하는 기본적인 필획은 해서체를 기준으로 一(橫 가로획), ㅣ(竪 세로획), ㇒(撇 왼쪽 삐침), 、(點 점), ㇇(折 꺾기), ㇀(提 올림), ㇏(捺 오른쪽 파임), ㅣ(鉤 갈고리) 8가지로 정리할 수 있다. 8가지 기본 필획에서 변형된 파생 필획까지 하면 대략 30종류가 된다. 한자를 쓸 때는 이러한 기본적인 필획을 사용하게 되며, 자형을 아름답게 하려고 일정한 순서에 따라 써 내려가게 되는데, 이러한 필획의 순서를 '필순(筆順)'이라 한다. 아래 정리된 7가지 필순의 기본 원칙으로, 따라 쓰면 빠르고 예쁘게 쓸 수 있다. 그러나 필순의 원칙은 사람마다 조금씩 다를 수 있어서 반드시 이 원칙을 지켜야 하는 것은 아니다.

▪ 가로획을 먼저 쓰고 세로획을 나중에 쓴다. 예 十, 干, 王

干　　一 二 干

▪ 왼쪽 삐침을 먼저 쓰고 오른쪽 파임을 나중에 쓴다. 예 八, 人, 入

人　　ノ 人

▪ 위쪽을 먼저 쓰고 아래쪽을 나중에 쓴다. 예 三, 京, 高

京　　丶 二 亠 亠 亠 亠 京 京

▪ 왼쪽을 먼저 쓰고 오른쪽을 나중에 쓴다. 예 川, 衍, 做, 招

招　　一 十 扌 扚 护 护 招 招

▪ 바깥쪽을 먼저 쓰고 안쪽을 나중에 쓴다. 예 月, 勹, 同, 风

风　　丿 几 凡 风

▪ 중간을 먼저 쓰고 양쪽을 나중에 쓴다. 예 小, 水, 永

小　　亅 小 小

▪ 울타리 부분을 먼저 쓰고 입구를 나중에 막는다. 예 回, 目, 國

目　　丨 冂 冂 目 目

　　이처럼 필획에 따라 한 글자가 만들어지는 과정에서, 더 분해할 수 없는 글자를 '독체자(獨體字)'라 한다. 두 개 이상의 독체자가 합해져 만들어진 글자는 '합체자(合體字)'라 하는데, 육서설에서 설명했던 형성자와 회의자가 이에 해당한다. 합체자의 구조는 독체자가 결합되어 만들어진 것으로 대부분 기본적으로는 朝/理 같은 '좌우 구조', 思/想 같은 '상하 구조', 國/固 같은 '내포 구조'로 되어 있다. 옛날부터 중국인들은 좌우 구조로 된 글자에 왼쪽 구성요소를 偏(편)이라 하고, 오른쪽 구성요소를 旁(방)이라 했다. 지금은 합체자의 모든 구성요소를 좌우, 상하, 내포 따지지 않고 모두 '편방'이라 한다. 편방은 의미를 나타내는 '의부(意符) 편방', 발음을 나타내는 '음부(音符) 편방' 두 가지로 나눌 수 있으며, 의부와 의부가 결합된 합체자가 회의자이고, 의부와 음부가 결합된 합체자가 형성자로 예를 들면 다음과 같다.

회의자: 의부(意符)+의부(意符)		형성자: 의부(意符)+음부(音符)	
尘(먼지 진)	'작다' 小+'흙' 土	江(강 강)	'물' 氵(水)+발음 工
宝(보배 보)	'집' 宀+'옥' 玉	拥(안을 옹)	'손' 扌(手)+발음 用
泪(눈물 루)	'물' 氵(水)+'눈' 目	肤(살갗 부)	'신체부위' 月(肉)+발음 夫
雀(참새 작)	'작다' 小+'새' 隹	铜(구리 동)	'금속' 钅(金)+발음 同
炎(불꽃 염)	'불' 火+'불' 火	松(소나무 송)	'나무' 木+발음 公

합체자와 편방

한편, '부건'은 필획보다는 큰 개념이고 편방보다는 작은 개념이다. 편방은 비교적 전통적인 문자학 방법을 사용하여 글자의 내부 구조를 분석하는 것이다. 부건은 현대한자학에서 주로 사용하는 글자 분해 방식으로, 글자의 외적 구조 자체를 필획으로 이루어진 형체로 분해한다. 즉 한자의 한 글자를 조성하는 기능이 있는 글자의 구성 단위라고 할 수 있다. 예를 들어, 相자를 분해하면 木과 目으로 나뉘는데, 이는 편방으로 분해하나 부건으로 분해하나 결과가 같다. 그런데 烹(삶을 팽)자를 편방으로 나누면 반드시 亨과 灬(火)로 분해하여 의부 편방인 灬(火)와 음부 편방인 亨으로 이해해야 한다. 烹을 부건으로 분해하면 여기서 더 나아가 '亠+口+了+灬'으로 나눌 수 있다. 慢(게으를 만)자는 의부 편방 忄(心)과 음부 편방 曼으로 분해할 수 있는데, 부건으로 분해하면 '忄+曰+罒+又'가 된다. 비교적 복잡한 글자인 麟(기린 린)자를 부건으로 분해하면 다음과 같다.

부건 분석의 예

이러한 부건은 한자 교육과 한자의 컴퓨터코드 입력에 중요한 역할을 하는데, 중국의 국가어언문자공작위원회(國家語言文字工作委員會)는 1997년에 정보처리용 GB13000.1자부집한자부건규범(信息處理用GB13000.1字符集漢字部件規範)을 발표하였다. 그리고 이 GB13000.1자부집에 있는 20,902개 글자를 분해하여 560개 기초부건을 도출하였다.

'부수'는 편방과 종종 혼동하는 용어로, 편방이 합체자의 구성요소를 분해하여 나온 결과물이라면, 부수는 글자를 체계적으로 배열하여 자전에서 글자를 쉽게 검색하려고 만들어진 개념이다. 기본적으로 한자는 필획과 편방으로 구성되므로 필획과 편방 가운데 가장 많이 활용되는 것을 선정하여 한 곳에 묶으면 글자를 쉽게 검색할 수 있다. 예를 들면 梧/松/橘/林/李/案 여섯 글자에 공통적으로 들어간 편방은 木인데 만일 木을 하나의 부(部)로 설정하면 木이 들어간 모든 글자를 검색할 수 있다. 이렇게 공통으로 많이 활용될 수 있는 필획이나 편방을 설정한 것을 '부수'라고 한다. 이 부수로 검색하는 체계는 『설문해자』를 쓴 허신이 처음 고안했으며, 9,353개 글자를 수록한 『설문해자』에서는 부수 글자를 540개 세웠다. 부수로 글자를 검색하는 방식은 그 이후 지속적으로 발전하여, 남조(南朝) 시기 양(梁)나라의 고야왕(顧野王)이 편찬한 『옥편(玉篇)』은 총 16,917개 글자를 수록하였고, 모두 532개 부수를 세웠다. 요(遼)나라 행균(行均)이 편찬한 『용감수감(龍龕手鑑)』은 242개 부수를 세웠고, 명(明)나라 매응조(梅膺祚)가 편찬한 『자휘(字彙)』는 214개 부수를 세웠다. 『자휘』에서는 부수를 필획수에 따라 배열하고, 같은 부수 내의 글자들도 역시 필획수에 따라 배열하였다. 청(淸)나라의 장옥서(張玉書) 등이 편찬한 『강희자전(康熙字典)』도 『자휘』의 부수와 배열법을 그대로 취하였다. 20세기 들어 중국 대륙과 타이완에서 만들어진 자전과 우리나라와 일본에서 만들어지는 자전도 모두 『강희자전』의 부수 체계를 그대로 따랐다. 중국 대륙에서는 『강희자전』의 214개 부수를 약간 수정하여, 『신화자전(新華字典)』은 189개 부수로 조정하였고, 『한어대사전(漢語大詞典)』과 『한어대자전(漢語大字典)』은 200개 부수로 조정해 자전을 편찬하였다.

정리해 봅시다

1. 한자가 '형태소-음절문자'인 이유를 5개의 글자를 예로 들어 설명해 봅시다.

_____

2. 도기기호를 문자로 보는 견해도 있는데, 이러한 견해에 대한 자기 생각을 말해 봅시다.

_____

3. 安자의 고문자를 찾아 그 발달과정을 살펴보고 본래 뜻을 생각해 봅시다.

   ※ 小學堂(https://xiaoxue.iis.sinica.edu.tw/)을 활용해 보세요.

_____

4. 간체자의 8가지 유래에 해당하는 글자를 각각 2개씩 찾아 그 유래를 설명해 봅시다.

_____

5. 다음 한자의 편방이 무엇인지 나누어 보고, 의부 편방인지 음부 편방인지 분석하여 설명
   해 봅시다.

   ① 照   ② 敎   ③ 析   ④ 护   ⑤ 态   ⑥ 娶   ⑦ 肝   ⑧ 笔   ⑨ 库   ⑩ 灶

_____

Part 03

표준중국어 보통화의 발음

한국인이 중국어를 배우면서 일차적으로 어려움을 느끼는 것이 '발음'이다. 이것은 무엇보다도 성조언어인 중국어가 낯설기 때문일 것이다. 비단 성조뿐만 아니라 중국어의 성모와 운모 모두 한 음절의 구성요소이면서 독특한 음운상 특징이 있어 한자 하나의 발음을 정확히 발음한다는 것이 쉬운 일은 아니다. 어찌 보면 한자 하나를 정확히 발음하는 데서 중국어 학습은 시작되고 또 완성된다고 할 수 있다. 중국은 우리나라와 수천 년 이웃한 나라인데도 언어는 이처럼 매우 이질적이다. 그러한 이질성의 한 축인 중국어의 발음을 Part 03에서는 성모, 운모, 성조, 음운변화 등 다양한 각도에서 자세히 살펴본다.

1 중국인이 듣는 소리, 한국인이 듣는 소리

● 음성상징

살아가면서 우리는 많은 소리를 듣는다. 자연계에 존재하는 소리들은 마치 물방울이나 흙처럼 물리적으로 존재하는 실체이다. 그런데 그 소리를 모든 사람이 동일한 형태로 인식하지는 않는다. 한국인이라면 누구나 한번은 들어봤을 김춘수의 시를 살펴보자.

내가 그의 이름을 불러주었을 때,
그는 내게로 와
꽃이 되었다.

– 김춘수의 '꽃' –

김춘수의 '꽃'을 시적 은유를 제거하고 언어학적으로 해석해 보면 언어의 '자의성' 문제가 떠오른다. 언어는 대부분 '자의적'이다. 즉, 우리가 사용하는 언어는 그 뜻과 기호 사이에 반드시 필연적인 관계가 있는 것은 아니다. 우리나라에서 '나비'라고 하는 곤충은 중국어에서는 蝴蝶(húdié)라고 한다. 같은 사물일지라도 다른 언어를 사용하는 지역에서는 그 동일한 사물을 지칭하는 표현이 다르다. 그러면 같은 소리는 어떨까? 매미가 우는 소리, 시냇물이 흐르는 소리, 사람들의 웃음소리는 중국어에서 어떻게 표현될까? 그 표현이 한국어의 표현과 다를까? 간단히 몇 가지 소리만 예로 들어보겠다.

	한국어	중국어
속삭임	소곤소곤	切切(qièqiè)
	수근수근	叽叽咕咕(jījigūgū)
배고픔	꼬르륵	咕噜噜(gūlūlū)
먹는 소리	쩝쩝	吧唧(bājī)
우는 소리	엉엉	呜呜(wūwū)
심장 소리	콩닥	怦怦(pēngpēng)
박수 소리	짝짝	呱唧(guājī)
귀뚜라미 소리	귀뚤귀뚤	蝈蝈(guōguo)

한국어와 중국어의 의성어

소곤소곤 귓속말을 하다 보면 아무래도 바람 소리 같은 게 귀에 스치기 마련인데, 이때 사람 입에서 나오는 숨소리를 언어학적으로는 '유기음'이라고 한다. 중국어에서 소곤소곤에 해당하는 切切(qièqiè)는 어두자음 q[tɕʰ]가 발음할 때 입에서 공기가 많이 나오는 '기식성'이 있는 소리라는 점에서 한국어로 귓속말을 할 때 발음하는 '소곤소곤'의 어두자음 'ㅅ'과 유사성이 있다. 음식을 먹을 때 나는 소리는 어떤 특징이 있을까? 먼저 음식을 씹으려고 입을 닫았다 여는 동작이 나타날 테고, 음식을 고루 씹으려 혀를 평평하게 펴서 입천장에 붙였다 떨어뜨리는 동작을 할 것이다. 한국어의 '쩝쩝'에는 입술소리 'ㅂ'과 혀가 입천장에 닿는 구개음 'ㅉ'이 사용되었다. 중국어 역시 음식을 먹을 때 두 입술이 붙었다 떨어지면서 나는 입술소리 b와 음식을 고루 씹으려고 혀가 평평하게 펴지며 입천장에 붙었다 떨어질 때 나는 소리 j가 모두 잘 반영되어 있다. 완전히 같지는 않지만, 심지어 얼핏 생각할 때는 아주 다른 소리 같으면서도 한국어와 중국어 모두 외부 소리의 특징을 자신의 언어에 있는 음운목록을 사용하여 최대한 정확하게 표현하려고 했음을 알 수 있다.

서로 다른 언어권의 사람들은 각각 자신의 언어에 맞는 음운목록을 머릿속에 가지고 있다. 한국인은 한국어의 자음과 모음 목록을 머릿속에 차곡차곡 정리해두고 있고, 중국인은 중국어의 성모와 운모가 소리의 체계로 잡혀 있다. 따라서 같은 외부의 소리를 듣는다 하더라도 각자 언어로 그 소리를 표현하려면 필연적으로 자신의 음운목록에 따라 기록하게 된다. 그 결과, '시끌시끌'한 상황의 소리를 한국인은 '왁자지껄, 시끌벅적'하다고 표현하지만, 중국인은 叽里呱啦(jīliguālā)라고 표현한다. 이는 모국어 음운목록에 근거해 자연계의 소리를 서로 다른 부호로 기록하기 때문에 생겨나는 현상이다. 결국 소리를 듣는 사람이 머릿속에 가지고 있는 음운목록과 언어습관에 따라 소리의 느낌을 표현하는 방식이 같을 수도, 다를 수도 있어서, 최종적으로 만들어지는 음성상징에 차이가 생기게 된다. 이제 언어가 자연계의 수나 화학기호와 같이 고정된 부호 형식이 아닌 다분히 '자의적'인 것이라는 사실을 알았다. 그리고 중국인은 그들의 언어에 가지고 있는 음운목록에 의거해 세상의 소리를 묘사한다는 것을 안다. 그럼 중국인이 듣는 세상의 소리가 어떤 모습인지 알려면 중국인의 머릿속에 있는 음운목록을 알아야 한다. 다음은 현대 표준중국어인 보통화(普通话)의 음운목록을 알아보겠다.

2 표준중국어의 음운목록

● 성모와 운모, 그리고 성조

1. 말소리의 특징과 중국어 말소리

말소리는 소리의 추상적 체계인 음운목록으로 분류한다. '감기'라는 어휘의 두 번째 음절 '기'의 'ㄱ'과 '김치'라는 어휘의 첫음절 '김'의 'ㄱ'은 실제 발음이 조금 다르다. '김치'의 '김'은 '감기'의 '기'와 비교했을 때 폐에서 나오는 기류가 더 강하다. '감기'의 '기'는 앞음절 종성의 영향으로 유성음화되어 기식성이 약해진다. 그래서 서양인이 '김치'의 '기' 발음을 k와 유사하게 듣고 '킴치'라고 발음하는 것이다. 그러나 이 두 경우 '김'과 '기'의 'ㄱ'은 모두 'ㄱ'이라는 범주에 속한다. 이렇듯 한 언어에서 소리를 구분하는 체계적인 범주를 '음운'이라고 하고, 이 음운이 실제로 발화되는 물리적인 다양한 양상을 '음성'이라고 한다.

언어를 처음 배울 때 만나는 것이 'ㄱ, ㄴ, ㄷ/a, b, c'와 같은 자모음인데, 이러한 것들은 각 언어의 음운목록에 속한다고 할 수 있다. 중국어는 자음, 모음과 유사한 목록으로 성모와 운모가 있다. 왜 그냥 자음, 모음이라 하지 않고 성모와 운모라고 지칭할까? 엄밀히 말해 자음, 모음과 성모, 운모는 언어학적으로 같은 단위가 아니다. 먼저 자음과 모음의 정의와 분류 방법을 살펴보자.

	자음	모음
정의	기류가 장애를 받고 나오는 소리	기류가 장애를 받지 않고 나오는 소리
분류기준	발음 부위와 발음 방법 · 순음, 치음, 구개음 등 · 파열음(정지음), 마찰음, 비음 등	혀의 고저, 전후, 입술 모양

자음과 모음은 호흡기로 들이마신 공기가 사람의 폐에서 나와 입을 거쳐 나가며 인간의 언어인 말소리로 만들어질 때, 그 소리가 만들어지는 과정에서 혀가 입천장에 닿는다거나 입술이 닫힌다거나 하는 동작이 있게 된다. 그리하여 공기가 통로를 나갈 때 장애 발생 여부에 따라 구분된다. 장애 없이 폐에서 입으로 나가면 그 소리는 '모음'이고, 혀에 닿거나 입술에 닿거나 해서 공기가 나갈 때 장애가 있으면 그 소리는 '자음'이라고 한다. 영어와 한국어는 음절이 자음과 모음의 조합으로 구성되므로 자음과 모음이 소리 목록의 가장 작은 단위가 된

다. 그런데 중국어는 음절의 구성 방식이 영어나 한국어와 다르게 성모와 운모의 결합으로 되어 있다. 성모는 자음으로 구성되며 일종의 '어두자음'이다. 운모는 성모를 제외한 나머지 부분으로 대부분 모음으로 구성되나 일부는 음절의 종성에 붙는 자음까지 결합하여 포함하므로 모음이라는 단위로 치환하여 쓸 수 없다. 한국어는 한 음절을 초성, 중성, 종성 세 부분으로 구분하여 자음과 모음이라는 구성 성분으로 설명한다. 이에 반해 중국어는 전통적으로 성모와 운모로 구분하는 방식을 취해 왔기에 현대중국어 보통화의 음절을 분석할 때에도 주로 성모, 운모 구분법을 적용한다. 물론 자음과 모음의 개념으로 분석하려면 충분히 할 수 있다.

중국어의 발음은 로마자(알파벳)와 4성부호(성조)를 포함하는 한어 병음(拼音 pīnyīn)이라는 부호로 표기한다. 중국어 好의 발음을 한어 병음으로 나타내고 '성모+운모+성조'로 나누어보면 다음과 같다.

중국어의 음절

2. 표준중국어의 분절음소

1) 성모

중국어의 성모 개수는 몇 개나 될까? 회화교재를 살펴보면 다음 표와 같이 총 21개의 한어병음으로 정리되며, 괄호 안은 각 한어 병음에 상응하는 국제음성기호를 나타낸 것이다.

조음 위치		조음 방법							
		파열음		파찰음		마찰음		비음	접근음
중국어분류	IPA분류	무성음		무성음		무성	유성	유성	유성
		무기	유기	무기	유기				
쌍순음(双唇音)	순음	b[p][26]	p[pʰ]					m[m]	
순치음(唇齿音)	순치음					f[f]			
설첨전음(舌尖前音)	치음			z[ts]	c[tsh]	s[s]			
설첨중음(舌尖中音)	치경음	d[t]	t[tʰ]					n[n]	l[l]
설첨후음(舌尖后音)	치경구개음(후치조)			zh[tʂ]	ch[tʂh]	sh[ʂ]	r[ɻ]		
설면음(舌面音)	경구개음			j[tɕ]	q[tɕh]	x[ɕ]			
설근음(舌根音)	연구개음	g[k]	k[kʰ]			h[x]			

보통화의 성모표

　　표준중국어의 성모 개수는 21개이지만(영성모는 제외) 자음 개수는 22개이다. 중국어에는 성모와 같은 어두자음 외에 운모의 운미에 붙는 '어말자음'도 있기 때문이다. 표준중국어에서 나타나는 어말자음은 치경음[n]과 연구개비음[ŋ] 두 가지이다. 이 중 연구개비음은 어두에서는 나오지 않고 어말에서만 나타나서 성모의 개수는 21개, 자음의 개수는 22개인 것이다.

　　성모를 분류하는 기준에는 조음위치와 조음방법이 있다. 위의 표에서 왼쪽에 세로로 위치한 쌍순음, 순치음, 설첨전음, 설첨중음, 설첨후음, 설면음, 설근음 등은 발음되는 위치에 따라 분류한 것으로 그 명칭을 유심히 보면 쉽게 확인할 수 있다. 이 가운데 병음 z, c, s는 혀끝을 윗니 뒤쪽에 대고 발음하는데, 혀끝을 사용한 발음 세 부류 중 가장 앞쪽에 혀끝을 대기 때문에 '설첨전음(舌尖前音)'이라고 표현한다. 병음 d, t, n, l는 '설첨중음'이라고 하는데, 설첨전음보다는 혀끝이 뒤쪽으로 이동한다. '설첨후음' zh, ch, sh, r는 '권설음' 혹은 '교설음'이라고 하는 발음으로 설첨전음이나 설첨중음과 비교했을 때 조금 더 뒤쪽으로 좁혀진다. '설

---

26 [ ] 안의 표기는 국제음성기호이다.

면음' j, q, x는 경구개 위치에 혀가 평평하게 면으로 닿아 발음하는 소리이고, '설근음'은 혀몸이 연구개에 접근한다. 그 위치가 마치 '혀의 뿌리' 쪽 같다고 하여 '설근음'이다. 이 명칭들은 이처럼 조음 위치를 기준으로 한 것이다. 이에 비해 표에서 횡렬로 파열음, 마찰음, 파찰음, 비음 등이 있는 것을 볼 수 있다. 이것은 조음 방법에 따른 분류로, 파열음은 기류가 발음부위를 찢고(또는 열고) 나오며 내는 소리로 중국어로는 '색음(塞音)'이라고 한다. 마찰음은 s처럼 발음부위의 마찰로 소리가 나오는 것으로 중국어로는 '찰음(擦音)'이라 한다. 파찰음은 위의 z, zh, j처럼 파열되다가 마찰로 이어져 나오는 소리로 중국어로는 '색찰음(塞擦音)'이라고 한다. 한편, 비음은 구강이 아닌 주로 비강을 통해 내는 소리로, 중국어로도 '비음'이라고 한다. 접근음은 '아래턱의 조음기관을 위턱의 조음기관에 접촉하여 공기가 약간 좁은 틈을 통과하면서 나는 소리'로 위의 l 발음이 그러한데, 중국어로는 '변음(边音)'이라 한다. 이처럼 중국어 성모의 명칭을 잘 이해하고 연습하면 좀 더 효과적으로 중국어 성모 발음을 습득할 수 있다.

표준중국어의 어두자음 중 r, n, m, l를 제외한 나머지는 성대가 진동하지 않는 무성음이다. 따라서 표준중국어 어두에 올 수 있는 자음은 기식의 유무에 따른 차이인 유기음, 무기음의 이중대립만 존재하고 성대 진동 차이인 유무성 차이는 없다. 영어를 모국어로 하는 화자들이 자음의 범주를 구분할 때 기식의 유무와 성대진동의 유무 두 가지 기준으로 범주를 구분하는 것과 달리 중국인은 오로지 기식의 유무로만 자음의 범주를 구분한다. 그래서 영어의 양순파열음 b/p도 기류의 차이로 범주가 구분되지만, 중국어는 영어보다도 기류의 양 차이가 더 커야 범주가 구분된다. 흥미롭게도 중국인이 자음의 유무성 구분이 있는 국가에서 거주하게 되면, 범주를 구분할 때 기류의 양이라는 정보 외에 성대가 진동하는지 알려주는 유성성을 구분하는 지각능력도 길러져 범주를 구분할 때 발생하는 지각 반응이 조금 달라진다. 그래서 중국에서만 거주한 중국인과 달리 영어권 국가에 거주하는 중국인은 중국어 양순파열음 b[p]와 p[ph]를 발음할 때 두 소리의 기식 차이 정도가 적어진다.▣

중국어의 성모는 이처럼 유기/무기의 구분에 주안을 두므로 한국어처럼 '평음/경음/격음'의 구분과 매우 다르다. 예를 들어, '다'와 '타'의 'ㄷ'과 'ㅌ'은 평음/격음의 관계이다. 한국어에

▣ 이선희 · 성은경(2021) 『외국어교육연구』 제35(1)호 참조

서는 당연히 구분하고 중국어에서도 이와 유사하게 구분은 한다. 그런데 중국어에서는 '다'
와 '따'를 구분하지 않는다. 한마디로 평음과 경음의 구분이 없는 셈이다. 한국어에서는 평음,
경음 구분이 엄격하므로, 한동안 '짜장면'과 '자장면'을 구분하여 '자장면'만 표준어로 인정했
기에 다소 어리둥절했던 때가 있었다.

중국어의 많은 성모 발음이 얼핏 한국어 자음과 같아 보이지만 그들 사이엔 미세한 음성
학적 차이가 있다. 특히 한국어의 'ㅈ'계통에 대응되는 중국어는 z계열과 zh계열, j계열 세 세
트나 있다. 당연히 한국어의 'ㅈ'과는 음성학적으로 완전히 같지 않다. 우리가 중국어를 배울
때는 어쩔 수 없이 한국어의 'ㅈ'을 기준점으로 배울 수밖에 없으나 중국어 발음을 정확히 습
득하려면 반드시 그 미세한 차이를 인식해야 한다.

2) 운모

중국어 음절에서 어두자음에 해당하는 성모를 제외한 뒷부분의 소리를 '운모'라고 한다.
운모는 '운두(韵头, 개음) + 운복(韵腹, 주요모음) + 운미(韵尾, 어말자음)'의 구조이며 모두 36개
로 되어 있다.

声调		
声母	韵母		
	韵头 (介音)	韵腹 (主要元音)	韵尾

중국어의 음절표

이 중 운두(개음)에는 i, u, ü 세 가지가 있다. 음절에 따라 운복만으로 구성된 것이 있고(-a,
-e 등), 운복과 운미만으로(-an, -ang 등) 된 것이 있으며, 운두·운복·운미 모두 다 있는 것
(-ian, -uai 등)도 있다. 전통적으로 중국어의 음운을 연구하는 성운학에서는 운모를 입모양에
따라 개구호(开口呼), 제치호(齐齿呼), 합구호(合口呼), 촬구호(撮口呼)와 같은 사호(四呼)로
구분한다. 현대표준중국어는 단모음 하나로 되어 있는 단운모와 단운모 두 개가 결합된 복
운모, 단운모 혹은 일부 복운모에 비음운미 n[n]과 ng[ŋ]가 결합된 부성운모(附声韵母), 운
모 뒤에 r가 붙는 권설운모로 나뉜다. 표준중국어의 운모를 표로 나타내면 다음과 같다.

사호구분	개구호	제치호	합구호	촬구호	
		i(yi)	u(wu)	ü(yu)	단운모
단운모	a	ia(ya)	ua(wa)		
	o		uo(wo)	üe(yue)	
	e	ie(ye)			
복운모	ai		uai(wai)		
	ei		uei(wei)		
	ao	iao(yao)			
	ou	iou(you)			
부성운모	an	ian(yan)	uan(wan)	üan(yuan)	
	en	in(yin)	uen(wen)	ün(yun)	
	ang	iang(yang)	uang(wang)		
	eng	ing(ying)	ueng(weng)		
	ong	iong(yong)			
권설운모	er				
		결합운모			

보통화의 운모표

중국어의 사호구분은 해당 운모를 발음할 때의 입모양과 일치한다. 개구호(开口呼)는 입을 벌리고 발음하는 a, o, e이고, 제치호(齐齿呼)는 이를 가지런히 하고 발음하는 i가 붙는 발음이다. 합구호(合口呼)는 u모음이 있어 입술을 모아 둥글게 발음하고, 촬구호(撮口呼)는 ü모음이 있어 입술을 더 강하게 모아서 발음한다.

天安门은 한국 한자음으로는 '천안문' 실제 읽게 되면 '처난문'으로 연음되는데, 중국어는 아니라고?

중국어 음절은 비음운미로 끝나는 부성운모의 음절 뒤에 성모 없이 운모로 바로 이어지는 발음이어도 연음되지 않는다. 예를 들어, 天安门은 天 tiān과 安 ān의 발음이 연달아 나와도 n와 a가 연음되지 않는다. 즉, '티애난먼'과 같이 연음되지 않는데, 이를 표현하려고 天 tiān과 安 ān 사이에 격음부호를 써서 Tiān'ānmén으로 표기한다. 이 외에 电影도, 역시 diàn과 yǐng 사이를 확실히 띄어 발음하고, '띠애닝'처럼 하지 않게 주의해야 한다.

3. 표준중국어의 초분절음소: 성조

1) 여러 언어에 존재하는 성조

한국의 문헌 기록을 보면 한국어도 15세기까지는 평성, 거성, 상성 등의 성조가 있었던 것으로 추정된다. 사실 아직도 한국의 일부 지역에서는 음의 높이가 의미를 달라지게 하는 요소로 사용되고 있다. 경상도 사람들은 '2²'과 'eᵉ'을 읽는 독음이 다르다는 내용이 SNS에 나오면서 사람들의 관심을 불러일으킨 데서도 이를 확인할 수 있다. 이러한 것들은 통일된 표기로 나타낼 수 있는 심리적 표상인 '음운'과 실제 물리적 실체인 '음성'이 다를 수 있음을 보여주는 예가 된다. 즉, 서울 사람이 읽어낸 발음과 경상도 사람이 읽어낸 '2²(2의 2승)'의 발음은 그 음높이에서 차이가 있을 것이다. 경상도 사람의 발음은 다음 그림처럼 그 높이를 다르게 표시할 수 있다.

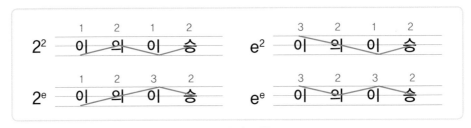

경상도의 성조 발음

인터넷에서 유명해진 '2²(2의 2승)' 외에도 일부 경상방언 지역에서는 음높이의 고저에 따라 명사의 의미를 다르게 사용하기도 한다. '말이 빠르다'는 '말'의 높이에 따라 '빠르게 달리는 말'이 될 수도 있고, '입에서 나오는 소리'가 될 수도 있다. 이런 예시가 있긴 하지만 한국어에서는 현재 경상도나 함경도 같은 일부 지역 방언에 흔적이 남아 있는 것 외에는 성조가 사라졌다.

흔히 중국어를 배우기 어려워하는 이유로 중국어가 성조 언어라는 점을 든다. 표준중국어에는 네 가지 성조가 존재한다. 중국어에서는 같은 성모와 운모의 결합에 네 가지 다른 성조가 붙어 의미가 달라질 수 있다는 말이다. ma는 성조에 따라 의미가 달라진다.

1성	mā	妈	엄마
2성	má	麻	삼, 마
3성	mǎ	马	말
4성	mà	骂	욕하다

성조에 따른 의미 구분

말의 의미가 달라지게 하는 소리의 가장 작은 단위를 '음소'라고 한다. 성조가 바뀌면 같은 발음이어도 의미가 달라지기에, 일부 학자들은 성조가 음소처럼 의미 변별 기능이 있어 중국어의 성조를 '성조소(调素, toneme)'라는 용어로 구분하기도 한다.

성조는 우리에게는 낯설지만 사실 지구상에는 서남아시아, 동남아시아, 아프리카, 아메리카 대륙의 원주민 언어, 유럽 일부 지역 등 광범위하게 성조언어가 존재한다.

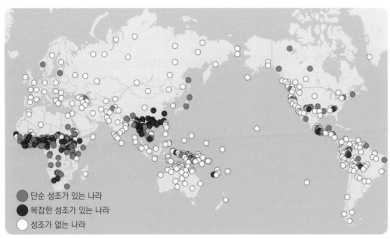

보통화의 운모표_2023년 6월 29일 현황(자료 출처: The World Atlas of Language Structures Online)

위의 지도를 얼핏 보아도 성조가 있는 지역이 성조가 없는 곳과 비교했을 때 결코 적지 않다. 성조언어는 전 세계 언어의 41.7%를 차지할 정도로 많다(Maddieson, 2011). 성조가 결코 중국에서만 보이는 특수한 현상은 아니라는 것이다.

2) 중국어의 성조

우리는 중국어에 성조가 있어 배우기 어렵다고 생각하지만, 중국어에 성조가 없다면 의사소통이 더욱 어려워질 것이다. 앞서 살펴본 바와 같이 중국어에는 21개 성모와 36개 운모가 있다. 그러나 이 성모와 운모가 결합하여 나타나는 실제 음절은 한국어의 자음과 모음 결합과 비교할 때 그 수가 매우 적다. 다음 표는 중국어에 존재하는 성모와 운모의 결합을 나타낸 것이다.▣

	a	o	e	i	i	u	ü	ai	ei	ui	ao	ou	iu	ie	üe	er	an	en
				(yi)		(wu)	(yu)								(ye)	(yue)		
b	ba	bo		bi		bu		bai	bei		bao			bie			ban	ben
p	pa	po		pi		pu		pai	pei		pao	pou		pie			pan	pen
m	ma	mo	me	mi		mu		mai	mei		mao	mou	miu	mie			man	men
f	fa					fu			fei			fou					fan	fen
d	da		de	di		du		dai	dei	dui	dao	dou	diu	die			dan	den
t	ta		te	ti		tu		tai		tui	tao	tou		tie			tan	
n	na		ne	ni		nu	nü	nai	nei		nao	nou	niu	nie	nüe		nan	nen
l	la	lo	le	li		lu	lü	lai	lei		lao	lou	liu	lie	lüe		lan	
g	ga		ge			gu		gai	gei	gui	gao	gou					gan	gen
k	ka		ke			ku		kai	kei	kui	kao	kou					kan	ken
h	ha		he			hu		hai	hei	hui	hao	hou					han	hen
j				ji		ju							jiu	jie	jue			

중략

보통화의 성모와 운모 결합

중국어 성모·운모 결합 형태를 병음으로 나타낸 표에는 간단히 살펴보아도 빈칸이 많다. 중국어에 실제로 출현 가능한 성모와 운모의 음절 결합 형태는 400여 개밖에 되지 않는다. 일반적으로 다른 언어에는 1,600에서 3,000개에 달하는 음절이 존재(Ladefoged, 2005)하는 것

▣ 北京大学中文系(2004)《现代汉语》 참조

을 생각해 보면, 턱없이 부족한 숫자이다. 음절의 수가 적으면 하나의 소리에 여러 가지 의미를 실어야 하므로 의사소통에 어려움이 생긴다. 중국어의 음절 수는 400여 개로 의미를 변별하기 어려운 개수이지만 여기에 4가지 성조와 경성이 부가되면, 단순히 수학적으로 생각해도 음절 수가 400여 개에서 1,600여 개로 늘어난다. 성조는 이렇듯 음절 수가 적은 중국어가 의미를 변별하려면 꼭 필요한 성분이라 하겠다. 중국어에 성조가 없다면 오히려 의미를 변별하기 어려워질 뿐 아니라 의사소통 자체가 불가능할 수 있다.

그렇다면 중국어의 성조는 몇 개일까? 간단한 질문 같지만, 그 대답은 간단하지 않다. 중국어는 지역마다 여러 방언이 있고 각 방언의 성조 개수가 다 다르기 때문이다.

'아니, 뭐가 이렇게 많지?', '이걸 또 언제 배우나?' 하는 마음에 갑갑할 수 있겠지만, 다행히 우리가 살펴볼 표준중국어 보통화는 북방 방언의 소리가 기준음으로 성조가 4개뿐이다. 성조가 없는 언어에 익숙한 우리는 4개의 성조를 배우는 것도 쉽지는 않다. 그래도 7개, 9개를 배우는 것보다는 4개를 배우는 것이 조금 더 수월하다고 생각하면 표준중국어를 학습할 때 조금은 마음이 가벼워질 수 있다.

베이징(북방관화)	4개
상하이(오방언)	5개
하이저우(객가방언)	6개
창사(상방언)	6개
난창(감방언)	6개
푸저우(민방언)	7개
광저우(월방언)	9개

각 방언의 성조

한국인은 처음 중국어 말소리를 배울 때 소리의 높이에 어떤 기준을 두어 정확하게 그 패턴대로 반복해야 하는지 잘 알기 어려워 막막해한다. 이것은 한국인뿐 아니라 성조가 없는 언어권의 화자들이 공통으로 겪는 어려움이다. 이럴 때 성조를 표기하는 '5도 표기제'를 알아두면 소리의 상대적 높이와 패턴을 기억하는 데 조금이나마 도움이 된다. 중국 언어학자들은 성조를 더 쉽게 이해하려고 음높이를 5로 나누어 표기하는 5도 표기제를 도입하였다.

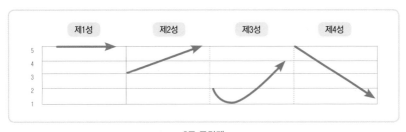

5도 표기제

음의 가장 낮은 지점을 1, 높은 지점을 5로 표기하여 표준중국어의 성조를 제1성 55, 제2성 35, 제3성 214, 제4성 51과 같은 객관적인 수치로 나타내면 그 음의 상대적인 높낮이가 조금 더 쉽게 이해된다. 다음은 각 성조의 표시 방법이다.

(1) 제1성

제1성은 평평하게 내는 소리로 mā와 같이 운모 위에 수평의 윗줄을 하나 그어 표시한다. 5도 표기제로 나타내면 ma55로 쓸 수 있다.

(2) 제2성

제2성은 중간 정도의 낮은 소리로 발음을 시작해 가장 높은 위치까지 올라가도록 발음하는 것이 특징이며, má와 같이 표기한다. 성조 부호는 왼쪽 아래에서 오른쪽 위로 올라가는 빗선으로 나타내며 5도 표기제로 표시하면 ma35이다.

(3) 제3성

제3성은 낮은 소리로 발음을 시작해 더 내려갔다 올라가도록 발음한다. 성조 부호는 내려갔다가 다시 올라가는 형태의 굴곡 있는 선을 사용해 mǎ와 같이 표기한다. 5도 표기제로 나타내면 ma214로 쓴다. 3성은 낮은 소리인 2에서 시작해 가장 낮은 소리인 1까지 내려갔다가 다시 4까지 올라가는 소리이지만 이렇게 굴곡이 정확하게 나타나는 경우는 단음절로 사용될 때와 2음절어의 마지막 음절로 사용될 때뿐이다. 대부분 3성은 '3성변조'라는 '음운변조' 규칙에 따라 2성으로 변화하거나 낮은 음높이 부분만 발음되는 '반3성'으로 발음된다.

(4) 제4성

제4성은 높은 소리에서 시작하여 낮은 곳으로 뚝 떨어지는 소리로 성조 부호도 mà와 같이 오른쪽 아래로 떨어지는 사선으로 표시해 이를 직관적으로 드러낸다. 5도 표기제로 표시하면 ma51와 같다.

(5) 성조 부호

각각의 성조는 앞서 말한 바와 같이 운모(모음) 위에 표기하는 데 일정한 규칙이 있다.

① i를 사용하는 모음에서는 위의 점을 빼고 성조를 표기한다.

예 ā ī ǔ

② 운모가 여러 개 결합되어 있을 때는 입을 크게 벌리는 순서에 따라 성조를 표기한다.

예 a > o, e > i, u, ü kuài hēi gòu

③ i와 u가 함께 나오면 뒤의 모음 위에 성조를 표기한다.

예 guì jiǔ

⑹ 성조의 음파

발음방법과 표기법을 이론적으로 살펴보긴 했지만 아직까지 실제 소리를 어떻게 내야 하는지 감이 안 오는 독자를 위해 발음을 조금 더 시각적으로 나타내본다. 아래 그림은 중국인이 발화한 제1, 2, 3, 4성의 ma를 웨이브 파일로 녹음하여 컴퓨터로 분석한 뒤 시각화한 것이다. 상단 그래프는 목소리를 음파로 표현한 것으로 가로와 세로는 각각 시간과 음파의 진동폭을 보여준다. 하단 그래프는 '스펙트로그램'이라 하는데, 소리의 주파수와 진폭이 시간에 따라 어떻게 변하는지를 보여주는 삼차원적 그림이다. 가로는 여전히 시간을 나타내고, 세로는 주파수, 그림의 명암이 진폭을 나타낸다. 조금 더 쉽게 보려고 소리의 높낮이나 주파수 등을 수치나 선으로 표현해 주기도 한다. 하단 그림을 자세히 보면 각각의 대답에 노란 선이 그어져 있는데, 이것이 음높이를 실선으로 나타낸 것이다.

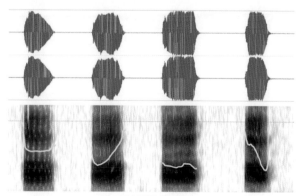

ma의 성조별 음파 모습

이 노란 실선을 살펴보면 마치 성조 표기 부호처럼 제1성은 평평하고, 제2성은 중간지점에서 위로 쭉 올라가고, 제3성은 낮은 지점에서 더 내려갔다가 올라가고 제4성은 위에서 뚝 떨어진다. 만약 나도 이렇게 발음할 수 있을까 하는 두려움이 생긴다면 아래의 대화를 상상해 보라.

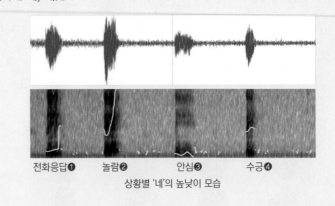

한국어 음높이 변화의 예시

(전화벨이 울린다.)
선생님: 개똥이 어머니시죠?
엄마: 네.❶
선생님: 개똥이가 오늘 학교에서 싸웠습니다.
엄마: (놀라며) 네?❷
선생님: 아, 근데 상대 학생이 먼저 시비를 걸었고, 둘 다 다치지는 않았습니다.
엄마: (안도하며) 네.❸
선생님: 그래도 어쨌든 시간 되면 잠깐 학교로 오셔야 합니다. 지금 잠시 오실 수 있나요?
엄마: (다급하게) 네, 네.❹

전화응답❶　　놀람❷　　안심❸　　수긍❹
상황별 '네'의 높낮이 모습

첫 번째 '네'는 평평하게 되어 있고, 두 번째 놀라며 대답한 '네?'는 높이 올라가 있고, 세 번째 '네'는 올라가기 전 살짝 아래로 내려가는 등 엄마의 반응에 따라 이 선의 형태가 달라진다. 우리도 한국어를 말할 때 상황에 맞는 억양을 사용해 감정이나 의미를 더욱 명확히 한다. 우리의 조음기관인 목과 혀도 구체적으로 어떤 음높이를 꼭 쓴다고 인지하지 않았을 뿐, 음높이 변화를 발음할 수 있는 근력운동을 충분히 해왔으니 한국인도 중국어 성조가 어렵다고만 생각하지 말고 조금 더 편안하게 접근해 보는 것이 좋겠다.

앞의 네 성조 가운데 한국 학생들이 가장 하기 어려워하는 것이 바로 제3성이다. 아마도 다른 것에 비해 우리말에서 자주 보이지 않기 때문일 텐데, 일부학자는 이 발음을 의도적인 높이로 소리 낼 게 아니라 성대의 긴장으로 낼 것을 요구한다. 즉, 성대에 약간 힘을 주고 긴장을 시키면 자동으로 낮게 내려간다는 것인데, 실제로 해보면 높이로 연습하는 것보다 쉽게 소리가 나는 것을 알 수 있다.

(7) 성조 명칭

마지막으로 성조의 명칭을 실례를 들어 전통적인 성운학에서 분류하던 방식과 함께 표로 정리했다.

성조명	음평(陰平) 제1성	양평(陽平) 제2성	상성(上聲) 제3성	거성(去聲) 제4성
성조값	高平调55 (높은수평조)	高升调35 (높오름조)	降升调214 (내리오름조)	全降调51 (높내림조)
예시	千	錘	百	煉
성조표기	qiān [tɕʼiɛn55]	chuí [tʂʼuei35]	bǎi [pai214]	liàn [liɛn51]

전통 성조명과 현대 성조명

3) 음운변화

세상에 존재하는 모든 언어는 그 언어집단이 서로 소통하도록 많은 정보를 담아낸다. 담아내고자 하는 정보(의미)는 문자를 이용해 글로, 소리를 이용해 말로 표현된다. 그런데 끊임없이 이어지는 대화 상황에서 정보를 더욱 효율적으로 전달하려고 때로는 일부 소리 정보가 발음이나 지각에 용이하도록 변형이 생기기도 한다. 이런 변이가 반복적으로 일어나 체계성을 갖추면 우리는 그것을 음운변화규칙으로 받아들인다. 표준중국어에도 다양한 음운변이형과 음변화규칙이 있다. 여기서는 중국어를 처음 배우는 사람들도 배우게 되는 아주 기본적인 음변화규칙들을 살펴본다.

(1) 제3성의 변화

제3성은 3성 고유의 높이인 내리오름조 214를 정확히 발음하는 경우보다 성조변화가 일어나는 상황이 더 많은 성조이다. 제3성이 214의 음높이를 다 실현하는 경우는 한 글자로 발음되었을 때와 음절의 맨 마지막에 위치할 때이다.

- ▪ 제3성＋제1, 2, 4성 ➡ 반3성＋제1, 2, 4성
  제3성 뒤에 제1성, 제2성, 제4성이 뒤따르면 앞의 제3성은 전반부의 '낮은음높이' 21만 실현되며, 이것을 '반3성'이라고 한다.
  - **예** 老师 lǎoshī(선생님), 起床 qǐchuáng(기상하다), 跑步 pǎobù(달리다), 姐姐 jiějie(언니/누나)

- ▪ 제3성＋제3성 ➡ 제2성＋제3성
  제3성이 제3성 앞에 오면 앞의 제3성은 제2성으로 변한다.
  - **예** 你好 nǐ hǎo ➡ ní hǎo(안녕)　　　　很好 hěn hǎo ➡ hén hǎo(좋다)

(2) 一와 不의 성조 변화

- ▪ 一/不＋제4성 ➡ 제2성＋제4성
  一와 不는 뒤에 오는 음절의 성조가 제4성일 때 제2성으로 변화한다.
  - **예** 一次 yīcì ➡ yícì(한 번)　　　　一面 yīmiàn ➡ yímiàn(한 면)
    　　不要 bùyào ➡ búyào(필요 없다)　　不去 bùqù ➡ búqù(가지 않다)

그런데 一는 제3성의 글자와 마찬가지로 원래 성조인 제1성으로 발음되는 경우가 더 적다. 원래 성조인 제1성이 유지되는 상황은 단독으로 쓰인 경우 혹은 마지막 음절에 위치하는 경우 그리고 순서를 나타내는 서수로 사용된 경우이다.

- ▪ 一＋제1, 2, 3성 ➡ 제2성＋제1, 2, 3성
  앞서 말한 뒤에 오는 음절이 제4성인 경우를 제외하고, 제1성, 2성, 3성인 경우에는 一의 성조가 4성으로 변화한다.
  - **예** 一筐草 yī kuāng cǎo ➡ yì kuāng cǎo(풀 한 광주리)
    　　一勺饭 yī sháo fàn ➡ yì sháo fàn(밥 한 숟가락)
    　　一只猫 yī zhǐ māo ➡ yì zhǐ māo(고양이 한 마리)

(3) 경성변화

표준중국어에 나타나는 경성변화는 언어에서 보편적으로 나타나는 음운약화(weakening, lenition) 현상의 일종이다. 루돌프 트루나이젠(Rudolf Thurneysen)은 발음할 때 조음을 하려

고 부가되는 노력을 줄이고자 하는 작용에서 약화가 발생하였다고 설명하였다. 표준중국어의 각 음절은 원래 부여된 성조가 있지만, 단어나 구에서 원래 성조가 탈락되고 약하게 읽는 발음들이 존재한다. 이것을 '가벼운 성조'라는 의미의 '경성(轻声)'이라고 한다. 사람들이 말을 할 때 성조가 연속발화에 용이하게 탈락되는 현상은 베이징말에서 쉽게 볼 수 있다. 표준중국어는 베이징말소리를 기준음으로 해서 경성화가 많이 발견된다. 성조가 탈락되는 음절은 의미가 중요한 실사가 아닌 문법적 기능을 담당하는 조사, 어기사, 의존형태소와 같은 허사, 중첩어의 두 번째 음절 혹은 중첩어 사이에 있는 一/不 등으로, 이들은 대부분 경성화가 나타난다.

음을 가볍게 낸다는 것은 무엇을 의미할까? 중국어의 경성은 음의 길이가 짧아지고 세기가 약해지는 현상이 두드러지며, 본연의 성조는 사라지고 선행하는 음절의 음높이에서 영향을 받아 그 음높이가 결정된다. 가족을 부르는 중첩어를 예를 들면 다음과 같다.

- 妈 ma$_{55}$ + 妈 ma$_{55}$ ➜ 妈$_{55}$ + 妈$_2$

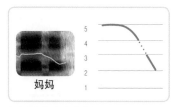

妈妈(엄마)의 경성변화

왼쪽 스펙트로그램을 보면 푸른 실선이 중간에 수평으로 이어지다가 뒷부분에서는 뚝 떨어져 아래에서 수평으로 잠시 이어진다. 앞쪽의 수평선이 첫 음절의 妈이고 후행하는 푸른 실선이 두 번째 음절의 妈이다. 선행하는 음운의 음높이가 높으면 후행하는 경성은 낮은 음높이에서 실현된다. 음운이 약화되었으므로 길이도 짧아진다.

- 爷 ye$_{35}$ + 爷 ye$_{35}$ ➜ 爷$_{35}$ + 爷$_3$

爷爷(할아버지)의 경성변화

爷爷도 첫 음절의 爷가 높오름조로 음높이가 높은 지점에 있다. 따라서 두 번째 음절은 음높이가 떨어지고 길이도 첫 음절보다 짧아진다.

▪ 奶 nai₂₁₄ + 奶 nai₂₁₄ ➡ 奶₂₁ + 奶₄

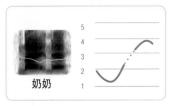

奶奶(할머니)의 경성변화

奶奶는 첫 음절이 반3성으로 저평조로 실현되므로 낮은 음높이를 갖게 된다. 따라서 두 번째 음절의 성조는 발음하는 조음기관의 근육이 중립을 지키려는 자연스러운 작용으로 첫 음절보다 높은 지점에서 발음되며, 음길이는 짧아진다.

▪ 爸 ba₅₁ + 爸 ba₅₁ ➡ 爸₅₁ + 爸₁

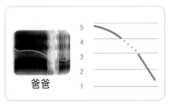

爸爸(아빠)의 경성변화

爸爸는 첫 음절이 높내림조인데, 이때 더 현저하게 들리는 부분은 시작지점의 높은 음높이지 발화가 완료되는 지점의 낮은 음높이가 아니다. 따라서 두 번째 爸는 첫 음절의 높은 음높이를 자연스럽게 이어 낮은 지점에서 발화되며 첫 음절과 이어 자연스럽게 하강하는 선을 그리게 된다.

경성은 단순히 발음을 용이하게 하는 기능만 하는 것은 아니어서 어휘의 의미나 품사가 달라지기도 한다. 예를 들어 活动(huódòng)이라고 성조를 살려서 말하면 '행사, 이벤트'의 의미이고 活动(huódong)이라고 뒤 음절을 경성으로 발음하면 '움직이다'라는 의미가 된다. 孙子라는 어휘는 고대의 병법가 孙子와 '아들, 손자, 며느리'할 때의 孙子가 같은 한자를 사용하나 전자는 제3성으로 성조를 살려서 발음하고, 후자는 경성으로 발음한다.

3 표준중국어의 儿화 현상

● 음운과 형태현상의 결합!

통사적으로 어휘에 붙어 '적다/작다'의 의미를 함축하게 하는 것을 '지소성(diminutive)표 지'라고 하는데, 표준중국어에서는 어휘 뒤에 儿(er)이 붙어 이런 지소성 표지로 사용되기도 한다. 이렇게 어휘 뒤에 儿(er)을 붙여 발음하는 것을 '儿화(er음화)'라고 한다. 예를 들어 事 儿, 口袋儿, 药水儿, 悄悄儿, 慢慢儿과 같은 어휘는 어말에 儿(er)을 붙여 물리적으로 양이 적거나 어감상 가볍고 쉬운 감정색채를 나타낸다. 흥미롭게도 '儿화'는 주로 베이징방언 에서 유래한 특징으로 남방에서는 '儿화'라는 음운현상이 나타나지 않는다. 어말에 儿을 붙 여서 나타낼 경우 의미적으로 어감이 작아지기도 하지만, 품사 성분이 바뀌기도 한다. 동사, 형용사, 양사 뒤에 儿이 오면 명사가 되거나, 동사 뒤에 儿이 붙으면 양사가 되기도 한다.

▪ **품사 성분이 명사로 전환**

  예 画 huà(동사: 그리다) ➡ 画儿 huàr(명사: 그림)

  圆 yuán(형용사: 둥글다) ➡ 圆儿 yuánr(명사: 동그라미)

  粒 lì(양사: 알갱이를 셈) ➡ 粒儿 lìr(명사: 알갱이)

▪ **품사 성분이 양사로 전환**

  예 捆 kǔn(동사: (새끼 단위로) 묶다, 잡아매다) ➡ 捆儿 kǔnr(양사: 묶음)

음운적으로는 어휘 뒤에 儿(er)이 결합하는 과정에서 앞에 있는 주요모음의 변화를 초래 한다. 儿(er)이 붙어서 발음이 변화하는 유형은 음운변화의 결과에 따라 일곱 가지로 분류할 수 있으며, 국제음성기호로 나타내면 다음과 같다.

(1) 마지막 음절의 운미가 없고, 운모가 ɑ, o, e, u 등으로 끝나는 경우 주요모음의 음가에는 변화가 없고 혀끝을 들어 올리는 권설동작에 r음 색채만 더해진다.

  예 一下儿 yī xiàr [ɕia ➡ ɕiɐr]

  坡儿 pōr [pʰo ➡ pʰor]

  盒儿 hér [xɤ ➡ xɤr]

  珠儿 zhūr [tʂu ➡ tʂur]

  小鸟儿 xiǎo niǎor [niɑʊ ➡ niɑʊr]

(2) 운미가 전설고모음 -i 또는 전설비음운모 -n일 때, 운미는 탈락되고 운복은 중앙모음화
한다.

例 一块儿 yīkuàir [kʰuai ➡ kʰuɐr]
名牌儿 míngpáir [pʰɐɪ ➡ pʰɐr]
根儿 gēnr [kən ➡ kər]
手绢儿 shǒujuànr [tɕyɛn ➡ tɕyɐr]

(3) 전설비운모인 -in, ün 뒤에 儿(er)이 붙으면 비음운미가 탈락함과 동시에 중모음 ə가 추가
되고 r음화(권설음화)가 이루어진다.

例 口信儿 kǒuxìnr [ɕin ➡ ɕiər]
花裙儿 huāqúnr [tɕʰyn ➡ tɕʰyər]

(4) 운복이 고모음 -i-, -ü-일 때, 중설모음 'ə음'이 더해진다.

例 小鸡儿 xiǎo jīr [tɕi ➡ tɕiər]
小曲儿 xiǎoqǔr [tɕʰy ➡ tɕʰyər]

(5) 운미가 후설 비음운모 ng일 때 ng이 탈락하면서 모음에 비음화와 r음화가 모두 반영되어
나타난다.

例 帮忙儿 bāngmángr [maŋ ➡ mãr]
小熊儿 xiǎo xióngr [ɕiuŋ ➡ ɕiũr]

(6) 운미가 후설 비음운모 ng일 때 ng 발음이 생략되고 비음화된 중모음이 나타난다.

例 门铃儿 ménlíngr [liŋ ➡ liə̃r]

(7) 운미가 설첨모음 -i일 때 모음이 중모음 ə로 변하고 r음화가 나타난다.

例 树枝儿 shùzhīr [tʂʅ ➡ tʂər]
果汁儿 guǒzhīr [tʂʅ ➡ tʂər]

1. 중국어의 성모/운모는 자음/모음과 어떻게 다른지 말해 봅시다.

_____

2. 표준중국어 성모는 한국어 자음과 비교할 때 어떠한 특징이 있는지 말해 봅시다.

_____

3. 한어병음표기 iu, ui를 정확히 발음하려면 어떻게 해야 하는지 말해 봅시다.

_____

4. 한국인으로서 중국어의 성조를 쉽게 학습할 수 있는 자기 나름의 방식을 자유롭게 말해 봅시다.

_____

Chapter
2

중국어에 반영된
중국인의 사유 체계

언어의 주인이 곧 인간이기에 인간은 자신의 인지 능력으로 언어를 구성하여 해석된 세계를 표현한다. 따라서 인간의 언어에는 당연히 인간의 각종 인지 능력의 흔적이 남게 된다. 이렇게 언어에 그대로 반영되어 나타나는 인지 능력에는 인류 공통의 요소도 존재하고 개별 언어화자의 인지적 특징도 존재한다. 중국어는 중국인이 사용하는 언어로 당연히 인류 공통적 면모도 반영되어 있지만 중국인 특유의 인지 능력 또는 사유 체계가 담겨 있다. **Chapter 2**에서는 인류의 공통 인지 능력이 중국인을 통해 어떻게 중국어에 반영되어 나타나는지 그리고 중국인 특유의 사유 체계가 어떻게 중국어에 반영되어 있는지 살펴본다. 이를 위해, 중국인의 사유 체계를 잘 반영하는 독특한 구문을 중심으로 살펴본다.

Part 04

중국인은 하고자 하는 말을
문장의 끝에 놓는다

　형태가 발달한 언어는 상대적으로 어순이 자유롭고 허사의 작용이 크지 않지만, 형태 변화가 없거나 부족한 언어는 어순이 고정적이고 허사의 작용이 두드러진다. 중국어에서 어순이 특히 중요한 것은 바로 중국어의 형태표지가 발달하지 않았기 때문이다. 중국어는 통사적 관계를 나타내는 형태표지가 발달하지 않았기에 주로 성분들의 위치 배열, 즉 어순으로 통사 관계를 나타내는 것이다. 중국어의 어순에 영향을 주는 요소로는 '구정보-신정보'와 '배경-초점, 한정성-비한정성' 등이 있다. Part 04에서는 중국어의 어순에 영향을 주는 요소, 화제 구조 등을 살펴보고, 정말로 중국인은 하고자 하는 말을 문장의 끝에 놓는 경향이 있는지 알아본다.

❶ 중국어의 어순에 영향을 주는 요소

● 구정보와 신정보, 배경과 초점, 한정성과 비한정성

1. 구정보와 신정보

어휘를 조합하여 담화를 이어나갈 때, 어떤 성분을 먼저 말하고 어떤 성분을 나중에 말할 것인가 하는 문제에 부딪히게 된다. 이러한 어휘의 선후 순서는 어휘들이 담화에서 구현되는 화용적 정보기능에 따라 배열된다. 화용론에서 '정보(information)'는 이미 알고 있는 것 혹은 예측할 수 있는 것과 새로운 것 혹은 예측할 수 없는 것 간의 상호작용 과정으로, '정보 구조(information structure)'는 오래된 것(구정보, old information)과 새로운 것(신정보, new information)으로 구성된다. 이 중 '구정보'는 화자와 청자 모두가 알고 있는 정보 혹은 화자가 주관적으로 청자가 이미 알 것이라고 가정하는 정보이고, '신정보'는 아직 알지 못하는 정보로 화자가 주관적으로 청자가 아직 모를 것이라고 가정하는 정보이다.

중국어에서 가장 자연스러운 무표지 어순은 '구정보–신정보'의 순서로, 구정보는 화자의 발화 기점 혹은 화제로 기능을 수행하면서 대개 문장 처음에 등장하고, 신정보는 문장 말미에 위치하여 진술 기능을 수행한다.[27]

① 我是他的儿子。 나는 그의 아들이다.

예문 ①에서 我는 화자와 청자가 모두 아는 구정보이고, 他的儿子는 화자는 알지만 청자는 알지 못하는 신정보이다. 이처럼 중국어 문장에서 일반적으로 주어에는 구정보를, 술어 부분(이후 '술부'라 칭함)에는 신정보가 온다.

중국어의 '주–술–목' 구조에서 술부를 구성하는 술어와 목적어는 일반적으로 신정보이다.

② 他不知道这件事。 그는 이 일을 모른다.

예문 ②에서 他는 주어로 구정보이며, 不知道这件事는 술부인 신정보로, 화자는 '이 일

---

27 정보 구조(information structure)의 각도에서 보면, 문두에 위치하는 구정보는 담화에서 가진 정보의 힘이 약하며, 문말로 갈수록 정보의 힘이 강해져 신정보가 위치하는 경향이 있다.

을 모른다'는 정보를 청자에게 제공하게 된다. 그러나 화자가 목적어인 '이 일'에 관해 '그가 모른다'는 정보를 전달하려는 경우에는 어순을 바꾸어 목적어를 구정보로, 술어를 신정보로 배열해야 한다.

③ 这件事他不知道。　이 일은 그가 모른다.

예문 ③과 같이 '목-주-술' 어순이 되면, 목적어인 这件事는 화자와 청자가 모두 알며, 화자는 청자에게 他不知道라는 새로운 정보를 전달하게 된다. 이처럼 정보 배열은 이미 아는 정보에서 시작해서 새로운 정보를 더해가는 형식을 취해야 청자가 심리적 부담감 없이 자연스럽게 정보를 수용할 수 있다.

2. 배경과 초점

담화에서 신정보, 구정보와 함께 배경(Background)과 초점(Focus) 역시 어순을 결정하는 주요 요소이다. 초점은 문장에서 화자가 강조하여 전달하려는 정보이고, 배경은 강조하여 전달하려는 정보를 정확하게 이해시키기 위해 제공하는 정보이다.

중국어에서 배경과 초점을 구현하는 가장 일반적인 방식은 어순이다. 중국어에서 문맥을 고려하지 않은 단일 문장의 정보 배열은 익숙한 구정보에서 새로운 신정보로 이어지므로 신정보에 초점이 부여되는데, 이를 '자연초점'이라고 한다.[28]

① 他喝咖啡了。　그는 커피를 마셨다. ← 他喝什么了?　그는 무엇을 마셨니?
② 咖啡他喝了。　커피는 그가 마셨다. ← 咖啡怎么处理了?　커피는 어떻게 됐니?

예문 ①과 ②는 모두 '그가 커피를 마셨다'라는 객관적인 사실을 전달하지만, 화자가 강조하려는 초점이 각각 다르다. 예문 ①은 기본어순인 '주-술-목' 구조로 그가 마신 것이 咖啡라는 점을 부각하고 있고, 예문 ②는 목적어인 커피를 문두에 배열하고, 술어를 문말에 배열

---

28 자연초점에는 무표적 초점과 유표적 초점이 있다. 기본어순에 따라 문말에 배치하여 전달하는 정보초점을 '무표적 정보초점'이라 하고, 화자가 특정한 발화 목적에 따라 어순을 변경하여 문두나 문장 중간에 있는 특정 요소를 문말로 이동해 두드러지게 부각하는 정보초점을 '유표적 정보초점'이라 한다. 여기서는 어순 변경을 논하므로 이를 구분하지 않고 문말에 오는 성분을 모두 '자연초점'이라고 통칭한다.

하여 喝了라는 사실을 부각하고 있다. 각 문장을 답으로 원하는 의문문을 비교해 보면 예문 ①은 그가 무엇을 마셨냐는 질문에 대한 답으로 咖啡가 초점이 되며, 예문 ②는 커피가 어떻게 되었는지에 대한 답으로 喝了가 초점이 된다. 또 다른 예를 보자.

③ 张三打了李四。 张三이 李四를 때렸다.

④ 李四被张三打了。 李四가 张三에게 맞았다.

두 예문 역시 '张三이 李四를 때렸다'는 객관 사실은 동일하지만, 예문 ③에서는 '맞은 사람이 李四'라는 점을, 예문 ④에서는 '맞았다'는 사실을 강조하려고 상이한 어순 배열로 문말에 초점 성분이 배치되었음을 알 수 있다.

전치사구 역시 문장 내 위치에 따라 배경이 되거나 초점이 될 수 있다. 이 가운데 장소를 나타내는 전치사구를 살펴보자. 장소 성분 역시 초점인 경우와 배경인 경우 어순이 다르다. 장소를 나타내는 성분은 일반적으로 주어와 술어 사이에 위치하여 부사어로 기능하며 동작이 이루어지거나 동작 혹은 상태가 지속되는 장소를 나타내는데, 아래의 예문과 같이 주어와 술어 사이에 위치하여 배경이 되는 것이 기본어순이다.

⑤ 他在床上躺着。 그가 침대에 누워 있다. [장소가 배경이 됨]

예문 ⑤에서 전치사구 在床上은 동작이 이루어지는 장소로, 문장의 초점인 술어 동작의 배경이 된다. 하지만 아래의 예문 ⑥에서는 동일하게 '그가 침대에 누워 있다'는 객관적인 사실을 전달하지만, 장소를 나타내는 在床上이 문말에서 초점이 되어 그가 누워 있는 장소가 부각된다.

⑥ 他躺在床上。 그가 침대에 누워 있다. [장소가 초점이 됨]

때로는 배경과 초점의 전환으로 문장의 의미가 달라지기도 한다.

⑦ 猴子在马背上跳。 원숭이가 말 등에서 점프한다.

⑧ 猴子跳在马背上。 원숭이가 말 등으로 점프한다.

예문 ⑦에서 在马背上은 跳 동작이 이루어지는 장소인 배경이지만, 예문 ⑧에서는 跳라는 동작으로 도달하는 종착점이 되므로 초점이 된다.

중국어에서 목적어와 보어는 모두 술어 뒤에 출현하는데, 목적어와 보어가 동시에 출현하는 경우 역시 초점에 따라 어순 배열이 달라진다. 동작이 이루어지는 시간량을 나타내는 시량보어를 보자.

⑨ 他学汉语学了两年。 그는 중국어를 2년간 배웠다.

⑩ 他学了两年的汉语。 그는 2년간 중국어를 배웠다.

예문 ⑨와 ⑩은 '그가 중국어를 2년간 배웠다'는 객관적인 사실을 나타내는데, 예문 ⑨에서는 동사 뒤에 신정보가 두 개 출현하는 것을 피하려고[29] 동사복사(verb-copying)문을 써서 学汉语를 배경으로, 两年을 초점으로 배열하여 그가 중국어를 배운 기간이 '2년'임을 부각하였다. 반면, 예문 ⑩에서는 동작이 이루어진 기간인 两年이 汉语의 수식 성분이 되어 의미의 중점을 汉语에 두었다.

동작의 횟수를 나타내는 동량보어 역시 두 개의 어순이 가능하다.

⑪ 我去过一次北京。 나는 베이징을 한 번 가봤다.

⑫ 我去过北京一次。 나는 베이징에 한 번 가봤다.

'베이징에 한 번 가보다'라는 객관 사실에 대해, 어디에 정보초점을 두느냐에 따라 예문 ⑪, ⑫와 같이 두 가지 어순이 가능하다. 예문 ⑪은 你去过哪一个城市？(당신은 어느 도시에 가 본 적이 있나요?)라는 질문에 대한 대답으로 정보의 초점이 北京에 부여되는 반면, 예문 ⑫는 你常常去北京吗？(당신은 베이징에 자주 가나요?)라는 질문에 대한 대답으로 一次에 초점이 부여된다. 이처럼 중국어는 어순이라는 통사 관계로 초점을 부여하는 것이 일반적이다.

자연초점과 달리 대화 과정에서 화자는 신정보는 아니지만 다른 성분과 대비하여 초점화하고 싶은 성분에 화자가 의식적으로 초점을 부여하기도 하는데, 이를 '대비초점'이라고 한다. 대비초점은 구어에서는 강세를 두어 표현하거나 어휘적 수단(是, 连, 就), 통사적 수단(是…的, …的是… 등의 분열문)을 사용해서 화자가 다른 후보를 배제하고 부각하고 싶은 초점을 대비하여 나타낸다.

---

[29] 중국어에서는 하나의 동사 뒤에 새로운 정보가 두 개 출현할 수 없으므로 동사 뒤에 목적어와 보어가 나란히 출현하는 他学了汉语两年。과 같은 문장은 비문이 된다.

⑬ `我昨天在学校遇到张老师。
(다른 사람이 아닌) 내가 어제 학교에서 张 선생님을 마주쳤다.

我 `昨天在学校遇到张老师。
나는 (다른 때가 아니라) 어제 학교에서 张 선생님을 마주쳤다.

我昨天 `在学校遇到张老师。
나는 어제 (다른 곳이 아니라) 학교에서 张 선생님을 마주쳤다.

我昨天在学校 `遇到张老师。
나는 어제 학교에서 张 선생님을 (다른 행위가 아니라) 마주쳤다.

我昨天在学校遇到 `张老师。
나는 어제 학교에서 (다른 사람이 아닌) 张 선생님을 마주쳤다.

위의 예문과 같이 동일한 문장에 강세를 다르게 해서 행위자, 장소, 시간, 대상 등 각기 다른 대비초점을 부각할 수 있다.

어휘적 수단으로도 대비초점을 부각할 수 있다.

⑭ 是我看过那本书。 (다른 사람이 아니라) 내가 그 책을 본 적이 있어.[30]
⑮ 连我也不知道那件事。 (다른 사람은 말할 것도 없고) 나조차 그 일을 몰랐다.[31]

일반적으로 주어는 구정보이지만, 예문 ⑭에서는 대비초점 표지인 是을 부가하여 그 책을 본 적이 있는 사람은 그 누구도 아닌 我라는 점을 부각하였으며, 예문 ⑮에서는 连을 부가하여 그 일을 모르는 사람이 다름 아닌 我라는 점을 부각하였다.

이어서 대비초점을 나타내는 대표적인 통사적 수단인 是…的 구문의 예를 살펴보자. 是…的 구문은 특히 과거에 발생한 사건의 시간, 장소, 방식, 목적, 행위자, 행위동작 등을 초점화할 수 있다.

⑯ 他昨天从北京回来了。 그는 어제 베이징에서 돌아왔다.
是他昨天从北京回来的。 (다른 사람이 아니라) 그가 어제 베이징에서 돌아온 것이다.]
他是昨天从北京回来的。 그는 (다른 날이 아닌) 어제 베이징에서 돌아온 것이다.
他昨天是从北京回来的。 그는 어제 (다른 곳이 아닌) 베이징에서 돌아온 것이다.

---

30 대비초점표지로 사용되는 是는 위치 제약이 있어서 주어의 앞 또는 주어와 술어 사이에는 쓸 수 있지만, 술어와 목적어 사이에는 쓸 수 없다. 목적어를 대비초점으로 부각하려고 할 때 …的是… 구문을 사용해서 我看过的是那本书。와 같이 써야 한다.

31 他连那件事也不知道。와 같이 连을 써서 목적어를 부각할 수도 있다.

첫 번째 예문은 '그가 어제 베이징에서 돌아왔다'는 객관적 사실을 기술하고 있다. 이러한 문장에 是⋯的를 써서 두 번째 예문에서는 다른 사람이 아닌 '그(행위자)'가, 세 번째 예문에서는 다른 날이 아닌 '어제(시간)'가, 네 번째 예문에서는 다른 곳이 아닌 '베이징(장소)'이 대비 초점으로 부각되었다.

이처럼 대비초점은 '대비성'과 '배타성'을 바탕으로 초점을 부각하여, 청자가 대비초점을 명확하게 인지하고 적합한 대응을 하도록 유도한다.

3. 한정성과 한정성 효과

담화는 화자와 청자 간의 의사소통 과정으로, 화자가 전달하려는 정보를 가공해서 청자에게 전달하면, 청자는 이를 해석해서 수용한다. 화자가 정보를 전달할 때 반드시 청자가 잘 해석하고 수용하도록 구정보와 신정보, 배경과 초점 등을 적절히 운용하는데, 이 과정에서 문장 내 명사구(NP)의 한정성(definiteness)과 비한정성(indefiniteness)이 중요한 작용을 한다.

'한정성'은 화자가 임의의 명사구 성분을 발화했을 때 청자가 그 대상을 특정 사물과 일치시켜서 담화 가운데 존재하는 같은 부류의 여러 실체 사이에서 구분할 수 있을 것이라고 예측하는 것으로, 이렇게 예측이 가능한 경우 이를 '한정적 명사구'라고 한다. 반면, 화자가 여기기에 청자가 이를 구분하지 못할 것이라고 예측하는 경우, 이를 비한정성이라 하고 이러한 명사구를 '비한정적 명사구'라고 한다.

천핑(陳平, 1987)은 중국어 명사구의 한정성 등급을 아래와 같이 구분하였다. 그는 A의 한정성이 가장 강하고 G로 갈수록 약해져, 전형적인 한정적 명사구는 A, B, C와 같이 표현되는 반면, 전형적인 비한정적 명사구는 F나 G와 같이 표현된다고 하였다.

등급	명사구 유형	예시
A	인칭대사	我(们), 你(们)
B	고유명사	中国, 北京
C	这/那(+양사)+명사	这本书, 那(个)人
D	원형명사	书, 客人
E	수사(+양사)+명사	五本书, 三(个)人

| F | 一(+양사)+명사 | 一(个)人 |
| G | 양사+명사 | (来)个人 |

천핑(1987)의 명사구 한정성 등급

위의 표에서 제시한 것과 같이 고유명사는 누구나 다 그것이 무엇인지 알 수 있으며, 화자와 청자가 모두 알 때만 인칭대사나 지시대사를 쓸 수 있으므로 한정성이 높다. 그러나 원형명사나 명량구(양사+명사)의 수식을 받는 경우 청자는 그것이 어떤 대상을 지시하는지 명확하게 파악하기가 쉽지 않아 명사구는 비한정성을 띠게 된다.

① 他昨天买了一本书。 그는 어제 (어떤) 책 한 권을 샀다.

② 他昨天买了那本书。 그는 어제 그 책을 샀다.

예를 들어, 예문 ①에서 一本书라고 하는 경우 청자는 그것이 어떤 책인지 명확하게 알기 어려우므로 비한정성을 갖게 된다. 반면, 예문 ②에서 那本书는 한정성을 갖는다.[32]

중국어는 어순 배열에서 술어를 중심으로 한정성이 높은 명사구는 술어 앞쪽, 즉 문두에, 비한정성이 강한 명사구는 술어 뒤쪽, 즉 문말에 출현하는 경향이 있다(물론 한정적인 명사구도 문말에 위치할 수 있다). 즉, 대체로 문두에 출현하는 주어에는 한정성이 높은 명사구가, 문말에 출현하는 목적어에는 비한정성이 강한 명사구가 출현한다. 따라서 예문 ①의 목적어인 一本书는 비한정적이어서 문두에 쓰이면 예문 ③과 같이 비문이 되지만, 예문 ②의 목적어 那本书는 한정적이어서 예문 ④와 같이 문두에 출현할 수 있다.

③ *一本书他昨天买了。

④ 那本书他昨天买了。 그 책을 그가 어제 샀다.

이처럼 명사구의 한정성(definiteness) 여부가 그 문장의 문법성 혹은 적절성을 결정하는

---

32 명사구의 한정성-비한정성은 지시(reference)개념과 연결된다. '지시'는 발화된 단어와 그것이 대표하는 실제 사물 간의 관계를 나타내는데, 화자가 발화한 명사구가 실제 사물(실체)이 있는 경우 '지시적'이라 하고, 화자가 발화한 명사구가 현실 세계에 없거나 확정할 수 없는 경우 '비지시적'이라 한다. 예를 들어 他是老师。에서 老师는 특정한 사람을 가리키는 것이 아니라 他의 특징(신분)을 묘사하므로 비지시적이다. 반면, 那位老师教我们汉语。에서 老师는 실존하는 특정 인물을 가리키므로 지시적이다.

요인으로 작용하는데, 이것을 '한정성 효과(definiteness effect)'[33]라고 한다. 한정성 효과를 확인할 수 있는 예문을 좀 더 살펴보자.

⑤ 那辆车停在门口。 그 차는 입구에 주차되어 있다.

⑥ 一辆车停在门口。 ? [부자연스러운 문장]

⑦ 有一辆车停在门口。 어떤 차 한 대가 입구에 주차되어 있다.

예문 ⑤는 한정성이 높은 '지시대사＋양사＋명사' 형식이 주어로 쓰여 자연스럽다. 그러나 예문 ⑥처럼 한정성이 낮은 '一＋양사＋명사'가 주어로 오면 부자연스러운 문장이 된다. 이러한 문장을 문법적인 표현으로 바꾸려면 예문 ⑦과 같이 '一＋양사＋명사' 앞에 有를 부가하여 비한정성을 해소해야 하는데, 이 역시 한정성 효과 때문이다.

중국어는 형태표지가 없어서 수식 성분이나 표지가 없는 원형명사의 한정성을 판별하기가 특히 어려운데, 이는 어순으로 판별이 가능하다.

⑧ 客人来了。 (원래 오려고 했던) 손님이 왔다.

⑨ 来客人了。 (예상치 못한 어떤) 손님이 왔다.

예문 ⑧, ⑨는 모두 '손님이 왔다'는 객관적 사실을 기술하지만, 어순에 따라 원형명사 客人의 한정성이 달라져 다른 의미를 나타내게 된다. 예문 ⑧에서 客人은 술어 앞(문두)에 위치하므로 한정적으로 해석되어 화자와 청자 모두 손님이 올 것임을 알았으며, 그 손님이 왔다는 의미를 나타낸다. 반면, 예문 ⑨에서 客人은 술어 뒤(문말)에 위치하므로 비한정적으로 해석되어 예상치 못한 손님이 방문했음을 나타낸다.

복수 표지 们 역시 한정성에 영향을 많이 받는 성분이다. 们은 인칭대사, 사람의 이름이나 호칭, 관계, 직업 등을 나타내는 명사의 뒤에 부가되어 불확정적인 복수를 나타내는데, 중국어에서는 사람을 나타내는 원형명사는 们이 없어도 복수의 의미로 해석될 수 있다.

⑩ 我们刘家孩子都很有礼貌。 우리 유씨 집안 아이들은 모두 예의바르다.

예문 ⑩에서 孩子는 단수의 형태이지만 뒤에 오는 부사 都로 们이 없어도 복수를 나타

---

[33] 한정적인 표현과 비한정적인 표현이 서로 배타적으로 사용되는 현상이라고 정의되기도 한다.

냄을 알 수 있다.[34] 이처럼 중국어의 일반 명사가 복수 표지가 없어도 복수를 나타낼 수 있다면, 们은 어떤 기능을 하는 것일까? 아래 예문을 보자.

⑪ **老师们来了。** 선생님들께서 오셨다.

⑫ *来了老师们。

예문 ⑪과 같이 们을 포함한 명사구가 술어 앞(문두)에 출현하는 것은 문제가 없으나, 예문 ⑫와 같이 비한정적으로 해석되는 술어 뒤(문말)에 출현하면 비문이 된다. 이로써 중국어의 복수 표지 们은 영어의 -s와 달리 단순히 복수만을 나타내는 표지가 아니라, 복수 의미 가운데서도 반드시 화자와 청자가 모두 아는 한정적 성분에만 부가할 수 있다는 것을 알 수 있다. 이처럼 복수 표지 们에서도 한정성 효과를 확인할 수 있다.

이상의 논의에서 우리는 중국어와 같이 형태표지가 발달하지 않은 언어를 구사하는 중국어 화자는 구정보와 신정보, 배경과 초점, 한정성 등의 요소를 운용하여 청자에게 발화 의도와 정보를 전달한다는 것을 알 수 있다. 중국어의 이러한 어순(혹은 정보 구조)은 중국인의 인지 구조와도 상통하는데, 그것은 바로 '중국인은 하고자 하는 말을 문장의 끝에 놓으려 한다'라는 것이다. 정보 구조의 일반적 특징이 비단 중국인만의 독특한 특징은 아닐 수 있으나, 형태변화가 발달하지 않은 현대중국어는 무엇보다 어순에 대한 의존도가 높기 때문에 이러한 특징이 부각될 수밖에 없으며, 이러한 특징은 다름 아닌 중국인의 인지 구조에서 비롯했다.

---

34 이는 중국어의 일반 명사가 '개체들로 이루어진 집합체'의 성격을 띠기 때문이다. 이런 까닭에 오히려 단수를 나타내고자 하는 경우 반드시 'ㅡ+(양사+)명사'와 같이 단수 표지를 부가해야 한다.

② 중국어의 독특한 어순

● '화제·진술' 그리고 부사어와 보어의 차이

어순이 바뀌면 그 구문이 나타내는 의도와 의미도 달라지는데, 특히 중국어와 같이 형태 표지가 발달하지 않은 언어에서는 이러한 특징이 더욱 두드러진다. 여기에서는 이러한 중국어 문장을 구성하는 성분의 배열 순서를 살펴보고, 화자의 의도로 어순이 변화된 구문은 어떤 의미를 나타내는지 살펴본다.

1. 주어와 화제

유형학적으로 표준 중국어의 기본어순은 '주어(S)-술어(V)-목적어(O)'로,[35] 문장은 주어로 시작됨을 알 수 있다.

① 我爱他。 나는 그를 사랑한다.

② 他爱我。 그는 나를 사랑한다.

③ *我他爱。

예문 ①과 ②는 중국어의 기본어순인 SVO로 배열되어 있지만, 어순이 바뀌면 문장의 의미가 달라짐을 알 수 있다. 또 예문 ③과 같이 목적어(O)가 술어(V) 앞으로 오면 문장이 성립하지 않는다. 그런데 아래와 같이 SVO 어순으로 설명하기 어려운 구문이 있다.

④ 他牙掉了。 그는 이가 빠졌다.

⑤ 王老师个子很高。 왕 선생님은 키가 크다.

예문 ④와 ⑤를 통사적으로 분석해 보면, 술어 앞에 명사구가 'NP$_1$+NP$_2$+VP' 두 개로 구성되어 있다. 중국어 문법에서는 이러한 문장을 '주술술어문'이라 하여, 주부(他, 王老师)와 술부(牙掉了, 个子很高)로 구분하고, 술부를 다시 주어(牙, 个子)와 술어(掉了, 很高)로

---

[35] 중국어의 기본어순이 SVO라는 것은 중국어에 다른 어순이 존재하지 않는다는 말이 아니라 SVO 어순의 사용빈도가 다른 어순보다 높다는 것을 의미한다. 📖 박종한·양세욱·김석영(2012)《중국어의 비밀》참조

분석한다. 그런데 '주어와 술어는 의미관계가 밀접하여 주어는 항상 동작이나 상태를 나타내는 술어와 직접적인 의미관계를 가져야 한다'라는 특징의 각도에서 살펴보면, 예문 ④에서 술어인 掉는 문장 전체의 주어인 他가 아니라 술부의 주어인 牙와 직접 관계를 맺고 있고, 예문 ⑤의 술어인 很高 역시 王老师가 아니라 个子와 직접적인 의미관계를 맺고 있으므로 他와 王老师는 문장의 주어로 보기 어렵다.

이와 같이 주어로 설명하기 어려운 문두 성분을 화용적 각도에서 '화제(Topic)'와 '진술(Comment)'로 설명할 수 있다. 화제란, 화자와 청자 간 의사소통의 출발점으로 화자와 청자가 서로 알고 있는(구정보) 공통된 '화젯거리'이고 뒤이어 오는 진술 부분의 논의 대상이다. 한편, 진술은 화제 뒤에 이어져 화제에 대해 진술하며, 청자가 알지 못하는 새로운 정보가 이어진다. 예문 ④에서는 他가 화제이며, 牙掉了는 진술이 된다. 진술 부분은 다시 주어인 牙와 술어인 掉了로 분석할 수 있다. 마찬가지로 예문 ⑤에서는 王老师가 화제이며, 个子很高는 진술이 된다. 진술 부분은 다시 주어인 个子와 술어인 很高로 분석할 수 있다.

화제는 '문두성, 구정보성, 한정성, 대하여성, 화제 뒤 휴지나 어기사 첨가 가능' 등의 특징이 있다. 화제는 화자와 청자가 소통하는 과정에서 언급하는 '화젯거리'이므로 화자는 화제를 언제나 담화의 시작인 문두에 배치하여 청자의 주의를 환기하고 이어지는 진술에 대해 청자가 관심을 갖도록 유도한다. 진술에 선행하여 문두에 배치되려면 화제의 정보 성격은 구정보이며, 한정성을 갖는 성분이어야 한다. 이는 한정적인 성분은 문두(술어 앞)에, 비한정적인 성분은 문말(술어 뒤)에 출현하며, 한정적인 성분은 화자와 청자가 알고 있는 구정보여야 한다는 중국어의 일반적 어순 규칙에 부합하는 것이다. 화제에 이어지는 진술은 화제에 대한 추가 정보를 제공하여 화제에 '대하여' 언급하므로 화제는 진술에 '대하여성'을 가지며, 他啊, 牙掉了。와 王老师, 个子很高。같이 화제 뒤에 어기사나 휴지를 부여할 수도 있다.[36]

화제 성분은 문두성을 가지는데, 문두에 오는 성분에는 시간구나 장소구 등도 포함되며 이들 역시 화제가 될 수 있다.

---

36 그 외에 화제는 진술 부분 술어의 필수 논항이 아니어도 된다는 특징도 있다. 화제는 의사소통 과정에서 문장에서 언급되는 대상을 가리키는데, 화제의 이러한 특징을 '대하여성(aboutness)'이라고 한다. 즉, '화제-진술'구조에서 화제 성분은 '~에 대해서 말하자면'과 같은 표현으로 바꾸는 것이 가능하며, 진술의 대상이 된다. 가령, 王老师个子很高。는 '王老师에 대해서 말하자면, 키가 크다.'와 같이 해석할 수 있다.

⑥ 今天**他忙得很。** 오늘 그는 매우 바빴다.

예문 ⑥에서 문두에 있는 시간부사어 今天은 화제가 되고 他忙得很은 진술이 된다. 진술 부분은 다시 주어인 他와 서술어인 忙得很으로 분석된다.

또한 화제 성분은 구정보여야 하므로 아래와 같이 구정보인 목적어가 문두에서 화제화될 수 있다.

⑦ 那本书**他昨天买了。** 그 책은 그가 어제 샀다.

예문 ⑦에서는 원래 목적어였던 那本书가 화제이고, 他昨天买了는 진술이 된다. 진술 부분은 다시 주어인 他와 서술어인 昨天买了로 분석된다. 이처럼 통사적 측면에서 보면 문장은 주부와 술부로 구분되며, 술부는 다시 주어와 술어로 분석될 수 있다.[37]

화제-진술 구조는 아래와 같이 도식화할 수 있다.

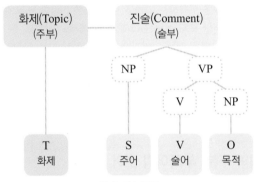

화제·진술 구조

화제의 또 다른 중요한 특징으로 화제 연쇄 기능을 들 수 있다. 화제 연쇄는 화제가 하나의 문장 이상으로 확대되는 것으로, 앞선 발화에서 진술 부분의 신정보가 다음 발화의 구정보가 되어 담화가 이어지는 것으로, 화제 연쇄 과정에서 화제는 생략되거나 대사 他, 她로 대치되기도 한다.

---

37 중국어 문장 구조에서 두드러진 특징 중 하나는 바로 화제(Topic)가 부각되는 것인데, 이로써 표준중국어는 '화제부각형 언어(Topic Prominence Language)'로 분류되고, 많은 학자는 화제를 통사범주에 포함시키기도 한다.

⑧ 我认识了一个青年。他高高的身材，长得很秀气，一对眼睛十分明亮。

내가 한 청년을 알게 되었는데, 그는 키가 큰 체격에 수려하게 생겼으며, 두 눈은 밝게 빛난다.

예문 ⑧의 첫 번째 설명에서 一个青年은 신정보이지만, 후행하는 문장에서는 구정보가
되어 대사 他로 이어지며, 他에 대한 새로운 정보가 이어진다.

더 알아보기

화제를 나타내는 표지

한국어에서는 주격조사로 '이/가'가 있음을 잘 알고 있다. 그런데 우리가 흔히 주격조사로 알고
있는 '은/는'의 경우 물론 경우에 따라 주격도 나타내지만 그 외의 다른 기능이 있다. 그 대표
적인 것이 바로 화제를 표시하는 기능이다. 예컨대, '이 나무는 잎이 가늘고 길다'라는 문장이
있다면, 여기서 '이 나무'가 바로 화제에 해당한다. 그리고 이때의 '는'은 화제를 표시하고 있다.
이와 유사한 상황이 중국어에서도 발견된다. 예를 들어, 위의 한국어를 그대로 번역한 这棵树
啊，叶子又细又长。이라는 문장에서, 这棵树가 화제가 된다. 그리고 그 뒤의 啊는 휴지의
기능을 하면서 동시에 화제를 부각하는 기능을 한다. 물론 이러한 표지 성분이 없어도 화제는
나타낼 수 있다. 한편, 이러한 표지 성분은 고대중국어에서도 찾아볼 수 있다. 『맹자』를 보면,
丈夫之冠也，父命之。(장부의 관례는 아버지가 명을 내린다.)라는 문장이 있는데, 여기서 丈
夫之冠이 바로 화제가 되며, 也는 이것을 부각하는 기능을 한다. 언어의 유사 기능은 이처럼
공시선상의 다른 언어끼리도, 또 통시선상의 고금 언어에서도 발견할 수 있다.

2. 어순에 따른 의미 구분: 부사어와 보어

한국어와 달리 중국어의 술어는 술어 앞과 뒤 양쪽에서 수식을 받을 수 있다. 즉, 술어
앞에 오는 부사어와 술어 뒤에 오는 보어 모두 술어를 수식한다. 그러나 술어를 기준으로 그
앞 혹은 뒤에 위치함에 따라 배경과 초점이 전환되는 경향이 있다.

시량보어는 술어 동사의 의미를 보충하여 동작이 이루어지는 시간량을 나타낸다. 이처럼
보어는 술어 동사 뒤에 위치하며, 시간량을 나타내는 시량보어는 신정보로 전체 정보 구조의
초점이 된다.

① 他写作业写了一个小时。 그는 숙제를 한 시간 동안 했다.

예문 ①은 동작이 이루어진 시간을 나타내는 시량보어가 문말에 쓰여 그가 숙제한 시간
이 한 시간이라는 점이 초점으로 부각되고 있다. 그런데 시량보어가 부사어로 쓰이게 되면

다음 예문 ②와 같이 배경이 되어 어떤 동작이 해당 시간 안에 완성되었음이 부각된다.

② 他一个小时就(把作业)写完了。 그는 한 시간 만에 (숙제를) 다 했다.

중국어 형용사는 다음 예문과 같이 부사어와 보어로 쓰일 수 있다.

③ 他们笔直地站着，一动也不动。 그들은 꼿꼿이 서서 꼼짝하지 않는다.
④ 他们站得笔直，很有精神。 그들이 반듯하게 서 있는 것이 매우 씩씩하다.

예문 ③에서는 笔直가 동사를 수식하는 부사어로 초점이 되는 동작의 배경이 되는 반면, 예문 ④에서는 동작의 뒤에서 보어로 쓰여 동작의 초점이 되고 있다. 그들이 반듯하게 서 있다는 점은 같지만, ③은 동작 묘사에 초점이 실리고, ④에서는 반듯한 자세에 초점이 실리므로 이어지는 문장의 성격 역시 예문 ③은 '(서서) 움직이지 않는다'는 내용이 이어지고, 예문 ④는 '(반듯해서) 매우 힘있어 보인다'는 내용이 이어진다.

⑤ 姑娘高兴地唱着。 아가씨가 기쁘게 노래한다.
⑥ 姑娘唱得很高兴。 아가씨가 노래하자 기뻤다.

위의 예문은 高兴이 부사어와 보어로 쓰인 예로, 예문 ⑤에서 高兴은 배경이 되어 唱할 때의 기분을 묘사하는 반면, 예문 ⑥에서는 唱하게 됨으로써 高兴상태에 진입하게 되었음을 나타내며, 동작과 보어인 高兴 간에는 인과적 관계가 드러남을 알 수 있다.

여기에서는 중국어의 어순에 영향을 주는 요소인 한정성, 초점, 정보 구조를 중점적으로 살펴보았다. 중국어 사용자는 이러한 정보 구조를 적절히 운용하여 효과적으로 의사소통을 실현한다. 중국어는 한정적인 성분은 술어 앞(문두)에, 비한정적인 성분은 술어 뒤(문미)에, 구정보는 문두에, 신정보는 문말에, 배경은 술어 앞(문두)에, 초점은 술어 뒤(문미)에 오는 경향이 강하다. 따라서 한정적인 성분은 구정보로 배경이 되고, 비한정적인 성분은 신정보로서 초점이 되는 경향이 있다. 그리고 이러한 특징은 '하고자 하는 말을 문장의 끝에 놓는다'라고 하는 대원칙을 만들어냈다.

1. 昨天买了两本书, 一本书我已经看完了。라는 문장에서, 一本书가 화제의 자리에 있다. 일반적으로 이렇게 말하지 않는데, 여기서 가능한 이유는 무엇인지 말해 봅시다.

   _____

2. 중국어에서 '하고자 하는 말을 문장의 끝에 놓는다'라는 원칙으로 설명할 수 있는 언어현상을 찾아서 말해 봅시다.

   _____

3. 五个苹果两个坏了。와 那本书我已经看好了。두 문장 모두 밑줄 친 부분이 화제인 문장이다. 그러나 이 두 문장의 구조는 근본적인 차이가 있는데, 어떠한 차이인지 말해 봅시다.

   _____

Part
05

중국인의 인지적 특징은
중국어에 이렇게 반영된다

인간은 어떤 언어를 사용하든 인지적 사고능력을 바탕으로 세상을 개념화하고 이것을 언어로 전환한다. 중국인 역시 인간의 공통적 인지 능력인 은유, 환유 그리고 도상성 등의 인지 능력을 이용해 자신이 개념화한 세상을 중국어로 이해하고 표현한다. 인류 공통의 인지 능력이 이용되기도 하지만 어떤 경우에는 중국인과 중국어에만 특화된 인지 능력이 적용되기도 한다. Part 05에서는 중국인이 중국어를 구사할 때 이용하는 여러 가지 인지 능력과 이것이 중국어에 반영되는 원리를 살펴본다.

① 인지언어학과 인간의 인지적 사고

● 언어를 바라보는 새로운 시각

'인지'는 사전적 의미로 '자극을 받아들이고, 저장하고, 인출하는 일련의 정신 과정'을 가리킨다. 인간은 신체와 외부 세계의 상호작용으로 사유 활동을 하는데, 인간의 인지 체계는 모두 지각, 신체행위, 사회적 환경 등에 대한 체험에서 비롯한다. 우리는 체험으로 천둥번개가 치면 비가 내릴 것을 알고, 표정이나 목소리로 다른 사람의 기분이나 심리상태를 파악한다. 인지언어학은 '사고란 근본적으로 신체화된 경험에서 유래한다'라는 체험주의(experientialism) 철학에 바탕을 두고, 인지적 작용이라는 포괄적인 틀에서 언어의 의미와 형식 간의 관계 등을 설명하고자 한다.

인지는 지각한 내용을 주체적으로 해석하는 과정이다. 이 과정에서 우리는 객관적이고 논리적인 추론을 따를 때도 있지만 자신의 주관적 관점이나 개별적인 경험을 따르기도 한다. 그 결과 동일한 현상이나 사실도 전혀 다른 방식으로 인지하기도 한다.

'루빈의 잔'을 보면, 어떤 사람은 잔으로 보기도 하고, 어떤 사람은 두 사람이 얼굴을 맞대고 있는 것으로 보기도 한다. 똑같은 A학점을 받더라도 어떤 학생은 A를 받았다고 좋아할 수 있고, 또 어떤 학생은 열심히 했는데 A⁺를 못 받았다고 실망할 수도 있다. 인간은 자신의 '인지적 창문'에 비친 주관적 관점에 따라 사물이나 사태를 이해하고 기술하는 것이다.

인간은 일반적으로 유사한 신체적 체험을 공유하지만, 언어마다 그것을 이해하고 기술하는 방식에는 차이가 있을 수 있다. 또한 어떤 공동체만의 특이한 역사적 경험이나 환경, 문화 등의 영향을 받아 그 공동체만의 독특한 인지적 특징이 나타나기도 하고, 이것이 그들이 사용하는 언어에 반영되기도 한다. 이렇게 신체적 체험을 바탕으로 세계를 해석하는 인지적 작용에는 '은유, 환유, 도상성' 등이 있으며, 이러한 인지적 시스템을 바탕으로 한 중국인의 인지적 특징은 중국어에 반영되어 나타난다.

루빈(Rubin)의 잔

2 중국어의 은유와 환유

● 쉬운 것으로 복잡한 것 이해하기

1. 은유: 유사성을 기반으로

우리가 인지하든 못하든 평소에 사용하는 말은 온통 은유적 표현으로 가득 차 있다. 그럼에도 은유(metaphor)는 오랫동안 수사학(Rhetorics)과 문학에서 언어의 본래적 특징과는 무관한 수사적 기교로만 인식되어 왔다. 그러다가 인지언어학이 흥기하면서 이러한 시각에 큰 변화가 생겼다. 인지언어학자들은 은유를 일탈된 언어 표현이 아니라 우리의 일상 언어 중 '보편적으로 존재하는 정상적인 현상'으로 간주하고, 비유를 언어의 표현적 측면에 국한되지 않는 '인간의 사고 체계와 사유방식을 반영하는 인지 능력의 한 부분'으로 인식하게 되었다. 이에 따라 레이코프와 존슨(Lakoff&Johnson, 1980) 이후 인지언어학자들은 전통적 은유와는 차별적인 '개념적 은유(conceptual metaphors)' 이론을 체계화했다.

개념적 은유는 두 개념적 영역으로 구성되는데, 하나는 이해의 대상이 되는 '추상적 개념'이고, 다른 하나는 비교의 대상이 되는 '구체적 개념'이다. 이 중 추상적 개념 영역을 목표영역(target domain)이라고 하고, 비교의 대상이 되는 구체적 개념 영역을 근원영역(source domain)이라고 한다. 즉, 목표영역은 근원영역을 사용해서 우리가 이해하고자 하는 영역으로, 실체가 없는 추상적이고 심리적이며 주관적인 개념으로, 새롭고 신선하여 구조화되기 어려운 개념이다. 반면 근원영역은 목표영역을 이해하려고 빌리는 구체적인 낱말이나 언어 표현으로, 물리적이며 감각적인 우리의 일상 경험에서 나온 구조화된 경험이다.

개념적 은유는 한 개념 영역을 다른 개념 영역으로 인지하는 개념화 장치로, 개별적인 언어적 은유(linguistic metaphor)와 구별된다. 개념적 은유가 모든 개별적인 언어적 은유의 개념적 기초가 되는 'A는 B이다' 형태의 상위 개념 은유라면, 언어적 은유는 더 구체적인 영역의 언어에서 나온 낱말이나 기타 언어 표현을 가리킨다.

그럼 구체적인 예를 들어 개념적 은유와 언어적 은유, 목표영역과 근원영역을 구분해 보자.

① 시간은 공간이다.
    a. 주말에 시간이 빈다.
    b. 기다리는 시간이 너무 길다.

② 시간은 이동이다.

    a. 시간이 쏜살같이 흘러간다.

    b. 우리가 헤어져야 할 시간이 다가왔다.

예문 ①, ②에서 '시간'은 추상적 개념 영역이지만, '공간'과 '이동'이라는 익숙하고 상상하기 쉬운 구체적인 개념으로 그것을 구조화할 수 있다. 이때 '시간'은 우리가 표현하려는 목표영역이고, '공간'과 '이동'은 근원영역이다. 그리고 '시간은 공간이다'와 '시간은 이동이다'는 'A는 B이다' 형태의 개념적 은유이고, 개념적 은유 밑에 있는 ①-a/b, ②-a/b는 개별적인 언어적 은유들이다.

중국어에도 공간이나 이동으로 시간을 나타내는 은유적 표현이 많다.

③ **来日方长，你要向前看。** 앞날이 창창하니 앞(미래)을 내다봐야 한다.

④ **把过去的痛苦抛在后面。** 지난간 (과거의) 고통은 뒤(과거)로 던져 버려라.

⑤ **岁月过得真快。** 세월이 정말 빠르게 지나간다.

예문 ③과 ④는 앞(前)과 뒤(后)라는 공간 개념으로 각각 '미래'와 '과거'라는 시간을 나타냈고, ⑤는 세월이 빠르게 지나간다는 이동이라는 개념을 통해 시간을 나타냈다. 또한 예문 ④의 过去는 '지나가다'라는 이동의 개념이 '과거'라는 시간을 나타낸다.

특히 중국인은 공간 개념 중 앞(前)과 뒤(后)라는 방위로 시간이라는 개념을 구조화하는 경우가 많다. 이와 관련된 어휘나 표현 등을 예로 들면 다음과 같다.

⑥ **长江后浪推前浪。**
    창장의 뒷 물결이 앞 물결을 밀다.(사람이나 사물은 끊임없이 새로 교체되기 마련이다.)

⑦ **前无古人，后无来者。** 전무후무하다.

⑧ a. **前辈** 선배, 연장자　　　　b. **后辈** 후대, 자손, 후배

⑨ a. **前天** 그제　　　　　　　　b. **后天** 모레

그런데 예문 ③, ④에서 前이 미래를, 后가 과거를 나타냈다면, 예문 ⑥~⑨에서는 前이 과거를, 后가 미래를 나타낸다. 앞에서 인간은 자신의 인지적 창문에 비친 주관적 관점에 따라 사물이나 사태를 이해하고 기술한다고 했는데, 우리가 시간을 표현할 때도 어디에 중점을 두는지에 따라 과거와 미래를 표현하는 방향이 달라질 수 있다. 즉, 사람인 관찰자가 이동하는 것으로 보는지 혹은 시간이 이동하는 것으로 보는지에 따라 방향이 달라지는데, 예문 ③과 ④에서는 시간이 정지해 있고 관찰자가 이동하는 것으로 본다. 관찰자가 정지해 있는 사

물을 향해 움직이는 것으로 시간을 개념화하는 것이다. 따라서 관찰자의 앞이 미래이고, 뒤가 과거가 된다. 반면 예문 ⑥~⑨는 관찰자가 가만히 있고, 시간이 이동하고 있는 것으로 본다. 정지되어 있는 관찰자에게로 시간이 다가오므로 과거가 앞이 되고, 미래가 뒤가 된다.

前, 后 외에 위(上)와 아래(下)라는 공간 속에서 방향으로 시간이라는 개념을 나타내는 은유적 표현도 많다. 예컨대 上个星期, 下个星期, 上个月, 下个月, 上午, 下午, 上辈子, 下辈子 등이 있다.

2. 환유: 인접성을 기반으로

은유와 마찬가지로 환유도 전통적으로 수사학의 비유법 차원에서 논의되어 왔다. 그런데 인지언어학에서는 환유를 모든 표현과 이해의 영역에서 의미를 확장하고 추상적 범주를 개념화하는 가장 기본적이며 강력한 인지 수단으로 여기며 '개념적 환유(conceptual metonymy)'를 제시했다.

임지룡(2009, 194~195페이지)은 개념적 환유는 동일한 하나의 영역 안에서 두 개의 실체가 인접성(contiguity) 관계에 있는 경우로, 한 실체인 '매체'가 또 다른 하나의 실체인 '목표'에 정신적 접근을 환기하는 인지 과정이라고 했다. 그리하여 환유는 부분으로써 전체를 대신하거나 반대로 전체로써 부분을 대신한다.

① 미술계의 큰손이 나타났다.
② 백악관은 어제 특별 국민담화를 발표했다.

예문 ①에서는 신체의 일부가 사람을 지칭한다. 사람의 신체는 여러 부위로 구성되는데 특정한 신체 부위가 매체로 부각되어 '큰 규모의 거래를 하는 고객'을 가리킨다. 반대로 예문 ②에서는 백악관이라는 건물이 현저한 매체로서 그 속에 속하는 사람인 '대통령'을 대신한다.

중국어에서도 은유만큼이나 환유가 자주 사용된다.

③ 影坛出现了新面孔。 영화계에 새 얼굴이 등장했다.
④ 鲁迅很难读。 루쉰은 읽기가 어렵다.

예문 ③은 얼굴이라는 신체의 일부로 배우를 지칭하고 있고, 예 ④는 鲁迅으로 鲁迅이 쓴 작품을 지칭한다.

앞선 은유가 서로 다른 두 개념 영역, 즉 근원영역과 목표영역 간의 '유사성'에 바탕을 두었다면, 환유는 동일한 개념 영역 안에서 매체와 목표 간의 '인접성'으로 활성화된다는 차이점이 있다. 그러나 어떤 경우에는 은유인지 환유인지 잘 구분하기가 어려우며, 양자가 다 포함된 경우도 있다.

⑤ 他是我们村里的诸葛亮。 그는 우리 마을의 제갈량이다.

예문 ⑤는 유사성의 관점에서 보면 그와 제갈량 사이에는 지혜롭고 지략이 뛰어나다는 유사점이 있다. 그런데 제갈량은 중국 역사에서 지혜가 뛰어난 사람을 대표한다는 면에서 부분이 전체를 지칭한다.

중국인의 사고 체계와 사유방식을 반영하는 은유와 환유는 중국어 어법을 다채롭게 만드는 역할도 한다. 일례로 '정도부사+명사' 구문을 들 수 있다. 명사는 일반적으로 부사의 수식을 받지 못하지만, 중국어에서는 很女人, 非常城市, 有点青春, 十分阳光, 最上海 등과 같이 정도부사가 명사를 수식하는 구문이 자주 발견된다. 명사 중에서도 구체명사나 고유명사는 사람이나 사물, 동물, 지명 등 실체를 나타내므로 추상명사에 비해서 상대적으로 很의 수식을 받기 어렵다. 그러나 은유와 환유의 방식으로 그 실체를 나타낼 수 있는 내포적 의미를 활성화하면 很의 수식을 받을 수 있다.

⑥ 他和领导的关系很铁。 그와 간부의 관계는 매우 단단하다.

⑦ 这家咖啡店布置得很巴黎。 이 카페는 파리처럼 인테리어를 해놓았다.

예 ⑥과 ⑦은 각각 은유와 환유의 방식이 사용되었다. 예 ⑥은 그와 간부 사이의 추상적 '관계'를 '철'이라고 하는 구체적 사물로 구조화하였는데, 铁에 很을 부가하면 철을 떠올렸을 때 연상되는 '단단하고, 쉽게 변하지 않고 군세다'라고 하는 내포적 의미를 활성화하게 된다. 예문 ⑦은 고유명사 巴黎가 정도부사와 결합하였는데, 很과 결합한 巴黎는 실제 지역을 가리키는 것이 아니라 이 지역이 가진 속성의 집합을 나타낸다. 즉, 파리라는 도시가 가지는 여러 가지 특징이나 속성이 있는데 그중 일부가 이 카페의 인테리어가 주는 느낌과 일치한다고 볼 수 있다.

이처럼 중국인들은 그들의 인지적 특징을 반영하는 은유와 환유로 그들이 사용하는 언어를 더 풍부하고 다채롭게 만든다.

❸ 중국어의 도상성

● 실제 모습이 언어에 그대로 반영되다

기존의 언어학 이론에서는 언어의 형식과 의미 사이에는 '자의성(arbitrariness)'의 관계가 있다고 보았다. 즉, 언어 형식과 의미 사이는 필연적 관계없이 사회적 관습으로 연결된 것에 불과하다는 것이다. 예컨대, 한국어에서 '어머니'라고 하는 대상을 중국어에서는 妈妈, 영어에서는 mother, 독일어에서는 mutter, 프랑스어에서는 maman이라고 다르게 부른다.

그러나 언어에는 자의성만 있는 것이 아니라 도상성(iconicity)의 특징도 있다. 도상성은 자의성과 상반되는 개념으로, 언어의 구조가 인류의 신체적 경험과 인식을 반영해서 언어의 형식과 의미 간에 유사성이 존재한다는 것이다.

도상성이라는 용어는 19세기 말 찰스 샌더스 퍼스(Charles Sanders Peirce, 1839-1914)가 처음 사용했다. 그는 기호의 유형을 지표기호(indexical sign), 상징기호(symbolic sign), 도상기호(iconic sign)로 분류했다. 지표는 집게손가락을 의미하는 라틴어 index에서 유래했는데, 기호의 형식과 내용 간의 실제적·물리적 '연관성'이 존재하는 경우를 의미한다. 이 연관성은 인과관계를 나타내는 경우가 많다. 예를 들어, 문을 두드리는 소리는 손님이 찾아왔다는 지표이고, 연기는 불이 났다는 지표이다. 다음으로 상징은 기호의 형식과 내용이 자의적이며, 대개 사회적 규약에 따라 확정된 경우로, 관습성을 가진다. 예를 들면, 신호등의 빨간색은 정지 신호로 정해졌으며, 우리가 사용하는 문자나 수화는 가장 정교한 상징기호 체계라고 볼 수 있다. 마지막으로 도상은 '닮음'을 의미하는 그리스어 eicon에서 유래했다. 기호의 형식과 내용 간의 '유사성'이 존재하는 경우를 의미하는데, 예술가의 데생이나 조각상, 지도 등이 이에 해당한다. 우리가 사용하는 컴퓨터 모니터에 떠 있는 '컴퓨터, 휴지통, 폴더, 문서, 프린트 및 팩스' 등의 아이콘도 실제 지시물을 닮은 도상기호이다.

도상성의 종류에 대해서는 학자에 따라 의견이 매우 다르지만, 크게 '자연적 도상성'과 '언어적 도상성'으로 나눌 수 있다. 자연적 도상성은 모방적 도상성이라고도 하는데, 자연 상태에 바탕을 두고, 사물에서 기호가 파생된 것이다. 예를 들면, 의성어와 한자의 상형자, 지사자, 회의자가 이에 해당한다. 언어적 도상성은 구조적 도상성이라고도

상형자의 도상성

하며, 언어의 형태적 특징들이 의미 구조의 양상과 대응되는 것을 말한다. 언어적 도상성은 크게 '순서적 도상성, 양적 도상성, 거리적 도상성'으로 나눌 수 있다.

1. 순서적 도상성

순서적 도상성은 다시 '선형적 순서의 원리(principle of linear order)'와 '연속적 순서의 원리 (the principle of sequential order)'로 나눌 수 있다. 선형적 순서의 원리는 시간적 사건과 언어 구조 내 요소들의 선형적 배열에 관한 현상이다. 즉, 어떤 언어 표현의 순서는 그 표현과 관련된 개념의 시간적 순서와 대응한다는 것이다.

① a. Virginia got married and had a baby. 버지니아는 결혼을 하고 애를 낳았다.
　 b. Virginia had a baby and got married. 버지니아는 애를 낳고 결혼을 했다.

Dirven&Verspoor(2004, 8~9페이지)

두 예문은 두 절의 배열로 사건의 자연적 순서가 반영되는데, and를 사이에 두고 앞뒤 절의 순서가 달라지면서 사건의 발생순서도 달라진다.

하나의 주어에 여러 개 술어동사가 오는 중국어 연동문도 여러 동사가 발생 순서에 따라 배열되는 경향이 있다. 특히 중국어는 격조사의 첨가나 형태 변화보다는 문장의 어순으로 어법적 의미를 나타내므로 한국어보다는 중국어가 선형적 순서의 원리에 더 잘 들어맞는다. 다음의 예를 살펴보자.

② a. **他上楼睡觉。** 그는 잠자러 위층으로 올라간다.
　 b. ***他睡觉上楼。**

중국어는 시간상 발생 순서에 따라 문장을 기술하므로 논리적으로 위층으로 올라가는 것이 먼저이고, 올라간 이후에야 잠을 잘 수 있다. 그러므로 예문 ②-b는 '잠이 든 상태에서 위층으로 올라간다'는 의미가 되므로 인지적으로 맞지 않는다. 선형적 순서의 원리는 뒤의 '시간순서원칙'에서 더 자세히 논의한다.

연속적 순서의 원리는 인지적으로 자연스러운 경향성이나 중요성이 언어의 구조에 반영되는 현상을 말한다. 중국어 합성어는 쉽고 단순하거나 긍정적이며, 현저하고 적극적인 요소가 앞에 온다. 예를 들면 大小, 长短, 深浅, 高低, 上下, 前后, 胜负, 生死 등이 이에 해당한다. 또한 중국어 표현에서 나에게 가깝거나 자아 중심적 요소가 앞에 오는 경향이 있다.

예를 들면, 问这问那(이것저것 묻다), 这样那样的(이런저런), 这山望着那山高(남의 떡이 커보인다)처럼 나에게 가까운 것을 가리키는 这가 들어간 표현이 那가 들어간 표현보다 앞에 온다.

2. 양적 도상성

양적 도상성은 개념의 양과 형태의 양이 비례 관계에 있다는 것으로, 정보량이 많을수록 더 많은 양의 부호(code)가 주어진다는 것이다. 예컨대, 우리가 반말을 할 때 "너 말이 짧다!"라고 하는데, 이것은 실제로 경어법을 쓸 때보다 쓰지 않을 때 한두 글자라도 말이 더 짧아지는 현상을 반영한 것으로, 양적 도상은 바로 이러한 것이다. 그래서 일반적으로 똑같은 단어라도 짧게 발음하는 것보다는 길게 발음하면 그것이 아주 많다는 의미를 연상시킨다. 예를 들어, '많이 주세요'라고 하는 것보다는 '마아아아니 주세요'라고 하는 것이 더 많게 느껴지는 것이다. 또 형태소를 첨가함으로써 복수나 부정, 과거시제를 나타내는 것도 단순형태보다는 많은 정보를 제공하는 예라고 볼 수 있다.

중국어에서는 동사나 형용사, 양사 등을 중첩할 수 있는데, 중첩하면 중첩하지 않았을 때보다 더 많은 정보를 가진다. 예를 들어, 양사는 중첩하면 每(각)의 의미를 나타내게 되는데, 人을 중첩하여 人人이 되면 每个人의 의미가 되고, 天을 중첩하여 天天이 되면 每天의 의미가 된다. 형용사도 중첩하게 되면 형용사가 나타내는 정도가 더 심해짐을 뜻한다. 즉, 干净보다는 干干净净이 더 깨끗함을 나타내고, 漂亮보다는 漂漂亮亮이 더 아름답다는 느낌을 나타낸다. 반면 동사는 중첩하면 형용사와 달리 '좀 ~해보다', '시험 삼아 ~해보다'처럼 시도나 동작행위의 가벼움을 강조하게 되는데, 이 역시 중첩하지 않았을 때보다는 더 많은 정보를 내포한다.

양의 원리는 화용적인 면에서도 반영되어, 일반적으로 표현의 길이가 길어질수록 공손하게 느껴진다.

① a. 쉿!
   b. 조용히 해.
   c. 조용히 합시다.
   d. 조용히 해주시겠습니까?
   e. 다른 분들에게 피해가 가지 않도록 여기서는 좀 조용히 해주시면 감사하겠습니다.

② a. 让一下。

    b. 请让一下。

    c. 麻烦您让一下。

    d. 麻烦您能让一下吗？

    e. 不好意思, 麻烦您能让一下吗？

한국어와 중국어 예문 모두 a에서 e로 내려가면서 문장의 길이가 길어질수록 더 공손하게 느껴짐을 알 수 있다.

3. 거리적 도상성

거리적 도상성은 표현 간의 언어적 거리가 개념적 거리와 일치한다는 것이다. 즉, 개념적·기능적·인지적으로 가까운 것들은 언어적으로 가까이 놓이고, 그렇지 않은 것들은 언어적으로 멀리 놓인다는 사실을 설명한다. 예컨대, '유명하고 맛있는 천안 호두과자'에서 '과자'와 가장 가까운 과자의 본질을 나타내는 것은 '호두'이므로 과자와 가장 가깝게 붙어 있고, 그다음으로 호두과자의 출신지와 관련 있는 '천안'이 호두과자 앞에 온다. 그러나 '유명하고 맛있는'은 사람들의 주관적인 평가에 따라 달라질 수 있기에 서로 위치를 바꿔 '맛있고 유명한'이라고 해도 문장의 적법성에 영향을 미치지 않으므로 '과자'에서 가장 멀리 위치한다.

중국어의 예를 들면, 중국어의 이중목적어 구문과 给자문의 관계 역시 거리적 도상성으로 그 차이점을 설명할 수 있다.

① a. 我送给他一本书。 나는 그에게 책 한 권을 보내준다.

    b. 我送一本书给他。 나는 책 한 권을 보내어 그에게 준다.

①-a에서 送과 给는 붙어 있고, ①-b에서는 떨어져 있는데, ①-a에서는 送이라는 방식으로 책이 他에게 수여되는 과정이 하나의 과정처럼 일어나고, 새로운 소유자인 他와 책이 붙어 있음으로써 책이 원래 소유자에서 새로운 소유자로 이전되었음을 부각해 보여주므로 책이 이전되는 중간 과정은 생략되었다. 반면 ①-b의 경우 送과 给가 분리되어 있고 책과 새로운 소유자인 他가 붙어 있지 않으므로, ①-b는 책이 이전 소유자에서 새로운 소유자로 이전되는 과정만 부각해 보여주고, 책이 他에게 이전되었는지는 확실하지 않다. 그뿐만 아니라 ①-a와 ①-b는 통사적으로도 성격이 다른데, ①-a의 경우 이중목적어 구문이지만, ①-b의 경우 送이라는 동사와 给라는 동사가 두 개 출현한 연동문에 해당한다. 만일 了를 넣는

다면 ①-a는 送과 给가 마치 하나의 동작행위처럼 긴밀히 연결되어 있으므로 了는 给 뒤에만 올 수 있다.

② a-1. 我送给了他一本书。 나는 그에게 책 한 권을 보내주었다.
　 a-2. *我送了给他一本书。

위의 예문에서는 원래 이중목적어를 취할 수 있는 동사 送을 예로 들었지만, 아래에서는 원래 목적어를 하나만 취할 수 있는 동사의 예를 들어 보자.

③ a. *我做给他一盘菜。
　 b. 我做一盘菜给他。 나는 요리를 한 접시 해서 그에게 준다.

위의 예문에서 做는 원래 목적어를 하나만 취하는 동사인데, 의미적 측면에서 보면 동작행위를 하는 데 일정한 시간이 걸리므로 ③-a에서처럼 바로 뒤에 给를 취하여 이중목적어 구문을 구성할 수 없다. 즉, 요리를 하는 데 일정한 시간이 걸리는 데다가 요리와 동시에 다른 사람에게 주는 것이 중국인의 인지에도 맞지 않기에 문장이 성립하지 않는 것이다. 그러나 ③-b처럼 동사와 给 사이에 목적어가 삽입되어, 양자 사이의 거리가 멀어지면 문장은 성립한다. 이는 개념상 가까운 것끼리는 언어적으로도 가까이 붙지만, 개념상 먼 것일수록 언어적으로도 멀게 위치한다는 거리적 도상성을 잘 반영하고 있다.

다음으로 구조조사 的의 생략 문제를 살펴보자. 的의 유무에 따라 소유자와 피소유자 사이의 관계는 가까울 수도 멀 수도 있는데, 的가 들어가면 그만큼 양자 사이의 거리가 멀어지고, 的가 없으면 양자 사이가 매우 가까워진다. 즉, '타인에게 양도 가능한 소유(alienable possession)' 관계에 있는 일반 사물이 중심어로 왔을 때는 타인에게 주어도 별로 상관없으므로 양자 사이가 그다지 긴밀하지 않아서 的가 반드시 와야 하지만, '타인에게 양도할 수 없는 소유(inalienable possession)' 관계에 있는 부모나 친척, 친구, 소속단체 등이 중심어로 왔을 때는 양자 사이가 긴밀해서 的를 생략할 수 있다.

④ a. 我的书 내 책
　 b. 弟弟的手机 남동생의 휴대전화

⑤ a. 我爸爸 우리 아빠
　 b. 我朋友 내 친구
　 c. 我们班 우리 반

부모나 친척, 친구, 소속단체 등이 중심어로 왔을 때 的를 생략할 수는 있지만, 的의 유무에 따라 의미와 용법상에는 미묘한 차이가 생긴다. 예를 들면, 我们的学校는 소유 관계를 나타내므로 谁的学校？에 대한 대답이 될 수 있지만, 我们学校는 哪个学校？에 대한 대답만 될 수 있고 谁的学校？에 대한 대답은 될 수 없다.

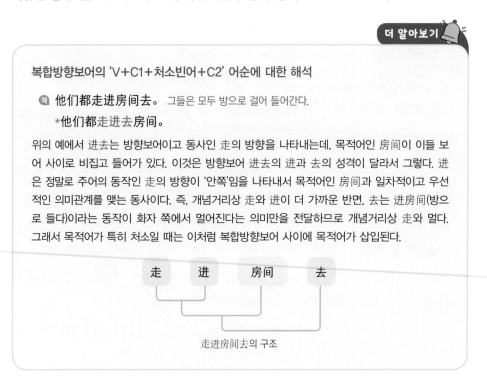

복합방향보어의 'V+C1+처소빈어+C2' 어순에 대한 해석

예 他们都走进房间去。 그들은 모두 방으로 걸어 들어간다.

*他们都走进去房间。

위의 예에서 进去는 방향보어이고 동사인 走의 방향을 나타내는데, 목적어인 房间이 이들 보어 사이로 비집고 들어가 있다. 이것은 방향보어 进去의 进과 去의 성격이 달라서 그렇다. 进은 정말로 주어의 동작인 走의 방향이 '안쪽'임을 나타내서 목적어인 房间과 일차적이고 우선적인 의미관계를 맺는 동사이다. 즉, 개념거리상 走와 进이 더 가까운 반면, 去는 进房间(방으로 들다)이라는 동작이 화자 쪽에서 멀어진다는 의미만을 전달하므로 개념거리상 走와 멀다. 그래서 목적어가 특히 처소일 때는 이처럼 복합방향보어 사이에 목적어가 삽입된다.

走　　进　　房间　　去

走进房间去의 구조

134

4 중국어의 시간순서원칙

● 실제 삶이 시간순서대로 어순에 반영되다

현대중국어는 형태적으로 결핍되어 문법 기능이나 의미 구조의 차이를 나타내는 데 있어 다른 언어에 비해 상대적으로 어순 의존도가 높다. 이렇게 어순 의존도가 높기에 시간순서원칙은 현대중국어와 매우 밀접한 관계가 있다. 戴浩一(1988)가 제안한 시간순서원칙(The principle of temporal sequence, PTS)은 앞에서 언급한 순서적 도상성을 반영한 것이다. 시간순서원칙은 두 통사 단위의 상대적 순서가 그것들이 나타내는 개념 영역 속 상태의 시간순서에 따라 결정된다는 것으로, 쉽게 말하면 발생되는 사건의 시간적 순서가 언어에도 그대로 반영된다는 것이다.

한국어 시간어는 대부분 부사어로 동사 앞에 위치하는 데 비해 중국어 시간어는 동사의 앞뒤에 모두 출현할 수 있다. 그런데 이러한 차이는 중국어가 시간순서원칙을 더 철저히 반영하고 있음을 보여준다. 중국어는 '시간어가 나타내는 시간의 범위 속에서 동사의 동작 행위가 이루어질 경우' 시간어가 동사 앞에 오고, '시간어가 동사의 동작행위가 이루어진 시간의 길이를 나타내는 경우'에는 동사 뒤에 온다. 그것은 바로 시간의 길이는 동작의 행위가 이루어진 결과로만 알 수 있기 때문이다. 그러므로 '동사의 시간 범위를 한정하는 역할을 하는 시점을 나타내는 시간어'는 동사 앞에 부사어로 오고, '동작이 지속된 시간의 길이를 나타내는 시간어'는 동사 뒤에 시량보어로 온다.

① a. **他昨天玩了**半天了。 그는 어제 한참 동안 놀았다.
   b. *他半天玩了昨天了。

위의 예문에서 보면 昨天은 시점을 나타내고, 半天은 시간의 길이를 나타내므로 昨天은 동사 앞에, 半天은 동사 뒤에 와야지 둘의 위치가 바뀌면 문장은 성립하지 않는다.

일반적으로 현대중국어 문장 내 성분 간의 나열 순서는 직관적으로 개념 영역에서의 시간상 선후 순서를 나타내는데, 어떤 전치사는 기점의 의미만 나타내므로 항상 동사 앞에 와야 한다. 예를 들면, 从은 기점을 나타내는 전치사로, 동작 이전의 상황을 뜻하므로 항상 동사 앞에 위치해야 한다.

② a. 他是从北京来的。 그는 베이징에서 온 것이다.

  b. *他是来从北京的。

③ a. 从书包里拿出书来。 책가방 속에서 책을 꺼낸다.

  b. *拿出书来从书包里。

②-a에서 '베이징에서 출발'한 것(从北京)이 선행되어야 '오는 것(来)'이 이루어질 수 있다. 마찬가지로, ③-a에서 '책가방 속으로부터(从书包里)'라는 말이 '동사(拿出来)'나 '책(书)'보다 앞에 위치하는데, 이는 책가방 속에 먼저 책이 있어야 책을 꺼내는 동작이 이루어진다는 시간상의 선후 순서를 그대로 나타내는 것이다. 즉, 이러한 문장 내 성분 간 나열 순서는 책이 기점인 책가방의 내부에서 외부로 이동하는 선후 과정과 유사하다.

한편, 일부 전치사는 동사의 앞뒤에 모두 출현할 수 있으며, 이때 출현 위치에 따라 나타내는 의미 또한 달라진다. 다음의 예문을 살펴보자.

④ a. 他在马上跳。 그는 말 위에서 뛴다.

  b. 他跳在马上。 그는 말 위로 뛰었다.

예문 ④-a는 在马上이 동사 앞에 왔고, ④-b는 在马上이 동사 뒤에 왔다. ④-a에서 在马上은 동작행위의 배경이 되므로 '그는 말 위에서 뛴다'라는 의미가 되고, ④-b에서 在马上은 동작행위의 결과 처해진 도착점을 나타내므로 '그는 말 위로 뛰었다'라는 의미가 된다.

현대중국어에는 이 외에도 시간순서원칙을 반영하는 어법 현상이 다수 존재한다. 지금까지 소개한 내용을 볼 때 언어의 형식과 의미 사이에는 자의성만 존재하는 것이 아니라 도상성도 존재하며, 그만큼 중국어에는 형식과 의미 사이에 필연적 관계가 있음을 보여주는 어법 현상이 많다는 것을 알 수 있다.

1. 前, 后, 上, 下 외에 공간 개념으로 시간을 나타내는 중국어의 은유 현상을 더 찾아봅시다.

_____

2. 현대중국어의 '동사＋목적어'는 매우 다양한 관계를 형성하는데, 이 중 吃大碗을 환유로 설명해 봅시다.

_____

3. 현대중국어에서 양적 도상성을 반영하는 다른 예를 더 찾아봅시다.

_____

4. 현대중국어에서 거리적 도상성을 반영하는 다른 예를 더 찾아봅시다.

_____

5. 현대중국어에서 시간순서원칙을 반영하는 다른 예를 더 찾아봅시다.

_____

Part 06

중국인의 사유 체계를
반영한 문법 구문

　중국어에는 다른 언어에도 있지만, 매우 독특한 성질을 보여주는 몇 가지 구문이 존재하는데 연동문, 겸어문, 처치문, 존현문이 바로 그것이다. 이들 구문은 기본적으로 중국인의 사유 체계를 그대로 반영하므로 중국인의 독특한 의식 구조를 확인하는 데 매우 적합하다. Part 06에서는 상기 구문들을 대상으로 중국인의 사유 체계와의 관계를 중심으로 살펴본다.

① 중국어의 연동문과 겸어문

겉으로 보이는 게 다가 아니다

일반적으로 중국어 단문에서는 주요 서술어를 담당하는 동사가 한 개이지만, 동사 두 개가 하나의 단문을 형성하는 독특한 문장 구조 형식이 존재하는데 연동문과 겸어문이 바로 그것이다.

연동문(连动句)은 하나의 주어가 둘 이상의 동사(구)를 공유하는 문장으로 'S+V_1+N_1+V_2+N_2' 형식으로 나타낼 수 있다. 두 동사(구)의 의미 관계에 따라 대표적인 유형을 다음과 같이 분류할 수 있다.

① 我吃过饭看电影。 나는 밥을 먹은 다음 영화를 봤다. ➡ 我吃过饭 / 我看电影

② 我去图书馆学习。 나는 공부하러 도서관에 간다. ➡ 我去图书馆 / 我学习

③ 他用筷子吃饭。 그는 젓가락을 사용해 밥을 먹는다. ➡ 他用筷子 / 他吃饭

④ 我有钱买电脑。 나는 컴퓨터를 살 돈이 있다. ➡ 我有钱 / 我买电脑

연동문에서 V_1과 V_2는 시간의 흐름에 따라 발생한다. 예문 ①에서 V_2는 V_1이 끝난 후에 발생하는 연속 사건을 나타낸다. 예문 ②에서 V_2는 V_1의 목적을 나타낸다. 즉, 공부를 목적으로 도서관에 가는 것이다. 예문 ③은 V_1이 V_2의 방법을 나타내고 있다. 예문 ④는 첫 번째 동사가 有인 문장으로 '有+N_1'은 'V_2+N_2'에 대한 능력이나 조건을 나타낸다. 연동문에서 두 동사가 나타내는 시간적 선후 관계는 다음과 같이 정리할 수 있다.

시간적 선후 관계	
V_1	V_2
선행 사건	후행 사건
목적을 위한 행위	목적
방법	결과

연동문의 시간 관계

중국어에서의 시간적 선후 관계는 예문 ① 선행 사건(吃过饭)과 이 사건에 따른 후행 사건(看电影)의 순서, 예문 ② 목적을 위한 행위(去图书馆)와 행위의 목적(学习), 예문 ③ 방법(用

筷子)과 방법에 따른 결과(吃饭)의 순서로 동사가 등장한다. 이는 중국어 사용자의 사건에 대한 인지 구조가 반영된 것으로, 한국어 사용자의 언어습관과는 차이가 있다. 따라서 연동문에서 주목할 점은 두 개의 동사(구)는 두 개의 독립된 사건이나 사태를 나타내기에 서로 위치를 바꿀 수 없다는 것이다. 즉 연동문은 PTS(시간순서원칙)에 따라 동사(구)를 배열해야 한다.

⑤ a. 我吃过饭看电影。　나는 밥을 먹은 다음 영화를 봤다. ➡ 我吃过饭 / 我看电影
　 b. 我看过电影吃饭。　나는 영화를 본 다음 밥을 먹었다. ➡ 我看过电影 / 我吃饭

⑥ a. 我去图书馆学习。　나는 공부하러 도서관에 간다. ➡ 我去图书馆 / 我学习
　 b. *我学习去图书馆。

예문 ⑤는 두 동사(구)의 위치를 바꾸어도 문장이 성립한다. 각각의 동사(구)가 나타내는 사건의 발생 순서가 바뀌어도 논리적으로 모순이 되지 않기 때문이다. 물론 동작의 시간 순서는 바뀌었으므로 ⑤-a와 ⑤-b의 의미는 달라진다. ⑤-a는 밥을 먹는 동작이 먼저 발생했고, 그다음에 영화를 보는 상황이 이어진다. 반대로 ⑤-b에서는 영화를 보는 상황이 먼저 발생했고, 밥을 먹는 동작이 이어진다. 반면 예문 ⑥에서 한국어 표현으로는 '나는 공부하러 도서관에 간다'가 더 적합한 문장으로 보이지만, 중국어에서 ⑥-b는 비문이 된다. 왜냐하면 '공부하는(学习)' 행위가 '도서관에 가는(去图书馆)' 행위의 목적을 나타내는데, 공부하려면 먼저 도서관에 가는 행위가 발생해야 하기 때문이다. 따라서 ⑥-a가 적합한 문장이 되는 것이다.

겸어문(兼语句)은 두 동사(구) 중 첫 번째 동사의 목적어가 두 번째 동사의 주어를 겸하는 성분인 '겸어(兼语)'가 포함된 문장으로 'S + V$_1$ + N$_1$(겸어) + V$_2$ + N$_2$' 형식이다. 첫 번째 동사의 의미 차이에 따라 다음과 같이 분류할 수 있다.

⑦ 我请你吃饭。　내가 너에게 밥을 살게. ➡ 我请你 / 你吃饭
⑧ 我们选他当班长。　우리는 그를 반장으로 뽑았다. ➡ 我们选他 / 他当班长
⑨ 香港有个明星叫张国荣。　홍콩에 张国荣이라는 스타가 있다.
　 ➡ 香港有个明星 / 有个明星叫张国荣

예문 ⑦의 첫 번째 동사는 사역 의미를 갖는 请, 让, 叫, 使 등이 올 수 있다. 예문 ⑧의 첫 번째 동사는 '어떤 사람을 ~라고 부르다'라는 호칭이나 '어떤 사람을 ~로 선출하다'라는 인정 의미를 나타내는 称, 叫, 选 등이 올 수 있다. 예문 ⑨는 첫 번째 동사가 有인 문장으로 목적어는 존재하는 사람이나 사물을 나타내고, 두 번째 동사는 겸어를 설명하거나 묘사한다.

겸어문 역시 두 동사의 순서를 바꾸면 논리적으로 모순되어 동사의 출현 순서를 바꿀 수 없다(*我吃你请饭).

중국어에서 연동문과 겸어문은 모두 간결한 구조로 비교적 복잡한 사건을 표현하는 데 매우 유용한 문장 구조이다. 그런데 이 두 종류의 구문은 유사한 형식 때문에 혼동을 일으키기 쉽다. 아래 두 문장에서 책을 사러 가는 사람은 과연 누구일까?

⑩ 老师去书店买书。 선생님이 책을 사러 서점에 간다.

⑪ 老师让我们买书。 선생님이 우리에게 책을 사오라고 시켰다.

예문 ⑩과 ⑪은 모두 'S+V$_1$+N$_1$+V$_2$+N$_2$' 형식으로 동사 두 개가 함께 출현하지만 의미적으로 차이가 있다. 예문 ⑩은 두 개의 사건 老师去书店(선생님이 서점에 간다)과 老师买书(선생님이 책을 산다)가 결합된 형식으로 동일한 주어 老师를 공유하는 문장이다. 이때 책을 사러 가는 사람은 바로 '선생님'이다. 이처럼 연동문은 두 개 이상의 동사(구)(VP)로 이루어지며, 동사(구) 사이에는 멈춤(休止), 쉼표, 다른 부사 성분이 삽입될 수 없고, 두 동사(구)는 하나의 주어를 공유한다. 반면, 예문 ⑪은 두 개의 사건 老师让我们(선생님이 우리에게 시킨다)과 我们买书(우리는 책을 산다)가 결합된 형식으로 첫 번째 동사 让의 주어 老师는 두 번째 동사의 주어가 될 수 없다. 그 대신 첫 번째 동사 让의 목적어인 我们이 두 번째 동사 买书의 주어를 담당한다. 따라서 책을 사러 가는 사람은 바로 '우리'이다. 이처럼 연동문의 두 동사는 동일한 주어를 가지지만, 겸어문의 두 동사는 각각 다른 주어를 가진다.

종합하면, 중국어는 고립어로 한국어에 비해 어순의존도가 높은 언어이다. 따라서 연동문과 겸어문 모두 PTS(시간순서원칙)를 잘 준수하고 있다는 것을 알 수 있다. 연동문과 겸어문은 다음과 같이 정리할 수 있다.

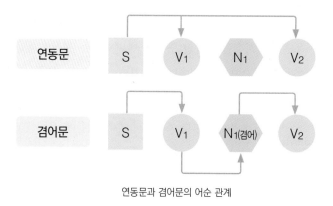

연동문과 겸어문의 어순 관계

2 중국어 처치문의 특수성

● 무엇을 어떻게 처치할 것인가?

1. 중국어의 처치문

중국어의 특수 구문 중 하나인 '처치문'은 기본어순인 SVO와 달리 목적어가 서술어 앞에 위치하는 S把OV 어순이다. 보통 '전치사 把를 사용하여 목적어가 서술어 앞에 있는 把자문'을 처치문(處置式, disposal sentence)이라고 한다. 중국의 언어학자 왕리(王力, 1943/1985, 125페이지)가 처음으로 처치문을 언급한 이후로 처치문에 대한 다양한 설명과 논의가 진행되었다. 사실 '처치'라는 단어를 처음 접하게 되면 낯설고 특이하다고 느껴진다. 한국어에서 '처치'는 흔히 '응급 처치, 처치 곤란' 등이 떠오르기 때문이다. 중국어 '처치문'에서 處置 역시 '어떤 사람이나 사물을 어떻게 처치하고 처리하는지를 설명'하는 것으로 이해할 수 있다. 중국어 처치문은 바로 전치사 把와 목적어로 구성된 '전치사구(把+NP)'가 부사어를 담당하고, 행위자가 어떤 동작행위를 가해 한정된 사람이나 사물이 위치 이동 또는 상태 변화를 겪게 하는 구문을 가리킨다. 처치문의 기본 형식은 'S+把+NP+VP'이다.

① 我吃完饭了。 내가 밥을 다 먹었다. [SVO]
② 我把饭吃完了。 내가 밥을 다 먹어 버렸다. [S把OV]

전형적인 'SVO' 어순인 예문 ①은 주어가 어떤 동작을 했는지를 서술하는 것으로 '나는 밥을 다 먹었다'라는 일반적인 사실을 전달할 뿐이다. 반면 처치문 형식의 예문 ②는 전치사 把가 이끄는 목적어 饭에 어떤 결과나 변화가 생겼는지를 나타낸다. 이는 '(그) 밥은 다 먹어서 이제 더는 남아 있지 않다'라는 의미로, 화자는 한정된 사물인 목적어 饭이 주어의 어떤 동작으로 상태의 변화가 발생했음을 강조한다. 이러한 특수성 때문에 예문 ①과 같은 전형적인 SVO 어순의 문장은 언어 환경의 제약을 받지 않지만, 예문 ②와 같은 처치문의 사용에는 다양한 어법적 제약이 따른다. 그렇다면 과연 처치문은 어떠한 어법적 제약을 받을까? 처치문이 '무엇을, 어떻게, 왜' 처치하는지 하나씩 살펴보자. 여기서 '무엇'은 把가 이끄는 목적어이고, '어떻게'는 把자문 뒤에 오는 서술어에 대한 설명이고, '왜'는 처치문을 사용하는 이유이다.

1) 처치문에서 把의 목적어 특징

처치문에서 把가 이끄는 목적어의 특징을 살펴보려면 먼저 정보 구조와 명사구의 한정성을 알아둘 필요가 있다. 문장에서 화자가 청자에게 전달하는 정보를 구정보(old information)와 신정보(new information)로 나눌 수 있다. 구정보는 화자와 청자가 모두 알고 있는 것으로 보통 한정적이고, 신정보는 화자만 알고 있고 청자는 모를 것이라고 가정하는 것으로 비한정적이다.[38] 중국인들은 '이미 알고 있는 정보'를 문장에서 서술어 앞에 두는 인지적 특성을 가지고 있는데, 특히 처치문에서 把가 이끄는 목적어가 바로 그러하다. 처치문에서 把와 결합하는 목적어는 화자와 청자가 모두 아는 구정보로 한정적인 대상을 지시한다. 다시 말해 처치문을 사용하려고 화자는 把가 이끄는 목적어가 무엇인지를 청자가 안다고 가정해야 한다. 왜냐하면 청자가 무엇인지 알고 확인할 수 있는 '한정적'인 대상이어야만 그것에 처치한 결과를 알려줄 수 있기 때문이다.

① 我把这个消息**告诉**老师了。 나는 이 소식을 선생님께 알렸다.
② 我把昨天的作业**做好**了。 나는 어제 내준 숙제를 다 했다.
③ 我把玻璃杯**打破**了。 나는 유리컵을 깨뜨렸다.

---

38 Part 04 3. 한정성과 한정성 효과 참조

따라서 예문 ①, ②, ③과 같이 把의 목적어 앞에는 지시사 这, 那가 오거나 대상을 구분할 수 있는 수식어를 수반하여 '소식, 숙제'를 일정한 범위 내로 '한정'해야 한다. 이러한 수식어 없이 예 ③과 같이 玻璃杯라는 명사가 단독으로 특정 대상을 가리킬 수도 있다. 여기서 玻璃杯는 지시사와 같은 수식어가 없는 원형 명사(光杆名词, bare noun)이다. 하지만 청자와 화자가 모두 아는 어떤 특정한 실체로 '유리컵'을 지시하기에 한정적이다.

원형 명사는 상황에 따라 다음과 같이 한정적 또는 비한정적으로 사용할 수 있다.

④ 他吃饭吃得很多。 그는 밥을 많이 먹는다.
⑤ 他把饭吃光了。 그는 밥을 다 먹어 버렸다.

예문 ④, ⑤에서 목적어는 모두 원형 명사 饭이 사용되었다. 하지만 예문 ④는 기본어순인 SVO 형식을 기반으로 한 상태보어 구문의 형식으로, 여기서 목적어 饭은 특정 대상을 지시하지 않는 '비한정적'인 명사이다. 전달하는 의미는 '평소에 밥을 많이 먹는다'라는 일반적인 사실에 대한 평가이다. 반면 예문 ⑤는 'S + 把 + NP + VP'라는 특수한 어순 형식으로 목적어 饭은 특정 대상을 지시하는 '한정적'인 명사이다. 즉 특정한 시공간에서 '(그) 밥을 다 먹어 버렸다'라는 의미로 목적어 饭에 어떤 변화가 발생했다는 정보를 전달하는 처치문이다.

2) 처치문에서 서술어의 특징

처치문은 주어의 어떤 동작이나 행위로 인해 把의 목적어가 어떻게 '처치(위치 이동 또는 상태 변화)'되었는지 대한 정보를 담고 있어야 한다. 따라서 처치문의 서술어는 보통 하나의 동사가 아니라, 이러한 처치 결과를 나타내는 기타 성분이 반드시 함께 와야 한다.

① a. *我把房间打扫。
   b. 我把房间打扫干净了。 나는 방을 깨끗하게 청소했다.

예문 ①-a는 동사 打扫만으로는 목적어에 대한 '처치' 의미를 나타낼 수 없어서 비문이다. 하지만 예문 ①-b에서는 동사 뒤에 다른 성분을 부가하여 처치문으로 사용할 수 있다. 그 이유는 주어 我가 打扫라는 동작행위로 목적어 房间에 영향을 미쳐 처치의 결과로 干净이라는 상태의 변화를 초래했기 때문이다.

처치문은 목적어가 '처치'된 결과에 따라 다음과 같이 분류할 수 있다.

- A류: S＋把＋NP＋V＋[在/到/给＋장소/수령자] → 목적어 위치 이동을 나타냄

　　　　　　　　　기타 성분

② 他把书放在桌子上了。　그는 책을 테이블 위에 두었다.

③ 我把词典借给朋友了。　나는 사전을 친구에게 빌려주었다.

처치문 A류에는 동사 뒤에 전치사구 형태의 보어가 기타 성분으로 사용된다. 주로 '수여, 방치'류 동사 放, 搬, 带, 寄 등이 쓰이며 주어의 동작행위로 목적어의 위치가 이동되거나 다른 대상자에게 전달됨을 나타낸다. A류는 SVO문으로 변환할 수 없고 반드시 처치문으로 표현해야 한다(*他放在桌子上书。). 이것을 통해 처치문이 단순히 把의 목적어를 동사 뒤로 옮긴다고 해서 본래의 SVO로 되돌릴 수 있는 것이 아니라는 것을 확인할 수 있다.

- B류: S＋把＋NP＋V＋[각종 보어] → 목적어 상태 변화를 나타냄

　　　　　　　　　기타 성분

④ 我把作业做完了。　나는 숙제를 다 했다. [결과보어]

⑤ 你把手机拿出来。　휴대전화를 꺼내세요. [방향보어]

⑥ 他把房间打扫得很干净。　그는 방을 아주 깨끗이 청소했다. [상태보어]

⑦ *我把老师的话听得懂。

처치문 B류의 동사 뒤에 오는 기타 성분은 결과·방향·상태를 나타내는 보어이다. 주로 동사 뒤에 결과를 나타내는 성분이 출현하며, 주어의 동작으로 목적어에 어떠한 상태 변화가 발생함을 나타낸다. 단, 가능보어는 처치문에 사용할 수 없다. 그 이유 역시 '처치' 의미와 관련이 있다. 가능보어는 문장의 초점이 동작행위를 통한 결과의 '가능성' 여부에 있지만, 처치문은 목적어가 주어의 동작에서 어떤 영향을 받았다는 '처치성'에 초점을 두기 때문이다. A류와 달리 B류는 SVO문으로 변환할 수 있다(我做完了作业。).

이러한 특징은 구문의 강제성 측면에서 볼 때 처치문으로만 표현해야 하는 A류가 把자문의 원형(prototype)이며, 처치문이 단순히 把의 목적어를 동사 앞으로 이동시켜서 형성된 것이 아니라는 점도 시사한다.

처치문 중 동사 뒤에 了를 수반하는 다음과 같은 예문도 있다.

⑧ a. 他把衣服脱了。　그는 옷을 벗었다.
　　b. *他把衣服穿了。

주로 '제거, 소실류' 동사 卖, 吃, 脱, 拆 등이 단독으로 了와 결합한 처치문으로 주어의 동작행위로 목적어가 사라지거나 파괴됨을 나타낸다. 흥미로운 점은 穿, 买, 贴 등과 같이 '부착, 생산류' 동사는 단독으로 了와 결합하여 처치문에 사용할 수 없다는 사실이다. 이러한 차이가 발생하는 이유는 무엇일까? 동사 脱가 쓰인 처치문 ⑧-a만 PTS를 잘 반영했기 때문이다. 예문 ⑧-a에서 행위자가 옷을 벗으려면 먼저 그 옷을 입고(소유) 있어야 한다. 즉 '他把衣服(옷을 쥐다) + 他脱了(그는 벗었다)'로 두 사건이 인지 범위 내에서 시간적 순서대로 배열되었다. 반면 ⑧-b는 옷을 입기도 전에 옷을 소유할 수 없으므로 PTS에 부합하지 않아 문장이 성립할 수 없게 된다.🔲

2. 처치문을 사용하는 중국인의 사유방식 엿보기

중국어 문장의 어순이 SVO든지 S把OV든지 한국인에게는 큰 차이가 느껴지지 않는다. 그러나 이 두 형식의 의미에는 분명한 차이가 있다. 예를 들어, '누가 사과를 먹었니?' 또는 '여기 있던 (그) 사과는 어디 있지?'라는 서로 다른 질문에 똑같은 대답을 할 수 없는 것처럼 말이다. 이제 중국인이 '왜' 처치문을 사용하는지를 살펴본다.

① 我吃完苹果了。 내가 사과를 다 먹었다. [주동문/능동문]

② 苹果我吃完了。 사과는 내가 다 먹었다. [화제문]

③ 苹果被我吃完了。 사과를 내가 다 먹었다. [피동문]

④ 我把苹果吃完了。 내가 사과를 다 먹어 버렸다. [처치문]

예문 ①-④는 모두 우리말 '내가 사과를 다 먹었다'라는 의미에 대응한다. 그러나 중국어는 문장 형식에 따라 강조하는 의미가 달라진다. 예문 ①은 '사과를 다 먹었다'라는 객관적인 사실만을 전달하는 것으로 "누가 사과를 먹었니?"라는 질문에 대한 대답이 될 수 있다. 예문 ②-④는 "여기 있던 (그) 사과는 어디 있지?"라는 질문의 대답이 될 수 있다. 그러나 화자가 강조하고 싶은 내용이 모두 다르다. 예문 ②는 화자와 청자가 모두 아는 대상인 苹果의 의미를 강조하기 위해 문장의 맨 앞으로 이동시킨 화제문이다. 예문 ③은 피동문으로 '내가 다 먹

🔲 조경환(2014) 《중국어 구문론》 78~79페이지 참조

어버려서 없어졌다'라는 의미로 주어인 苹果에 바라지 않는 손해가 발생했음을 나타낸다. 마지막으로 처치문 형식인 예문 ④는 '(그) 사과를 다 먹어서 더는 남아 있지 않다'라는 의미로 어떤 동작행위로 목적어인 苹果가 '다 먹어 버렸다'라는 '처치' 상태에 처했음을 강조한다. 이처럼 우리말의 동일한 문장에 대응하는 것이라 해도 어떤 형식을 사용하느냐에 따라 미묘한 의미 차이가 나타난다.

주목할 점은 모든 '동사+목적어'의 관계가 다 처치문에 사용되는 것은 아니라는 사실이다.

⑤ a. 我唱歌了。　나는 노래를 불렀다.
　 b. *我把歌唱了。

⑥ a. 我看完了那本书。　나는 그 책을 다 봤다.
　 b. 我把那本书看完了。

예문 ⑤-b에서 唱歌는 주어의 동작으로 목적어 歌에 어떠한 변화, 결과, 상태도 발생하지 않으므로 처치문에 사용할 수 없다. 즉 동사 唱은 목적어 歌를 단순히 발생시킬 뿐 어떠한 처치 결과를 초래하지 않는다. 그러나 예문 ⑥-b에서 看完那本书는 주어의 동작으로 목적어 那本书에 '다 읽었다'는 처치 결과를 나타낼 수 있으므로 처치문을 통해 이러한 정보를 전달할 수 있다. 이 같은 차이는 다음 예문과 비교해서 명확하게 이해할 수 있다.

⑦ a. 我相信那个人。
　 b. 那个人我相信。
　 c. *我把那个人相信。

예문 ⑦-b는 목적어를 강조하려고 동사 앞으로 목적어를 이동시킨 화제문으로 어법적인 제약에서 비교적 자유롭다. 하지만 ⑦-c는 동사 相信이 목적어 那个人에 대한 처치 의미가 없어서 처치문으로 바꿀 수 없다. 이처럼 특히 처치문에 사용되는 동사는 의미상 제약이 심해서 모든 동사가 다 처치문에 사용되는 것은 아니다.

처치문과 중국인의 사유방식의 관계는 처치문의 문법화 과정에서 확인할 수 있다. 처치문의 문법화 과정은 전치사 把의 문법화와 把자문 자체의 변천 과정으로 확인할 수 있다. 이로써 중국인의 사유방식도 함께 알아본다.

1) 동사에서 전치사 把로 문법화

먼저 把는 어떻게 전치사가 되었을까? 처치문의 把는 본래 동사에서 전치사로 '문법화'[39] 된 것이다. 처치문의 把는 본래 동사로 '(손으로) 쥐다, 지키다, 장악하다'라는 의미에서 '의미 탈색(semantic bleaching)'을 통해 '소유·통제'의 의미를 갖게 되었다.

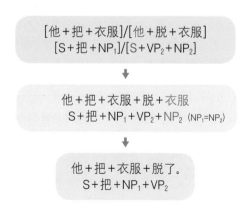

동사
'(손으로) 쥐다'

의미 탈색
➡

전치사
'소유/통제'

把의 의미 탈색

2) 연동문에서 처치문으로 변화하는 과정

통시적 관점에서 把자문의 원형이 무엇인지 살펴보자. 구문의 빈도성(frequency)은 처치문 의 원형을 찾는 데 중요한 단서가 될 수 있다. 한때 송대 이후 술보 구조가 발전하면서 동사 뒤에 있던 목적어가 동사 앞으로 이동하여 처치식이 탄생했다는 '목적어 전치설'이 주장되기 도 하였으나, 이후 당(唐)대 문헌 연구가 진행되면서 사실상 처치문 A류가 더 많이 사용되었 음이 밝혀졌다. 또한 구문의 강제성 측면에서도 A류는 SVO문으로 변환될 수 없고 처치문 형식으로만 써야 하지만, B류는 SVO문으로 변환될 수 있다. 이로써 A류가 처치문의 원형이 라는 사실을 알 수 있다. 다시 말해 把자문은 SVO문에서 把가 목적어를 서술어 앞으로 이 동시켜 형성된 것이 아니라 연동문으로부터 탄생했다는 것을 확인할 수 있다. 把자문의 변 화 과정은 다음과 같다.

[他＋把＋衣服]/[他＋脫＋衣服]
[S＋把＋NP$_1$]/[S＋VP$_2$＋NP$_2$]

↓

他＋把＋衣服＋脫＋衣服
S＋把＋NP$_1$＋VP$_2$＋NP$_2$ (NP$_1$=NP$_2$)

↓

他＋把＋衣服＋脫了。
S＋把＋NP$_1$＋VP$_2$

---

39 Part 09 3. 중국어의 변화를 해석하다 참조

종합하면 동사 把는 '(손으로) 쥐다'라는 의미에서 의미 탈색의 과정을 거쳐 전치사로 문법화되었다. 동사에서 전치사 把로의 문법화로 처치문은 연동문과 같이 두 개의 연속된 사건 'S＋把＋NP_1, S＋VP_2＋NP_2'로 구성될 수 있었고, 이것이 처치문이라는 하나의 구문으로 탄생한 것이다. 이로써 우리는 먼저 중국어 처치문 역시 연동문, 겸어문과 같이 PTS를 잘 반영한 구문이라는 것을 다시 확인할 수 있다. 그다음, 우리는 또 하나 중국인의 사유방식을 확인할 수 있다. '중국인은 자신이 하고자 하는 중요한 말을 문장의 뒤에 놓으려는 경향'이 강하다. 이로써 중국어의 보어 구문이 발전하게 되었는데, 처치문도 바로 이것의 영향을 받게 되었다. 이러한 사유방식은 기본적으로 연동문에도 영향을 미친다. 그래서 연동문 'VP_1＋VP_2'에서 VP_2가 의미상 중요하다. 이와 마찬가지로 처치문도 '把＋목적어'라는 VP_1이 있고 그 뒤에 VP_2가 등장하는데, 이때 VP_2가 사실상 처치문 처치의미의 핵심이 된다. 특히나 그 처치의 결과상태를 더 강조하고자 VP_2에는 술어동사 뒤에 각종 보어나 기타 성분들이 추가되는데, 이 역시 중국인의 위와 같은 기본적 사유방식을 반영하는 것이다. 이러하다 보니 다른 언어에서는 찾아보기 어려운 독특한 처치문이라는 구문이 탄생하게 되었다.

더 알아보기

把자문은 SOV를 반영한 것인가?

현대중국어는 목적어가 끝에 위치한 SVO 언어로 알려져 있다. 그런데 중국어는 현대로 오는 수천 년 동안 엄청난 변화를 겪었다. 그렇다면 과연 어순 변화는 없는 것인가? 가끔 이런 생각을 해보는데 이 물음에 일본의 한 학자가 중국어 SOV 어순의 가능성을 제기한 적이 있다. 그는 특히 중국어가 북방 이민족인 알타이언어와 오랜 기간 접촉해 왔고 알타이제 언어 중 몇몇 언어의 영향을 받았다고 주장한다. 그는 그중에서도 알타이언어의 SOV 어순이 중국어에 영향을 미쳤고 이것이 바로 把자문의 형태로 등장하였다고 한다. 얼핏 그럴듯해 보이나 그의 이 주장은 문제가 있다. 把자문이 마치 목적어를 술어동사 앞으로 옮겨 SOV처럼 보이긴 하나 이것은 피상적 측면이다. 把자문은 그 자체의 기능이 독특하여 일반 평서문과 차별화된다. 그리하여 둘 사이에는 중요한 성격 차이가 있다. 그것은 바로 평서문은 무표지 형식이고 把자문은 유표지 형식이라는 점이다. 쉽게 말해 把자문은 무표지 형식에 비해 특수한 기능이 있는 유표지 형식이라서 일반적인 SOV 어순을 대표한다고 볼 수 없다. 그렇게 본다면 현대중국어는 여전히 무표지 상태에서 SVO 어순을 유지하는 셈이다.

③ 중국어 존현문의 특수성

● 어디에 무엇이 존재하고 출현하고 사라지는가?

1. 중국어 존현문

앞서 중국어 연동문, 겸어문, 처치문은 PTS를 잘 반영하는 구문이라고 하였다. 이제 살펴볼 존현문 역시 PTS를 준수할 뿐만 아니라, 명사의 한정성 효과(definiteness effect)와도 긴밀한 관련성이 있다.

중국어에는 장소가 문두의 주어 자리에 오고 사람이나 사물이 동사 뒤의 목적어 자리에 오는 '존현문(存現句)'이라는 특수한 구문이 존재한다. 존현문은 '존재(存在)'와 '은현(隐現)'이 합쳐진 단어로, 어떤 '장소·시간'에 어떤 '사람·사물'이 '존재·출현·소실'됨을 나타낸다. 기본 어순은 'S장소/시간 + V + O사람/사물'이나, 문두에서 주어를 담당하는 장소나 시간을 한국어로 번역하면 모두 부사어가 되고, 목적어는 오히려 주어가 되기 때문에 한국인 학습자가 어려움을 느끼는 구문이기도 하다. 그러나 중국어 존현문은 장면을 인지하고 묘사하는 데 다양하게 사용되는 중요한 구문이므로 확실하게 알아둘 필요가 있다.

아래에서 존현문을 크게 '존재문'과 '은현문'으로 구분하여 특징을 살펴본다.

1) '존재'를 나타내는 존재문: 어디에 무엇이 존재하는가?

(1) S장소/시간 + V是/有 + O사람/사물

① a. **桌子上有一本书。** 테이블 위에 책 한 권이 있다.
   b. **学校前面是一个书店。** 학교 앞은 서점이다.

존재문 (1)류는 장소가 문두에 오고, 존재를 나타내는 비한정적이고 새로운 어떤 사람/사물이 동사 뒤에 오는 가장 일반적인 존재문이다. 그러나 존재문에 쓰인 동사에 따라 의미 차이가 발생한다. 예문 ①-a에서 有자문의 목적어는 반드시 비한정 명사가 와야 한다. 이때 화자는 청자가 목적어인 书가 어떤 책인지 확인할 수 없다고 가정하고 장면에 대한 객관적 묘사만 나타낸다. 반면 예문 ①-b에서 是자문의 목적어로는 한정 명사와 비한정 명사가 모두 올 수 있다. 是자문은 존재를 나타낼 뿐 아니라, '어떤 장소에 어떤 대상이 존재하고 있다'는 사실을 전제로 화자가 존재하는 대상을 확인하고 판단하는 의미도 나타낼 수 있기 때문이다.

그럼, 有자문과 是자문의 사용 의미와 용법상 차이를 구체적으로 알아보자.

먼저, 有자문에서 질문자는 테이블 위에 물건이 있는지 없는지를 모르며 더욱이 얼마나 있는지 알지 못하여 桌子上有什么东西? 라고 묻는다. 이에 대한 대답으로 화자는 아무것도 없거나, 한 개 이상의 사물이 있다고 대답할 수 있다. 또한 존재하는 대상 B(책)가 A(테이블)라는 공간의 일부인 경우에만 有자문을 사용할 수 있다. 따라서 책은 테이블의 일부를 차지하므로 有자문은 되지만 是자문으로는 표현할 수 없다(桌子上有一本书。➡ *桌子上是一本书。). 반면 是자문에서 질문자는 이미 학교 앞에 무언가 있다는 것을 인지했으나 그것이 무엇인지는 몰라 学校前面是什么? 라고 묻는다. 이에 화자는 是자문으로 대답함으로써 학교 앞에 있는 것은 서점이며 다른 장소는 없다는 의미를 나타낸다. 또한 존재하는 대상 B(서점)가 장소 A(학교)보다 크거나 비슷하면 是자문을 有자문과 서로 바꿔 쓸 수 있다(学校前面是一个书店。➡ 学校前面有一个书店。).

그렇다면 만약 화자와 청자가 모두 확실히 아는 사람이나 사물의 존재를 나타내고 싶다면 어떻게 표현해야 할까?

② **那本书在桌子上。** 그 책은 테이블 위에 있다.

예문 ②와 같이 주어 자리에 한정적인 那本书를 사용하여 확실히 아는 특정 대상이 어떤 장소에 존재함을 나타낼 수 있다. 여기서 동사 在를 사용한 문장은 비록 의미상 존재를 나타내지만 문두에 장소가 아닌 사람/사물이 오는 일반적인 구조이므로 존재문은 아니다.

(2) S$_{장소/시간}$ + V$_{着/了}$ + O$_{사람/사물}$

① a. **桌子上放着一本书。** 테이블 위에 책 한 권이 놓여 있다.
    b. **蒸笼里蒸着几个馒头。** 찜기에 만두 몇 개를 찌고 있다.

존재문 (2)류는 단순히 어떤 장소에 어떤 대상이 존재한다는 사실 이외에 '어떤 상태'로 존재하는지를 설명한다. 그래서 어떤 동사가 사용되었는지에 따라 다른 의미를 나타낸다. 예문 ①-a는 동사 藏, 盛, 堆, 挂, 贴 등이 쓰여 변화한 위치 상태의 지속을 나타내고, ①-b는 동사 烤, 煮, 挖 등이 쓰여 상태의 변화를 나타낸다.

2) '출현과 소실'을 나타내는 은현문: 어디에 무엇이 출현하고 사라지는가?

① 家里来了一位客人。 집에 손님 한 분이 오셨다.
② 家里死了一位老人。 집에 노인 한 분이 돌아가셨다.

예문 ①은 '출현'을 나타내는 은현문으로 목적어는 비한정적이다. 주어는 장소 이외에 시간이 올 수도 있다(昨天来了一位客人。). 예문 ②는 '소실'을 나타내는 은현문이다. 은현문의 동사는 이동을 나타내는 동사 来, 走, 跑, 丢 등과 출현·소실을 나타내는 동사 刮, 飘, 少 등이 쓰인다.

2. 존현문을 사용하는 중국인의 사유방식 엿보기

다음 사진을 보고 존현문으로 표현한 문장을 살펴보자.

① 桌子上放着一本书。 테이블 위에 책 한 권이 놓여 있다.
② 那本书放在桌子上。 그 책은 테이블 위에 놓여 있다.

상술한 예문은 동일한 상황을 서로 다른 언어적 기술로 표현한 문장들이다.

화자는 어떤 사건을 전달하는 과정에서 바라보는 시점에 따라 서로 다른 통사적 구조를 선택할 수 있다. 즉 인간은 어떤 장면을 해석할 때 주의를 기울이는 인지적 순서에 따라 단어 배열을 상이하게 함으로써 구문을 다르게 표현할 수 있다. 따라서 테이블 위에 책이 놓여 있는 동일한 상황일지라도 화자는 인식 구조에 따라 그것을 '테이블 위에 책 한 권이 놓여 있다'고 표현할 수도 있고, '(그) 책이 테이블 위에 놓여 있다'고 다르게 표현할 수도 있다.

예문 ①은 어떤 장소에 무엇이 존재하는지가 관심의 대상인 존재문이다. 즉 화자와 청자가 모두 아는 구정보인 桌子上이 먼저 인식되고 따라서 주어로 사용되었다. 반면 그 장소에 존재하는 一本书는 신정보이며 목적어로 출현한다. 하지만 예문 ②는 화자와 청자가 모두 아는 '(그) 사물'을 먼저 인식하고 그것이 어디에 있는지가 관심의 대상이다. 따라서 구정보인 那本书는 주어로, 신정보인 桌子上은 서술어 뒤 보어로 사용되었다. 이처럼 상황을 바라보는 인지적 순서에 따라 통사적 출현 순서가 결정되고 그에 따라 문장 형식도 달라질 수 있음을 확인할 수 있다.

이상과 같이 중국어의 일반적 어순과 형식과 의미가 다른 독특한 문장 형식인 연동문과 겸어문, 처치문, 존현문을 살펴보았다. 현대중국어는 고립어로서 한국어와 같은 교착이나 영어와 같은 굴절어에 비해 어순 의존도가 높다. 따라서 단어의 배열 순서가 그 단어가 묘사하는 사건의 인지적 시간 순서를 반영하는 PTS에 더 민감할 수밖에 없다. 이와 더불어 처치문과 존현문에서 이미 아는 구정보는 한정적 명사로 문두에 두고, 새롭고 중요한 정보는 비한정적 명사로 문미에 두는 중국인의 사유방식을 잘 반영하였음을 알 수 있다.

정리해 봅시다

1. 把의 목적어로 비한정 명사인 一本书가 올 수 있을지 논의해 봅시다.

2. 현대중국어에서 존재를 나타내는 동사 有, 是, 在의 사용 특징을 설명해 봅시다.

3. PTS가 반영된 중국어 특수 구문을 찾아봅시다.

4. 다음 문장 중 어느 것이 비문이고 그 이유는 무엇인지 말해 봅시다.

　① 我把黑板上的字写了。

　② 我把黑板上的字擦了。

Part
07

중국어의 가장 중국어스러운
문법현상

일부 문법형식은 다수의 언어에도 유사한 개념과 형식으로 존재하기도 한다. 보어, 목적어와 같은 문장성분이 대표적이다. 예컨대 한국어에도 이러한 문장성분이 있다. 그러나 그 구체적인 내용은 중국어와 상황이 매우 다르다. 이러한 점은 '상(相)'에서도 드러난다. 상을 표현하는 형식들은 언어마다 다양하며 중국어는 또 중국어 특유의 형식으로 '상'을 표현한다. 만약 중국어만의 독특한 방식으로 이러한 것들이 표현된다면 이 역시 중국인의 사유 체계와 모종의 관계가 있을 것이다. Part 07에서는 중국어에서 가장 중국어스러운 문법현상으로 보어와 목적어 그리고 상표지를 살펴본다.

❶ 중국어의 보어와 목적어

● 중국인의 사유 체계를 그대로 반영하다

1. 보어의 정의: 중국어의 '보어'는 과연 보어일까?

'보어(补语, complement)'는 그 명칭에서 보듯 불완전한 문장의 의미를 '보충'해 주는 성분이다. 전통적으로 중국어의 보어 역시 하나의 문장성분으로 '동사 혹은 형용사 뒤에서 보충 설명하는 성분'으로 정의된다.▣ 보어는 앞의 서술어와 매우 밀접하게 연관되어 사용되기에 서술어와 보어를 함께 '술보 구조(述补结构)'라고 부르기도 한다. 이러한 중국어의 보어는 사실 한국어나 영어 등 기타 언어와 달리 몇 가지 관점에서 좀 더 상세히 살펴볼 필요가 있다. 먼저 '동사/형용사의 뒤'라는 통사적 출현 위치이다. 이미 알고 있듯이, 중국어는 어순이 매우 중요한 언어이다. 이는 문장의 형성뿐 아니라 문장성분의 구분에도 중요하게 작용한다. 서술어로 사용되는 동사, 형용사(이하 동사로 통일)를 기준으로 그 앞에 출현하는 것을 주어(主语), 뒤에 출현하는 것을 목적어(宾语)와 보어로 구분하게 되며, 이로써 보어와 목적어는 항상 동사 뒷자리를 두고 경쟁하게 된다. 또한 '보충 설명'에 대한 이해가 필요한데, 한국어나 영어의 보어가 비교적 제한된 서술어와 결합한다면[40], 중국어의 보어는 공기하는 서술어와 그 의미 관계가 매우 다양하고 복합적이다. 심지어 문장의 핵심 의미를 고려할 때 문장의 통사적 중심인 서술어보다 오히려 더 주요한 의미를 나타내어 마치 주객이 전도된 느낌을 주기도 한다.

그렇다면 중국어의 보어에는 구체적으로 어떠한 특징이 있을까? 다양한 유형을 중심으로 중국어 보어를 살펴보자. 먼저 형태적으로 구조조사 得의 유무에 따라 두 서술어(동사)가 직접 연결되는 '결합식(黏着式)' 보어와 得로 연결되는 '조합식(组合式)' 보어로 구분할 수 있다.▣ 또한 보어를 충당하는 단어의 품사 또는 형식적 특징을 기준으로 보면 동사, 부사, 수량사구 등이 다양하게 사용된다. 그리고 의미 기능적 기준으로 봐도 결과, 상태, 정도, 가능,

---

▣ 丁声树 等(딩성수, 1961) 《现代汉语语法讲话》 참조

40 한국어는 '-되다/아니다'에서 주격조사(이/가)를 취하는 명사성 성분이고, 영어는 5형식 문장의 보어이다.

▣ 朱德熙(주더시, 1982, 2012) 《语法讲义》 참조

수량(시량, 동량) 등을 광범위하게 나타낸다. 이를 정리하면 다음과 같다.[41]

구분	형태 [±得]	보어의 형식	서술어-보어의 의미 관계	예시
결과보어 (结果补语)	VC	동사	동작-결과	洗干净, 吃饱, 做完
방향보어 (趋向补语)	VC	방향동사	동작-방향	进来, 出去, 走过来, 做下去
정도보어 (程度补语)	VC	부사 외	상태-정도	好极(了), 累死(了)
	V得C	부사 외	상태-정도	好得很, 累得不得了
상태보어 (情态补语)	V得C	동사(구)/절	동작/상태-결과/상태	洗得很干净, 唱得嗓子都哑了
가능보어 (可能补语)	V得/不C	동사/ 방향동사	동작-결과/ 방향 가능성	洗得干净, 跑得快, 做不下去
수량보어 (数量补语)	VC	동량사구/ 시량사구	동작-동작/ 시간의 양	去了一趟, 站了一小时

중국어 보어의 종류

어떠한 관점과 기준을 취하느냐에 따라 중국어의 보어는 다양한 유형으로 구분될 수 있으며, 사실상 각 유형의 보어를 지칭하는 명칭에서부터 '서술어-보어'의 의미 관계에 이르기까지 여전히 다양한 견해가 존재한다. 다만, 분명한 것은 중국어의 보어는 다양한 형태, 통사, 의미 관계를 아우르는 매우 넓은 개념의 문장성분으로, 단순히 '보충 설명하는 성분'으로만 이해하기에는 매우 특수한 존재라 할 수 있다.

2. 중국어 보어의 다양성

앞서 살펴본 것과 같이 중국어의 보어는 그 유형이 매우 다양하게 나타난다. 각 유형의 보어는 그만큼 다양한 의미 관계를 나타내고, 문장에서 서술어보다 더 중요한 의미를 전달한

---

41 이 외에도 전치사구(전치사+전치사목적어)로 구성되는 전치사구보어도 있다. 다만, 앞의 다른 보어들과 성격이 다르고 전치사구에 대한 다른 해석도 있어서 여기서는 일단 배제한다.

다. 서술상 편의를 위해 먼저 구조조사 得의 사용 여부에 따라 구분하여 소개한다.

1) 결합식 술보 구조 'VC' [−得]: 결과보어, 방향보어, 정도보어

결합식 술보 구조에는 구조조사 得의 도움 없이 동사, 방향동사가 직접 서술어와 연결되는 결과보어, 방향보어 그리고 일부 정도부사가 보어로 사용되는 정도보어가 있다.

현대중국어의 동사는 그 자신은 일종의 과정 또는 방식만을 나타낼 뿐 그에 따른 결과상태, 즉 변화된 상태는 나타내지 못한다. 따라서 이를 보완하려는 언어적 전략이 필요하게 되었는데, 바로 동사 뒤에 동작 완성 이후 결과를 나타내는 결과보어를 사용하게 된 것이다. 이때의 결과는 구체적인 결과상태일 수도 있고, 추상적인 완성의 의미일 수도 있다. 결과보어는 주로 1음절 자동사 또는 형용사(일부는 2음절)가 충당되며, 서술어와 보어가 마치 하나의 단어처럼 쓰이기 때문에 이를 동결식(动结式)이라고도 한다.

> ① 엄마: **你做作业了吗?** 숙제했니?
> 나: **做了。** 했어요.
> 엄마: **做完了吗?** 다 했어?
> 나: **没有。** 아니요.

대화에서 동사 做는 단순히 '(숙제)하는 동작'만을 나타낼 뿐, 그 동작이 어떠한 결과상태를 가지는지는 나타내지 못한다. 그에 따른 결과상태, 즉 완성의 의미는 결과보어 完으로 전달되는 것이다. 한국어에서 과거시제 표지 '-았/었'만으로도 완성된 결과를 나타낼 수 있는 것과 분명하게 대비된다.

또한 결과보어는 목적어의 결과 상태뿐 아니라 주어 또는 서술어 동작의 결과상태를 나타낸다. 즉, 결과보어는 목적어, 주어, 서술어를 모두 의미지향[42]할 수 있다.

> ② a. **她挂断了电话。** ➔ **她挂电话，电话断了。** [목적어와 관계]
> 　 그녀가 전화를 끊었다. 　그녀가 전화를 끊었고, 전화가 끊겼다.
>
> 　 b. **他听懂了你的意思。** ➔ **他听你的话，他懂你(话中)的意思。** [주어와 관계]
> 　 그가 네 뜻을 (듣고) 이해했다. 　그가 네 말을 들었고, 그는 네 말의 뜻을 이해했다.

---

42 의미지향은 문장 속에서 한 성분이 다른 어떤 성분과 직접 관계를 갖는지를 말한다. 예컨대, 我吃饱了。
(나는 배부르게 먹었다.)에서, 보어 饱는 '내가 배부른 것'이다. 따라서 이것과 직접 관계를 갖는 성분은 주어 또는 행위자가 된다.

c. **你来晚了。**　　　　➡ **你来，来得晚。** [서술어와 관계]
　너는 늦게 왔다.　　　　　너는 왔고, 온 것이 늦었다.

이러한 중국어 결과보어의 큰 특징 중 하나는 생산성(productivity)이 매우 높다는 점이다. 즉, 하나의 서술어가 다양한 동사를 보어로 취할 수 있고, 반대로 하나의 보어가 결합할 수 있는 서술어 동사 역시 매우 다양하다.

③ a. **做＋完/好/大/错** 다/잘/크게/틀리게 하다
　 b. **办/订/说/学＋好** 잘하다/예약하다/말하다/공부하다

방향동사 来/去 및 上/下/进/出/回/过/起가 동사 뒤에서 동작행위의 이동 방향을 보충 설명하는 것을 '방향보어'라 한다. 이는 다시 하나의 방향동사만 사용되는 '단순방향보어'와 上/下/进/出/回/过/起와 来/去가 결합해 사용되는 '복합방향보어'로 구분된다.

	上	下	进	出	回	过	起
来	上来	下来	进来	出来	回来	过来	起来
去	上去	下去	进去	出去	回去	过去	×

이 중 上/下/进/出/回/过/起가 객관적 이동 방향을 나타낸다면, 来, 去는 '입족점(立足点, 이동의 기준점)'을 나타낸다는 점에서 그 성격에 다소 차이가 있다. 즉, 화자 또는 서술대상 등을 기준점으로 이와 가까워지면 来, 멀어지면 去가 사용된다. 그리고 이동의 기준점은 주로 화자이지만, 발화 의도에 따라 기준점과 객관적 방향성이 달라지기도 한다.

④ a. **她明天回去。** 그녀는 내일 돌아간다.
　 b. **你上来吧。** 올라와라.
　 c. **他把车开过去了。** 그는 차를 운전해 갔다.
　 d. **我们走上去吧。** 우리 걸어 올라가자.
⑤ a. **我马上跑过去。** 내가 바로 달려갈게. [이동의 기준점: 화자, 객관적]
　 b. **我马上跑过来。** 내가 바로 달려갈게. [이동의 기준점: 청자, 주관적]

예문 ④의 보어가 객관적 방향의 이동을 나타낸다면, ⑤는 화자가 청자를 향해 달려가는 동일한 상황임에도 화자의 의도에 따라 来, 去가 다르게 사용되었다. 즉, 예문 ⑤-b는 이동의 기준점을 청자에게 두고 청자를 향해 가까워지는 방향성이 来로 표현되었다. 이 경우, 청자는 존중받는다는 느낌이 든다.

방향보어는 방향 의미뿐 아니라 다양한 파생 의미 역시 나타내는데, 여기에는 결과나 상(相, aspect)적 의미 등이 포함된다.

⑥ a. **她考上了大学。** 그녀는 대학에 합격했다. [기대했던 목표의 실현 ➡ '결과' 의미]

　 b. **他醒过来了。** 그가 깨어났다. [회복 및 정상적인 상태로 변화 ➡ '결과' 의미]

　 c. **做下去!** 계속해! [동작 상태의 지속 ➡ '상' 의미]

　 d. **下起雨来了。** 비가 오기 시작했다. [동작 상태의 시작 ➡ '상' 의미]

이처럼 방향보어는 일부 방향동사가 보어를 충당하는 경우에 한해 별도의 보어 유형으로 다루어진다. 그러나 결과와 상적 의미를 나타낼 뿐 아니라, 방향의 이동 역시 일종의 결과상태로 이해할 수 있다는 점에서 방향보어는 '광의의 결과보어'[43]로 분류되기도 한다.

정도부사 极 및 동사의 용법을 겸하는 이른바 '문법화 부사' 또는 '준(准) 부사'인 死, 透, 坏 등이 서술어 뒤에서 정도의 심화 의미를 나타낼 수 있는데, 이를 '정도보어'라 한다. 이들은 단독으로 사용되기보다는 주로 VC了의 형태로 사용되며, 이때 了는 극량/대량에 대한 화자의 주관적 판단을 나타낸다.

⑦ a. **天气好极了。** 날씨가 매우 좋다.

　 b. **我累死了。** 나는 너무 피곤하다.

　 c. **香蕉熟透了。** 바나나가 완전히 익었다.

2) 조합식 술보 구조 V得C[＋得]: 상태보어, 정도보어, 가능보어

구조조사 得는 서술어 뒤에서 동작행위의 성질, 상태를 묘사하는 보어를 연결하거나 가능보어의 긍정식을 만든다. 또한 일부 정도부사와 결합하여 정도보어를 구성한다. 앞서 살펴본 결합식 술보 구조가 음절상의 제약을 강하게 받았다면, 구조조사 得의 도움을 받아 형성된 조합식 술보 구조는 좀 더 다양한 형식의 보어를 취할 수 있다.

---

43 두 개의 술어 성분이 직접 연결된 VC 동보구조는 '(협의의) 결과보어', 일부 동사가 방향의미를 나타내는 '방향보어', 상적 자질을 나타내는 '동상보어', 개사가 명사와 결합한 개사구가 장소나 시간 등을 나타내는 '개사구 보어' 등으로 구분된다. 이들이 나타내는 의미는 모두 동작에 따른 결과로서의 모종의 상태를 나타낸다는 점에서 '광의의 결과보어'라고 할 수 있으며, 동사와 보어가 결합한 동보구조는 '광의의 결과보어 구문(또는 광의의 동결식)'으로도 통칭된다.

구조조사 得 뒤에 단일 형용사와 여러 형식의 구, 절 등이 보어로 사용되어 서술어가 나타내는 동작행위나 사물의 성질, 상태, 정도를 묘사하고 평가하는데, 이를 '상태보어'라 한다.

① a. **他跑得很快。** 그는 빨리 달린다.
   b. **屋子收拾得干干净净的。** 집이 깨끗하게 청소됐다.
   c. **老人冷得浑身发抖。** 노인은 추워서 온몸이 떨렸다. ➜ 온몸이 떨릴 정도로 추웠다
   d. **夜静得听不见一点声音。** 밤이 고요해서 아무 소리도 들리지 않았다.
                              ➜ 아무 소리도 들리지 않을 정도로 고요하다

상태보어는 결과상태를 보충 설명한다는 점에서 결과보어와 자주 비교되는데, 결과보어가 동작행위에 따른 객관적 결과상태를 나타낸다면, 상태보어는 결과상태를 묘사하거나 화자의 주관적 평가를 나타낸다는 점에서 차이가 있다. 형태적으로도 결과보어는 1음절 또는 소수의 2음절 동사만 사용되는 데 비해, 상태보어는 부사의 수식을 받거나, 중첩형 및 다양한 구, 절의 형식을 취할 수 있다. 상태보어가 평가·묘사의 기능을 담당한다는 점을 상기하면, 이 같은 복잡한 형식은 상세한 묘사와 평가를 위한 유용한 구조라 할 수 있다.

得 뒤 보어로 정도부사 很 또는 준(准) 정도부사 慌, 要命, 不得了, 不行 등이 사용된 경우도 (조합식) 정도보어라 하는데, 이 역시 서술어의 정도를 강조한다.

② a. **他最近忙得很。** 그는 최근에 너무 바쁘다.
   b. **这个药苦得不得了。** 이 약은 너무 쓰다.
   c. **天闷得要命。** 날씨가 너무 후텁지근하다.

정도부사 很은 부사어로 출현할 때보다 보어로 쓰일 경우 더욱 심화된 정도를 나타낸다. 그래서 동일한 형용사 好가 어떠한 문장 구조에 사용되느냐에 따라 그 용법과 정도에도 차이가 나타난다. 예문 ③-b는 형용사서술어문으로 정도부사 很이 강세를 받는 경우를 제외하고는 '매우'의 의미를 나타내지 않는다. ③-c와 같이 정도보어로 사용된 경우 비로소 '매우 좋다'는 정도의 심화 의미가 나타나는 것이다. 한편, 별도의 정도부사가 쓰이지 않은 ③-a는 대비의 의미를 나타내므로 사용에 주의가 필요하다.

③ **好** vs **很好** vs **好得很** 의미 비교
   a. **这个好，那个不好。** 이것은 좋고, 저것은 나쁘다. [대비 표현]
   b. **这个很好。** 이것은 좋다. [형용사서술어문, 평서문]
   c. **这个好得很。** 이것은 매우 좋다. [서술어의 정도 강조]

得는 후위수식어를 연결하는 조사인가?

눈치 빠른 독자라면 보어를 취하는 구조조사 得의 발음에 주목할 것이다. 중국어의 수식 성분은 모두 de를 발음으로 가지는 조사로 연결되고(관형어를 연결하는 的, 부사어를 연결하는 地), 보어를 연결하는 得 역시 동일한 발음을 가진다. 그렇다면, 중국어는 '수식' 또는 '보충' 성분이 de를 통해 서술어의 앞/뒤에 연결되는 대칭적 통사 구조를 가지게 된다.📖 그렇다면, 得로 연결된 보어는 원래 SVO의 어순에 맞게 후위수식을 하는 전통을 보여주는 것인가? 이것의 존재는 바로 중국어 보어의 정의와 유형 분류가 얼마나 복합적이고 포괄적인지 알 수 있는 부분이자 보어를 지속적으로 논의해야 하는 이유이다.

한편, 得는 가능보어의 긍정형식에도 사용된다. 가능보어는 '동사 + 得/不 + 결과/방향보어' 형식으로 어떠한 결과상태, 방향이동이 능력 또는 조건상 가능한지를 나타낸다.

④ a. 他跑得快。 그는 빨리 달릴 수 있다.

　　b. 这次作业你做得完吗? 이번 숙제 다 할 수 있니?

　　c. 这么多菜我们吃不完。 이렇게 많은 요리를 우리는 다 먹을 수 없다.

구조조사 得를 사용하는 가능보어의 긍정형은 앞서 살핀 상태보어와 동일한 형식으로 보일 수 있다. 하지만 사실상 이들의 성격은 완전히 다르다.

⑤ a. 他跑得快。
　　그는 빨리 달릴 수 있다.

　　b. 他跑不快。
　　그는 빨리 달릴 수 없다.

　　c. 他跑得快跑不快?
　　그는 빨리 달릴 수 있니?

a-1. 他跑得(很)快。
　　그는 달리기가 빠르다.

b-1. 他跑得不快。
　　그는 달리기가 빠르지 않다.

c-1. 他跑得快不快?
　　그는 달리기가 빠르니?

가능보어와 상태보어는 부정문 형식의 예문 ⑤-b/b-1, 정반의문문 형식의 ⑤-c/c-1의 형식에서 차이를 보인다. 다만 ⑤-b-1은 결과상태/묘사상태가 부정적인 상황이지 달리는 사건 자체가 부정된 것은 아니라는 점에서 상태보어의 부정형은 존재하지 않는다고 볼 수도 있다. 한편, ⑤-a-1과 같이 상태보어의 긍정형 또한 대개 정도부사가 함께 사용되며, 형용사가 단독으로 사용될 경우 대비의 의미를 나타낸다.

📖 金立鑫(2017) 『국제학논총』 제25호, 오유정(2019) 『중국학논총』 제66호 참조

3) 수량보어

수량사구 역시 보어를 충당할 수 있다. 이것은 의미적으로는 수량 의미를 보충하고, 구조적으로는 수량사구의 형태를 가져, 앞서 살핀 보어들과는 차이를 보인다.

동사 뒤에서 동작의 진행 횟수나 지속된 시간을 보충 설명하는 수량사구를 수량보어라 하며 크게 시간의 양을 나타내는 '시량보어'와 동작의 양을 나타내는 '동량보어'로 나뉜다.

먼저, 시량보어는 동작행위와 상황이 지속된 시간이나 동작이 완료된 이후 경과된 시간의 양을 나타낸다.

① a. **今天玩了一天，累了吧?** 오늘 하루 종일 놀아서 피곤하지?
　　b. **她来了三个月了。** 그녀는 온 지 3개월째다.

반면, 동량보어는 동작행위의 횟수 또는 동작의 양을 나타낸다.

② a. **这部电影我看过三次。** 이 영화를 나는 3번 봤다.
　　b. **老师，能再说一遍吗?** 선생님, 한번 더 말씀해 주실 수 있습니까?

다만, 명사성 성분인 수량사구가 서술어 뒤에 사용되었을 때, 종종 이것이 목적어인지 보어인지 구분이 명확하지 않은 경우가 있다. 아래 예에서 서술어 뒤에는 동일한 수량사구 三个小时가 출현하는데, ③-a에서는 목적어로, ③-b에서는 보어로 사용되었다.

③ a. **我花了三个小时。** 나는 세 시간을 썼다. [목적어]
　　b. **我看了三个小时。** 나는 세 시간 동안 봤다. [보어]

수량보어는 위의 다른 보어들이 동사성 성분인 것에 비해 명사성 성분이라는 차이가 있다. 그래서 특히 이렇게 목적어와 혼동도 발생하는데, 그러함에도 이를 보어로 칭하는 이유는 시량이나 동량은 동작행위의 대상이 아니라 동작의 결과적 상태로 보기 때문이다.

3. 서술어 뒤의 또 다른 성분: 목적어

1) 중국어의 목적어

이미 언급한 바와 같이 중국어 문장성분을 결정짓는 데는 통사적 출현 위치가 매우 중요하게 작용한다. 그렇다면 서술어 뒤의 자리는 보어만을 위한 자리일까? SVO 언어인 중국어의 서술어 동사(일부 형용사) 뒤는 보어뿐 아니라 목적어의 자리이기도 하다. 여기서는 보어와의 관계성을 살펴보는 차원에서 중국어의 목적어를 간략히 언급한다.

중국어의 목적어는 '빈어(宾语, object)'라고 하는데, 일반적으로 목적어가 동사의 지배 대상을 나타내는 것에 비해 중국어의 목적어는 다음 예문에서처럼 도구, 장소, 방식 등 보다 다양한 의미 관계를 나타낸다.

① a. **洗衣服** 옷을 빨다 [동작행위의 대상]
   b. **写信** 편지를 쓰다 [동작에 따른 결과]
   c. **吃大碗** 큰 그릇으로 먹다 [동작행위의 도구]
   d. **吃食堂** 식당에서 먹다 [동작행위의 장소]
   e. **存定期** 정기예금으로 저축하다 [동작행위의 방식]
   f. **来客人** 손님이 오다 [동작의 행위자]

또한 대부분 언어에서 목적어로 분석되지 않는 판단동사 是와 존현문의 서술어 뒤 명사(구) 역시 중국어에서는 모두 목적어로 분석된다.

② a. **他是**学生。 그는 학생이다.
   b. **墙上贴着**一张地图。 벽에 지도 한 장이 붙어 있다.

이는 서술어와 목적어 간 의미 관계를 포괄적으로 수용하는 중국인 고유의 사유방식을 보여주는 것이자, 통사적 출현 위치가 중국어 문장성분에 미치는 영향 역시 잘 드러나는 부분이라 할 수 있다.

2) 서술어의 뒤를 차지하라: 목적어와 보어의 동사 쟁탈전

목적어와 보어가 모두 서술어 뒤에 출현하는 상황에서 이들을 구분하고 그 배열 순서를 정하는 것은 중국어학계의 중요한 화두가 아닐 수 없다. 이 두 성분은 필연적으로 서술어 뒤 통사 자리를 두고 경쟁하게 된다. 이 중 어느 성분이 동사 서술어에 더 가까이 위치할지, 보어와 목적어의 어순 문제에 직면하게 되는데, 이를 '빈보쟁동(宾补争动)'이라 한다. 이를 해결하기 위해 여러 가지 언어적 전략이 동원된다. 결과보어의 예를 들면, 他洗干净了衣服了。 (그는 옷을 깨끗이 빨았다)와 같이 SVO 어순을 취할 수 있지만('동결식'은 하나의 단어처럼 사용), 대개는 동사를 반복해 목적어와 보어가 모두 서술어 뒤에 위치하도록 하거나(重动句/动词拷贝句, 동사복사문), 목적어를 앞으로 이동시키거나(화제문), 처치문의 목적어로 사용하는(把자문) 등의 수단이 활용된다.

① a. 他洗衣服洗干净了。 [동사복사문(VOVC)]
   b. 衣服他洗干净了。 [화제문]
   c. 他把衣服洗干净了。 [把자문]

방향보어나 수량보어 등은 보어와 목적어가 서술어 뒤에 나란히 출현하여 '보어-목적어' 또는 '목적어-보어'의 어순을 사용할 수 있다.

② a. 我见过张国荣两次。 나는 张国荣을 두 번 봤다. [목적어-수량보어]
   b. 我见过两次张国荣。 나는 张国荣을 두 번 봤다. [수량보어-목적어]

이처럼 보어가 목적어를 취할 경우, 다양한 언어적 전략으로 유형별 어순이 결정된다. 그리고 그러한 어순을 결정하는 여러 요인 중 가장 중요한 기제는 바로 어떠한 성분이 발화의 '초점(focus)'이 되느냐이다. 중국어에서 구정보는 문장의 앞에, 신정보는 문장의 끝에 위치하는 경향이 강하고 보어와 목적어 중 신정보로 더 큰 정보의 가치를 지닌 성분이 문미에 위치하게 된다. 다시 말해, 문미초점(句尾焦点)이 보어와 목적어의 어순 결정에 중요한 영향을 미치는 것이다.[44] 사실상 보어는 항상 서술어의 뒤에 위치하므로 이동의 주된 대상은 목적어가 될 수밖에 없는데, 만약 목적어가 신정보로서 보어보다 중요한 초점의 대상이 된다면 목적어는 보어의 뒤, 즉 문미에 위치하여 '서술어-보어-목적어'의 어순을 형성하게 될 것이다. 그러나 중국어에서 화자가 전달하고자 하는 주요한 정보는 주로 '보어'로 전해진다는 사실을 상기하면, 이른바 '빈보쟁동'의 승자는 늘 보어이고, 목적어는 여러 방법으로 문장의 앞쪽으로 이동될 것이라는 사실을 어렵지 않게 짐작할 수 있다.

---

44 Part 04 1. 구정보와 신정보, 2. 배경과 초점 참조

4. 중국어 보어의 특수성: 보어를 알면 중국인의 사유방식을 알 수 있다

지금까지 살펴본 바와 같이, 중국어의 보어는 '보어'라는 명칭과 달리 문장에서 매우 중요한 역할을 한다. 문장의 통사적 중심은 서술어이지만, 중국어에서는 서술어가 나타내는 행위 동작의 과정보다는 그에 따른 결과, 방향, 정도, 묘사, 평가 등이 중요한 정보적 가치를 지니고, 이러한 정보는 모두 보어로 표현된다. 중국어 화자가 전달하고자 하는 핵심 의미가 문장의 중심인 서술어가 아니라 '보어'로 전달되는 것이다.

이는 상황을 바라보는 중국인 특유의 사유방식이 반영된 결과라 할 수 있다. 언어마다 상황을 바라보는 시선에는 차이가 있고, 이러한 시선은 언어의 사용 양상에도 반영되기 마련이다. 결과를 중요시하는 언어인 중국어는 동작행위의 영향을 받아 상태변화를 겪은 대상의 입장에서 그러한 결과상태가 야기된 과정·방법을 거슬러 '결과상태→동작행위'처럼 바라보는 시선을 취한다. 그리고 이러한 중국인의 사유방식을 드러내기에 최적화된 언어 형식이 바로 '보어'이다. 반면, 영어는 동작행위를 일으키는 행위자의 입장에서 결과상태를 바라보는 '동작행위→결과상태' 같은 시선을 취하고, 한국어와 일본어는 이들의 중간적 특징을 보인다.🖼

① a. 他推开了门了。

   b. He pushed the door open.

   c. 그가 문을 밀어서 열었다. (*그가 문을 밀어서 열렸다)

예문 ①-a에서 중국어는 영향을 받은 대상인 门의 결과상태 开를 중심으로 그러한 결과상태를 야기한 동작행위 推를 추가한다. 따라서 결과상태 开와 관련된 다양한 동작행위가 서술어 동사로 사용될 수 있다.[45] 반면, 예문 ①-b의 영어는 이미 완성된 문장인 He pushed the door. 뒤에 결과상태를 나타내는 보어 open이 단순히 추가되었다. 영어 역시 결과를 중요시하지만, 행위자의 입장에서 결과상태를 바라보는 시선을 취하므로 동작행위의 영향이 대상에 직접 작용하지 않는 결과는 나타낼 수 없다(*call the door open). 복합동사의 형태를 취하는 한국어와 일본어는 상태변화(BECOME)의 위치에서 앞의 동작행위를 바라보거나 뒤의

🖼 影山太郎(1996), 于康·张勤·王占华 译(2001)《动词语义学—语言与认知的接点》6장 참조

45 📖 踢开(발로 차서 열다), 撞开(부딪혀 열다), 叫开((소리 내) 불러서 열다), 砍开((도끼 등으로) 찍어서 열다) 등

결과상태를 바라보는 두 가지 시선을 모두 취할 수 있다. 만약 앞의 동작행위를 바라보는 시선을 취한다면 뒤의 결과상태는 시선 밖에 위치하게 되는데, 예문 ①-c와 같이 후행동사는 반드시 '열다(타동형/능동형)'가 되어야 한다. '문이 처한 열린' 결과상태보다 '문을 여는' 과정에 관심을 두기 때문이다(중국어와 영어의 보어는 '열려 있는 결과상태'를 의미).

상황을 바라보는 언어별 상이한 시점은 다음과 같이 나타낼 수 있다.

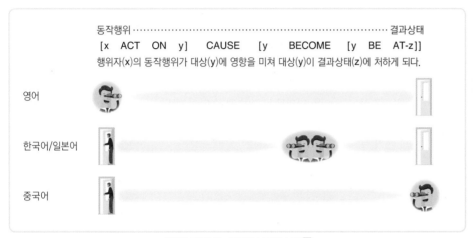

동작행위 ·· 결과상태
[x ACT ON y]   CAUSE   [y   BECOME   [y BE AT-z]]
행위자(x)의 동작행위가 대상(y)에 영향을 미쳐 대상(y)이 결과상태(z)에 처하게 되다.

영어

한국어/일본어

중국어

상황을 바라보는 언어별 상이한 시선

중국어의 보어와 중국인의 사유 체계의 관계성에 대한 위와 같은 언급은 사실상 '하고자 하는 말을 뒤에 놓으려고 한다'고 하는 중국인의 인지적 특징과도 부합한다. 즉, 자신이 하고 싶은 중요한 내용을 문장의 뒤에 놓으려는 중국인 특유의 사유 체계는 다른 한편으로 결과 중심적 사유라는 것으로 실현되었을 가능성이 있는 것이다.

影山太郎(1996), 于康 · 张勤 · 王占华 译(2001) 《动词语义学—语言与认知的接点》 309페이지 수정

2 중국어의 상과 상표지

● 중국어는 상 중심 언어이다

1. 상과 시제: 중국어에서 시제는 그저 거들 뿐

시간의 개념은 인류 언어에 보편적으로 존재한다. 다만 언어마다 시간을 나타내는 전략에는 차이가 있을 수 있다. 사건이 발생한 시간의 위치(과거, 현재, 미래 등)인 '시제'를 나타내는 어법적 수단이 발달한 언어가 있는가 하면(영어의 과거시제를 나타내는 -ed, 현재시제를 나타내는 -s 등), 사건이 시간 속에서 어떠한 모습이나 형상을 띠는가(하나의 전체로 볼지, 내부의 구조를 나누어 볼지), 즉 상(aspect)을 나타내는 어법적 수단이 발달한 언어도 있다. 중국어는 후자인 상이 발달한 언어이다. 상은 '장면의 내적인 시간 구성을 관찰하는 여러 가지 방법(Comrie 1976:3)'으로 정의된다. 화자는 어떠한 사건 또는 상태를 외부에서 바라보고 이를 '하나의 전체'로 나타낼 수도 있고(완료상, perfective), 반대로 내부에서 이를 구성하는 다양한 국면, 이를테면 '처음/중간/끝' 등을 구분하여 나타낼 수도 있다(미완료상, imperfective). 물론, 그렇다고 중국어에 시제를 나타내는 표현이 없다는 것은 아니다. 昨天, 去年, 下个月와 같이 시간을 나타내는 명사 등이 부사어로 사용되어 시간의 위치를 나타내고, 만약 이러한 시간사가 사용되지 않았다면 발화시 또는 현재가 기준이 된다.

2. 중국어의 관점상(viewpoint aspect): 사건을 바라보는 시선의 그 어디쯤

중국어에서 상을 나타내는 어법 수단에는 동태조사(动态助词)인 了$_1$, 着, 过와 사태조사(事态助词) 了$_2$ 그리고 부사 在가 있고, 그 외에 동사중첩이나 방향보어인 起来, 下去 등도 있다.

1) 완료상(perfective aspect) 了$_1$, 过

완료상은 사건이나 상태를 구성하는 다양한 국면(phase), 즉 '처음/중간/끝' 등을 구분하지 않고 이를 하나의 나눌 수 없는 전체로 인식한다.

완료상(perfective)

중국어에서 완료상을 나타내는 가장 대표적이며 전형적인 어법 수단은 바로 동태조사 了₁이다. 了₁은 어떠한 상황을 '하나의 전체(整体)'로 인식하고 그것이 실현되었음을 나타낸다. 사건의 실현은 주로 과거시제와 잘 어울리지만, 사실상 시간축에서 어떠한 시점에 위치하느냐에 따라 과거, 현재, 미래의 상황을 모두 나타낼 수 있다.

① a. **我昨天看了那本书。** 나는 어제 그 책을 봤다. [과거]

　b. **前面来了一辆大巴。** 앞에 버스 한 대가 온다. [현재]

　c. **我下了课就去看电影。** 나는 수업이 끝나고 영화를 보러 갈 것이다. [미래]

어떠한 사건의 실현 여부를 나타내려면 해당 사건은 '하나의 전체'로 파악되어야 한다. 사건은 시간·공간·개념적으로 제한될 때 하나의 전체로 파악될 수 있는데, 이를 위한 좋은 방식 중 하나가 바로 사건을 '양화된 사건(quantified event)'으로 만드는 것이다. 구체적으로, '동사 사건이 발생한 정도, 소요 시간, 발생 횟수 등을 나타내는 구'나 '양화된(수식어가 있는) 목적어'를 취할 때 이 사건은 '하나의 전체'로 제한되고, 실현될 수 있다. 그리고 이것은 다른 말로 '경계화(bounded)'되었다고 하는데, 위에서 언급된 표현들에 의해 눈에 보이는 경계가 생겨서 실제 언어에서 구체화된다는 것이다. 따라서 了₁이 사용된 문장은 수량보어를 취하거나, 고유명사나 관형어, 특히 수량사구의 수식을 받는 양화된 목적어가 출현하는 경우가 많다.[46]

---

46 예를 들어, '물'은 그 자체는 양의 경계가 없다. 이것을 특정한 용기에 담아야만 경계가 생겨 구체적인 시작과 끝을 알 수가 있다. 이와 마찬가지로 동사도 개념 상태에서는 경계가 없으나 현실의 언어 속에서 기타 표현들과 결합되면서 동작의 경계가 생성되는데, 그것을 了를 이용해 표시하는 것이다. 물이 '한 컵'으로 경계화되듯이 동작도 뒤의 목적어가 한정되면서 동시에 '컵'에 담듯 그 경계가 생성되는 것이다.

② a. **我喝咖啡。** 나는 커피를 마신다.

　　b. *我喝了咖啡。

　　c. **我喝了两杯咖啡。** 나는 커피 두 잔을 마셨다.

　　d. **我每天喝两杯咖啡。** 나는 매일 커피 두 잔을 마신다.

예문 ②-a는 커피를 마시는 일반적인 상황을 나타내므로 ②-b처럼 了₁과 결합할 수 없다. 그러나 만약 목적어 앞에 수량사구 两杯가 추가된다면 이는 커피 두 잔을 마시는 하나의 제한된 사건이 되고 해당 사건은 ②-c처럼 了₁과 결합하여 경계성을 나타낼 수 있다. 하지만 여기에 다시 ②-d처럼 시간명사 每天이 부사어로 추가되면, 커피 두 잔을 마시는 것은 습관적으로 반복되는 행위가 되고, 이 경우 사건의 실현을 나타낼 수 없어 了₁의 사용이 불가능해진다.[47]

이 외에도 후속절을 추가하거나 현재와의 연관성을 나타내는 사태조사 了₂를 문장의 끝에 부가할 수 있다. 아래 예문 ③-a는 커피 마시는 사건이 완료된 이후 집으로 간다는 의미를 나타내고, ③-b는 커피를 마시는 사건이 실현되었고 그것이 현재까지 영향을 미침을 나타낸다. 사태조사 了₂가 사용되었을 때는 목적어 사용에 특별한 제약이 없으나, 만약 관형어의 수식을 받지 않는 원형 명사라면 동사 뒤 了₁은 생략할 수 있다.

③ a. **我喝了咖啡就回家。** 나는 커피를 마시고 집에 간다.

　　b. **我喝(了)咖啡了。** 나는 커피를 마셨다. ➡ 그래서 더 마실 필요가 없음

문장의 끝에 사용되는 사태조사 了₂는 이른바 '완료(perfect)'를 나타낸다. 다른 말로 상태의 변화, 현재와의 연관성을 나타내는데, 청자에게 새로운 상황의 출현을 각인하거나 새로운 정보를 알리는 역할을 한다. 문장 내에서 동사(구)뿐 아니라 예문 ④-a처럼 형용사, ④-b처럼 명사 뒤에도 사용되며, ④-c와 같이 부정적 상황으로의 변화도 나타낼 수 있다.

④ a. **花红了。** 꽃이 붉어졌다.

　　b. **我今年二十了。** 나는 올해 스물이 되었다.

　　c. **我不去了。** 나는 안 간다. ➡ 본래 가기로 했으나 가지 않기로 함

사태조사 了₂는 현재와의 관련성도 나타낸다. 이 말은 그 사건이 완료되어 현재까지 영향

---

47 Part 07 3. 관점상과 상황상 참조

을 미침을 의미한다. 따라서 我喝咖啡了。는 이미 마셨고 그 상태가 지금까지 지속되므로 더 마실 필요가 없음을 추가로 전달하는 것이다. 이는 영어의 'have+과거분사'와 유사하다. 영어에서 '과거분사'는 동작이 이미 종료된 그 상태이며, 이것을 have(현재까지 가지고 있음)하는 것이다.

한편, 완료상의 또 다른 표지로 동태조사 过가 있는데, 이것은 특히 과거의 경험을 나타내며, 이를 '경험상'이라 한다. 경험상은 과거에 어떠한 동작이나 상태가 발생 또는 존재한 적이 있으나 현재는 더 존재하지 않음을 나타낸다. 어떠한 상황을 하나의 전체로 인식할 뿐 아니라 그 상황이 이미 종결되었음을 함께 나타내는 것이다. 아래 예문 ⑤-a는 상하이에 간 적이 있지만 지금은 상하이에 있지 않고, ⑤-b는 중국어를 배운 적이 있으나 지금은 중국어를 배우지 않음을 나타낸다.

⑤ a. **我去过上海。** 나는 상하이에 가본 적이 있다. ➡ 지금은 상하이에 없음
   b. **我学习过汉语。** 나는 중국어를 배운 적이 있다. ➡ 지금은 배우지 않음

경험상 过는 어떠한 상황을 하나의 전체로 인식하고 그것이 이미 종결되었음을 나타내는 완료상의 하나이지만, 현재와 단절된 과거를 나타낸다는 점에서 了₁과 구분된다.

2) 미완료상(imperfective): 着, 在

완료상에 상대되는 개념으로서, 미완료상은 어떤 장면을 내부에서 바라보고 그 내적인 시간 구조를 분명하게 서술한다.

미완료상(imperfective)

중국어의 미완료상을 나타내는 대표적 어법 수단에는 상태의 지속을 뜻하는 동태조사 着와 동작의 진행을 나타내는 부사 在가 있다.

着는 동사가 나타내는 상황의 지속과 진행을 나타낸다(지속상). 이때 지속은 과정의 지속

과 결과상태의 지속으로 구분된다.

① a. **外面下着雨。** 밖에 비가 오고 있다. [과정의 지속]
   b. **车在那儿停着。** 차가 저기 주차되어 있다. [결과상태의 지속]

이처럼 상태의 지속을 나타내는 着는 V₁着V₂의 형식으로 첫 번째 동사가 두 번째 동사 사건의 방식·수단·배경이 됨을 나타내는 데 활용되기도 한다.

② a. **他躺着看电视。** 그는 누워서 TV를 본다.
   b. **她笑着说：“明天见。”** 그녀는 웃으면서 "내일 만나."라고 말했다.

동태조사 着가 정적인 상태의 지속을 나타낸다면, 부사 在는 동사 앞에서 동적인 사건의 진행을 나타낸다(진행상). 동작의 진행 시점을 강조하는 부사 正을 추가하거나, 진행의 어기를 나타내는 어기조사 呢를 추가하여 '在/正在…呢'의 형식으로 진행의 의미를 강조할 수 있다.

③ a. **我在吃饭(呢)。** 나는 밥을 먹고 있다.
   b. **我正在吃饭(呢)。** 나는 한창 밥을 먹고 있다.

3) 기타: 동사중첩, 起来, 下去, 要/快/快要/就要…了₂

완료상, 미완료상 외에 다양한 상적 의미가 여러 어법 수단으로 나타난다.

먼저, 중국어의 동사중첩은 동작 시간의 짧음 또는 시도의 의미를 나타내는데, 이를 '잠시상' 및 '시도상'이라 한다. 예문 ①-a/b가 동작의 발생 시간이 짧음을 나타낸다면, ①-c/d는 가벼운 시도의 의미를 나타낸다.

① a. **他五分钟后回来，你等一等吧。** 그는 5분 뒤에 돌아오니, 잠시만 기다려. [잠시상]
   b. **他想了想说：“我来吧。”** 그는 잠시 생각하더니 "내가 할게."라고 말했다. [잠시상]
   c. **这件衣服你试试看吧。** 이 옷 한번 입어보렴. [시도상]
   d. **这道菜怎么样？你尝一尝吧。** 이 요리 어때? 한번 먹어봐. [시도상]

방향보어 역시 상적 의미를 나타낼 수 있다. 대표적으로 起来는 새로운 상태의 시작을 나타내는 '시작상'이다. 下去는 방향 의미 외에 미래까지 상황이 계속 이어짐을 나타내는 '계속상'이다. 예문 ②-a/b가 새로운 상황의 시작을 나타낸다면, ②-c/d는 상황이 계속됨을 나타낸다.

② a. 孩子们大笑起来了。 아이들이 크게 웃기 시작했다. [시작상]

   b. 天气冷起来了。 날이 추워지기 시작했다. [시작상]

   c. 继续做下去! 계속해 나가라. [계속상]

   d. 这首歌，实在听不下去了。 이 노래, 정말 계속 들을 수가 없다. [계속상]

마지막으로 要/快/快要/就要…了₂는 어떠한 동작이나 사건이 곧 발생할 것임을 나타내는 '임박상'이다.

③ a. 火车要开了。 기차가 곧 출발한다.

   b. 快到春天了。 봄이 곧 다가온다.

   c. 五分钟以后就要上课了。 5분 뒤에 수업이 시작한다.

한 가지 주의할 것은, 就要…了는 五分钟과 같은 시간사와 함께 사용할 수 있으나, 快要…了는 불가능하다는 점이다. 이는 快(要)가 시간의 빠름을 객관적으로 나타내어 별도의 시간사를 추가할 수 없는 반면, 就要는 시간의 빠름에 대한 주관적 판단을 나타내어 그러한 제약을 받지 않기 때문이다.

3. 관점상과 상황상: 불가분의 관계

사건은 일종의 과정이고 시간성을 갖는다. 이러한 사건을 나타내는 핵심은 동사이며, 따라서 동사가 나타내는 개념에도 시간적 속성이 드러난다. 동사가 나타내는 시간적 속성은 시작점, 과정, 종결점의 유무로 구분되며, 이를 了₁, 着, 过 등의 관점상(viewpoint aspect 또는 문법상 grammatical aspect)과 대비하여 '상황상(situation aspect 또는 어휘상 lexical aspect)'이라고 한다.

상황상은 동사의 속성(시작점, 과정, 종결점으로 구분되는 국면)을 중심으로 목적어, 부사어 등 부가어의 특징에 따라 상태(state), 활동(activity), 완수(accomplishment), 성취(achievement) 등의 유형으로 구분된다. 언어에 따라 동사만으로 관련 있는 국면이 모두 표현되는 언어가 있는가 하면, 동사만으로는 이러한 국면을 모두 드러낼 수 없는 언어도 있다. 현대중국어는 단일 동사만으로는 종결점을 나타낼 수 없어 또 다른 동사인 결과보어를 동사 뒤에 결합하여 종결점과 그에 따른 변화된 상태를 나타낸다. 따라서 중국어에서 '완수'와 '성취'는 대개 동결식의 형식을 가진다.

상황상이 중요한 이유는 해당 동사(구)와 절의 자질에 따라 了₁, 着, 过 등 관점상의 사용에도 차이가 나타나기 때문이다. 중국어에서 일부 동사는 了₁을 사용할 수 없는데, 이들이 나타내는 사건은 시작점과 종결점을 가지지 않아 하나의 제한된 사건을 나타낼 수 없기 때문이다. ①-a, b의 是, 认为 등은 모두 시작점과 종결점이 없고 정적인 특징을 가지는 '상태 유형'으로 분류된다.

① a. *他是了学生。
   b. *我认为了他很聪明。

또한 일부 동사는 着나 在를 사용할 수 없는데, 이들은 상황의 지속, 진행과 어울리는 지속 과정을 가지지 않기 때문이다. ②-a, b의 到, 死는 지속 과정이 없는 '성취 유형'의 동사이다.

② a. *火车在到。
   b. *他死着。

물론 상황상은 동사 외에 목적어나 부사어 등 기타 성분에 따라서도 달라진다. '1) 완료상'에서 살펴본 예문 ②에서 목적어 咖啡에 관형어 两杯가 추가된 ②-c와 부사어 每天이 추가된 ②-d에 따라 了₁의 사용 가능 여부가 달라지는 것에서 그러한 특징을 확인할 수 있다.

이와 같이 중국어는 시제보다는 상을 표현하는 어법성분이 발달한 언어인 만큼 이들에 대한 연구로 중국인 특유의 시간 개념을 관찰할 수 있다.

1. 다음 문장에서 밑줄 친 晚의 쓰임을 비교해 봅시다.

   ① 他来晚了。 (결과보어)

   ② 他来得很晚。 (상태보어)

   ③ 他晚来了十分钟。 (부사어)

2. 중국어에서 '결과'와 '목표'는 어떻게 다른지 말해 봅시다.

   ① 希望你们两个玩得开心。 너희 둘이 즐겁게 놀기를 바라.

   ② 今天玩得开心吗? 오늘 즐겁게 놀았니?

3. 시간의 개념을 표현하기 위한 한국어, 중국어, 영어의 언어적 전략을 비교해 봅시다.

4. 다음 문장의 차이를 말해 봅시다.

   ① 他去年去过北京。

   ② 他去年去了北京。

   ③ 他去年去北京了。

Chapter
3

중국인의 시간과 공간
그리고 중국어

인간의 인지 능력으로 구축된 언어의 특징은 시간과 공간의 영향을 받기 마련이다. 그리하여 최초 사용자가 구축한 시스템은 오랜 시간을 거치면서 모종의 변화를 겪게 된다. 그리고 시간의 흐름과 더불어 공간적 요인으로 더 한층 굴곡이 발생하게 된다. 이것은 중국어도 마찬가지다. 최초 원시중국어 시절부터 원시중국인이 구축해 온 이러한 시스템은 일정 정도 지금까지 시속되기도 하지만 중국인이 겪은 그간의 역사과정 속에서 모종의 변화를 겪었다. 게다가 중국이란 지역의 확장, 이민족과의 융합 등의 과정을 거치면서 급격한 굴곡의 양상이 발생하고 급기야 각종 방언이나 혼합어 등의 출현으로 유형상의 거대한 변화가 나타나기도 한다. *Chapter 3*에서는 먼저 중국어의 공동어가 탄생하여 수천 년의 시간을 거치는 동안 어떻게 그 유형상의 변화가 발생하게 되었는지 살펴보고, 이와 더불어 공간적인 확대와 접촉 그리고 융합 과정을 통한 변화가 어떠한 양상으로 전개되는지 살펴본다.

Part
08

중국 공동어의 탄생과 변화,
그리고 상고중국어

　현대중국어는 기나긴 역사 과정에서 이루어진 산물이다. 특히 표준중국어인 보통화는' 일찍이 은주 시기의
아언으로 시작되어 중국인의 모진 역사적 과정과 함께하면서 현재 모습까지 이르게 된 것이다. 이러한 과정은
크게 상고중국어와 중고중국어 그리고 근대중국어라는 세 단계의 역사 시기로 구분된다. 이 중 상고중국어
시기는 은주 시기와 진한이라고 하는 천 년이 넘는 긴 시간이 해당되며, 그 언어적 특징 또한 고립어인 현대중
국어와는 사뭇 다른 체계로 되어 있었다. 이른바 굴절어와 고립어의 특징이 공존했던 시기로 전반적으로 고립
어로 세차게 진행되던 기나긴 과도기에 해당한다. Part 08에서는 먼저, 중국의 공동어가 탄생하고 변화하는
과정을 살펴보고, 이어서 상고중국어의 독특한 특징을 살펴본다.

❶ 중국인의 삶과 공동어의 변화

🔘 아언에서 보통화까지

1. 구어, 문언문 그리고 백화문

세계의 모든 언어는 글이 있다면 당연히 구어(口語, 입말)와 문어(文語, 글말 또는 서면어)가 분리되어 존재한다. 구어는 동시성이 강하여 시간과 공간의 제약을 받기 마련이나 문어는 시각적으로도 표현되고 보존도 되기에 시공간의 제약이 없다. 다시 말하면, 문어는 즉시적으로 형성되고 사용되는 구어를 좀 더 정련·가공하여 더 일반화하고 좀 더 규정화함으로써 구어의 특징인 시공간의 제약을 초월한 이해도를 높이는 설정일 수 있다. 따라서 구어에 비해 문어는 상대적으로 '보수적'인 성향이 있다.

그렇다면 중국어의 상황은 어떠한가? 중국어도 당연히 구어와 문어가 따로 존재하며 특히 현대중국어의 상황은 다른 언어와 큰 차이가 없어 보인다. 그런데 고대중국어 즉, 현대 이전 지난 수천 년 간의 중국어를 보면, 특히 문어가 뭔가 특별함을 발견할 수 있다. 문어가 이원적이기 때문이다. 고대중국어의 문어는 이른바 '문언문(文言文)'과 '백화문(白話文)'의 두 체제로 되어 있었다. 문언문은 다음과 같이 정의한다.

> "문언문은 중국고대에 일종의 중국어 서면 언어로 구성된 글로, 5·4 신문화운동 이전 한족이 사용했던 언어이다. 주로 선진(先秦) 시기의 구어를 기초로 하여 형성된 서면 언어이다. … 역사 변화 및 구어의 변화에 따라 문언문과 구어의 차이는 점차 커졌고 문언문은 독서인의 전유물이 되었다."🔲

여기서 보면 몇 가지 특이한 점을 발견할 수 있다. 먼저, 이것의 구어 기초가 '선진' 시기 중국어라는 점이다. 즉, 현대의 구어가 아니라는 것이다. 둘째, 문언문과 구어의 차이는 계속 커졌다고 한다. 물론 문어로서 어느 정도 보수성을 가질 수 있지만 그렇다고 별도로 학습해야 이해될 정도까지 간다면 이는 사실상 다른 언어라고도 볼 수 있다.

위의 내용을 기반으로 보건대, 문언문은 분명 문어이지만 우리가 알고 있는 문어와는 성

🔲 百度 백과 내용 인용

격이 많이 다른 것을 알 수 있다. 그렇다면 '백화문'은 또 무엇인가?

"백화문은 문언문에 상대되는 말이다. … 백화문은 '한어 서면어'의 일종이다. 이것은 당송(唐宋) 이후, 구어를 기초로 형성된 것이다. 초기엔 통속문학 작품에 주로 사용되었으나 5·4 신문화 운동 이후 보편적인 문체가 되었다."🔲

백화문 관련 내용을 보면, 이 역시 문어(서면어)로 인정되나 '구어를 기초로 형성'되었다고 한다. 문언문의 설명에서도 분명 '구어를 기초로 형성'되었다고 하였다. 그러나 문언문이 '선진' 시기의 구어에 머물러 있다면 백화문은 그 이후의 구어, 즉 시대별 구어에 지속적으로 기초를 두어 이른바 '변화'에 비교적 민감하고 그만큼 변화를 지속해 왔다는 얘기가 된다. 특히 눈여겨볼 만한 것은 '당송 이후'라는 표현이다. 사실, 당송 시기뿐만 아니라 그 이전인 위진남북조(魏晉南北朝) 시기에도 어느 정도는 구어와 문언문의 괴리가 시작되었는데, 특히 당송 시기부터 이른바 근대중국어가 탄생하면서 그 괴리는 더더욱 커졌기 때문이다.

어찌 됐든, 고대중국어의 문어는 이처럼 문언문과 백화문의 이원적 체제였다. 이 둘의 가장 중요한 차이점은 시기별 변화를 얼마만큼 반영하느냐는 것이다. 그런 면에서 볼 때, 문언문은 기초 문법과 어휘 등이 선진 시기를 기초로 하면서 시기별 구어를 거의 반영하지 않은 반면, 백화문은 그 이후의 시기별 문법과 어휘를 과감히 반영하였다. 바로 이 점이 이 둘의 차이점이 존재하는 근본 원인이다.

언어는 인간의 도구이지만 인간이 사용하는 만큼 인간과 더불어 역사를 같이한다. 문언문도 중국인에게 그 나름의 큰 가치를 지니지만, 우리가 바라보는 언어변화라는 큰 틀에서 볼 때 백화문의 가치는 매우 높다고 할 수 있다. 그리고 백화문이 있어 고대 중국인이 사용한 '구어'의 흔적을 추적하고 연구할 수 있다.

🔲 百度 백과 내용 인용

2. 중국어의 시기구분: 상고, 중고, 근대, 현대

한 나라의 공동어는 항시 그 기초 방언이 존재한다. 당연히 기초 방언이 바뀌면 공동어의 실체도 바뀌게 된다. 중국어의 공동어는 몇 차례에 걸친 기초 방언의 변화로 그 실체가 바뀌어 왔는데, 처음에는 허난성(河南省)과 뤄양(洛陽)을 중심으로 하는 방언이 기초 방언이 되었다. 이것은 그 이후 당(唐) 왕조 시기까지도 지속되었다(물론 그 사이에 크고 작은 변화도 있었음). 당 왕조 후반에 들어 공동어의 기초 방언에 변화가 발생하여 장안(長安)을 기준으로 하는 북방 방언이 공동어의 반열에 오른다. 이것이 이후 송원명청 시기 근대중국어의 기초를 구성하게 되고, 이른바 '관화(官話)'를 형성하게 된다.

중국어는 이처럼 공동어의 기초 방언을 토대로 변화했을 뿐 아니라 자체적으로 내부에서 여러 단계로 변화해 왔다. 그 단계는 바로 상고중국어, 중고중국어, 근대중국어, 현대중국어이다. 중국어의 시기는 이처럼 총 4단계로 구분할 수 있다. 상고가 은(殷) 왕조부터 시작되었다고 가정하면 기원전 1600년부터 현재까지 약 3,500년간 중국어의 역사를 구분하는 셈이 된다. 중국어 역사의 시기 구분과 관련하여 이미 많은 이들이 자기주장을 펴왔고 몇 가지 유력한 설도 있다. 그 설들을 종합하면 다음과 같이 구분할 수 있다.

1단계	상고중국어	은(殷) 왕조~서한(西漢)
2단계	중고중국어	(동한)위진남북조(魏晉南北朝)~당(唐) 중기
3단계	근대중국어	만당(晚唐)~20세기 이전 또는 청말(淸末)
4단계	현대중국어	20세기 이후(또는 민국 시기)부터 현재까지

먼저, 상고중국어의 시기는 매우 길어서 1,500년 이상이다. 이 기간에 상고중국어도 분명 변화를 해왔다. 그래서 은 왕조 시기, 서주(西周) 시기, 동주(東周) 시기, 서한(西漢)의 네 시기로 다시 나눌 수 있다. 은 왕조에서 서주 시기까지는 특히 주족(周族)이 왕조를 교체해 왔으므로 언어 역시 모종의 변화가 있을 것으로 예상할 수 있다. 물론 주족이 은족(殷族)을 대체하였어도 언어는 은족의 언어를 계속 계승하였으므로 서주와 은 왕조의 언어에 근본적인 차이가 있지는 않다. 다만, 주족의 언어가 일부 침투하여 기존 갑골문 등에서 볼 수 있는 순수한 은족의 언어와 약간 달라졌다. 이러한 주족 언어의 침투는 그 이후 동주에서도 나타나는데, 동주는 그러한 침투에 따른 융합현상과 함께 어휘, 어법 면에서 서주와는 또 다른 발전을 이루게 된다. 게다가 상고중국어에 존재했다고 알려진 이른바 굴절의 형태현상은 주로

동주 시기를 거치면서 많이 소멸된 것으로 보고 있어서 굴절현상을 근거로 했을 때, 서주와 동주도 약간 다르고, 동주 시기는 다시 서한과도 다르다. 이처럼 상고 자체에서도 약간씩 다른 면모를 보여주나 기본적인 어순, 굴절형태와 분석적 형식의 공존이라는 측면에서 이 시기를 하나의 상고중국어로 충분히 묶을 수 있고 또 그 이후의 중고중국어와도 크게 차별화할 수 있다고 본다.

그다음, 서한에서 동한으로 가면서 기존에 있던 굴절현상이 대거 소멸되고 완전한 고립어 중심으로 변화하게 된다. 양한(兩漢) 시기는 상고중국어의 굴절현상이 소멸되어 가는 과도기라 할 수 있다. 이렇게 하여 동한(東漢)에 이르면 사실상 중고중국어가 시작되었다고 할 정도로 중고중국어의 틀로 바뀌게 된다. 그래서 우리는 동한 시기를 일종의 과도기로 보고자 한다. 이렇게 하여 중고중국어로 진입한 이후부터는 굴절현상이 소멸됨으로써 전형적인 고립어(분석어)의 면모를 보여주는데, 기존의 굴절현상이 사라지면서 그 반대급부로 각종 대체 형식이 등장한다. 대표적인 예로 쌍음절어휘의 증가와 보어의 생산을 들 수 있다. 즉, 굴절현상으로 표현되었던 중국어의 일부 형태가 어휘 또는 통사적 형식으로 대체되어 그 기능이 계승된 것이다. 이러한 현상은 중고 시기 내내 지속되지만 여전히 큰 변화가 없는 상태로 당 왕조까지 계속된다.

그렇게 중고 시기의 고립어적 면모는 당 중기부터 급속도로 발전한다. 그리하여 보어 및 관련 형식이 대폭 증가하고 각종 허사도 대대적으로 대체, 증가하게 된다. 특히 보어가 발달하면서 상(相)을 표현하는 동태조사라는 새로운 영역이 당송 시기에 등장하게 되었다. 이러한 모든 현상은 기존 중고중국어에서 볼 수 없었던 혁명적인 변화이므로 이 시기를 근대중국어 시기라고 한다. 물론 중고에서 근대로 가는 과정에서 당 왕조 시기의 성당, 중당기는 일종의 과도기라고도 볼 수 있다. 이러한 근대중국어는 그 이후 작은 변화가 자주 일어났을 뿐 아니라 꾸준히 변화되면서 약 천 년간 지속되어 현대중국어에 이른다.

위에서 중국어의 네 가지 시기 구분을 살펴보았다. 다음에는 각 시기의 구체적인 언어 상황을 보기 전에 먼저 각 시기 공동어의 형성과 발전 면모를 살펴본다.

3. 상고 시기 공동어의 탄생

상고(上古) 시기는 매우 길어서 일반적으로 은과 주 그리고 적어도 서한 시기까지 약 1,500여 년이 여기에 해당한다. 이 기나긴 기간에 중국은 많은 변화를 겪었고, 중국어도 따라서 함께 변화했다. 아래에서는 상고중국어의 탄생과정, 특히 공동어의 형성과 발전을 중심으로 살펴본다.📖

먼저, 은 왕조 시기, 이른바 은족(殷族)이 거주했던 주요 지역은 지금의 허난성(河南省) 일대이다. 은 왕조 시기 도읍인 은허(殷墟)[48]에는 많은 사람이 모여 살기 시작하면서 이 일대가 정치·경제·문화의 중심지가 되었으며, 이로써 이 지역을 중심으로 하는 공동어가 출현하게 되었다. 우리가 잘 아는 갑골문은 이 지역 공동어의 서면어(書面語)였다. 은 왕조 후기로 가면서 정벌 전쟁이 잦아지는데, 이 같은 대규모의 군사 행위는 이러한 공동어 기반이 없었다면 시행하기 어려운 일이었다.

은 왕조는 주족(周族)에게 정복된다. 주족은 은을 멸하였지만 은의 문화가 워낙 발달했기에 사실상 은의 문화를 계승하였으며, 이로써 은과 주의 언어가 혼합되기에 이른다. 그런데 은족은 규모가 큰 민족으로 문화 수준이 높았을 뿐 아니라 경제적으로도 부유했다. 바로 이러한 이유에서 인구가 적었던 주족은 사실상 은족에 동화되었고, 주족의 언어 역시 은족의 언어에 동화되고 말았다. 주 왕조는 특히 봉건제도를 시행하여 이성 또는 동성의 제후에게 땅을 하사하였다. 그 과정에서 은족은 감시를 위해 뤄양(洛陽) 일대로 이주되었고, 허난에서 기원한 은족은 다시 그 중심지인 뤄양을 바탕으로 공동어 세력이 되었다. 주 왕조는 초기에 제후국이 수백 개에 달했으나 점차 작은 제후국이 더 큰 제후국에 병탄되면서 힘센 제후국은 이른바 패자(覇者)가 되어 주 왕실을 받들었다. 이 과정에서 중국의 언어는 제후국별 대방언(大方言)을 중심으로 발전하게 되었다. 그러나 주 왕조 시기에는 학교가 설립되고 병농(兵農)이 합일되었으며, 상인과 도시가 발달하고, 음악 관련 풍습 또한 발달하여 자연적으로 인간 사이의 교제가 늘었다. 바로 이러한 분위기에서 상호 간 교제를 하고자 공동어가 발달하게 되었으니 이것이 이른바 '아언(雅言)'이다. 그렇다면 이 아언은 무엇을 기초 방언으로 하

📖 李新魁(1987)《漢語共同語的形成和發展》참조

48 지금의 허난성 안양시(安陽市)

였을까? 바로 허난 일대 방언이다. 주 왕조는 허난 일대 은허를 중심으로 하는 중원 공동어를 계승하였는데, 공교롭게도 은족의 후예는 뤄양으로 이주해 거주하고 있었다. 이로써 허난 특히 뤄양은 주 왕조 공동어의 주요 지역이 되었으며, 주 왕조가 장안(長安)에서 뤄양으로 동천(東遷)한 이후에는 뤄양이 명실상부한 공동어 중심지가 되었다. 이처럼 주 왕조 시기에는 뤄양을 중심으로 하는 공동어인 아언이 존재함과 동시에 각 제후국의 대방언 역시 발전하였다. 다만, 춘추 시기 또는 전국 시기로 가면서 인접 제후국 간의 전쟁과 주민들의 이주, 그리고 유세(誘說), 회맹(會盟), 상업 발달 등의 영향으로 인접 제후국 간의 방언이 점차 혼합되는 양상을 보였다. 그 결과 초(楚)나라는 아예 자신들의 언어를 버리고 중원의 언어를 사용하기도 하였다. 이와 더불어 주왕실 공동어도 좀 더 널리 전파되고 그 지위가 공고해졌다. 그리하여 전국(戰國) 시기에 나온 각종 제자백가 저작이 모두 이 '아언'으로 저술되었다.

기원전 221년 진(秦)나라가 춘추전국을 통일하면서 중국의 공동어는 또 다른 운명을 맞게 되었다. 진 왕조의 진시황은 무엇보다 나라의 각종 제도를 통일하는 일에 열을 올려 문자마저 통일하게 되었고, 그의 이러한 노력은 공동어 전파에도 영향을 미쳤다. 진을 이어 탄생한 한(漢) 왕조 시기에는 특히 경전(經典)의 전수와 주석을 중시하였다. 이러한 행위는 서면 공동어의 발달을 가져왔고, 아울러 서면어의 규범화와 경전의 전습은 공동 구어의 전파에도 큰 영향을 주었다. 특히 진한의 통일 이후, 각종 전쟁에 따른 영토 확장은 한족과 기타 민족들이 잡거(雜居)하도록 만들었으며, 공동어 사용을 더 촉진하게 되었다. 이렇게 하여 주 왕조의 아언을 계승하여 출현한 한 왕조의 공동어를 '통어(通語)'라고 한다. 한 왕조는 서한 시기 수도가 장안이었지만 그 직전까지 계속 뤄양에 있었고 이후 장안에서 다시 뤄양으로 동천하여 한 왕조 내내 사실상 공동어의 중심 지역은 뤄양이었다고 할 수 있다.

이처럼 은 왕조부터 주 왕조의 춘추전국 시기, 진한의 왕조를 거치는 동안 한편으로는 공동어가 탄생하였고 다른 한편으로는 이른바 대방언이 발달하였다. 그런데 특이하게도 이 1,500년이라는 시간을 줄곧 관통하는 지역이 있었으니 그것은 바로 허난 일대 또는 뤄양이다. 이 지역은 중국이라는 나라 또는 한족의 발원지라고 할 수 있으며, 아울러 중국어의 발상지라고도 할 수 있다. 이렇게 현대중국어의 조상이라 할 이 시기의 공동어는 당시 사회적 수요에 따라 자연적으로 생산되었고, 그 이후에는 끊임없이 정치적·문화적·경제적으로 중국 사회에 영향을 주었다.

4. 뤄양 공동어를 계승한 남북변체의 중고중국어

뤄양을 중심으로 한 공동어는 특히 한나라 때 완전히 자리를 잡게 된다. 특히 수도가 된 뤄양은 명실상부한 공동어의 중심지역이 되었다. 그러나 동한(東漢) 시기부터 기존의 상고중국어와는 많이 다른 중국어가 등장했다. 물론 여전히 기존 공동어를 계승한 것이긴 하나 언어의 역사적 변화로 상고중국어와 많이 달라지게 된 것이다. 이러한 변화는 특히 동한 이후인 위진남북조 시기에 완성된다. 한나라를 이은 위(魏) 왕조는 여전히 수도를 뤄양으로 했고, 그 뒤를 이은 진(晉) 왕조도 역시 뤄양이 수도였다. 즉, 기존 한나라의 공동어가 계속 계승된 것이다.

그런데 진 왕조 시기에 중요한 변화가 발생했다. 기원후 300년대 초에 일어난 '팔왕의 난'과 '영가지란(永嘉之亂)'이다. 이 난의 결과 북쪽에 있던 북방 이민족인 흉노족, 선비족 등이 대거 남하하여 황허(黃河) 일대를 차지하게 되었다. 이로써 진 왕조는 창장(長江) 이남으로 피난을 가서 동진(東晉)을 열었고, 북방지역은 이들 북방 이민족의 점령하에 들어가게 되었다. 이른바 '오호십육국'의 시대가 도래하여, 북방지역은 이민족들 치하에 놓이게 되었는데, 이 시기 이들의 중심지가 바로 뤄양이었다. 기원후 400년을 전후하여 북쪽과 남쪽에 각각 새로운 왕조가 등장하였다. 북쪽은 선비족이 세운 북위(北魏)가, 남쪽은 동진을 멸한 송(宋) 왕조가 들어섰다. 이후를 이른바 '남북조시대'라 한다. 기원후 300년대 초 양대 난과 이민족 침입으로 이미 기존 공동어는 남과 북 모두 넓은 지역으로 전파되었으며, 남북조시대가 시작되면서 본격적으로 더 확대되기에 이른다. 문제는 이들 두 지역 언어의 성격이다. 북조는 뤄양이 중심지라 여전히 기존 위진시대의 공동어를 계승했다. 북방 이민족이었으나 문화적으로 우수한 한족의 언어를 택한 것이다. 남조 역시 진 왕조가 동천하면서 그 공동어도 같이 들여와 지금의 난징(南京)을 중심으로 옛 뤄양 공동어를 유지 확대하기에 이른다. 한마디로 결국 동일한 뤄양 중심 공동어를 공유한 것이다. 다만, 북방은 북방대로 이민족의 언어가 침투하기 시작했고, 남방은 남쪽 방언의 영향을 받기 시작했다. 이런 식으로 위진남북조 근 300년간 남조와 북조에서는 뤄양 공동어의 변체(變體)가 발달하게 되었다.

이러한 기나긴 혼란은 500년대 후반 수(隋) 왕조가 북방과 남방을 통일하면서 어느 정도 해결되었다. 이 시기에 여전히 뤄양 중심 공동어를 숭상했으므로 기존의 남북변체로 갈라졌던 언어를 통일하려는 작업을 진행했는데, 이 결과물로 나온 것이 바로 『절운(切韻)』이다. 수나라의 이러한 언어 정책은 당(唐) 왕조에 들어서도 계승되었다. 『절운』이란 운서를 통해 이른바 문학언어, 독서음의 표준을 확립하였고, 당 왕조에서도 『절운』을 계승한 『당운(唐韻)』 등의 운서로 뤄양 중심의 공동어를 존숭하였다. 기존의 상고중국어가 양한의 시기를 거쳐 변화되면서 형성된 것이 바로 중고중국어이며, 이러한 중고중국어는 특히 뤄양 중심의 공동어로서 여전히 수당에서도 존숭된 것이다. 당 왕조의 수도가 장안이었음에도 이들은 장안 중심의 공동어를 진음(秦音)이라 칭하며 여전히 기존 뤄양 중심 공동어와 발음을 존숭하였다. 이러한 현상은 사실상 거의 당 왕조 시기 내내 이어졌다. 그러나 당 왕조 후기로 가면서 서서히 변화가 일어난다. 장안을 중심으로 하는 북방식 중국어가 탄생한 것이다.

중고중국어는 상고중국어가 양한을 거치면서 서서히 변화하여 탄생한 새로운 공동어이다. 이것은 여전히 뤄양을 중심으로 한 언어였지만 그 내부에는 이미 역사적 변화의 결과가 반영되어 있었다. 이러한 중고중국어는 특히 남북조 시기를 거치면서 남북 양쪽의 변체로 분화되었지만 다시 수당에 의해 뤄양 중심 공동어로 재변신하며 상고중국어와는 또 다른 모습을 보여주게 되었다.

5. '관화'와 북방중국어

중국의 공동어는 당 왕조를 기점으로 또 하나의 대전환이 이루어진다. 그것은 기초 방언이 변화한 것이다. 기존에는 전통적으로 뤄양을 중심으로 하는 양한 시기의 공동어를 존숭하고 유지해 왔다. 이것은 당 왕조가 건립된 이후에도 지속적으로 영향을 주어 당 중기까지도 지속된다. 그러나 기원후 700년대 성당(盛唐)과 그 이후 중당(中唐)이란 과도기를 거치면서 공동어의 기초 방언이 장안으로 전환되기에 이른다. 여기서 주의할 점이 한 가지 있다. 육조시대 이후 특히 당시 서면어와 실제 구어의 괴리가 심해지면서 서면어, 즉 독서음의 표준발음과 실제 사용되는 구어 표준어가 다르게 발전해 나갔다는 점이다. 독서음의 표준은 당은 물론 그 이후 송원시대에도 뤄양을 중심으로 하는 표준음이 지속되었다. 이것을 '중원아음(中原雅音)'이라 하는데, 뤄양 옆의 카이펑(開封)은 송 왕조의 수도로 역시 중원아음을 공유하였다. 그 이후 금(金) 왕조, 원(元) 왕조의 영향으로 점차 정치 중심지가 북쪽으로 더 올라가면서 베이징(北京)이 이 중원아음의 영향권에 들어가게 되었다.

표준발음, 즉 독서음은 이러한 방향으로 흘러갔으나, 한편에서는 새로운 구어 표준어가 장안을 중심으로 하는 공동어를 바탕으로 발전해 나갔다. 당이라는 거대한 제국은 수도인 장안을 중심으로 동아시아 여러 나라에 언어적 영향을 미쳤다. 그 과정에서 한국이나 일본, 베트남에도 한자와 한자발음이 전파되기도 하였고, 중국 내부의 각 지역으로 새로 등장한 공동어가 전파되기에 이르렀다. 한편으로 뤄양 중심의 표준발음이 전 지역으로 전파되었지만, 장안 중심의 북방 방언이 기초 방언인 새로운 공동어는 성당, 중당의 과도기를 거치면서 특히 만당(晩唐) 시기에 영향을 주기 시작했다. 메이주린(梅祖麟)에 따르면, 당시 공동어에는 크게 네 가지 기본 구조가 있었다고 한다. 그것은 첫 번째 처치문, 두 번째 张三打死李四의 술보 구조, 세 번째 打得死/打不死형태의 가능보어, 네 번째 了, 過, 着의 동태조사이다. 메이주린은 장안을 표준으로 하는 북방 방언이 공동어가 되었고, 이 공동어는 당송을 거치며 위의 네 가지 구조를 전 지역 방언으로 확산시켰다고 한다. 다만, 그 과정에서 전파상의 시공간적 차이로 일부 지역에는 이것이 완전히 전파되지 못했는데, 대표적으로 푸젠성(福建省) 일대가 그러하다고 한다. 중요한 사실은 어휘나 어법 방면에서 중고시대와는 다른 새로운 공동어가 등장하였다는 것이다. 위의 네 가지는 다분히 우리에게 익숙한 현대중국어의 주요 어법성분이기도 한데, 이러한 내용은 현대중국어의 직계 조상이 '장안을 기준으로 한 당대(唐代)의 북방 방언'이라는 사실을 말해준다.

한편, 명청(明淸) 시기에는 이른바 '관화(官話)'가 등장하였다. '관화'는 관방에서 관리들이 사용했던 언어로, 한마디로 명청 시기에 사용된 사실상 공동어였다. 이것을 우리는 영어로 Mandarin Chinese라고 한다. '관화'라는 명칭은 이 시기에 등장하였으나 '관화'의 직접적인 조상 또는 근원적 실체는 만당 시기에 등장한 것으로 봐도 무방하다. 중국어의 공동어는 당이라는 왕조를 기점으로 그 이전과 이후로 나눌 정도로 또 하나의 큰 변화가 발생했으니, 바로 현대중국어 직계 조상이 탄생한 것이다.

2 독특한 유형의 언어

● 상고중국어

1. 상고중국어는 굴절어였나?: 상고중국어의 형태와 음운 현상

상고중국어의 상황을 정확히 이해하려면 중국어의 문자인 '한자'를 정확히 이해해야 한다. 한자는 중국어를 기록하는 문자로, 우리는 흔히 '표의문자'로 알고 있다. 그러나 현재 학계에서는 표의문자라는 용어보다는 '형태소-음절문자'라고 보는 경향이 있다. 한자 하나가 하나의 음절단위의 형태소에 대응한다는 것인데, 막연히 의미를 표시한다는 것보다는 훨씬 더 명확한 정의이다. 그런데 여기서 문자가 형태소를 표현한다는 사실에 주목할 필요가 있다. 현대중국어의 한자 하나는 대부분 형태소 하나에 대응하는데, 형태소가 하나의 단어에 대응할 수도 있기에 한자 하나가 단어 하나에 대응할 수도 있는 것이다. 특히 이렇게 '일 개 한자:일 개 단어' 상황은 상고 시기로 올라갈수록 더욱더 분명하게 나타난다. 그래서 아예 상고 시기 한자의 지위를 '표사자(表詞字)'라고 칭하기도 한다.

한자 하나가 하나의 단어를 표현한다면, 그 한자 속에는 한 단어의 여러 구성요소가 포함될 수도 있다. 현대중국어에서는 접두사나 접미사를 별개 한자로 표현하여 어근에 첨가함으로써 파생어를 형성한다.[49] 이렇게 접사를 붙여 파생어를 만드는 것은 상고 시기에도 가능했다. 다만, 그 접사들이 별개의 한자로 표현되지 않는 상황이 많았다. 예컨대, 다음 상황을 보자.

▪ 令 / 命 : *liŋ / *m-liŋs

여기서 令은 '명령하다'라는 동사이다. 이 어근에 명사화 접두사 *m-가 붙어 *m-liŋs가 되면서 명사 '명령'이 되었고, 문자로는 命이 되었다.[50] 이와 같이 상고시기에 접두사가 붙었어도 접두사를 꼭 별개의 문자로 표현하지 않고 여전히 한 글자로만 표현했다. 이 말은 한자가 표현하는 것을 표면적으로만 이해해서는 안 된다는 것이다. 겉으로 볼 때, 마치 현대중국

---

49 老師, 椅子 등이 그러하다.

50 *m-liŋs에서 *는 '재구음 표기', -i에서 밑줄은 '음표 표기'이며, -s는 후기에 다시 명사를 나타내는 접미사가 첨가된 것이다.

어와 비슷해 보이지만 사실상 상고 시기 한자 하나가 담고 있는 정보는 그 이상일 수 있기 때문이다.

이와 같이 먼저 한자에 대한 선입견을 걷어 내야 상고중국어의 형태·어휘 측면을 정확히 이해할 수 있다. 그럼 상고 시기 한자 하나가 접사 등을 포함하고 있다는 것을 어떻게 알았을까? 그것은 바로 중국 음운학 분야에서 상고 시기에 복자음성모가 존재했고 성조도 현대중국어와 같은 음의 높낮이가 아니라 자음 운미로 표현되었다는 사실을 밝혀냈기 때문이다. 물론 이와 관련하여 학계 일부에서는 반론도 만만치 않다. 그럼, 중국 음운학자들은 왜 상고 시기 한자 하나의 음절 구조를 이렇게 복잡하게 재구할까? 그것도 접두사, 접미사 등의 형태까지 논하면서 말이다. 그것은 여러 증거가 있지만, 특히 중국어가 속한 이른바 '한장어족(漢藏語族)'의 증거에 근거했기 때문이다. 특히 중국어와 친분 관계가 가장 높은 장어(藏語 또는 티베트어)의 상황은 기원전 3000년 전 중국어를 재구하는 데 매우 많은 도움이 된다.

그렇다면 구체적으로 상고 시기 형태 상황이 어떠했는지 구체적으로 알아보자. 하나의 단어가 형성되는 '조어(造語)'의 경우 합성어와 파생어 모두 존재했으며, 특히 상고 초기로 갈수록 한자 두 개가 결합해 하나의 단어를 구성하는 사례는 그다지 많지 않았다. 이 시기에도 현대중국어와 유사하게 쌍음절(두 개의 한자) 단어가 존재하긴 했으나 절대다수가 일음절(한 개의 한자) 단어였다.[51] 이 일음절 단어 중 일부는 위에서 봤듯이, 그 내부에 접사가 숨겨져 있거나 교체성분이 숨겨져 있는 경우가 많았다. 이러한 굴절형태는 접사를 첨가하는 '첨가'와 모음이나 자음을 교체하여 나타내는 '교체'의 두 가지 방법이 있다. 대표적인 상고중국어 형태 상황을 다음과 같이 소개한다.

---

51 사실 일음절이라 하지만 이것도 한자 하나가 일음절이었는지 그보다 더 큰 규모였는지는 아직 정확히 알 수 없다.

(1) 첨가형태: 접사가 붙는 경우

- **賈 / 價** $*ka^B$[52] / $*klas$[53]

  賈는 '팔다, 장사하다'라는 의미의 동사이다. 이것은 $*ka^B$라는 발음인데, 이것을 어근으로 하여 여기에 접요사 *-l-을 붙여 명사를 만들었다. 그렇게 해서 나온 $*kla$는 '값'이라는 명사가 되었고, 뒤에 다시 명사접사 *-s를 덧붙여 $*klas$가 되었다.

- **經 / 徑** $*kiŋ$ / $*kiŋs$

  經은 '지나다'라는 동사이나 여기에 *-s접미사를 붙여 $*kiŋs$가 되면 '길'이라는 명사가 된다.

- **純 / 馴** $*\underline{d}un$ / $*s\text{-}\underline{d}un$

  純은 '순하다, 순박하다'의 형용사이고 여기에 *s-접두사를 붙여 馴(길들이다)이라는 타동사가 파생되었다.

(2) 교체형태: 성모의 청탁, 또는 모음의 교체

- **敗 / 敗** $*prats$ / $*brats$

  敗는 자동사로 '패배하다'일 경우, 성모가 $*brats$ 같은 탁음(濁音)이고, '패배시키다'의 사동사가 될 경우는 성모가 $*prats$ 같은 청음(淸音)이 된다. 성모청탁의 교체다.

- **入 / 納** $*snup$ / $*snup$

  入은 자동사로 '들다'이고, 긴장모음을 갖고 있다. 여기서 비긴장성 모음으로 교체되면서 納(들이다)란 타동사가 파생되었다.

여기서 소개된 것은 진리신(金理新) 교수의 연구 결과들이다. 이렇게 상고중국어에는 교체나 첨가 형식으로 단어를 새로 만들거나 문법적인 기능을 표시하였다. 여기에는 '명사를 동사로', '동사를 명사로', '형용사를 명사로' 전환시키는 새로운 단어파생의 형태, '자동사와 타동사 간의 교체', '자동사와 사동사 간의 교체', '동사기본형과 완료형의 교체', '자주동사와 비자주동사의 교체' 등과 같은 문법의미 표현의 형태가 있다. 그리고 이것은 하나의 한자로 표현하기도 하고 새로운 글자를 만들어 표현하기도 하였다.

---

52 B는 '상성표시'이다.

53 Part 08에서 $*klas$와 같은 표기는 상고음 재구음가로 본서에서는 金理新(2021)에 근거하였다.

상고 시기엔 이러한 방식으로 새로운 단어를 형성하기도 했지만, 두 어근이 결합하는 합성의 방식으로도 쌍음절 단어를 만들곤 하였다. 그러나 기본적으로 단음절 단어가 우세했다. 다음 문장을 잠시 보자.

① a. **子曰: 有朋自遠方來, 不亦樂乎.**「논어」
　　선생님께서 말했다. "벗이 있어 먼 곳으로부터 바야흐로 온다면 또한 즐겁지 아니하겠는가!"

현대중국어로 번역한다면 아래 정도와 비슷할 것이다.

　b. **老師說: 有個朋友從遠處才來, 不也快樂嗎?**

상고중국어의 子는 老師, 朋은 朋友, 遠은 遠處, 樂은 快樂에 각각 대응한다고 볼 수 있다. 상고 시기엔 이처럼 단음절 단어(또는 한 글자 단어)가 대세였다. 이렇게 단음절 단어 또는 한자 하나로 단어 하나를 표시하는 게 가능했던 이유는 무엇보다 위의 굴절형태에서 보듯이 한자 하나의 음운 구조가 비교적 복잡했기 때문이다. 음운 구조가 복잡하다는 말은 하나의 글자 속에, 또는 하나의 음절 속에 여러 가지 어휘적 또는 문법적 정보가 포함될 수 있다는 의미이다. 그렇기에 굳이 글자를 두 개, 세 개로 늘려 정보를 전달할 필요가 없었다.

한편, 현대중국어는 성조를 갖고 있다. 이 성조는 도대체 언제부터 존재했을까? 학자들마다 견해 차이가 매우 큰데, 비교적 보수적인 이들은 상고 시기에 이미 유사한 형식의 성조가 존재했다고 한다. 그런데 청대 고증학자들이 이미 상고 시기 '거성(去聲)'의 존재를 의심하기 시작했고 20세기 이후 다수의 학자가 거성으로 읽히는 글자가 비교적 후기에 생산되었음을 발견하였다. 게다가 일부 '상성(上聲)'의 글자도 그러하다. 그런데 고대의 '입성(入聲)'자가 -p, -t, -k 운미를 갖는다면, 거성, 상성이 저렇게 불완전한 상태에서 과연 평성과 입성만으로 성조 체계가 구성되어 지금 같은 역할을 할 수 있을까? 그렇기에 현재 다수의 학자는 상고시기 성조의 존재를 부인한다. 즉, 지금과 같은 음의 높낮이 형식이 아닌 분절음의 형식 즉, 자음운미의 형식으로 존재했을 가능성을 제기한다. 그리고 그 자음운미는 다름 아닌 각종 접미사였을 가능성을 제기한다. 솔직히 중고 시기의 입성도 순수한 음의 높낮이 개념만은 아니다. 분절음 운미에 따른 표현이기 때문에 중고 시기의 성조도 과연 완벽한 형태인지 의심이 들 정도이다.

그렇다면 상고중국어를 완전한 굴절어라고 할 수 있을까? 굴절어가 되려면 단어의 형태변화가 필수적이어야 하고 이른바, '성·수·격·시제' 제 분야가 필수적이고도 규칙적인 형태변화 시스템을 갖추어야 한다. 그러나 상고중국어는 그렇지는 않다. 여러 형태 중에서 특히 격변화와 관련한 체계는 아직도 발견되지 않은 데다가 현재 발견되고 있는 형태변화의 예들도 상고중국어 전반에 다 적용하기에는 무리로 볼 정도로 완정하지는 않기 때문이다. 좀 더 완벽한 상태의 굴절어적인 면모는 은 왕조 이전, 원시중국어 시기에 존재했고, 은 왕조와 서주 시기에 와서 일정 정도 남아 생산성이 어느 정도 유지되다가, 동주로 가면서 점차 형태규칙들이 소멸되어 갔을 것으로 추정된다. 이렇게 굴절형태가 소멸되면서 상대적으로 우언적인 형식, 즉, 형태변화 없는 단어들의 결합 등의 방식이 그 자리를 대신하는데, 이렇게 하면서 서서히 고립어적인 면모가 증가하게 되었다. 그렇게 본다면, 특히 주 왕조 시기의 상고중국어는 굴절형태가 어느 정도 존재하면서도 점차 고립어로 변화되는 도중에 있었던 것으로 짐작할 수 있다.

그럼, 현대중국어의 상황은 어떤가? 굴절형태가 잔존할까? 현대중국어에도 그 비슷한 현상이 존재한다. 예를 들어, 好는 제3성일 경우, '좋다'라는 형용사이지만, 제4성일 경우, '좋아하다'라는 동사가 된다. 그렇다고 현대중국어에서 '좋아하다'의 의미로 好란 동사를 자주 사용하지는 않는다. 그보다는 喜歡을 더 많이 쓸 것이다. 그럼 好의 이와 같은 현상도 일종의 굴절형태 현상인가? 好의 제3성 발음은 상고 시기 기본형의 발음인 반면, 제4성, 즉 거성의 발음은 파생형의 발음이다. 다시 말해, 형용사에서 동사로 파생된 것이며, 상고 시기에는 이러한 파생이 매우 생산적이었다. 게다가 지금과 같은 음 높낮이 형태의 성조도 아니었고, 그 당시 거성은 분명 *-s라는 운미(즉, 접미사)로 표현되었을 것이다. 상고 시기엔 이처럼 생산적이었지만 현대중국어에 와서는 일종의 발음현상으로 굳어 버렸고 그 생산성은 멈춰 버렸다. 현대중국어에는 상고중국어 시절 생산적으로 가동되었던 굴절형태의 흔적이 이처럼 성조 차이 또는 성모 차이 등으로 여전히 남아 있는 것을 다수 발견할 수 있다.

2. SVO인가, SOV인가: 상고중국어의 어순과 상 표현

상고중국어의 기본어순은 SVO, 즉 '주어-서술어-목적어'이다. 이것은 현대중국어와도 유사하다. 이렇게 주어가 서술어 앞에 오고, 서술어가 목적어 앞에 오며, 수식어가 피수식어 앞에 오는 것은 상고중국어의 가장 기본적인 어순 원칙이라 할 수 있다. 아래에서 몇 가지 통사적 특징을 살펴보고 아울러 상고중국어의 상 표현도 알아본다.

(1) 상고중국어의 판단문

현대중국어에는 A是B의 판단문 형식이 존재한다. 'A는 B이다'로 이때의 是는 판단동사이다. 그러나 상고중국어 시기엔 상황이 약간 달랐다. 일단 是는 중고시기에 등장하였고, 엄밀히 말해 상고중국어 시기엔 是와 같은 판단동사가 없었다고 알려져 있다. 그 대신 문장 맨끝에 也라는 판단어기사로 '판단'을 나타냈다고 한다. 즉, AB也의 형식이 주류였고, 이때 AB也에서 A는 주어이고 B는 서술어가 된다. 이렇게 판단동사 是 없이 명사성 성분이 바로 서술어로 사용되는 문장은 현대중국어에서도 가능하다. 그러나 이는 용도가 제한적이고 그다지 일반적인 것은 아니다. 중국어의 기본어순이 SVO라고 한다면 어째서 상고중국어 시기엔 가운데 동사가 위치한 판단문이 없었을까? 이 문제와 관련하여 먼저 주나라의 역사를 살펴볼 필요가 있다. 주나라는 은 왕조를 멸하고 등장하였다. 이때 주족은 은족의 언어와 문자를 계승했는데, 그래도 주족의 원시 주어(周語) 성분을 어느 정도 은족 언어에 옮겨왔을 가능성이 있다. 이와 관련하여 홍보(洪波) 교수가 수십 년간 연구를 해왔고, 최근에 흥미로운 사실을 한 가지 학계에 보고하였다. 홍보 교수에 따르면 상고중국어의 판단문 특히 동주시기의 판단문은 대개 AB也 형식을 띠는데, 이것은 일종의 주족 원시언어의 영향이라고 한다. 풀리블랭크(E.G. Pulleyblank)도 상고 초기의 판단사(계사)로 惟(唯)를 거론한 바 있듯이, 서주 시기만 해도 판단동사 惟(唯)를 이용한 'A惟(唯)B'의 판단문 형식이 주류였다고 한다. 그러다가 주족의 언어가 기본적으로 SOV였으므로 그것이 은족의 언어에 영향을 주어 은족의 언어를 계승했음에도 SOV 어순의 그림자가 남게 되었고, 그 여파로 惟(唯)가 문장 말미로 이동하여 也가 되었다는 것이다. 그동안 也를 단순한 어기사 정도로만 여겼던 것을 일종의 우리말 어순처럼 문미에 온 서술어로 보는 것이다. 특히나 한나라를 거치면서 현재의 판단동사 是가 등장하는데, 스위즈(石毓智) 교수는 是가 탄생하고서야 비로소 SVO 어순이 완성되었다고 평한다. 이러한 주장들을 보면, 정말로 홍보 교수의 말대로 상고 시기에 판단문의 대혼란과 어순 변화가 있었을 가능성도 배제할 수는 없다. 홍보 교수의 주장은 앞으로도 더 많은 논증 과정이 필요하므로, 상고 특히 동주 시기 중국어에서 판단문 어순의 비밀은 아직 더 살펴봐야겠지만, 우리는 적어도 서주 시기에 문장 중앙에 위치하는 판단동사가 존재했을 가능성을 충분히 제기할 수 있다. 이로써 동주 시기는 정확히 알 수 없으나 서주 시기에도 판단문은 SVO였고, 한대 이후 동사가 是로 교체된 것으로 볼 수 있다.

(2) 상고중국어의 특수 어순

상고중국어는 SVO가 기본이라 하는데 SOV의 흔적을 여전히 볼 수 있다. 여기에는 대표적으로 아래의 두 가지 상황이 있다.

- ▪ 의문대사가 목적어로 쓰일 때 술어동사 앞에 전치하는 경우가 많이 나타나고 있다.
  ① 子出，門人問曰: "何謂也?" 曾子曰: "夫子之道，忠恕而已矣." 『논어』
    공자가 나가자, 공자의 제자가 물었다. "무슨 뜻입니까?" 증자가 말했다. "선생님의 도는 충과 서일 뿐이다."

- ▪ 목적어 인칭 대사는 부정사와 동사 사이에 위치한다.
  ② 父母之不我愛… 『맹자』
    부모가 나를 사랑하지 않는 것…

이 두 가지는 일반적인 상고중국어의 어순과 달리 목적어가 전치되었는데, 이와 관련하여 일각에서는 원시 중국어 시대의 SOV 어순이 SVO로 변화 발전하는 사이에 잔존한 옛 형식으로 보기도 한다. 반면, 어떤 이들은 일종의 화용상 목적을 위해 초점을 나타내려고 임시로 저렇게 대사 목적어를 전치했다고 주장한다. 이에 대해 유단칭(劉丹靑)은 이 두 설을 다 부정하고 이와 같은 SOV 형식을 상고 시기에 존재했던 하나의 통사규칙으로 본다. 즉, 어떤 어순의 대변화 과정상 발생한 것도 아니고, 그렇다고 임시적 화용현상도 아니며, 아예 당시에 SVO와 SOV가 공존했음을 보여주는 예라고 하는 것이다. 그 이유는 특히 대사가 일반 명사에 비해 유형학적으로 전치되는 현상이 많기 때문이라고 한다.

(3) 술보 구조, 처치식 등은 과연 이 시기에도 존재했을까?

술보 구조를 두고 일부 학자들은 이미 서주 시기에도 존재했으며 상고 시기 내내 존재해 왔다고 주장한다. 예컨대, 望見, 戰勝, 射中, 逃歸 등의 선진(先秦) 전적에 나온 '동사1 + 동사2' 구조에 대해 이것이 이미 술보 구조라고 주장한다. 그러나 술보 구조가 탄생하려면 한 가지 조건이 필요하다. 두 번째로 출현한 '동사2'가 반드시 자동사여야 하는데, 선진 시기엔 아직도 이른바 '사동용법'이 존재한다. 사동용법은 하나의 동사가 자동사이면서도 사동사의 의미도 갖는 것으로 일종의 굴절형태 현상이다. 앞의 敗는 '패하다'라는 자동사 의미와 더불어 '패배시키다'라는 사동사의 의미도 있었다. 자동사 용법이 있으니까 '동사1 + 동사2' 구조의 '동사2'로 쓰일 때만 자동사로 쓰이고, 이렇게 하여 술보 구조로 볼 수 있지 않느냐고 말할 수 있다. 그러나 이렇게 복잡한 형태변화의 굴절현상이 있는 와중에 굳이 술보 구조 같은 것을 동시에 운용할 필요가 있는지 의문이다. 왜냐하면 두 가지 형식의 문법적 기능이 일정 정도 중복되는 데다가 '동사1 + 동사2' 구조가 기나긴 선진 시기에 비해 그 사용 비율이 높지도 않기 때문이다. 따라서 술보 구조의 탄생은 기존의 사동용법과 같은 굴절형태의 '치사(致使) 구문'이 소멸되면서 그 반대급부로 출현한 신흥대체 구문으로 봐야 한다. 이로써 선진 시기 술보 구조 탄생설은 다소 문제가 있다.

처치식의 경우, 현대중국어에서는 대체로 'S + 把 + NP + VP'의 형식을 갖는다. 처치식의 의미는 그야말로 NP에 대한 '처치, 처리'이므로 그 의미를 나타낼 수만 있다면 큰 문제가 되지 않는다. 게다가 把는 전치사라서 이를 대체할 유사 전치사로 以 등을 써도 무방하다. 선진 시기에는 이와 같이 以를 사용한 처치식이 존재했다. 예컨대 다음과 같다.

① **天子不能以天下與人.**『맹자』
천자는 천하를 남에게 줄 수 없다.

여기서 以는 기존의 '~을 가지고'라는 도구의미의 전치사가 아니다. 이러한 전치사를 이른바 '피동작주전치사'라고 한다. 다만, 현대중국어는 술어동사 뒤에 반드시 기타성분(동태조사나 보어 등)이 출현해야 하는데, 위의 예는 그러하지가 않다. 그렇다고 해서 처치식이 아닌 것은 아니다. 상고 시기에도 분명 처치식은 존재했는데, 현대적 의미의 처치식은 아무래도 술보 구조가 탄생한 이후에야 비로소 갖추어진다고 할 수 있다.

(4) 상고중국어 전치사구의 어순 문제

상고중국어에도 전치사가 존재했다. 일반적으로 자주 발견되는 것으로 於, 在, 以 등이 있다. 이것은 이른바 '처소, 도구, 대상, 피동작주' 등을 나타내는 전치사들이다.

① **頒白者不負戴於道路矣.**『맹자』
머리가 허연 사람들이 길거리에서 짐을 이고 다니지 않아도 될 것입니다. [처소]

② **王如知此, 則無望民之多於隣國也.**『맹자』
왕께서 이 사실을 아신다면 백성의 숫자가 이웃 나라보다 많아지리라는 기대는 하지 마십시오. [비교대상]

③ **葉公問孔子於子路, 子路不對.**『논어』
섭공이 공자에 대해 자로에게 묻자 자로는 대답하지 않았다. [대상]

④ **孟子對曰: "殺人以政與刃, 有以異乎?"**『맹자』
맹자가 대답했다. "정치와 칼로 사람을 죽이는 게 차이가 있습니까?" [도구]

먼저, 처소전치사인 '於+목적어'는 대부분 술어동사 뒤에 위치한다. '於+목적어'가 술어동사 앞에 출현하는 경우도 일부 있으나 이는 대부분 대비나 강조의 기능을 하는 특수한 경우이다. '대상'을 나타내는 於 역시 대부분이 술어동사 뒤에 출현하고 극소수만이 앞에 출현했다. 도구나 피동작주를 나타내는 以 등의 전치사는 술어동사 앞이나 뒤 모두 가능했으나 술어동사 앞이 좀 더 많았다.

현대중국어의 경우, 이른바 PTS(시간순서원칙)를 지키는 경향이 강해 전치사구의 어순도 대체로 이것에 근거한다. 그런데 상고중국어는 위에서 본 바와 같이 전치사구가 의미를 중심으로 일정한 배치를 이루지 않았다. 현대중국어에서 전치사구가 '결과, 종점'을 나타내는 경우에는 술어동사 뒤에, '행위장소, 기점, 도구, 비교대상, 언급대상' 등을 나타내는 경우에는 술어동사 앞에 나타나는 등 비교적 일정한 규칙이 있는데, 상고중국어에서 전치사구는 대체로 술어동사 뒤에 출현하고, 일정하게 나타나지 않는다. 상고중국어의 전치사구 어순이 이와 같은 이유는 무엇보다 굴절형태와 관련이 깊다. 한 단어의 의미나 문법적 기능에 대한 정보가 형태로 쉽게 드러날 경우, 화자들은 어순에 크게 의존하지 않는 경향이 있다. 그 대표적인 예가 바로 현재 흔히 볼 수 있는 영어나 프랑스어, 독일어 등 인도-유럽어의 상황이다. 그것은 한국어도 마찬가지다. 반면, 문법기능이 형태적으로 표현되지 못하는 경우 어순을 중심으로 표현하는 수밖에 없는데 현대중국어가 대표적이다. 상고중국어는 현재까지 연구된 바를 따르면 분명 다양한 굴절형태가 존재했다. 물론 상고중국어 시기에 어느 정도는 고립어적 요소도 존재했지만 여전히 생산적이었던 굴절형태 덕에 어순 의존도가 낮았고, 이것은 바로 PTS를 의식하지 않는 것으로 나타난 것이다.

(5) 상고중국어 상(相)의 표현

현대중국어는 동사의 상을 了₁, 着, 過 등의 동태조사와 起來, 下去 등의 보어, 了₂, 來着 등의 문미조사 등으로 표현한다. 그렇다면 상고중국어는 어떠했을까? 상고 시기엔 크게 세 가지 방법으로 상을 표현하였다. 첫째는 부사를 이용하는 것이다. 예컨대, 已, 旣, 未, 嘗, 曾, 方, 始 등으로 '이미, 아직, 일찍이, 바야흐로, 비로소' 등의 의미를 표현한다. 둘째는 어기조사를 이용하는 것으로, 대표적으로 현대중국어 了₂에 해당하는 矣가 있다. 이상은 독립된 별도 글자를 이용해 표현하는 방법이고, 이 외에 세 번째로 굴절표지로 표현하는 것이 있다. 대표적으로 동사의 완료를 나타내는 *-s 접미사가 있다. 예를 들어, 位(자리)라는 명사는 *g-reps로 재구되는데, 이것은 원래 立(서다)란 동사 *rep에다가 완료를 나타내는 접미사 *-s가 붙고 이후 더 나아가 명사화한 것이다. 즉, 완료가 되면서 '서다 → 선'이란 의미가 된다. 또 다른 예로 治를 보면, 이것의 발음이 *zre(다스리다)이나 완료형인 *zres는 '다스려진'이라는 의미를 나타내, 家齊而後國治는 '집안이 가지런해지고 나서야 나라가 다스려진다'는 뜻이다.[54] 이러한 *-s접미사의 완료 의미는 형용사 의미로 발전할 수가 있다. 예를 들어, 知는 *tri(알다)인데, 완료형인 *tris는 '알고 있는'의 의미에서 '지혜롭다'로 발전하여 아예 智가 되었다. 실제로 상고중국어에서는 이렇게 접미사가 붙은 형식이 다른 명사 앞에서 수식하는 경우도 다수 출현한다.

상고중국어는 초기에 은족과 주족의 언어가 혼합되는 상황을 보여주었으나 SVO로 기본적인 특징은 꾸준히 전승되었다. 상고중국어의 가장 중요한 특징은 바로 굴절어적 요소와 고립어적 요소가 공존한다는 점이다. 그리고 동일한 어법 의미라 해도 어떤 경우는 굴절형태로, 어떤 경우는 통사 형식으로 나타낼 수 있는데 상고중국어도 이러한 면을 보여준다.[55] 이렇게 두 가지 어법 형식이 동시에 운용되면서 상호보완적으로 존재하다가 굴절형태가 서서히 소멸되어 갔다. 실제로 상고중국어 시기에 이미 상당수 굴절형태가 소멸의 길을 걷고 있었다. 굴절형태의 존재는 상대적으로 어순 의존도를 낮추므로 시간순서원칙에 위배되는 어순이 흔했다. 그러나 굴절형태의 소멸은 또한 어순에도 영향을 주어 점차 시간순서원칙에 민감해지게 되었다. 이처럼 길고 길었던 상고중국어의 역사는 굴절형태와 함께 마감하면서 고립어 위주의 언어인 중고중국어가 탄생하게 되었다.

---

54 실제로 경전에서 '다스리다'의 治와는 다른 발음부호로 표시되어 있다.
55 예컨대, 사동형식의 굴절사성식과 사역식(使자문 등)의 공존 등이 그것이다.

1. 우리 조선시대의 한문과 훈민정음(국문)의 관계를 중국 고대의 서면어 상황과 비교하여 말해 봅시다.

   _____

2. 은족과 주족의 언어가 섞이듯이 지배종족의 언어가 피지배종족에 동화되는 사례를 중국의 역사에서 찾아 소개해 봅시다.

   _____

3. 상고중국어 전치사구의 어순을 현대 영어의 상황과 비교해 봅시다.

   _____

4. 현대중국어에서 성조에 따라 의미가 달라지는 한자를 찾아봅시다.

   _____

5. 상고중국어의 문장 하나를 현대중국어로 번역하여 그 사이에 존재하는 언어상 차이를 말해 봅시다.

   _____

Part 09

굴절어에서 고립어로,
중고중국어와 근대중국어

　굴절형태와 고립어적 특징이 동시에 존재했던 상고중국어는 그 이후 굴절형태의 소멸로 전면적인 고립어의 모습으로 변모해 갔다. 대체로 양한 시기를 지나면서 굴절형태는 완전히 소멸되었고 그 결과 이른바 중고중국어의 시기로 접어들었다. 이 시기 이후 중국어는 진정한 고립어의 시기가 시작되었는데, 그 특징은 현재까지도 지속되고 있다. 다만, 뤄양을 중심으로 했던 공동어가 장안을 중심으로 하는 북방중국어로 재편되면서 공동어 시스템에 새로운 변화가 생겼다. 그 결과 동일한 고립어의 유형이나 보어 시스템이 대폭 발달하면서 '동태조사'라고 하는 유사굴절 시스템이 등장하기에 이르렀으니 이 시기를 이른바 근대중국어 시기라 명명한다. Part 09에서는 상고중국어 시기 이후의 각종 변화와 그로써 시작된 중고중국어 시기 그리고 근대중국어 시기의 특징을 살펴본다.

1 진정한 고립어의 시작

● 중고중국어

1. 고립어로 정착: 중고중국어의 음운과 형태, 어휘

상고중국어와 중고중국어는 표면적으로 보면 사실상 큰 차이를 못 느낀다. 상대적으로 쌍음절 단어가 좀 늘고, 술보 구조도 나온 것 같고, 좀 다른 허사가 등장한 것 같지만, 상고시대에 사용하던 허사들이 상당수가 계속 사용되고 있고, 구문들도 그다지 눈에 띄게 달라 보이지 않는다. 그래서 『세설신어』라는 문헌이 당시 구어를 반영한 백화문이라고 하면 놀라는 사람들이 적지 않다. 우리에겐 그저 다 비슷한 문언문처럼 보일 뿐이다. 그러나 상고중국어에서 중고중국어로 오는 과정에는 매우 중요한 변화가 발생하였다. 언어 유형상의 변화이다. 게다가 음운상으로도 독특한 체계를 구성하게 되었고, 구문상에도 혁명적인 변화가 서서히 나타나기 시작하였다. 구체적으로 어떠한 변화가 있었는지 살펴보자.

(1) 복자음성모가 사라지고 굴절형태가 사라졌다.

상고중국어는 음절의 어두자음 앞에 원래 완벽한 형태의 한 음절이 접두사로 첨가되었다. 이를테면 ma-, sa-, ga- 등이다. 그러다가 점차 접사의 모음이 약화되면서 중모음인 [ə]로 변화하다가 나중에 아예 탈락하여 자음만 남았는데, 이로써 뒤의 어두자음과 복자음을 구성하는 경우가 많아지게 되었다(gr-, ml-, kr-, tr- 등). 상고중국어에서 복자음성모의 존재에 대해 과거엔 반대 의견도 많았으나 그 증거가 계속 발견되어 현재는 대체로 인정하는 추세이다. 이러한 복자음성모는 일종의 형태 현상을 반영한 언어 형식의 유물인 셈이며, 접두사 등의 생산성이 저하되면서 하나의 음운 현상으로 굳어진 것이다. 그 이후 사람들이 접사의 존재를 점차 잊으면서 아예 한 음절의 성모로만 인식하게 되었고, 이것조차 특별한 기능을 상실하면서 성모가 단자음화되어 갔다. 성모 단자음화는 특히 한대(漢代)를 거치면서 가속화되어 중고 시기엔 사실상 복자음성모가 모두 사라졌다. 이렇게 복자음성모의 존재는 중국어의 굴절형태가 소멸되는 과정에서 나온 것이므로 중고 시기엔 굴절형태 자체가 완전히 소멸되었다고 할 수 있다.

(2) '평, 상, 거, 입'의 사성(四聲)이 출현하였다.

현대중국어의 중요한 특징 중 하나는 바로 '성조'이다. 성조는 음의 높낮이로 뜻을 구별하는 일종의 '초분절음소'이다. 이처럼 '성조'라 하면 당연히 음의 높낮이를 생각하게 된다. 그런데 중고중국어 시기는 약간 달랐다. 이른바 '평상거입'이라는 사성(四聲)이 존재했다. 평성(平聲), 상성(上聲), 거성(去聲), 입성(入聲)의 사성은 상고중국어의 언어 형식이 계승된 것으로, 이 가운데 평성, 상성, 거성은 음의 높낮이에 따른 표현으로 알려져 있다. 물론 아직까지도 그 정확한 성조값은 잘 모른다. 문제는 입성인데, '촉급하게 끝나는 발음'이라고 알려져 있으면서도 그 재구 음가는 -p, -t, -k의 파열음운미를 갖고 있다. 마치 朴을 한국 한자음의 경우, '박'으로 읽는 것과 같다. 현재 중국의 월(粤)방언 지역 등에는 여전히 이것이 존재한다. 마치 분절음소였던 성분이 초분절음소로 바뀌는 과정에서 일부만 바뀌고(평상거성), 일부는 채 바뀌지 않은 채 장기간 사용된 것 같은 느낌이다. 그런데 공교롭게도 상고 시기엔 평상거성의 성조가 중고 시기 같은 그런 초분절음소는 아니었다. 또한 근대 시기로 가면 입성자들은 관화방언에서 대체로 평성, 상성, 거성 등의 다른 성조, 즉 초분절음소로 변화하게 된다. 이를 보면 중고 시기의 성조는 뭔가 과도기적인 성격이었음을 알 수 있다. 아무튼, 중고중국어의 사성은 분명, 상고 시기 모종의 성분이 변화하여 만들어진 것임이 확실하다. 지금까지 학자들의 연구에 따르면, 특히 상고 시기에 *-s접미사를 가진 글자들이 중고의 거성자가 되며, 이 글자들은 다른 성조의 글자들에 비해 상대적으로 나중에 등장한 것들이 많다고 한다. 앞의 상고 형태에서도 봤듯이, 형태변화 결과 *-s라는 접미사를 첨가하여 다른 품사가 되거나 다른 문법형식을 표현하게 되고, 그렇게 형태가 변화한 형식이 바로 거성자로 점차 굳어졌다는 것이다.

이러한 내용을 종합해 보면, 상고 시기의 분절음에 의한 형태 현상이 모종의 원인으로 초분절음소로 전환되었고, 이후 이것은 일종의 음운 현상으로서 궁극적으로는 성조가 되었다고 할 수 있다.

(3) 쌍음절 어휘가 대폭 증가하였다.

앞에서 굴절형태가 사라지면서 복자음성모가 증가했지만 이것 역시 단자음화하였다고 했다. 이 결과 중고 시기 하나의 음절 구조는 상고 시기에 비해 상대적으로 단순해졌다. 물론 성조라고 하는 또 다른 요소가 등장하긴 했으나 전체적으로 전달 가능한 정보량이 줄어들었다. 이것은 화자와 청자 사이에서 일종의 방해 작용을 한다. 담화상에서 청자는 최대한 정확한 정보를 듣고자 하는데, 정보 전달의 폭이 좁아진 단자음 위주의 음절 구조는 그러한 청자의 요구에 부합하지 않는다. 이것을 보충하여 청자의 요구를 만족시킬 방법이 나왔으니 바로 음절 수를 늘리는 것이다. 이렇게 하여 특히 중고 시기에 쌍음절 단어가 대폭 증가하게 된다. 쌍음절 단어는 상고 시기에도 존재했으나 단음절 단어의 비중이 절대적이었다. 복자음 구조에서 단자음 구조로 가면서 이른바 동음이의(同音異義)의 글자들이 대거 증가하여 쌍음절화를 더 촉진했으며 근대중국어로 가면서 이러한 현상은 가속된다.

요컨대, 상고중국어에서 중고중국어로 가면서 이처럼 음운, 어휘상의 또 다른 변화가 발생한 것은 굴절형태가 존재하여 굴절적 특징과 고립어적 특징이 공존했던 상고중국어가 고립어 중심으로 유형적인 변화를 하면서 발생한 현상으로 볼 수 있다.

2. 완벽한 SVO 그리고 PTS: 중고중국어의 통사

상고중국어에서 중고중국어로 오면서 음운, 어휘상의 변화 외에 특히 통사상의 변화를 주목할 만하다. 그 이유는 근대중국어의 기초가 마련되기 때문이다. 그 대표적인 것들에 무엇이 있는지 하나씩 살펴보자.

(1) 판단사 是가 출현하였다.

서주 시기, 惟(唯)라고 하는 판단동사가 문장 가운데에 위치했다. 그리고 만일 동주 시기에 주족 언어의 영향으로 也라는 일종의 판단동사가 문미에 오는 형국이 발생했다고 가정한다면, 이러한 현상은 양한 시기를 거치면서 서서히 원위치하게 된다. 이것이 바로 판단사 是의 탄생이다. 是는 원래 '대사'이면서 또 '확실하다'라는 의미의 형용사였다. 이러한 복합적인 성격이 발휘되어 점차 문장 가운데서 '~이다'의 동사 기능으로 문법화한 것이다.

① **汝是我佳子弟**. 너는 나의 훌륭한 자제이다.

이것은 5세기 『세설신어』에 출현한 예로, 지금의 문장과 매우 유사하다. 이러한 是의 탄생은 사실상 중고·근대중국어의 출발을 알리는 신호와 같았다.

(2) 술보 구조가 탄생하였다.

상고 시기엔 어떤 동작의 결과를 나타낼 때, 그 결과를 나타내는 동사를 바로 타동사로 사용하여 표현하였다.

① **張匄抽戈而下，射之，折股.** 『좌전(左傳)』
　장개가 창을 들고 뛰어내리자, 공자 성은 이를 보고 활을 쏘아 장개의 다리를 맞혀 부러뜨렸다.

이 예에서 折는 청성모(淸聲母)로, *tet이며, '부러뜨리다'라는 의미를 나타낸다. 그 뒤에 목적어인 股(넓적다리)가 나온다. 그리고 당시 折는 *det라는 탁성모 발음도 있었는데, 이것으로 '부러지다'라는 자동사를 나타냈다. 이렇게 당시 청탁의 음운교체로 하나의 동사를 사동사로 활용하면서 결과까지 나타냈으나 이러한 형태변화, 즉 '사동용법'이 사라지면서 '결과'를 나타내는 이른바 '치사 구문'에 부득이하게 변화가 나타나게 되었다. 한마디로 사라진 것에 대한 보충으로 다른 구문이 나와야 했고, 그것이 바로 술보 구조이다. 기존에는 위처럼 결과의미 동사 자체가 바로 행위 자체도 나타냈지만 술보 구조에선 '원인을 제공하는 행위'와 '결과를 나타내는 것'이 분리되어 동시에 하나의 구로 표현된다.

② **一弟子行，其一弟子捉其所當按摩之脚，以石打折.** 『백유경(百喩經)』
　한 제자가 자리를 비우자 다른 제자는 그(또 다른 제자)가 안마하기로 했던 스승의 다리를 잡고 돌로 쳐서 부러뜨렸다.

이 예에서 동일한 折가 등장하나 이것은 단지 '결과'만을 나타낸다. 그 원인에 해당하는 것은 打라는 또 다른 타동사로 표현되고 있다. 이렇게 打折는 하나의 구로 원인과 결과를 동시에 표현하고 있다.

사동용법은 일종의 굴절사성식(屈折使成式)이라 하며 치사 구문 중 굴절형식에 해당한다. 반면, 술보 구조는 '우언사성식'이다. 우언식은 몇 개 단어로 유사의미를 표현하는 것이다. 동일한 치사 구문이지만 상고 시기의 굴절사성식이었던 것이 일종의 우언식으로 전환되면서 당시 유형적 변화라고 하는 큰 흐름을 반영한 것이다.

술보 구조는 이와 같은 거대한 변화 속 빙산의 일각으로 나온 현상으로, 이른바 '결과보어', '방향보어'라고 하는 새로운 문장성분을 등장시켰다. 중고 시기 아직은 초보 단계여서 그 영향력은 크지 않았지만, 이후 근대 시기의 핵심적인 구문을 위해 문을 활짝 열어놓은 셈이라 할 수 있다.

(3) 완벽한 SVO가 되었다.

먼저, 판단동사인 是가 탄생하여 그 단초를 열었다. 그 이후 상고 시기에 있었던 예외적 어순 현상들이 대부분 SVO를 따르게 되었다. 예컨대 다음과 같다.

① **汝天上識誰?**「명상기(冥祥記)」
너는 천상에서 누구를 아는가?

② **若不與我，來月二十日當殺爾兒.**「유명록(幽明錄)」
만약 나에게 주지 않으면, 다음 달 이십일에 너의 아이를 죽일 것이다.

상고 시기엔 의문사 목적어와 부정문의 대사 목적어는 동사 앞에 출현했으나, 중고 시기로 오면서 위의 예와 같이 그러한 현상이 점차 사라졌다.

(4) 동작의 상(相)을 나타내는 새로운 표현이 등장하였다.

상고 시기에는 각종 부사와 굴절형식으로 동작의 상을 표현하였다. 중고 시기에 오면서 굴절형식의 상 표현이 사라진 대신 이를 보충할 새로운 형식이 등장하였다. 그것은 바로 이른바 '완성동사'를 사용한 완료의 표현이다.

① **駝旣死已，卽剝其皮.**「백유경(百喩經)」
낙타가 죽자 그 가죽을 벗겼다.

여기서 已는 '끝나다'라는 의미의 동사로 앞의 死의 행위가 완료, 실현되었음을 의미한다. 상고 시기엔 이러한 구문이 있었어도 크게 발전하지 않았으나 중고 시기에는 특히 불경 범어의 영향으로 하나의 관습적인 어법형식으로 발달하여 매우 유행하게 되었다. 당시엔 已 외에 유사 의미의 了, 罷, 畢, 竟 등의 동사가 이러한 구문을 구성하며 크게 활약하였다.

② **一人觀瓶，而作是言："待我看訖."**「백유경(百喩經)」
다른 한 사람은 병을 보면서 이러한 말을 했다. "내가 다 볼 때까지 기다려줘."

③ **父已死了，我终不用此婆羅門以爲父也.**「현우경(賢愚經)」
나의 부친은 이미 죽었다. 나는 결코 이 바라문을 아버지로 삼을 수 없다.

한편, 이 구문은 당대(唐代) 이후 출현하기 시작한 동태조사 了의 탄생을 위해 그 기본 환경을 제공하는 중요한 역할을 하게 되었다.

(5) 전치사구의 어순이 변화하기 시작했다.

전치사구는 굴절형식의 소멸로 큰 변화를 맞는다. 그것은 바로 PTS에 입각한 어순이다.

① **波斯匿王來**在**門外**. 「현우경(賢愚經)」
파사닉 왕이 문밖에 도착했다.

② **飛**向**樹上，次第上下**. 「현우경(賢愚經)」
(새가) 나무 위로 날아오르는데 서로 앞서거니 뒤서거니 했다.

③ **於是須達，在外行還**. 「잡보장경(雜寶藏經)」
이에 수달이 밖으로부터 돌아왔다.

위에서 보듯이, 동일한 전치사이나 예문 ①, ②처럼 '도달점, 방향, 귀결점'을 나타내는 것은 술어동사 뒤에, 예문 ③처럼 '출발점, 행위장소'를 나타내는 것은 술어동사 앞에 출현하고 있다. 이 시기에 상고중국어와 유사한 어순도 여전히 존재하지만 점차 PTS를 준수하는 어순의 비율이 높아지고 있었다.

PTS 원칙에 따른 전치사구의 어순 변화

이상과 같이 중고 시기엔 상고의 굴절형태가 사라진 것에 대한 반대급부로 다양한 구문이 탄생하여 이를 보충하였고, 어떤 경우엔 이것이 어순상의 변화로 반영되기도 하였다. 굴절사성식의 소멸로 우언식 술보 구조가 탄생하고, 그와 유사한 완성동사 구문이 탄생하여 상을 나타내고 좀 더 고립어로 발전하면서 어순의존도가 높아져 점차 시간순서원칙을 더 지키는 방향으로 발전하였다. 이러한 중고중국어의 면모는 사실상 근대중국어와 그 맥을 같이하는 것으로, 결국 이 시기에 근대중국어의 가장 중요한 기초를 닦았다고 할 수 있다.

2 근대중국어

● 현대중국어 직계 조상의 탄생

1. 어디서부터 근대중국어인가?: 중고와 근대의 구분

현재 학계에서는 중고중국어와 근대중국어를 거의 동일시하는 경향도 있다. 두 시기 중국어는 유형상 고립어(분석어)의 특징을 공유하고 있고 기존의 굴절적 성분이 사라졌기에 이 두 시기를 사실상 하나로 보기도 한다. 특히 중고 시기에 보어가 등장했으므로 중고와 근대를 하나로 취급할 수도 있다. 그러나 중고 시기 등장한 보어는 사실상 초기의 형태로 당시 주류 형식으로 발전하지는 못하였다. 보어가 전체 어법체계에 영향을 줄 정도로 큰 영향력을 행사하고 또 그로써 관련된 각종 문법구문이 등장하는 시기가 바로 당 왕조와 그 이후 시기이다. 이 시기 이후 보어의 기타 각종 형식(상태보어, 가능보어, 시량보어, 동량보어 등)이 출현하였고, 또 보어와 단짝인 처치식, 피동식이 크게 발달하기도 하였다. 특히 근대중국어를 상징하는 동사의 굴절시스템인 동태조사가 등장하였다. 이와 같이 보어의 발달은 근대중국어를 중고중국어와 분리할 만큼 아주 중요한 지표가 된다.

그렇다면 왜 중국어의 역사는 지금부터 1,000년이나 전인 만당(晚唐) 시기를 근대의 기점으로 볼까? '근대'라는 말은 현대에 근접했다는 뜻이다. 그것은 그만큼 현대적 요소가 시작되거나 갖추어지기 시작했다는 의미이다. 그럼 중국어의 상황을 보자. 현대중국어의 각종 요소는 거슬러 올라가면 당송 시기까지 갈 수 있다. 심지어 위진남북조 시기까지도 갈 수 있으나 솔직히 현대중국어와 그렇게 비슷하지는 않다. 구체적인 허사들 또는 문법구문들이 현대중국어와 좀 더 비슷한 시기는 아무래도 만당과 그 이후라고 봐야 할 것이다. 게다가 기존의 기초 방언은 뤄양 중심이었으나 이 시기 이후로는 장안으로 바뀌면서 기존 질서와 차별화하기 시작했다. 이것이 바로 '중국어의 근대'를 군이 이 시기까지 올라가 잡는 이유이다.

그렇다면 정확히 언제가 근대의 기점인가? 이 책에서는 '만당'으로 잡지만 그 이전인 성당과 중당의 100여 년을 일종의 과도기로 보고자 한다. 당 왕조가 건립되기 전인 남북조 시기엔 문화의 중심이 남방이었다. 그러나 북방세력을 중심으로 통일되면서 그 중심지가 북쪽인 장안으로 이동하게 된다. 그렇지만 여전히 뤄양 중심의 공동어 시스템이 작용하면서 당 왕조 초기 100여 년은 중고중국어와 큰 차이가 나타나지 않는다. 문제는 바로 장안을 중심으로 한 시기가 일정 정도 지나면서 그 나름의 특성을 떨치기 시작하는데 그 시기가 바로 성당, 중당이라 할 수 있다. 이 시기에도 많은 백화 성질의 시 작품에서는 근대중국어에서 볼 수 있는 보어 구문 등이 발견된다. 그러나 좀 더 확실한 것은 역시 당 왕조 후반기에 나타난다. 즉, 현대적인 각종 술보 구조와 각종 구문, 그리고 조사 시스템 등이 만당 시기에 좀 더 완정하게 나타난다. 따라서 이 책에서는 성당, 중당의 과도기를 거쳐 만당에 가서야 근대중국어의 모습을 갖추게 된다고 보는 것이다.[56]

2. 學 hak과 xue: 근대중국어의 음운과 어휘

중고시기의 표준발음은 『절운』을 중심으로 통일된 후 한동안 『절운』 중심의 표준음이 지배하였다. 이것은 심지어 당 왕조 내내 이어지기도 했다. 이러한 중고 시기의 발음 가운데 가장 특이한 것은 바로 평상거입의 사성이 존재한다는 것인데, 이것은 현대중국어 성조의 기원이 된다. 『절운』 중심의 독서음 체계는 이후로도 명청(明淸) 시기까지 영향을 미치지만 공동어 구어의 발음은 그 자체로 발전해 나가고 있었다. 특히 당 왕조 시기 수도인 장안을 중심으로 이른바 '당경아음(唐京雅音)'이 등장해 기존 『절운』식 표준음과 다른 중고음이 존재했다. 이 발음은 특히 우리나라 한자음에 미친 영향이 지대하다. 우리는 편의상 흔히 『절운』식 중고음을 전기중고음(Early Middle Chinese)이라고 하고, 당경아음을 후기중고음(Late Middle Chinese)이라고 한다. 독서음은 『절운』식 표준음으로 내리 전수되지만, 실제 구어의 발음은 서서히 변화할 조짐을 보였다. 그것이 먼저 당경아음에서 시작되었고, 그 이후 변화는 특히 남송(南宋)과 원대(元代)에 나타났다. 당경아음 이후 200여 개나 되던 운(韻)은 약간씩 통합되는 조짐을 보였다. 그렇게 통합된 운을 중심으로 만들어진 독서음 체계가 이른바 평수운(平水韻)으로 106운 체제이다. 독서음도 이러하니 실제 구어발음은 어떠했겠는가? 운의 개수는 더 줄어들었을 뿐 아니라 성모도 더 간소해졌고, 특히 성조와 운미의 변화가 심했다. 이러한 구어 발음을 반영하는 대표적인 운서가 원나라 1324년에 나온 주덕청(周德淸)의 『중원음

---

56 다만, 아직까지 당 왕조 시기의 정확한 언어 상황을 다 파악하지 못한 상태이다. 특히 장안 중심의 북방언어 체계가 그 모습을 완비하는 성당, 중당 시기의 언어 상황은 자료 부족 등의 이유로 충분히 연구되지 않아서 '근대' 시기의 구분 문제는 앞으로 더 진일보한 연구가 필요한 실정이다.

운(中原音韻)』이다. 이것은 특히 당시 문학작품인 원곡(元曲)의 압운을 귀납하여 만든 운서로 실제 언어의 모습을 상당히 많이 반영하였다. 먼저, 운은 총 19운부로 통합되었고, 성모에서도 권설음이 등장하고 탁음(濁音)이 사라졌다. 여기서 주목할 만한 사항은 성조의 변화이다. 이것은 두 가지로 이른바 '평분음양(平分陰陽)'과 '입파삼성(入派三聲)'이다. 성조는 먼저 평성이 음과 양으로 분리되었다. 성모의 특징에 따라 기존에 하나였던 평성이 음평성과 양평성으로 나뉘었는데, 이것은 오늘날 제1성과 제2성에 해당한다. 그리고 기존의 상성(上聲)은 대체로 현재의 제3성이나 제4성으로 내려왔고, 거성(去聲)은 대체로 제4성으로 내려왔다. 문제는 입성인데, 위와 같이 '세 성조인 평성, 상성, 거성으로 분화되어 들어갔다' 이 말은 기존의 -p, -t, -k 파열음운미가 사라지면서 현대 보통화와 유사한 형태로 변화하여, 입성이란 범주는 이제 사라지고 제각기 평성, 상성, 거성으로 흩어졌다는 것이다. 예를 들면, 學의 중고음 발음은 hak 정도로 입성이었다. 그런데 위와 같은 변화가 생긴 후, -k운미가 사라져 한어 병음상 xué와 같이 제2성으로 변화한 것을 볼 수 있다.

당송 시기를 거쳐 원명청에 오면서 중국어 공동어의 발음은 이와 같이 혁명과도 같은 대변화를 맞았다. 원대의 상기 발음을 보면 현대 보통화 발음과 유사할 정도이다. 그러나 이것은 표준어의 상황이고 특히 남방 지역 방언은 기존의 성모 탁음, 입성 파열음운미 등이 여전히 보존되어 있었다. 그리고 이러한 상황은 현대 남방 방언에까지 이어지고 있다.

발음 상황을 다시 정리하면 한마디로 '복잡에서 간화'의 방향으로 발전한 것을 알 수 있다. 상고음부터 따지면 더욱 그러하다. 복자음성모의 단자음화도 그랬지만, 청탁의 대립이 사라지고 모두 청음화한 것, 그리고 운모의 통합, 단순화와 성조의 완벽한 초분절음화는 사실상 지난 수천 년간 중국어 공동어의 발음이 지속적으로 '간화'되었음을 보여준다.

이와 같이 발음이 간화되면 또 다른 변화를 수반한다. 기존에 그나마 있던 성모 청탁이나 입성 등의 발음이 사라지면서 중국어 공동어의 한 음절은 더 단순해졌고, 그 결과 '동음이의' 음절이 대거 출현하게 되었다. 이것은 결국 형태 방면에도 영향을 미쳐서 중고 시기부터 본격화된 쌍음절화를 더욱더 가속했다. 현대 보통화를 보면 필수적인 단어들 중 다수는 물론 여전히 일음절 단어가 우세하지만, 전체적으로 볼 때, 쌍음절 어휘가 절대다수를 차지한다. 심지어 현대 보통화의 기본적 단어 형식이 쌍음절이라 해도 지나친 말이 아니다.

현대 보통화로 오면서 단어는 복합어가 매우 많이 증가하였다. 복합어는 어근과 어근이 결합하는 합성어와 접사와 어근이 결합하는 파생어로 나눌 수 있는데, 이 중에서도 합성어의 비중이 높다. 특히 주목할 만한 사항은 이른바 '의존성 어근의 증가' 현상이다. 상고 시기엔 한자 하나가 하나의 단어로 사용되는 현상이 대부분이었으나 그 이후 점차 쌍음절화가 증가하면서 기존의 독립적인 일음절 단어는 하나의 형태소, 즉 어근이 되어 갔다. 그런데 문제는 쌍음절화가 가속화하면서 기존에 독립할 수 있었던 일음절 단어가 더는 독립적으로 쓰이지 못하는 이른바 '의존성 어근'이 되었다는 것이다. 예를 들어, 朋은 상고 시기엔 충분히 하나의 단어였다. 그러나 지금 보통화에서는 朋 하나만으로는 문장에 출현할 수 없다. 朋友 등으로 쌍음절화되어야 가능하다. 당연히 이러한 의존성 어근의 증가는 쌍음절 단어의 증가 현상과 불가분의 관계를 이루게 된다.

이러한 현상과 더불어 어휘상에서 나타난 또 하나의 특징은 각종 파생접사가 등장한 것이다. 예를 들어, 老-, 阿- 등의 접두사나 -子, -兒, -頭 등의 접미사는 쌍음절 명사를 만든다. 이것은 이미 중고 시기에 시작되었다. 단어를 만드는 것은 여전히 어근과 어근이 결합하는 합성의 방식이 절대적이지만 이와 같은 파생접사의 등장은 근대, 현대의 중국어가 단순히 고립어 하나의 성격만 가지는 것이 아님을 말해준다.

근대중국어 시기에 탄생한 2인칭대사 표기 你

你는 한문에서는 익숙지 않은 한자로 2인칭대사로 사용된다. 이것은 이미 수천 년 전부터 존재한 어떤 형식에서 그 발음과 표기가 계승되어 형성된 것이다. 이것은 상고중국어의 爾에서 계승되었다고 알려져 있다. 이 爾는 상고 시기 이미 2인칭대사로 사용되었고, 그 발음은 *narᴮ 였다. 이 발음이 중고·근대 시기까지 줄곧 구어에서 전승되어 왔다. 그리고 글자는 초서로 尔로도 썼는데, 이후 여기에 亻을 붙여 현재의 你가 되었다고 한다. 한마디로, 3,000년 전의 단어를 단지 표기만 바꿔 아직까지 사용하는 셈이다.

3. 보어는 계획이 다 있었다: 근대중국어의 통사적 변화와 유사 굴절접사의 탄생

중고와 근대를 가름하는 가장 큰 언어적 특징은 크게 두 가지 차원에서 얘기할 수 있다. 첫째는 각종 보어 구문의 탄생과 발전이고, 둘째는 동태조사의 탄생이다. 먼저 이 두 가지를 중심으로 살펴보자.

중고 시기에 결과보어와 방향보어가 이미 등장하였다. 그러나 그것의 비중과 사용 비율은 그다지 높지 않았다. 장사오위(蔣紹愚)에 따르면, 양한 시기를 거쳐 중고 시기에 이르러 이미 敗, 破, 中, 爲, 滅, 傷, 壞, 斷, 折, 怒, 滿, 盡, 明 등의 결과보어가 등장했다고 한다. 이러한 보어는 이른바 'V1＋V2'라는 연동문에서 기원한 것이다. 중국어 특유의 구문인 '연동문'은 많은 허사와 문법 구문을 잉태하고 탄생시킨 구문으로 술보 구조도 여기서 비롯했다. 장사오위에 따르면 술보 구조는 이미 한대에 탄생하여 사용된 것이나 다름없는데 워낙 비중이 낮다보니 제대로 부각되지 않은 것이다. 이러한 상황은 위진남북조 시기에도 지속된다. 그런데 이들 시기를 거치면서 특이한 술보 구조가 등장하였다. 보어가 술어동사를 의미지향하는 得가 탄생한 것이다.

① **謂妊娠之時，遭得惡也**.「논형(論衡)」
   임신했을 때에 악한 것을 만나는 것을 말한다.

이 예에서 遭는 '만나다'라는 의미이고 그것의 목적어는 바로 惡이다. 그렇다면 중간에 낀 得는 무엇인가? '악을 만나서 얻다'라고 번역하기도 좀 어색하다. 이것은 일종의 보어로 遭라는 행위가 이루어졌음을 의미하므로 遭라는 술어동사를 의미지향한다. 이미 한대부터 이러한 보어가 출현하여 위진남북조 시기에는 훨씬 더 발전한다. 이러한 得를 일명 '동상보어(動相補語)'라고 하며 현대중국어의 到, 好, 完, 着, 見 등이 이에 해당한다.

문제는 得가 구성한 'V＋得＋O' 구문이 당나라 때 크게 발전하여 得의 문법화 정도가 매우 심화된다는 점이다. 그리하여 현대중국어의 동태조사 了에 준할 정도로 발전하는데, 특히 당·송·원·명 시기에는 이러한 'V＋得＋O' 구문이 대세가 되어 그 비중이 매우 높았다.

'V＋得＋O' 구문의 발전은 크게 두 가지 차원에서 중국어 어법체계를 이끌었다. 첫째로, 그것은 'V＋得＋C' 형식의 상태보어와 가능보어로 더 발전하게 된다.

② **十三學得琵琶成**.「백거이(白居易)」
   열세 살에 비파 타는 법을 배워.

이 문장에서 學은 동사 뒤에 得가 나오고 목적어인 琵琶가 나와 'V＋得＋O'를 구성했는데, 여기에 다시 成이란 동사가 붙었다. 이것은 비파를 익히는 것이 이루어졌음을 나타낸다. 이런 식으로 'V＋得＋O＋C'라는 구문이 만들어졌다. 다시 말하면 '어떤 동작을 하고 나서 그 동작으로 어떤 결과가 이루어졌다'라는 것을 나타낸다. 이것이 점점 더 발전하여 현재와 같은 'V+得+C' 구문의 상태보어가 되었다. 당 왕조 때 'V+得+C' 상태보어는 이미 출현하였고, 이것이 가능/가정의 문맥에 자주 노출됨으로써 점차 'V+得+C' 가능보어가 문법화되어 나왔다.

'V+得+O'는 이처럼 'V+得+C' 보어 구문을 형성했지만, 두 번째로는 이른바 '동태조사'라는 영역을 개척하였다.

③ **生得兩兒，被生食盡**.『법원주림(法苑珠林)』
두 아이를 낳았는데, 복생에게 모두 잡아 먹혔다.

이 예에서 보듯이, 生 뒤의 得는 더는 실제적 의미는 없고 모종의 상(相)적 의미만을 나타낸다. 현재까지 당 왕조 시기의 저와 같은 것을 확실히 조사라고 할지는 의문이지만 송대로 가면서 그 허화 정도는 더 심화된다. 당 왕조 시기엔 이러한 得를 기점으로 하여 却, 將, 取 등의 동사들이 동사 뒤에서 得와 유사한 발전을 겪어 이미 동태조사에 준하는 역할을 하였다. 바로 이러한 동상보어의 발전은 급기야 了에 영향을 미쳐 'V+得+O' 구문에 了가 들어간 'V+了+O' 구문이 등장하게 되었다. 대체로 당말(唐末) 또는 북송(北宋) 정도를 동태조사 了의 탄생 시기로 본다. 그런데 공동어의 확산 정도가 달라, 메이주린에 따르면, 당 왕조의 공동어는 당시 당나라 거의 모든 지역에 고루 확산되어 심지어 푸젠성의 민(閩)방언 지역까지도 당의 공동어가 전파되었으나, 송 왕조 시기는 그 영향력이 약하다보니 미처 푸젠성까지 송대 공동어가 고루 전파되지는 못했다고 한다. 그 결과, 당에서 송으로 가면서 출현한 이러한 동태조사가 민방언 지역에는 미처 전파되지 못해서 아직도 결과보어가 그 기능을 대신한다고 한다.

근대중국어 시기에는 이처럼 술보 구조가 발전하여 다양한 파생 구문을 형성하게 되었다. 특히, 술보 구조는 기존에 탄생했던 처치문이나 피동문과 결합하기에 이른다. 중고 시기에 등장한 처치문 또는 그 이전의 처치문은 동사 뒤에 다른 성분이 등장하지 않았다. 그러나 이 시기부터는 보어나 동태조사가 함께 등장한다. 처치문의 기본 의미는 바로 '처치, 처리'이다. 이것을 좀 더 현저하게 나타내는 방법은 '그 처리를 어떻게 했는가'를 표현하는 것이다. 바로 이 기능에서 보어만 한 것이 없다. 특히나 '새로운 것, 중요한 것을 문장의 뒤에 놓는다'라고 하는 중국인 특유의 인지적 특징은 처치문을 발전시켰을 뿐 아니라 술보 구조도 발전시키고 아울러 이 둘의 만남을 더 가속화해 처치문의 완성도를 높였다.

근대중국어 시기엔 결과보어, 방향보어, 상태보어, 가능보어와 더불어 시량보어, 동량보어도 발달하여 사실상 보어 구문의 진용이 완비되기에 이른다. 이뿐만 아니라 현대중국어에서 볼 수 있는 각종 조사도 등장하는데, 위에서 언급한 了, 着, 過의 동태조사는 물론 的, 地, 得의 구조조사도 이 시기에 등장한다. 그리고 嗎, 呢, 吧 등의 문미 어기조사, 문미 사태조사인 了$_2$도 이 시기에 등장한다. 동태조사의 등장은 술보 구조의 발전에 따른 여파로 인한 것이고, 기타 조사들은 기존에 있던 형식이 어휘상 교체가 발생한 것도 있고, 또 다른 루트로 새로이 발전해 와서 그 대열에 합류한 것도 있다.

이 외에도 대사, 전치사, 접속사, 부사 등 이른바 '문법사(Grammatical word)'들도 새롭게 문법화되어 대거 합류하게 됨으로써 좀 더 현대중국어에 가까운 모습으로 발전하게 되었다. 특히 14세기 《노걸대(老乞大)》에서 현대중국어에 얼마나 근접한지를 확인할 수 있다.

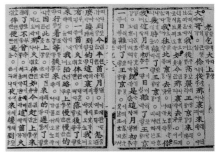

원명중국어 번역노걸대

상고에서 중고로 오면서 고립어의 면모가 좀 더 심화되었다. 그러나 그 과정에서 술보 구조의 추동으로 다양한 구문이 출현하고 다양한 허사가 등장하면서 약간의 비고립어적인 면모도 나타났는데, 우리는 이를 이른바 '유사 파생, 유사 굴절' 현상으로 명명할 수 있다.[57] 순차오편(孫朝奮)은 현대중국어의 각종 파생접사와 동태조사들에 대해 전자를 '유사 파생접사', 후자를 '유사 굴절접사'라고 한다. 그가 이렇게 칭한 이유는 완벽히 고립어적 특징만 있는 것이 아니고 교착이나 굴절어적인 어떤 형태적 현상이 분명히 존재함을 인식했기 때문이다. 다만, 그것이 인구어나 한국어 등처럼 그렇게 필수적이거나 규칙적이지는 않아서 이처럼 명명한 것이다. 예를 들어, 복수를 표시하는 們은 영어의 복수접미사 -s만큼 필수적이거나 규칙적이지 못하다. 현대중국어의 이러한 상황은 이미 근대 시기에도 유사했다. 이미 기원전 1000여 년 전부터 중국어는 기본적으로 고립어의 틀

---

57 원래 접사는 파생접사와 굴절접사로 양분한다. 그중 '파생접사'는 새로운 단어를 생성시키는 형태현상을 나타내고, '굴절접사'는 문법적 기능을 나타내는 형태현상을 나타낸다. 현대중국어에도 이와 비슷한 현상이 나타나므로 '유사'란 말을 붙인 것이다.

위에 교착어나 굴절어를 흉내 낸 일부 유사 성분을 갖추어 왔다. 이것은 다른 말로 하면, 상고 시기 파생이나 굴절을 나타내던 접사를 한자 하나 속에 같이 표현하다가, 근대 시기엔 독립된 한자 하나로 표현하게 된 거라고 볼 수 있다. 그 형태적 특징 정도는 아직 상고 시기에 못 미치지만 파생이나 굴절의 형태를 나타내는 접사가 새로이 등장하여 독립적인 글자로 표현되기까지 중국어는 한자 하나가 하나의 독립적인 단어에서 의존성 어근으로 변화하는 일련의 큰 변화가 공존했기에 이러한 상황이 가능했다고 할 수 있다.

한편, 근대중국어의 어순은 SVO를 확고히 유지하고 있다. 이와 함께 하나의 거대한 원칙이 수립되는데, 그것은 바로 술어동사를 중심으로 결과적인 내용은 그 뒤에, 비결과적인 내용은 술어동사 앞에 출현한다는 원칙이다. 이것은 일차적으로 전치사구가 상고에서 중고로 오면서 서서히 도달점, 귀결점, 방향을 나타내는 것이 술어동사 뒤로 이동하는 현상에서 나타난다. 여기서 더 나아가 근대 시기에는 중고 시기보다 훨씬 더 뚜렷한 모습을 보여주었다. 특히 송대로 가게 되면 전통적 전치사인 於, 以 등이 감소하고 在, 從, 對 등 신흥 전치사가 더 상용화된다. 이들 전치사들은 기본적으로 하나가 몇 가지 기능을 겸하는 경우가 많았는데, 송대 이후에 從은 주로 '처소'로, 對는 주로 '대상'으로, 그리고 向은 발생장소보다는 '방향'을 나타내는 쪽으로 전문화되어 갔다. 전치사의 의미기능이 전문화됨으로써 결과성이냐 비결과성이냐의 의미가 더 확정되고, 이와 함께 전치사구의 의미상 위치도 더불어 확정되었다. 그리하여 방향이나 도달점을 나타내는 전치사구는 거의 대부분 술어동사 뒤로, 행위의 장소나 기점을 나타내는 것은 술어동사 앞으로 고정되었다. 예를 들어, 상고 시기의 高於我의 어순은 比我高로, 王歸自虢은 王從虢回來로, 及宋人盟於宿은 跟宋人在宿進行會盟으로 바뀌었다.

이렇게 전치사구가 점점 더 시간순서원칙을 준수하는 방향으로 발전함과 동시에 보어가 발달함으로써 동작의 결과적 성분인 결과보어, 방향보어, 상태보어, 시량보어, 동량보어 등은 전부 술어동사 뒤에 놓이게 되었다. 그리하여 중국어에서 문장의 순서가 시간순서원칙에 입각한다는 대원칙이 완성되기에 이르렀다.

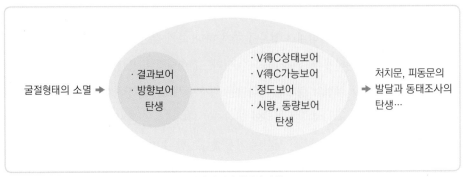

보어와 관련된 일련의 변화

③ 중국어의 변화를 해석하다

● '문법화' 이론

1. 문법화란?

　지금까지 중국어의 역사적 변화를 소개하면서 계속해서 '문법화'란 용어가 등장하였다. 문법화는 영어로 'Grammaticalization'으로, 간단히 말해 '비문법적인 언어의 요소가 문법적인 요소로 변화하는 것'이다. 좀 더 전문적으로 말하면, '한 언어의 내용어(실사)가 기능어(허사 또는 문법소)로 변화하는 과정'을 말한다. 이 이론이 학계에 나온 지는 거의 100년이 넘었지만 특히 최근 20~30년 사이 중국 학계의 뜨거운 이슈가 되어 왔다. 20세기 내내 중국의 고대중국어 어법 연구자들은 주로 고대중국어 자료인 '시경, 좌전, 논어, 맹자, 사기, 세설신어, 조당집, 주자어류, 수호전' 등과 같은 언어자료를 귀납 정리하는 일에 매진하였다. 이를 흔히 '전서연구(專書研究)'라고 한다. 이로써 각 자료가 반영하는 각 조대(朝代)나 특정 시대의 언어를 묘사할 수 있었고, 더 나아가 위에서 아래로 시간적 변화를 기술할 수 있었다. 이것이 바로 전형적인 '통시적 연구'의 방법론이다. 그러나 이러한 통시 연구에는 일정한 한계가 있다. 그것은 "어떠한 이유, 어떠한 원리에 의해 이렇게 변화했는가?"를 설명하지 못한다는 것이다. 문법화 이론은 바로 이것을 설명하고 해석하는 이론이다.

문법화 이론에 따르면 비문법적 요소인 명사, 동사, 형용사 같은 실사가 모종의 과정을 거쳐 전치사, 조사, 접속사 등의 문법적 요소로 변화한다고 한다. 그렇게 본다면 현대중국어의 거의 모든 허사는 과거로부터 역사적인 변화의 과정을 거쳐 문법화된 것이 틀림없다. 그런데 문법화의 개념은 여기서 그치지 않는다. 문법화는 문법 구문의 탄생도 포함한다. 이를테면, 술보 구조, 겸어문, 처치문, 비교문, 피동문, 정반의문문 등과 같은 중국어에 있는 대표적인 구문들 모두 문법화로 탄생한 것이다. 그뿐 아니라 주술문, 타동사 구문, 자동사 구문, 무주어문, 명사술어문 등 기본적인 문형들도 모두 문법화를 거쳐 형성되었다. 그래서 형태론 측면의 요소들은 통사 구조가 문법화하여 이루어진 결과물이고, 위와 같은 통사 구조는 그보다 상위의 담화 구조가 문법화하여 이루어진 결과물이다. 예를 들어, 把가 동사였다가 점차 문법화하여 전치사가 될 수 있는데, 그와 동시에 이것으로 구성되는 이른바 '把자문'이 또 문법화되는 것이다.

이렇게 본다면, 인간은 과거나 지금이나 항시 문법화 상황에 노출되어 있는 것이다. 그래서 언제라도 새로운 표현이 필요하면 그것을 문법화하여 언중의 약속을 거친 뒤 저장하고 사용한다. 다만, 문법화는 인간의 인지적 능력을 떠나서는 설명할 수 없다. 그 인지적 능력은 앞에서 봤던 은유, 환유, 영상도식 등이다. 그리고 이러한 인지적 기제는 항시 '담화'라는 콘텍스트하에서 발동된다. 아래에서 구체적으로 문법화가 어떻게 이루어지는지 담화의 환경과 이들 기제의 작용을 중심으로 살펴보자.

2. 언어의 매트릭스: 담화공간과 환유, 은유

문법화가 이루어지는 공간은 '담화공간'이다. 이것은 곧 대화상황을 말한다. 인간은 끊임없이 대화하며, 화자와 청자는 대화상에서 서로 주고받은 말을 해석한다. 일반적으로 대화에 적합한 표현을 사용하는 것이 상식적이므로 대화의 룰을 지키는 상황에서는 상대방이 한 말이 크게 문제되지 않는다. 그러나 약간이라도 그 상황과 맞지 않는 언급을 했을 때, 대화 참여자는 그 언급에 대한 해석에 돌입한다. 이때 바로 이해되어 상대방의 의도를 파악하는 경우도 있지만 한참 지나서야 이해되는 경우도 있고, 아무리 생각해도 이해가 안 되는 경우도 있다. 인간의 대화는 바로 이러한 것이다.

예를 들어, 어떤 대화에서, A가 "어때, 잘돼?"라고 하자 B가 "아휴, 죽겠어!"라고 했다면,

이때 '죽겠어'란 말에 A는 정말로 B가 곧 죽을 것이라고 생각하겠는가? 그보다는 '죽을 정도로 힘이 든다'고 생각할 것이다. 여기서 '죽겠다'는 말에 대해 모종의 해석이 이루어진다. 이것은 어떤 어려움의 단계상 매우 높은 단계를 말하며 '죽을 정도'로 큰 어려움을 말한다.

여기서 '죽다'란 말은 인간이 경험할 수 있는 가장 높은 단계의 난도를 나타내는데, 크게 두 가지 차원에서 볼 수 있다. 실제로 형벌이나 고통의 단계에서 가장 낮은 단계부터 가장 높은 단계로 정도를 구분할 때, '죽음'은 실제로 가장 높은 단계일 수 있다. 이렇게 실제의 경험이나 사실에 기반해 그 정도를 논하여 '죽음'이 '가장 높은 정도'를 나타낼 수 있는데, 이것은 일종의 환유의 작용이다. 물론 여기서 또 '죽음'은 구체적이고 실제적인 영역모체와 '높은 정도'라고 하는 추상적인 영역모체 간의 사상이 이루어졌다고도 볼 수 있다. 이는 은유에 따른 해석이다. 중국어에도 동일한 표현이 있다. 바로 累死了로, 여기서 死는 '죽다'라는 자동사가 '정도보어'로 사용되었다. 이것은 또 위와 같이 환유나 은유 과정을 거쳐 '정도의미'의 의미기능으로 문법화된 것이다.

또 하나의 예를 보자. 현대중국어에서 跟이란 단어는 전치사로 '~와'와 '~에게' 두 가지 의미를 갖는다. 跟은 원래 동사로 '~의 뒤를 쫓아가다'이다. 이 동사로부터 위의 전치사 의미가 문법화되었다. 그렇다면 어찌하여 두 가지 의미가 문법화되었을까? 동사 跟은 일반적으로 'NP$_1$ + 跟 + NP$_2$ + V(+O)'라는 환경에 주로 노출된다. 이 환경에서 동사 跟은 대표적으로 我跟他說나 我跟他接觸 등 구체적인 상황을 만들 수 있다. 그런데 이 두 상황에서 跟의 의미는 미묘하게 차이를 보인다. 전자는 '내가 그를 따라가며 말하다'가 되고, 후자는 '내가 그를 따라가며 접촉하다'가 되는데, 전자의 환경에 노출된 跟은 '말하다'란 동작행위의 영향으로 'A란 자가 B란 자에게'라는 방향성을 갖게 된다. 반면, 후자는 '접촉하다'는 동작행위의 영향으로 'A와 B가 함께'라는 공동성을 갖게 된다. 한마디로 동사 跟은 어떤 환경 또는 어떤 문맥에 노출되냐에 따라 의미가 전환된다는 것이다. 여기서 말하는 환경, 문맥은 위에서 언급한 담화공간이 될 수 있다. 그리고 의미가 전환된다는 것은 동사 跟이 '문맥적 재해석'이 이루어진다는 말이다.

하이네(Heine)는 이러한 상황을 '문맥적 재해석'이란 용어로 표현했는데, 이는 화용적 차원에서 말하면 담화공간에서의 '환유적 부각'이라고도 할 수 있다. 跟은 '쫓아가다'란 의미이다. 동사 跟의 영역모체 속에는 이 기본의미와 관련된 많은 영역이 내포되어 있다.

동사 跟의 영역모체

위와 같이 동사 跟의 내부에는 많은 영역이 내포되어 있다가 담화상의 요구나 화자의 해석에 따라 이 중 그 상황에 적합한 어느 하나가 부각된다. 만약 說의 상황이라면 '앞으로'라는 의미가 부각되고 이것은 '방향의미'로 발전하게 된다. 그리고 接觸란 상황이라면 특히 '동시'가 부각되고 이로써 '같이, 함께'라는 '공동의미'로 발전하게 된다. 바로 이러한 과정을 거쳐 원래의 동사는 점차 실제 동사의 의미를 잃게 되고 새로이 부각된 의미를 중심으로 새로운 기능으로 변화하게 된다. 이처럼 문법화 과정에서 담화환경과 환유, 은유는 매우 밀접한 관련이 있다.

중국어는 이러한 문법화로 수천 년간 끊임없이 새로운 허사를 만들어냈고, 또 새로운 문법 구문을 탄생시켰다. 그런데 문법화에서 중요한 사실은 그 중심에 인간이 있다는 것이다. 언어의 사용자, 즉 주인은 바로 인간이다. 중국어의 주인인 중국인들이 중국어를 지속적으로 사용하면서 변화시켜온 것이다. 따라서 중국어의 변화 속에는 중국인들의 삶과 생각이 고스란히 반영되어 있으므로 중국어는 반드시 중국인들의 삶과 함께 이해해야 한다.

1. 현대중국어의 접두사 老는 어떻게 만들어졌을지 그 변화 과정을 살펴봅시다.

_____

2. 고대에는 독립된 단어였으나 현대중국어에선 의존성 어근이 된 한자를 찾아봅시다.

_____

3. 한국의 한자 중 그 발음이 'ㄱ'이나 'ㅂ'받침으로 끝나는 한자가 중국어에서 무슨 성조에 대응하는지 찾아봅시다.

_____

4. 현대중국어의 전치사 把는 어떻게 전치사가 되었는지 그 문법화 과정을 살펴봅시다.

_____

Part 10

서로 의사소통이 안 되는 사투리, 중국의 방언

　방언은 사투리라고도 하며 한 언어에서 분화된 말의 체계를 나타낸다. 어느 나라나 사용 지역이나 사회 계층에 따라 사용되는 말이 다르기 마련이다. 한국에서도 경상방언, 전라방언, 제주방언 등은 억양이 다르고 단어도 차이가 난다. 한국보다 수십 배나 큰 중국은 그 넓은 영토와 많은 인구만큼이나 다양한 방언이 존재한다. 중국의 여러 방언은 서로 발음이 다를 뿐만 아니라 사용되는 단어도 달라서 상호이해도가 매우 낮다. 중국 방언은 해당 지역 사람에게는 친숙하고 정겹지만 다른 지방 사람들은 전혀 알아들을 수 없는 외국어와도 같다. 이러한 의사소통의 장애를 해결하고자 중국에서는 '보통화'라는 표준어를 제정하여 언어 장벽을 해소하려는 정책을 추진해 오고 있다. Part 10에서는 한 나라의 방언이면서도 상호 의사소통이 안 되는 독특한 형태의 중국어 방언에 대해 여러 가지 특징을 살펴보고, 특히 이것을 해소하려고 전면적으로 시행된 보통화 보급을 알아본다.

1 '보통화'의 제정 및 보급

● 중국을 아우르는 가공할 표준어 정책

표준어는 공용어로 쓰는 규범으로서의 언어이다. 즉, 언어 사용 공동체가 규범을 제정하여 표준화한 것이다. 중국에서는 표준어로 중국어를 '보통화(普通话)'라고 한다. 보통화는 1949년 이후 중국 대륙에서 표준어를 가리키는 공식 명칭으로 채택되었다. 현재 유엔의 공식 언어 중 하나인 중국어의 공식 명칭도 보통화이다.

1956년 중국 국무원이 발표한 규범에 따르면 보통화는 중국의 수도인 베이징어의 발음을 표준음으로 규정한다. 또한 중국의 여러 방언 중에서 북방 방언을 보통화의 기초로 삼고 있다. 중국 정부에서는 보통화 정책을 수립한 이후에 학교, 군대, 방송국, 신문사, 출판사, 관공서 등에서 표준어 보급을 적극적으로 추진하였다. 또한 보통화의 법적인 지위를 확보하려고 1982년 헌법을 개정하면서 제19조에 '국가는 전국에서 통용되는 보통화를 보급시킨다'라는 조항을 추가하기도 하였다. 이처럼 보통화 보급은 중국 헌법에 명시될 만큼 국가적 차원에서 매우 중요한 정책이다.

보통화 보급을 홍보하는 포스터

중국의 보통화 정책은 중앙정부의 강력한 의지 덕분에 상당히 성공적으로 추진되었다. 중국 정부에서는 학교 교육, 대중매체 홍보, 행정 지도 등 다양한 방식으로 보통화를 보급해왔다. 공공기관에서는 공식 업무가 보통화로 이루어졌다. 각급 학교에서는 교사들을 대상으로 보통화 교육이 강화되었다. 또한 언어학자들이 주축이 되어 보통화 보급을 이론적으로 뒷받침하는 글이 여러 대중매체에 발표되기도 하였다. 그 결과 세계적으로 이례적일 만큼 빠른 속도로 표준어가 보급되었다. 2020년 기준으로 중국 전체에서 보통화 보급률은 80%에 달한다. 중국 정부는 2025년에 보통화 보급률을 85%까지 끌어올린다는 목표를 세우기도 했다. 언어학적으로 중국 표준어 정책의 빠른 성공은 매우 주목할 일이다. 이는 인구가 비슷한 인도 정부에서 표준어로 지정한 힌디어의 보급률이 아직까지도 50%를 넘지 못하는 것과 대조된다. 요컨대 중앙정부에서 추진한 강력한 보급 정책이 있었기에 중국의 보통화는 전국적으로 통용되는 표준어로 자리 잡게 된 것이다.

② 중국의 방언 분류와 사용인구

● 마치 하나의 대륙을 방불케 하다

1. 중국의 방언 분류: 북방과 남방의 확연한 차이

신중국 성립 이후 추진된 언어 정책은 보통화의 보급이라는 성공적인 결과를 낳았지만 이러한 보통화의 보급이 방언의 소멸을 초래한 것은 아니다. 보통화 정책에도 불구하고 지역별 방언은 여전히 일상생활에서 많이 사용되고 있다. 오방언(吳方言)과 월방언(粵方言), 민방언(閩方言)은 여전히 수천만 명이 사용하는 방언이다. 이는 방언의 강인한 생명력도 한 원인이 되겠지만 보통화 보급 정책이 방언 사용 금지를 목표로 한 것이 아니었기 때문이다. 보통화 보급 정책은 방언을 인위적으로 소멸시키는 것이 아니었다. 보통화 정책 추진 이후에도 방언은 그 지역 사람들이 사용하는 생동감 있는 언어로 그 지위를 유지해 왔다. 보통화는 전국적으로 통용되는 일종의 공용어로 방언 간의 언어 장벽을 해소하는 역할을 한다. 이러한 점에서 중국에서 상당수의 방언 사용자는 모어로서 방언과 표준어로서 보통화를 동시에 구사하는 이중언어 사용자라고 할 수 있다.

현재 중국에서는 서로 다른 여러 방언이 사용된다. 이러한 방언을 분류하는 것은 중국 언어학계의 중요한 문제 중 하나이다. 20세기 이래로 학자들은 방언을 분류하려고 문헌조사와 현장조사를 벌여 수많은 연구 성과를 축적해 왔다. 이러한 연구 성과를 바탕으로 중국 방언을 5대 방언, 6대 방언, 7대 방언, 8대 방언, 10대 방언으로 나누자는 다양한 주장이 제기되었다. 그러나 중국 방언의 역사는 길고 분포면적이 광범위해서 체계적으로 분류한다는 것 자체가 대단히 힘든 작업이다. 방언을 몇 개의 대범주로 나눌지 아직도 일치된 의견이 도출되지 못했다. 기존의 개론서에서는 7대 방언으로 소개한 비율이 높은 편이다. 이에 비해 최근의 방언 연구에서는 중국 방언을 10대 방언으로 구분하는 경향성이 있다. 2008년에 발표된 『한어방언지도집(汉语方言地图集)』에서는 중국의 방언을 크게 10개 범주로 나누어 설명한다. 2019년에 발표된 중국 교육부의 『중국언어문자개황(中国语言文字概况)』에서도 중국의 방언을 크게 10대 방언구로 나누어 소개하였다.

방언 지역은 또 크게 몇 개 대범주로 나뉜다. 이렇게 크게 나뉘는 방언 지역을 '방언구(方言区)'라고 한다. 그러나 방언구 안에도 서로 다른 특징을 가지는 여러 방언이 존재한다. 이러한 분류를 위해서 중분류 단위로 '방언편(方言片)', 소분류 단위로 '방언점(方言点)'이라는 단위를 사용한다. 가장 최근의 방언자료로 인용되는 차오즈윈(曹志耘, 2008)의 《한어방언지도집》에는 10대 방언구와 930개 방언점이 소개되어 있다. 930개 방언점에서 사용되는 방언은 발음, 어휘, 문법의 측면에서 다양한 양상을 보인다. 주목할 점은 930개 방언점 내에도 방언 분화가 존재한다는 것이다. 예컨대 푸젠성에서는 같은 방언점에 속하는 사람들도 의사소통이 어려운 경우가 드물지 않다. 이 지역에서는 '십 리마다 발음이 다르다(十里不同音)'라는 속담이 있을 만큼 방언이 다양하다. 심지어는 산 넘어 사는 이웃끼리 말이 안 통하기도 한다. 따라서 방언의 상호이해도만 보면 중국에는 수많은 개별 언어가 공존한다고 할 수 있다.

중국의 방언 분류는 어렵게 생각하면 한없이 복잡하다. 그러나 쉽게 생각하면 두 가지 간단한 유형으로 분류할 수 있다. 첫째, 중국의 방언은 지역적으로 북방 유형과 남방 유형으로 나뉜다. 둘째, 관화방언(官话方言)과 관화방언이 아닌 방언(非官话方言)으로 구분된다. 이를 자세히 살펴보자.

(1) 중국의 방언은 크게 지리적으로 북방 방언과 남방 방언으로 나누어 볼 수 있다.

한국은 동과 서의 방언 차이가 큰 데 비해 중국은 남과 북의 방언 차이가 매우 크다. 방언 지역을 구분할 때 북방과 남방의 경계는 여러 의견이 있지만 대체로 창장(長江)을 기준점으로 삼는다. 중국의 한가운데를 동서로 가로지르는 거대한 창장을 기준으로 북쪽은 북방 방언, 남쪽은 남방 방언으로 분류한다. 북방 방언은 거대한 방언 공동체를 형성하고 상호이해도가 높은 편이다. 이에 비해 남방 방언은 서로 이질적인 방언들이 분포한다. 남방 방언은 창장에서 멀리 떨어진 지역과 창장 유역을 따라 분포하는 방언으로 세분되기도 한다. 편의상 후자를 중부 방언으로 칭할 수 있다. 요컨대 중국 방언은 지리적으로 '북방 방언-(중부 방언)-남방 방언'으로 나뉜다.

(2) 중국의 방언은 관화방언과 관화방언이 아닌 방언으로 나뉜다.

관화방언은 표준 중국어의 기초가 되는 거대한 방언이다. 관화방언은 사용 범위도 가장 넓고 사용인구도 제일 많다. 관화방언은 지리적으로 창장 이북 대부분 지역에서 사용된다. 심지어 윈난성, 신장위구르자치구, 간쑤성과 같은 서남 지역에서도 사용된다. 관화방언은 중국에서 가장 많이 사용되는 방언으로 중국인 10명 중 7명이 이 방언을 사용한다. 한편 관화에 속하지 않는 이른바 '비관화방언(非官話方言)'은 대부분 창장 이남 지역에 분포하는데 그 특징이 매우 이질적이어서 여러 대방언으로 하위 분류된다. 그중에 대표적인 것으로 오방언(吳方言), 민방언(閩方言), 월방언(粤方言), 상방언(湘方言), 감방언(贛方言), 객가방언(客家方言) 등을 들 수 있다. 이러한 방언은 발음, 어휘, 문법 측면에서 관화방언과는 큰 차이를 보인다. 비관화방언은 관화방언과 차이가 매우 커서 서로 의사소통이 불가능한 정도이다. 중국의 방언은 이처럼 관화방언에 속하느냐 그렇지 않느냐에 따라 완전히 다른 양상을 보인다고 할 수 있다.

2. 중국 방언의 사용인구: 한 나라의 언어와 맞먹다

중국 방언의 사용인구는 조사 기관에 따라 편차가 있지만 대체로 관화방언, 월방언, 오방언, 민방언 등의 순서로 배열된다. 이 중에서 관화방언의 사용인구가 가장 많다. 세계 여러 언어의 사용현황을 조사하는 SIL(Summer Institute of Linguistics) 연구소에서 발행한 에스놀로그(Ethnologue) 보고서에 따르면 2022년 기준으로 관화방언의 사용인구는 9억 명이 넘는다. 에스놀로그 보고서에서는 사용인구가 5,000만~1억 명 사이에 있는 방언으로 월방언, 오방언, 민방언을 제시하였다. 중국어와는 별개로 월방언과 오방언을 모어로 사용하는 인구는 각각 8,000만 명을 넘는다. 이는 독일어(7,560만 명), 이탈리아어(6,480만 명)의 사용인구보다 많은 수치이다. 또한 사용인구 1,000만~5,000만 명 범위에 해당되는 방언은 상방언, 감방언, 객가방언 등이다. 이러한 방언은 그리스어(1,310만 명), 헝가리어(1,260만 명), 체코어(1,070만 명)보다도 사용인구가 많다.

중국의 방언은 북방 방언과 남방 방언으로 나뉘는데 북방 방언은 전체 방언 사용인구의 70% 이상을 차지한다. 남방 방언의 사용인구는 전체의 30% 미만이다. 2022년도 에스놀로그 보고서에 따르면 사용인구가 1,000만 명이 넘는 방언 중에 북방 방언은 전체 사용인구의 73.8%를 차지한다. 남방 방언의 사용 비율은 26.2%이다.

Ethnologue(2022, 25th edition) 보고서 참조

지역	방언	사용인구	비율	합계
북방	관화(官話)	9억 2,900만 명	70.3%	73.8%
	진(晉)	4,690만 명	3.5%	
남방	오(吳)	8,170만 명	6.2%	26.2%
	상(湘)	3,730만 명	2.8%	
	감(贛)	2,210만 명	1.7%	
	민(閩)	7,140만 명	5.4%	
	월(粤)	8,520만 명	6.4%	
	객가(客家)	4,820만 명	3.6%	

중국 주요 방언의 사용인구(자료 출처: Ethnologue, 2022)

중국의 방언 중 관화에 속하지 않는 남방의 여러 방언은 비관화방언으로 분류된다. 관화방언은 표준중국어의 기초가 되지만 비관화방언은 매우 이질적인 특징을 보인다. 비관화방언은 표준중국어로는 의사소통이 어렵다는 의미에서 별개 외국어로 간주해도 무방한 방언이다. 그런데 이 방언 중에서도 사용인구가 많은 월방언, 오방언, 민방언은 광둥(홍콩), 저장(상하이), 푸젠(샤먼) 지역에서 사용되는 중요한 방언이다. 이러한 방언은 사용인구뿐만 아니라 사회문화적으로 영향력이 큰 방언으로 평가된다. 아래 도표는 남방의 비관화방언을 사용인구 측면에서 비교한 것이다.

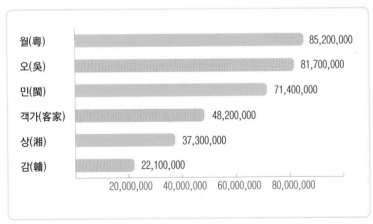

남방의 비관화방언 사용인구(자료 출처: Ethnologue, 2022)

③ 중국 방언의 지리적 분포와 언어적 특징

● 방언은 결국 공간이 결정한다

1. 중국의 주요 방언 개관

중국의 주요 방언을 지도상에 표현해 보면 아래와 같다. 지도에서 보이듯이 중국의 북방 지역에서는 대부분 관화방언을 사용한다. 반면에 중국의 남부(특히 연해를 중심으로 한 동남부) 지역에서는 비관화방언을 사용한다.

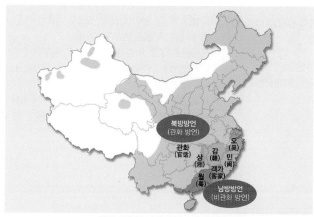

중국 방언의 지리적 분포와 특징

중국의 주요 방언으로는 관화방언, 오방언, 상방언, 민방언, 객가방언, 감방언, 월방언을 들 수 있다. 최근에는 산시(山西)성 지역에서 사용되는 '진방언(晋方言)', 안후이성 지역에서 사용되는 '휘방언(徽方言)'을 대방언으로 분류하기도 한다.[58]

(1) 북방 방언

북방 방언은 대부분 관화방언이다. 관화방언 이외에 별도의 방언으로 분류된 것이 진방언이다.

---

[58] 최근의 경향인 10대 방언 분류 체계에는 평화(平话)가 포함된다. 이 방언은 광시성과 구이저우성에 걸쳐 있으며 나름 독립적인 방언의 성격도 갖고 있으나 여전히 학계에서는 독립적 방언 지위에 대해 의견이 분분하다. 이에 이 책에서는 이 방언을 배제하고 9개만 제시하였다.

방언	사용 지역 및 사용인구	언어적 특징
관화 (官话)	▪ 중국 북방지역, 서북지역, 서남지역, 강회(江淮)지역으로 가장 넓음. ▪ 사용인구: 9.2억 명으로 방언 중에 가장 많은 비중을 차지함.	▪ 보통화의 기초가 되는 방언으로서 비음운미로는 -n, -ŋ만이 사용됨. ▪ 입성(入声)이 없으며, 평균 3~5개의 성조를 가짐. ▪ 고대 중국어의 전탁성모(全浊声母)가 사라지고 모두 무성음으로 변함. 성모의 구개음화가 많이 진행되어 j[tɕ], q[tɕʰ], x[ɕ]로 발음되는 단어가 많음. ▪ 8개의 하위 방언으로 나뉨. 동북관화(东北官话), 베이징관화(北京官话), 기노관화(冀鲁官话), 교료관화(胶辽官话), 중원관화(中原官话), 난은관화(兰银官话), 강회관화(江淮官话), 서남관화(西南官话)는 각각 하위 방언으로 서로 다른 언어적 특징을 지님.
진(晋)	▪ 북방의 산시성(山西省) 지역 ▪ 사용인구: 대략 5,000만 명	▪ 언어적 특징이 대체로 관화방언과 유사하지만 몇 가지 차이가 있어 별도 방언으로 분류하기도 함. ▪ 입성(入声)이 남아 있으며, 5개의 성조를 가짐. 연독변조(连读变调)로 단어의 성조 변화가 다양함. ▪ 성모는 21개임. 어법적 기능에 따라 동일한 단어의 성조가 다른 경우가 빈번함. 전탁성모(全浊声母)는 체계적으로 유기음·무기음으로 분화됨. ▪ 관화방언과 다른 독특한 접두어, 접미어가 사용됨. 어법 측면에서 지시사가 '가까운 거리(这)', '중간 거리(那)', '먼 거리(兀)'로 나뉨.

중국 북부 주요 방언의 특징

(2) 남방 방언

방언	사용 지역 및 사용인구	언어적 특징
오(吴)	▪ 저장성, 상하이, 장쑤성 및 일부 푸젠성 지역에서 사용됨. 고대 오나라 지역에서 사용된 방언을 기초로 함. ▪ 사용인구: 대략 8,100만 명	▪ 평상거입(平上去入)의 성조체계가 남아 있음. 성조는 대개 5개로 나누어짐. ▪ 고대 중국어의 성모 체계 중에 유성음·무성음 대립쌍을 가장 많이 보존하고 있음. 전청(全清), 차청(次清), 전탁(全浊), 차탁(次浊) 성모의 구별이 뚜렷함. ▪ 문백이독(文白异读) 글자가 매우 많음. 관화방언과 어법적 차이가 많음. 특히 목적어가 동사 앞에 위치하는 비율이 높음. SVO/SOV 어순이 모두 사용됨. 보통화와 다른 대사, 부정사, 어기조사, 사태조사가 사용됨.
상(湘)	▪ 후난성 지역에서 주로 사용됨. 호남방언으로도 불림. 고대 시기 초(楚)나라의 방언을 기초로 함. ▪ 사용인구: 대략 3,700만 명	▪ 입성이 남아 있으며, 성조는 지역별로 5~7개로 나누어짐. ▪ 고대 중국어의 전탁성모가 일부 보존되어 있음. ▪ 비음운미 중에 -n과 -ŋ의 구별이 없음. 다른 방언에 비해 비음운미로 발음되는 비율이 높음. ▪ 방언 변화가 심하여 원래의 상방언을 유지한 노상어(老湘语)와 관화의 영향을 많이 받은 신상어(新湘语)로 구분됨. ▪ 가능보어의 어순, 부사어의 어순 등 일부 어법 특징이 보통화와 다름.

휘(徽)	▪ 안후이성과 저장성 지역에 분포됨. ▪ 사용인구: 대략 400만 명	▪ 성조는 6개로 나누어짐. ▪ 언어학적으로 오방언과 유사한 특징이 있음. 일부 특징은 감방언과 유사함. ▪ 성모는 오방언과 다르게 전탁성모가 존재하지 않음. 운모는 오방언과 유사함. 북방의 儿化와 유사한 -n화 현상이 존재함. 일부 중첩형식이 보통화와 다른 특징을 보임.
감(贛)	▪ 장시성 지역과 후베이성 지역에 분포됨. ▪ 사용인구: 대략 2,200만 명	▪ 장시성의 약칭 '감(贛)'을 따서 방언의 명칭이 정해짐. ▪ 입성이 남아 있으며, 성조는 지역별로 4~7개로 나뉨. ▪ 고대 중국어의 전탁성모는 대부분 무성음으로 변함. 성모 중에 n와 l의 구별이 모호함. ▪ 객가방언과 감방언은 어휘적으로 유사한 특징이 많음. ▪ 보통화와 어휘적 유사성이 매우 낮음. 접미사, 어기조사, 대사, 사태조사 등의 어법 성분이 보통화와 다른 특징을 보임.
객가 (客家)	▪ 광둥성, 푸젠성, 장시성 지역에 분포함. 쓰촨성, 후난성, 타이완 등지에도 일부 사용자가 있음. ▪ 사용인구: 대략 4,800만 명	▪ 당송(唐宋) 시기의 중국어를 반영하는 방언으로 알려짐. 방언이 사용되는 지역에 따라 언어 변이가 다양함. ▪ 입성이 남아 있으며, 대부분의 객가방언은 6~7개 성조를 가짐. ▪ 성모 중에 무성음 f와 유성음 v의 대립이 존재함. 보통화와 다르게 설근음 ŋ 성모가 사용됨. 비음운미로는 -m 운모가 사용됨. ▪ 인칭대사, 지시사, 수량사의 용법이 보통화와 다른 특징을 보임. 부사어, 방향보어, 비교 구문, 처치 구문의 어순이 보통화와 다름.
민(閩)	▪ 푸젠성, 광둥성, 타이완 등의 지역에서 사용됨. 해외 화교 거주 지역에서도 많이 사용됨. ▪ 사용인구: 대략 7,100만 명	▪ 입성이 남아 있으며, 6~8개 성조를 가짐. ▪ 성모 중에는 상고중국어의 발음과 유사한 것이 많음. 보통화와 달리 순치음 f가 없음. ▪ 방언 내부의 차이가 커서 상호이해도가 낮음. 민남어, 민동어, 민북어 등으로 나누어짐. 이 중에서 가장 우세한 하위 방언은 민남어임. 음운, 어휘, 어법적인 측면에서 고대 중국어의 특징이 많이 보존되어 있음. ▪ 문백이독(文白异读) 글자가 매우 많음. 보통화와 이휘적 유사성이 매우 낮음. 인칭대사, 지시사, 수량사의 용법이 보통화와 다른 특징을 보임. 비교 구문, 처치 구문의 어순이 보통화와 다름.
월(粤)	▪ 광둥성, 홍콩, 마카오, 광시자치구, 푸젠성 지역에 분포함. 해외 화교 거주지역(특히 북미 지역)에서도 많이 사용됨. ▪ 사용인구: 대략 8,500만 명	▪ 9개 성조를 가짐 ▪ -p, -t, -k 등의 다양한 입성운미가 존재. 음운, 어휘, 어법적인 측면에서 고대 중국어의 특징이 많이 보존되어 있음. ▪ 권설음이 존재하지 않음. 보통화와 다르게 설근음 ŋ 성모, 원순 설근음 kw, kwʰ 등이 사용됨. 비음운미로는 -m 운모가 사용됨. ▪ 중국의 방언 중 보통화와 매우 큰 차이가 나는 방언. 인칭대사, 지시사, 수량사의 용법이 보통화와 다른 특징을 보임. 부사어, 방향보어, 비교 구문, 처치 구문의 어순이 보통화와 다름.

중국 남부 주요 방언의 특징

2. 방언의 지리적 특징과 언어적 차이

일반적으로 두 방언의 지리적 거리가 멀면 언어적 차이도 큰 경향이 있다. 반대로 거리가 가까우면 언어적 차이도 작기 마련이다. 예를 들어, 베이징과 산둥성 지난(济南)은 육로 이동 거리가 416km이다. 반면에 베이징-상하이는 지리적 거리가 1,230km, 베이징-샤먼(厦门)은 지리적 거리가 2,095km이고, 베이징-홍콩은 2,317km로 멀리 떨어져 있다. 베이징, 지난, 상하이, 샤먼, 홍콩의 언어적 특징을 살펴보면 거리에 비례하여 차이를 보인다. 베이징과 지난의 방언은 발음도 유사하고 단어도 유사하다. 이에 비해 상하이방언은 5개 성조를 가지고 있으며 유성음 성모가 존재한다. 또한 자주 사용되는 단어도 차이가 많다. 홍콩방언은 발음, 어휘, 문법 측면에서 더 많은 차이가 난다. 《중국어 어순의 지리적 변이와 유형학적인 의미》(강병규, 2019)에서는 중국 방언의 언어적 특징에 기초하여 거리를 측정했는데 지리적 거리가 멀수록 언어적 거리(차이)가 커진다고 하였다. 아래 그래프에서 보이듯이 베이징과 가까운 지난의 언어적 차이(유클리드 거리)는 2.25에 불과하다. 이에 비해 베이징-상하이의 언어적 거리는 18.54이다. 더 나아가 베이징-샤먼의 언어적 거리는 43.90이고, 베이징-홍콩의 언어적 거리는 63.60이다. 이처럼 지리적 거리와 언어적 차이는 정비례까지는 아니더라도 비교적 높은 상관성을 보인다.

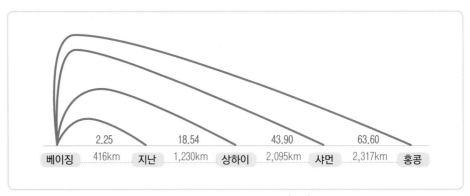

방언의 지리적 거리와 언어적 거리(차이)

그러나 지리적으로 멀리 떨어져 있어도 언어적으로 큰 차이가 없는 방언도 존재한다. 예컨대 베이징-하얼빈은 1,245km나 떨어져 있지만 언어적 차이는 7.63 정도이다. 베이징-우한(武漢)도 1,162km나 떨어져 있지만 언어적 차이는 6.09에 불과하다. 특히 주목할 곳은 베이징-난징 지역이다. 이 두 지역의 지리적 거리는 1,025km로 매우 멀지만 언어적 거리는 겨우 1.73

에 불과하다. 이들의 언어적 차이가 크지 않은 것은 모두 관화방언에 속하기 때문이다. 따라서 중국 방언은 지리적 거리에 따라 일정한 차이가 존재하면서도 관화방언의 경우에는 거리가 멀더라도 언어적 차이가 크지 않다는 특징이 있다.

중국 방언 내에서 지리적 거리와 언어적 차이에 일정한 상관성이 존재하는 경우는 대개 방언 유형이 서로 다를 때이다. 즉 지리적 요인도 중요하지만 그 방언이 어느 방언에 속하는지도 중요하다. 예를 들어, 베이징-원저우(溫州)는 '관화방언-오방언'의 관계이고, 베이징-난창(南昌)은 '관화방언-감방언'의 관계이다. 베이징-차오저우(潮州)는 '관화방언-민방언', 베이징-홍콩은 '관화방언-월방언'의 관계이다. 홍콩-하얼빈은 '월방언-관화방언', 홍콩-쑤저우(苏州)는 '월방언-오방언', 홍콩-난창은 '월방언-감방언'의 관계이다. 이들은 서로 다른 대방언구에 속하는 지점인데 지리적 거리와 언어적 거리가 매우 긴밀한 상관성을 가진다. 사실 방언의 차이는 이들이 어느 대방언구에 속하는지, 중간에 지형지물이 얼마나 많은지, 왕래가 얼마나 빈번한지 등 매우 다양한 요인과 관계가 있을 것이다. 그럼에도 서로 다른 대방언구에 속하는 방언 지점들 사이에는 지리적 거리가 언어적 차이를 예측하는 데 중요한 요인으로 작용한다는 사실에 주목할 필요가 있다. 요컨대 중국 방언의 언어적 차이는 지리적 요인과 일정한 관계를 가진다고 할 수 있다.

그럼 우리에게 비교적 익숙한 베이징, 상하이, 홍콩의 방언을 실례로 지리적 거리와 방언 유형에 따라 어떤 차이가 있는지 살펴본다. 베이징방언은 대표적인 북방 관화방언이다. 상하이방언은 오방언을 기초로 하는 중부 방언이다. 홍콩방언은 광둥 지역에서 사용되는 월방언을 기초로 하며 남방 방언을 대표한다고 할 수 있다.

음운적 측면에서 베이징, 상하이, 홍콩의 방언은 일정한 차이를 보인다. 베이징방언은 기본 성조가 4개이다. 이에 비해 상하이방언은 5개 성조가 존재하고, 홍콩방언에는 9개의 성조가 사용된다. 지역적으로 보면 북쪽에서 남쪽으로 이동할수록 성조의 수가 늘어나는 경향성이 있다. 성모(声母)의 유형에서도 세 지역은 일정한 차이를 보인다. 베이징방언은 모두 21개의 성모가 있다. 그중에서 권설음이 두드러진 특징이다. 상하이방언에는 26개의 성모가 있고 이 중에 17개의 성모는 베이징방언과 일치하며, 나머지 9개의 성모는 베이징방언에 없는 발음이다. 예를 들어 상하이방언에는 유성음(탁음) 성모가 존재한다. 즉 b, d, g, z, v와 같은 성모는 영어나 일본어처럼 성대를 진동하며 내는 소리이다. 한편 홍콩방언의 성모는 모두 19개로 베이징방언보다 적다. 홍콩방언에는 권설음이 없다. 베이징방언과 다른 홍콩방언의 성모로 들 수 있는 것은 설근음 ŋ 성모, 원순 설근음 kw, kw' 등이 있다. 운모의 측면에서 상하이 방언에는 비음운미와 일부 입성운미가 사용된다는 점이 특징이다. 홍콩방언은 입성운미의 종류가 더 많으며 -p, -t, -k 등 다양한 입성운미가 존재한다. 비음운미로는 -m 운모가 사용된다는 점도 특징이다. 이러한 운모들은 베이징 방언에서는 사용되지 않는다.

베이징, 상하이, 홍콩의 방언은 발음도 다르지만 사용되는 단어도 많은 차이가 존재한다. 예를 들어, 베이징방언의 2인칭대사는 你인데, 상하이방언에서는 儂이라고 한다. 3인칭대사는 세 지역의 방언이 모두 달라서 베이징은 他, 상하이는 伊, 홍콩은 佢를 사용한다. 아래의 표에서 보이듯이 의문사, 정도부사도 지역별로 다르게 표현된다. 또한 '비가 오다'를 표현할 때, 베이징방언에서는 下雨라고 하는 데 비해 상하이와 홍콩방언에서는 落雨라고 표현한다. 신체부위와 관계된 '얼굴, 코'를 가리키는 단어도 지역별로 차이가 있다. 또한 '말하다, 걷다, 주다'와 같은 고빈도 동사도 서로 다른 특징을 보인다.

단어 방언	너	그	얼마	매우	비가오다	얼굴	코	말하다	걷다	주다
베이징방언	你	他	多少	挺(很)	下雨	脸	鼻子	说	走	给
상하이방언	儂	伊	几许	蛮	落雨	面孔	鼻头	讲	走	畀
홍콩방언	你	佢	几多	好	落雨	面	鼻哥	讲	行	畀

베이징, 상하이, 홍콩방언의 기본어휘 비교

기본어휘가 사용된 일상회화 표현을 실례로 비교해 보면 세 지역의 방언은 유사한 측면도 있지만 많은 부분에서 차이가 난다. 예를 들어 만나고 헤어질 때 하는 인사말 중에 상하이 방언에서는 儂好!, 再会!라고 다른 한자를 사용하여 표현한다. 사과할 때 하는 표현으로 베이징방언은 对不起를 사용하는데, 상하이와 홍콩의 방언에서는 각각 对勿起, 对唔住를 사용한다. 즉 부정사 不에 해당하는 표현이 방언별로 勿, 唔 등으로 표현되는 것을 알 수 있다. '차를 드세요'라는 베이징방언의 표현은 请喝茶이다. 이에 비해 상하이방언에서는 '먹다'와 '마시다'를 모두 吃로 표현하여 请吃饭, 请吃茶라고 한다. 홍콩방언에서는 '마시다'라는 의미로 饮를 사용하여 请饮(杯)茶라고 표현한다. 나이 묻기, 요일 묻기, 전화번호 묻기, 날씨 표현 등에서 베이징, 상하이, 홍콩은 서로 차이가 나는 것을 알 수 있다.

한국어	베이징방언	상하이방언	홍콩방언
안녕하세요.	你好!	儂好!	你好!
잘 가요.	再见!	再会!	再见!
고마워요.	谢谢(你)!	谢谢(儂)!	多谢(你)!
미안해요	对不起。	对勿起。	对唔住。
차를 드세요.	请喝茶。	请吃茶。	请饮茶。
요즘 어떠세요?	最近怎么样?	最近哪能?	最近点样?
이름이 뭐예요?	你叫什么名字?	儂叫啥名字?	你叫咩名?
올해 몇 살이에요?	你今年多大年纪了?	伊今年多少年纪了?	佢今年几大年纪了?
식사했어요?	你吃饭了吗?	儂吃饭了伐?	你食咗饭未?
전화번호가 뭐예요?	你的电话号码是多少?	儂个电话号码是多少?	你嘅电话号码系几多?
우리 집은 네 식구예요.	我家有四口人	阿拉屋里厢有四个人。	我屋企有四个人。
집이 어디예요?	你家在哪儿?	儂屋里厢住啥地方?	你屋企喺边?
중국어를 잘하시네요!	你汉语说得不错!	儂中文讲了伐错!	你汉语讲得唔错!
오늘 날씨가 아주 좋아요.	今天天气很好。	今朝天色老好咯。	今日天气好好。

베이징, 상하이, 홍콩방언의 일상 회화 표현 비교

유형학적 관점에서 볼 때 표준중국어와 방언은 모두 SVO 어순 유형으로 분류된다. 그러나 이것은 어디까지나 동사(V)와 목적어(O)의 기본어순 배열에서 공통점이 있다는 것이지 수식어나 다른 문법표지들의 어순 배열까지 완전히 동일함을 의미하지는 않는다. 대분류 차원에서는 비슷하지만 세부적 측면에서는 다른 점도 많다. 예를 들어 베이징, 상하이, 홍콩방언의 세부적인 형태·통사적 특징을 조사해 보면 어순 유형상의 일정한 차이점을 발견할 수 있다. 다음의 예를 보자.

베이징방언(북방 방언)	상하이방언(중부 방언)	홍콩방언(남방 방언)
① 수탉, 암탉		
수식어+명사	수식어+명사/명사+수식어	명사+수식어
a. 公鸡, 母鸡	b. 公鸡/鸡公, 母鸡/鸡母	c. 鸡公, 鸡母
② 당신 먼저 가세요.		
부사+동사	부사+동사	동사+부사
a. 你先去。	b. 你先去。	c. 你行(去)先。
③ 나는 그에 비해 나이가 많다.		
비교표지+대상+형용사	비교표지+대상+형용사	형용사+비교표지+대상
a. 我比他大。	b. 我比伊大。	c. 我大过佢(他)。
④ 나에게 책 한 권을 주세요.		
동사+간접목적어+직접목적어	동사+간접목적어+직접목적어	동사+직접목적어+간접목적어
a. 给我一本书。	b. 畀(给)我一本书。	c. 畀(给)本书我。

베이징, 상하이, 홍콩방언의 어순 배열 비교

①-④는 베이징방언, 상하이방언, 홍콩방언이 어순 배열 방식에서 상당한 차이가 있음을 보여준다. 이러한 차이는 다른 북방 방언과 남방 방언을 조사해도 비슷하게 나타난다. 대개 북방 방언은 수탉/암탉 등과 같은 동물의 성별을 나타내는 명사수식어가 앞에 오지만 남방 방언은 뒤에 위치한다. 상하이와 같은 중부 방언은 두 가지 어순이 혼재하는 경향을 보인다. 비교급을 나타내는 어순도 북방 방언과 남방 방언이 서로 다르다. 이중목적어 구문에서 직접목적어와 간접목적어의 배열순서도 다르게 나타난다. 베이징과 같은 북방 방언에서는 대개 '주다(给)' 동사의 간접목적어가 앞에 오고 직접목적어가 뒤에 위치하지만, 홍콩을 비롯한 남방 방언에서는 어순이 반대로 나타나는 경우가 많다.

중국의 지역 방언은 북쪽에서 남쪽까지 다양하게 분포한다. 창장을 경계로 창장 이북 지역인 북방 방언은 관화방언권이다. 창장 인접 지역은 오방언과 상방언이 분포한다. 창장의 남쪽에는 민방언, 월방언 등이 분포한다. 이렇게 지리적으로 방언을 분류해 놓고 보면 방언권에 따라 놀라울 정도로 다양한 특성을 가진다.

4 중국 방언의 형성과정

● 한족의 이주와 민족 간 접촉 그리고 자연환경의 장벽

중국에서 다양한 방언이 형성된 이유는 서로 다른 시기에 지역별로 언어공동체가 형성되어 독자적으로 발전했기 때문이다. 어떤 방언은 이미 수천 년 이전부터 형성되었고 어떤 방언은 수백 년 전에 형성되었다.

중국에서 지역별로 서로 다른 방언이 사용되었다는 것은 이미 2,000년 전의 기록에서도 확인할 수 있다. 춘추전국 시기의 시대상을 반영하는 『예기(禮记)』에도 '세상 사람들은 언어가 통하지 않고 기호가 다르다'라고 기록되어 있다. 『예기』에 따르면 춘추전국 시기에 지역별로 해당 방언을 이해하고 의사소통할 수 있는 통역사가 필요했다. 이로써 춘추전국시대에 이미 의사소통이 불가능할 정도로 방언이 분화되어 있었음을 알 수 있다. 『맹자(孟子)』에도 당시 초나라 방언과 산둥 지역의 방언은 언어적으로 차이가 큼을 알 수 있는 기록이 있다. 『맹자』에는 초(楚)나라 아이가 제(齐)나라 말을 배우려면 어떻게 하는 것이 좋은지를 토론하는 대화가 등장한다. 이 대화에서 맹자는 제나라 말을 제대로 가르치려면 아이를 제나라로 데려와서 자연스럽게 말을 배우게 해야 한다고 조언한다. 여기에서 알 수 있는 것은 물론 외국어를 가르치는 맹자의 견해도 있지만, 초나라 말이 외국어처럼 배워야 하는 방언이라는 점이다.

방언의 형성과 분화는 하나의 언어가 동질적인 상태에서 이질적인 여러 방언으로 나뉘는 현상을 가리킨다. 그리고 방언 분화 연구의 핵심은 언어적 또는 언어 외적 요인을 찾는 것이다. 언어적 요인은 방언 분화 이전의 언어 상태에서 어떠한 과정을 거쳐 현재에 이르렀는지와 관계되는 것들이다. 발음, 어휘, 문법 등의 차이가 이에 속한다. 언어 외적 요인은 방언의 분화 과정에 영향을 미친 자연환경, 인구 이동, 민족의 융합, 언어 접촉 등이 포함된다.

인구 이동은 방언 형성에 매우 중요한 요인이다. 대부분 방언 분화는 인구 이동과 관련되어 있다. 그런데 인구 이동이 새로운 방언 형성에 주요한 요인으로 작용하려면 몇 가지 전제 조건이 필요하다. 첫째, 대규모 인구 이동이 발생해야 한다. 소규모 인구 이동은 새로운 언어 공동체를 형성하기 어렵다. 원주민 언어에 동화되기 쉽기 때문이다. 둘째, 새로운 지역에 이주하더라도 집단적으로 거주해야 방언 형성이 가능하다. 동일한 언어를 사용하는 사람이 한 곳에 모여 살면 그들의 언어를 유지할 수 있다. 흩어져 살면 언어의 힘이 약해진다. 새로 거

주하는 지역에 이미 사용되고 있는 방언의 힘이 세면 동화되기 쉽다.

역사적으로 중국의 방언 분화는 대규모 인구 이동이 일어난 후에 발생하였다. 중국의 인구 이동은 지난 수천 년 동안 일정한 방향성을 가지고 이루어졌다. 고대에는 주로 북쪽에서 남쪽으로 인구 이동이 발생했다. 수천 년을 거쳐 중원 지역에 거주하던 한족은 영토 확장, 전쟁, 자연재해 등의 이유로 점차 남쪽으로 이동했다. 그리고 근대 시기에 들어서는 중원 지역에서 중국 서부 지역으로도 대규모 인구 이동이 일어났다. 인구 이동의 시기는 다를 수 있지만 중국 방언의 분화는 대부분 역사적으로 대규모 인구 이동으로 생긴 결과라는 공통점이 존재한다. 현재 중국 남부 지역의 방언인 민방언, 객가방언의 형성은 고대 시기의 대규모 인구 이동과 밀접한 관련이 있다. 위진남북조와 당(唐) 왕조 시기에는 수많은 전란이 발생했다. 그 당시 많은 중국인은 전란을 피해 남쪽으로 거주지를 옮기게 된다. 집단으로 거주지를 옮긴 사람들은 대개 푸젠성과 광둥성 지역에 정착하였다. 이 지역에서 형성된 방언은 오늘날 민방언, 객가방언의 기초가 되었다. 한편 근대 시기에는 중국 서남부 지역으로 군대 파병과 한족 이주가 일어났다. 그 결과 중국 관화방언이 신장위구르와 윈난 지역까지 확산되었다.

민족의 융합과 언어 접촉도 방언 분화의 중요한 요인이다. 선진(先秦) 시기부터 중국의 한족은 동이(东夷), 서융(西戎), 남만(南蛮) 민족과 빈번하게 접촉하였다. 그 이후에도 양한(两汉), 위진남북조, 당, 송, 원, 명, 청 시기에 중원 지역과 주변 지역에는 수많은 이민족이 거주하였기에 민족 간의 빈번한 교류와 융합이 발생했다. 민족의 융합 과정에서 언어의 융합은 자연스럽게 수반되었다. 언어 접촉은 서로 다른 민족의 언어가 섞이는 것과 서로 다른 방언이 접촉하면서 변하는 것을 모두 포함한다.

민족의 융합과 언어 접촉이 수반된 방언 형성의 예로 들 수 있는 것이 월(粤)방언이다. 월방언은 고대 시기에 한족이 광둥 지역으로 이주하여 생활의 터전을 만드는 과정에서 북방 한어와 원주민의 언어가 융합되어 형성되었다. 광둥 지역은 수천 년 동안 발전하는 과정에서 원주민이 발자취를 새겼고 한족이 흔적을 남긴 곳이다. 이 과정에서 소수민족이 살던 오지에서 점차 한족의 새로운 삶의 터전으로 변했다. 원래는 '남만인(南蛮人)들의 때까치 우는 소리(南蛮鴂舌)' 같은 말을 하던 곳이 북방 한어가 통용되는 지역이 되었다. 한족이 광둥 지역으로 대규모 인구 이동을 한 시기는 진(秦) 왕조 때였다. 진나라가 육국을 멸하고 대규모 군대를 남쪽으로 파견하면서 중원 지역의 중국 방언도 자연히 광둥 지역으로 전파되었다. 고대 시기 광둥 지역은 남월(南越) 지역으로 불렸던 곳이다. 진시황은 50만 명이 넘는 대규모 군대를 파견하여 광둥 지역을 평정하였다. 대규모 군대가 파병되면서 그곳에는 매우 큰 한족의 집단 거주지가 형성되었다. 광둥 지역에 정착한 한족은 북방 한어를 사용하였는데 점차 그 지역 토착 원주민과 교류해 민족 간의 융합, 언어의 접촉이 발생하였다. 이 과정에서 북방 한어와는 다른 새로운 형태의 월방언의 기초가 형성되었다. 그리고 위진남북조, 당, 송 시기를 거치면서 지속적인 한족의 유입으로 북방 방언의 특성이 광둥 지역의 언어와 융합되면서 독립적인 월방언으로 발전하였다. 월방언은 송대까지 발전과 변화를 거치면서 북방 방언과 발음, 어휘, 문법 측면에서 상당히 다른 양상을 띠게 되었다.

자연 환경은 방언이 분화되고 확산되는 데 작용하는 외적 요인이다. 그중에서도 '산맥, 강, 평야' 등 지형적인 요소는 방언의 분화와 확산에 중요한 역할을 한다. 평지는 이동이 비교적 자유롭기에 언어 간 소통도 빈번하다. 평지가 많은 곳에서는 지형적 제약이 덜하므로 언어적 동질성이 유지되기 쉽다. 예컨대, 창장(长江) 이북 지역은 평지가 많아서 넓은 지역이라도 관화 방언의 특징을 공유하고 있다. 반면에 창장 이남 지역은 북부 관화방언과는 큰 강을 사이에 두어서 언어 접촉이 어렵기에 시간이 지나면서 많은 차이가 발생했다. 또한 중국 남부 지역에는 크고 작은 산과 강이 있어서 지리적으로 격리된 지역이 많다. 이로써 남부 지역 내에도 의사소통이 불가능할 정도로 많은 방언이 존재한다.

이상과 같이 중국의 방언은 역사적으로 여러 차례에 걸친 인구 이동과 민족 간의 융합, 언어 접촉, 지리적 격리 등의 요인으로 분화·발전되어 왔다. 북방의 관화방언과 남방의 오방언, 월방언, 민방언, 객가방언은 모두 초기에 고대중국어에서 분화되었다. 방언이 분화된 이후 발전 양상은 달랐다. 북방 관화는 거대한 지역으로 세력을 확대하고 상호 교류가 활발하여 언어적 동질성을 유지해 왔다. 그리고 시간이 지나면서 주변의 많은 언어적 특징을 흡수하여 새로운 유형으로 발전하였다. 반면에 남방 방언은 분화 이후 지역적으로 고립되었고, 인구 이동과 왕래가 상대적으로 적었으며 일정 정도 보수성이 있었으므로 이주 당시 고대중국어의 특징을 유지해 왔다. 예를 들어, 민방언과 객가방언에는 고대중국어의 많은 특징이 보존되어 있다. 민방언, 객가방언의 모태가 되는 중국인들은 위진남북조 시기, 당·송 시기에 중국 남부 지역에 정착하였다. 그들은 산간 지역과 연해 지역에 주로 정착하였는데 토착민과의 교류가 많지 않았다. 북쪽에서 이주한 중국인들은 특유의 강한 종족 관념과 전통을 계속하려는 의식이 강했다. 집단 이주 과정에서 친족이나 혈연 사이에 밀접한 관계를 유지하였으므로 원래 북방에서 사용하던 언어를 비교적 오랫동안 보존할 수 있었다. 방언의 언어적 변화 속도는 중심부에서 빠르게 진행되고 주변 지역으로 갈수록 느리게 진행되는 경향이 있다. 새로운 지역으로 정착한 이민자들의 언어는 그 집단이 계속되는 원래 특징을 유지하면서 사용된다. 그러나 중국 중심부의 언어는 고대중국어의 원형을 유지하기가 어려운 상황이었다. 이민자들이 원래 살던 중원 지역은 외부와의 교류, 사회 발전 등으로 빠르게 변화하였다. 특히 북방 관화 지역은 왕조 교체기마다 한족 간의 전쟁, 이민족과의 전쟁 등으로 분열과 통일을 반복하면서 언어도 본래 특성을 잃고 새로운 유형으로 발전하게 되었다. 바로 이러한 이유로 북방과 남방 간 차이도 현격히 발생하게 되었고 결국 현재와 같은 방언구역을 형성하게 되었다.

정리해 봅시다

1. 중국의 방언이 지역적으로 남과 북으로 나뉘고 매우 다른 특징을 지니게 된 이유는 무엇
   인지 말해 봅시다.

2. 다음의 우리말에 해당하는 베이징방언, 상하이방언, 홍콩방언을 찾아보고 어떤 차이가
   있는지 설명해 봅시다.

방언 ＼ 단어	우리	그들	먹다	마시다	집
베이징방언					
상하이방언					
홍콩방언					

3. 우리가 흔히 알고 있는 '딤섬(dim sum)'은 중국 광둥어 点心에서 온 것이다. 보통화로는
   diǎnxin이라고 읽지만 광둥어로는 '딤섬(dim sum)'이라고 읽는다. 이처럼 중국어에는 광
   둥어나 상하이어에서 보통화로 유입된 것들이 많다. 다음의 예를 한번 읽어보고 중국어
   방언이 다양하다는 것을 이해해 봅시다.

단어	중국어 외래어	차용된 방언	보통화 발음
택시	的士	광둥어	dīshì
맥도널드	麦当劳	광둥어	Màidāngláo
스위스	瑞士	광둥어	Ruìshì
소파	沙发	상하이어	shāfā
캐나다	加拿大	상하이어	Jiānádà

언어의 접촉과 중국어의
유형적 다양성

　언어의 접촉과 확산은 지리적으로 가까운 곳에서 시작된다. 중국이라는 지리적 공간 위에 언어적 속성을 표시해 보면 가까운 지역의 언어는 서로 유사한 속성을 보이고 멀리 떨어진 곳은 차이를 보인다. 언어적 특성은 지리적 거리에 따라 일련의 연속체를 이룬다. 이것은 한 언어에만 국한되지 않고 언어 간의 경계를 넘나들 수도 있다. 문화적인 교류와 경제적인 교류, 정치적인 통합과정에서 언어 접촉과 확산은 더욱 활발하게 이루어진다. 지도를 펼치고 보면 중국 북쪽의 지리적 환경은 북방 이민족언어와 접촉이 빈번했음을 짐작하게 한다. 반대로 중국 남쪽의 지리적 환경에서는 남방중국어와 남방 이민족언어의 접촉이 일어나기 쉬움을 알 수 있다. Part 11에서는 중국어와 기타 이민족언어의 접촉 그리고 이로써 발생한 중국어의 각종 변화를 살펴본다.

① 언어 접촉의 관점에서 본 중국어의 다양성

● 중국 혼합어가 이렇게나 많다니

1. 언어 접촉의 개념

언어 접촉(language contact)은 일반적으로 두 개 이상의 언어가 서로 만나는 현상을 가리킨다. 이러한 언어 접촉에는 동질 언어의 접촉도 있고 이질 언어의 접촉도 있다. 동질 언어의 접촉은 흔히 방언의 접촉을 말하며, 이질 언어의 접촉은 민족이 다른 두 언어의 접촉을 말한다. 동질 언어든 이질 언어든 순수하게 접촉의 시각으로 본다면 본질적인 차이는 없다.

중국 내에서 동질 언어 접촉의 예로는 북방 방언과 남방 방언의 접촉을 들 수 있다. 역사적으로 중국의 북방 방언은 늘 권위 방언으로서 남방 방언과 접촉했다. 북방 방언은 정치적으로나 인구 이동의 원인으로 접촉에서 항상 우세 방언이었다. 중국어[59]는 역사적으로도 언어 접촉의 여러 양상을 통해 큰 변화를 겪었다. 중국의 역사를 통해 살펴보면 한족은 고대부터 여러 민족과 접촉하며 지내왔다. 한대(汉代)에는 흉노족, 선비족 등과 접촉했고, 당송(唐宋) 시기에는 서역 지방의 민족과 접촉했다. 그 후에도 요(遼), 금(金)을 거쳐 원대(元代), 청대(清代)에 북방 몽골족, 만주족과 대규모 언어 접촉 현상이 발생했다.

언어 접촉 과정은 두 단계로 나누어 볼 수 있다. 하나는 이중언어화자의 전달 단계이고 다른 하나는 순수모어화자의 차용 단계이다. 예를 들어 중국 윈난성 지역 소수민족인 다이족(傣族)의 언어와 중국어의 접촉을 보면 점진적인 변화 과정이 파악된다. 다이족은 윈난 지역에서 작은 그룹을 이루어 한족들과 생활해 왔다. 그들이 사는 지역에는 한족도 많으므로 다이족 사람들은 대부분 자신의 모어인 다이어 외에 중국어에도 능통하다. 또한 그 지역 한족 중에도 다이어를 이해하는 사람이 적지 않다. 이들은 다이어와 중국어를 각각 모어로 사용하면서 혼합어를 만들어내기도 한다. 다이족의 중국어 습득과 한족의 다이어 습득은 모두 일종의 제2언어 습득이다. 다이족이 말하는 중국어는 다이(傣)중국어, 한족이 말하는 다이어는 한다이어(汉傣语)이다. 모어는 차용을 받아들이고 제2언어는 차용을 주는 위치에 있다.

---

59 여기에서 말하는 '중국어'는 汉语만을 가리키는 좁은 의미임을 밝혀둔다.

언어 접촉은 정도에 따라 삼투, 교체, 혼합 등의 현상이 발생한다. 언어 접촉이 일어나면 처음에는 흔히 상대 언어를 부분적으로 차용하는 현상이 발생한다. 접촉하는 과정에서 상호 언어적 요소가 스며드는 삼투현상이 일어날 수도 있다. 만약 어느 한 언어의 세력이 월등히 강하면 세력이 약한 언어에 많은 영향을 줄 수도 있다. 심한 경우에는 우세한 언어가 세력이 약한 언어를 소멸시킬 정도로 강력한 영향력을 행사하기도 한다. 언어 간에 전면적인 접촉이 일어났을 때 그 결과는 기층(substratum), 상층(superstratum), 방층(adstratum)과 같은 방식으로 나타난다. 기층은 군사적 정복 등의 이유로 한 언어가 다른 언어로 대체되었을 때 화석처럼 잔존하는 현상이다. 상층은 정복민족이 피정복민족의 언어를 배우면서 그 언어에 자신들 언어의 특징을 남기는 현상이다. 방층은 인접하는 언어 간에 서로 영향을 미치는 현상이다. 이 중에 가장 흔하게 일어나는 것은 상호 차용으로 생기는 방층 현상이다.

더 알아보기

이중언어화자의 전달 단계와 순수모어화자의 차용 단계의 차이점은 다음과 같다.

(1) 이중언어화자의 전달 단계
이중언어화자의 전달 단계는 제2언어로 중국어를 배우는 단계에서 일어나는 언어 접촉을 의미한다. 예를 들어 다이족의 이중언어화자들은 중국어를 배우는 과정에서 모어와의 간섭 현상을 경험한다. 이 과정은 공시적으로 진행되며, 중국어가 아직 다이족의 모어체계에 완전히 반영되지 않은 초기 단계를 나타낸다. 이 단계에서 중국어를 습득한 다이족은 모어를 사용하면서 부분적으로 중국어 발음이나 단어를 차용하는 경향을 보인다. 이는 특히 중국어에 익숙한 일부 다이족에게서 관찰되는 현상이다.

(2) 순수모어화자의 차용 단계
순수모어화자의 차용 단계는 중국어를 모르는 다이족 모어화자가 중국어를 차용하는 통시적 과정을 의미한다. 이러한 차용 과정은 비교적 긴 시간이 소요되며, 중국어가 점차적으로 차용되어 모어와 융합된다. 일단 차용어가 다이족 언어체계와 완전히 융합되면 중국어를 잘 모르는 순수모어화자도 자연스럽게 사용하게 된다. 순수모어화자의 차용 단계는 시간의 흐름에 따라 점차적으로 이루어지고 모어체계의 일부분이 된다는 측면에서 중요한 의미를 가진다. 이에 대한 더 깊은 이해를 위해서는 陳保亞(1996)의 연구를 참고하기 바란다.

2. 언어 접촉으로 생겨난 혼합어

중국은 14억이 넘는 약 56개 민족이 각기 자신의 언어를 사용하는 다민족국가이다. 이 중에서 94%를 차지하는 다수종족인 한족(汉族)이 사용하는 중국어가 가장 많다. 그러나 나머지 6%를 구성하는 소수민족도 중국이라는 거대한 국가 안에서 자신들의 언어를 사용하며 살고 있다. 현재 중국에서 사용되는 언어들을 분류해 보면 세계의 5대 어족에 속하는 언어가 모두 나타난다. 중국어와 같은 한장어족에 속하는 언어가 있고, 몽골어·터키어와 같은 알타이어족에 속하는 언어, 몬-크메르어에 속하는 남아어족, 남도어족에 속하는 언어, 인도-유럽어족에 속하는 언어도 있다. 중국에서 사용되는 언어는 중국어만이 아니다. 민족의 다양성만큼이나 언어가 다양한 나라가 중국이다. 에스놀로그(Ethnologue) 자료에 따르면 중국에서는 299개 언어가 사용되고 있다. 이 중 14개는 매우 안정적이고 23개는 발전되어 가고 있으며 104개는 비교적 활발히 사용되고 126개는 위태로운 단계에 직면했으며 32개는 거의 사라지는 추세이다.

중국어와 인접 언어들은 역사적으로 오랫동안 밀접한 관계를 맺어왔다. 물론 정치적, 군사적, 문화적으로 중국어가 다른 이웃 언어들에 더 큰 영향을 준 것은 사실이다. 그러나 중국어만이 일방적으로 다른 언어에 영향을 준 것이 아니다. 중국어와 이웃 언어 간의 영향 관계는 일방적이지 않고 쌍방적이다. 우리는 은연중에 중국어는 문화의 중심에 버티고 있어 주변에 영향을 주기만 했다고 생각할 수 있다. 그러나 중국어도 다른 언어에서 영향을 받은 부분이 많다. 중국은 하나의 언어권이 아니라 다양한 언어권의 사람들이 서로 접촉하면서 살고 있는 나라이다.

중국의 대다수 민족은 대부분 모어를 사용하지만 일부는 모어 이외의 제2언어를 사용하기도 한다. 일부는 이중언어를 모두 사용하기도 한다. 이 중에는 혼합어도 포함된다. 혼합어는 두 언어가 접촉하여 언어 구조에 질적 변화가 생겨 A언어와 B언어가 섞인 복합적 형태를 말한다. 현재 중국에서 사용되는 언어 가운데 단일한 언어가 아닌 혼합어로 간주되는 언어에는 오돈어(吾屯话), 도어(倒话), 당왕어(唐汪话), 찰어(扎话), 오색어(五色话) 등이 있다. 아래에서는 그중에 몇 가지 사례를 들어본다.

(1) 오돈어(吾屯话)

오돈어(吾屯话)는 중국 언어학계에서 일찍부터 주목을 받아 연구된 언어이다. 이 언어는 중국 칭하이성 황난(黃南) 티베트자치구 통런셴(同仁县) 일대의 토착민들이 사용한다. 오돈 민족은 자치구 내에서 사용되는 표준중국어, 티베트어, 몽골어, 투어, 사랄어 등 5가지 언어를 공유하는 환경에서 살고 있다. 이렇게 복합적인 언어 환경에서 만들어진 것이 바로 오돈어이다. 오돈어는 중국어가 장기간 티베트 지역의 언어와 접촉하여 만들어진 전형적인 혼합어이다.

(2) 도어(倒话)

도어(倒话)는 중국 쓰촨성 간즈(甘孜) 티베트자치구 야장셴(雅江县) 일대에서 사용되는 언어이다. 이 언어의 단어는 주로 중국어에서 기원했으며 어법은 티베트어와 유사하다. 일종의 티베트식 중국어인 셈이다.

(3) 당왕어(唐汪话)

당왕어(唐汪话)는 중국 간쑤성(甘肅省) 린타오셴(临洮县) 탕자춘(唐家村)과 왕자춘(汪家村) 일대의 회족들이 사용하는 언어이다. 이 언어는 중국어와 알타이어의 혼합어로 간주된다. 단어는 주로 중국어에서 기원했으며 어법은 알타이어와 유사하다.

(4) 오색어(五色话)

오색어(五色话)는 중국 광시성 룽수이(融水) 먀오족(苗族) 자치현에 거주하는 장족(壯族)들이 사용하는 언어이다. 이 언어는 중국어와 타이-카다이어계 언어의 혼합어로 간주된다. 발음과 단어는 타이-카다이어의 특징이 있으며 어법은 중국어의 특징을 보인다.

이처럼 중국 대륙 안에는 언어 접촉을 통해 중국어와 소수민족언어가 혼합된 새로운 형태의 언어가 적지 않다.

❷ 언어유형론 관점에서 본 언어 접촉과 언어 변화

● 언어 접촉의 영향력도 무시할 수 없다

언어유형론적 관점에서 볼 때 지리적으로 인접한 언어는 언어 접촉이 일어나기 쉽고 그 결과로 다양한 변화가 수반된다. 음운 체계가 변하기도 하고 어휘의 차용으로 어휘 체계가 변하게 되며 어순도 변할 수 있다. 스웨덴 스톡홀름대학 언어학과 교수 콥셰브스카야 탐(Koptjevskaja Tamm)의 연구에 따르면 언어 접촉으로 언어 구조가 바뀌는 사례들이 적지 않다. 언어는 지리적 인접성과 밀접한 관련이 있어서 시간이 지나면서 인접한 지역은 점점 유사한 특성을 가지게 되는 것이다.

지리적 인접성의 관점에서 언어 변이를 연구한 예로 들 수 있는 사례는 영국 영어의 방언 분포이다. 현대 영어에서는 수여동사의 목적어가 모두 대명사이면 'give me it'이라고 하는 것은 어색하다. 일반적으로는 'give it to me'라고 하는 것이 일반적이다. 그러나 영국의 방언 지역에서는 ① 'give me it', ② 'give it me', ③ 'give it to me'라는 세 가지 형태의 변이형이 존재한다. 이러한 어순 분포는 지리적 인접성과 관련이 있다.

인도-유럽어족(Indo-European families)은 역사적으로 수많은 언어와 접촉해 왔다. 인도-유럽어는 적어도 15개 이상의 다른 어족과 언어 접촉이 발생했고 그로 인한 변화 양상도 다양하다. 예를 들어 아시아-아프리카어족(Afro-Asiatic), 드라비다어족(Dravidian), 몽골어족(Mongolic), 티베트-버마어족(Tibeto-Burman), 터키어족(Turkic) 등과 접촉해 왔다.

인도-유럽어족에 속하는 언어는 언어 접촉과 지리적 인접성에 민감한 언어이다. 그중에 전형적인 예가 남아시아 지역에 분포하는 인도-유럽어이다. 이 지역은 다른 인도-유럽어와 계통론적으로는 같지만 어순 유형 면에서 상당히 다른 특징을 보인다. 유럽 지역을 비롯한 대부분 지역은 기본어순이 SVO 유형이다. 그러나 남아시아 지역의 인도-유럽어는 기본어순이 SOV 어순이다. 지도에서 우측 하단에 검은색으로 표시한 지역이 SOV 어순을 쓰는 곳인

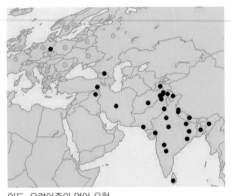

인도-유럽어족의 언어 유형

데 이곳에는 인도-유럽어와 드라비다어(Dravidian), 티베트-버마어(Tibeto-Burman)가 분포한다. 반대로 유럽 지역에 회색으로 표시된 지역은 모두가 SVO 어순에 속하는 곳이다. 남아시아 지역의 인도-유럽어 중 거의 예외적으로 SOV 어순을 가지는 이유는 이 지역 주변이 SOV 어순을 가지는 언어와 접촉하기 때문이다. 인도-유럽어의 예로 볼 때 어순 분포에서는 계통론적 유사성뿐만 아니라 지리적 인접성, 언어 접촉 등이 중요한 변수로 작용한다는 것을 알 수 있다.

독일 막스플랑크연구소의 하마르스트롬(Hammarstrom) 박사는 전 세계 언어의 데이터를 수집하여 통계적으로 분석한 결과 언어 유형이 변하는 요인 중 언어 접촉을 포함한 지리적 요인이 8% 정도를 차지한다고 하였다. 범언어적으로 SVO 어순 유형에서 SOV 어순 유형으로 변하는 사례들도 적지 않다. 예컨대 한장어족(Sino-Tibetan)의 5.4%는 역사적으로 SVO 어순 유형에서 SOV 어순 유형으로 변했다고 한다. 이러한 어순 유형의 변화에서 지리적 인접성으로 인한 언어 접촉 요인도 일정한 작용을 하는 것이다. 물론 한 언어의 어순을 결정하는 중요한 요인은 계통론적 조상 언어이지만 지리적으로 인접한 이웃 언어들과의 접촉 등 지리적 요인도 일정한 관련이 있다는 것이다.

❸ 중국어와 남방 언어의 접촉과 언어 변화

● '전위수식형' 소수민족언어 등장!

　　중국 대륙의 남쪽에는 중국어와 수많은 소수민족언어가 분포한다. 토착민들과 대규모 인구이동으로 정착한 중국 한족들은 정치적·경제적·군사적 영향 관계를 가져왔다. 여러 역사 기록에서도 이 지역에서는 소수민족과 북방의 한족 사이에 빈번한 접촉이 일어났음을 알 수 있는데, 이 과정에서 발생한 언어 접촉은 어찌 보면 당연한 결과이다.

　　중국어와 남방 소수민족언어가 접촉하는 과정에서 중국어는 일반적으로 더 우세한 영향력을 가졌다. 북방 한족의 정치적·군사적·문화적 힘이 상대적으로 강했기에 소수민족은 중국의 언어와 문화를 많이 차용하게 되었다. 그 결과로 남방 소수민족언어는 여러 가지 측면에서 중국어의 영향에서 자유로울 수 없었다. 그러나 그 영향 관계가 일방적이지는 않고 쌍방향적 측면이 있다. 남방 지역에 정착한 한족들의 중국어가 소수민족언어의 영향을 많이 받은 것도 사실이다. 여기에서는 그중 몇 가지 사례를 들어 언어 접촉으로 생겨난 언어 변화를 설명한다.

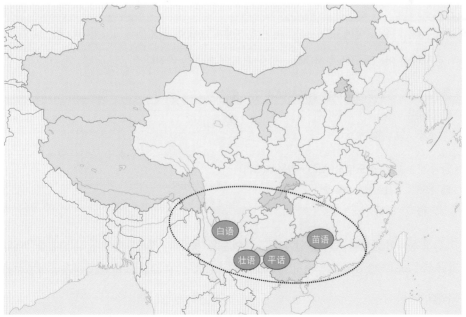

중국 남방 지역 언어의 접촉 현상

1. 중국어와 동태어(侗台语)의 언어 접촉과 언어 변화

동태어(侗台语) 계통의 언어는 현재 알려진 것만 15종류가 있다. 이 중에서 차동어(茶洞语), 랍가어(拉珈语), 표어(标话) 등은 중국어의 영향을 비교적 많이 받았다. 그 결과로 문장의 유형이 혼합적 양상을 보이기도 한다.

동태어(侗台语)는 '형용사(Adj) + 정도부사(AD)' 어순과 '정도부사(AD) + 형용사(Adj)' 어순이 혼재한다. 먼저 정도부사가 형용사 뒤에 오는 예는 다음과 같다.

- 장어(壮语): 형용사(Adj) + 정도부사(AD)
  > 예 lak8   ɣa:i4ɕa:i4   매우 깊다
  >   深   十分

- 포의어(布依语): 형용사(Adj) + 정도부사(AD)
  > 예 zai2   ta2za:i4   아주 길다
  >   长   真

위의 예는 '형용사(Adj) + 정도부사(AD)' 어순에 해당하는 것이다. 그러나 동태어 중에는 이와 반대의 어순을 보이는 경우가 더 많이 관찰된다. 그 예로 들 수 있는 것이 촌어(村语)와 양광어(佯僙语)이다. 그런데 이 언어에서 사용되는 정도부사는 중국어에서 차용되었을 가능성이 높다. 다음의 예에서도 보이듯이 발음면에서 중국어 정도부사 太, 相当, 很, 最와 매우 유사하며 어순도 '정도부사(AD) + 형용사(Adj)' 어순을 가진다.

- 촌어(村语): 정도부사(AD) + 형용사(Adj)
  > 예 thai1   tɵɔi1   아주 많다
  >   太   多

- 양광어(佯僙语): 정도부사(AD) + 형용사(Adj)
  > 예 hən1   da:i1   아주 좋다
  >   很   好

원래 동태어 계열에 속하는 언어의 고유 어순은 '형용사 + 정도부사'이다. 그러나 중국어와 장기간의 언어 접촉으로 중국어의 정도부사도 차용하여 '정도부사 + 형용사' 어순도 혼용하게 되었다.

동태어(侗台语)에 속하는 남방 소수민족언어는 기본어순이 대개 SVO 어순이고 전치사를 사용하며, 형태변화가 적어 고립어적 특성이 강하다. 또한 시제 범주 대신 상 범주가 발달했으며 수량사가 풍부하다. 동태어에서 전치사구의 어순은 일반적으로 '동사(V) + 전치사구(PP)' 형식을 가진다. 다음의 예를 보자.

- **덕태어**(德傣语): 동사(V) + 전치사구(PP)

  예 kau6   het9   la3xɔŋ1   ti6   pe3tsin6   나는 베이징에서 일한다.
     我   做   工作   在   北京

- **장어**(壮语): 동사(V) + 전치사구(PP)

  예 pu:t7   to6   ɣoŋ2   아래로 뛰다
     跑   往   下

그러나 동태어계에 속하는 일부 소수민족언어에서는 전치사구가 동사 앞에 위치하는 경향이 관찰된다. '전치사구(PP) + 동사(V)' 어순을 가지는 언어로는 표어(标话)를 예로 들 수 있다.

- **표어**(标话): 전치사구(PP) + 동사(V)

  예 tsia1   ŋy4   mui1   to3   phiam3   thu1   나는 그 산에서 나무를 베고 있다.
     我   在   那   山   砍   柴

이렇게 동태어에서 전치사구의 어순은 '동사(V) + 전치사구(PP)'와 '전치사구(PP) + 동사(V)' 형식이 있는데 통시적으로 전자에서 후자로 바뀌는 추세이다. 중국 남부 소수민족언어의 전치사구 어순이 'V + PP'에서 'PP + V' 형식으로 변화하는 것은 언어 접촉과 밀접한 관련이 있다.

동태어(侗台语) 비교 구문은 두 가지가 혼재한다. 이 중에 고유 어순은 '형용사 + 비교표지 + 비교대상'이다. 그러나 일부 지역에서는 중국어 비교표지 比를 차용하여 '비교표지(比) + 비교대상 + 형용사' 어순을 사용하기도 한다. 장어(壮语)에서는 한 언어 안에 두 가지 어순이 혼재한다. 아래의 예에서 하나는 고유 어순이고 하나는 중국어의 영향을 받은 어순이다.

- **장어**(壮语)

  a. 고유 어순

  예 kou1   sa:ŋ1   kva5   muɯŋ2   나는 너보다 크다
     我   高   过   你

  b. 중국어의 영향을 받은 어순

  예 kou1   pei3   muɯŋ2   sa:ŋ1   나는 너보다 크다
     我   比   你   高

비교급 어순이 혼재하는 것이 중국어 접촉에 따른 결과라고 하였다. 특히 동태어계의 언어들이 차용한 중국어 비교급 표지는 남방 방언(서남관화, 월방언 등)에서 유래한 것이다.

2. 중국어와 묘요어(苗瑤语)의 언어 접촉과 언어 변화

통시적으로 묘요어와 중국어는 지속적인 언어 접촉의 결과로 음운, 어휘, 어순 유형 면에서 많은 변화가 발생했다. 이 과정에서 중국어가 묘요어에 미친 영향력은 아주 크다. 소수민족언어에 속하는 묘요어는 중국어의 영향을 받아 음운동화나 어휘의 차용이 빈번하게 일어났다.

묘요어(苗瑤语)에는 중국어에서 차용한 어휘가 다양하게 사용된다. 이러한 차용어는 단음절 어휘도 있고 다음절 어휘도 있다. 예를 들어 장융(江永) 지역의 면어(勉语)를 보자. 다음의 예는 중국어 어휘를 완전히 차용한 것이다.

▪ 단음절 차용어

a.	thiŋ31 天	하늘	b.	siu33 收	받다
c.	khəu434 苦	쓰다	d.	lau31 牢	우리

▪ 이음절 차용어

a.	lau31 劳	toŋ35 动	노동	b.	miŋ31 民	tsu31 族	민족
c.	tsəŋ35 政	tsʅ35 治	정치	d.	tɕau35 教	ɕi31 室	교실

묘요어는 분석형 언어로 단어의 형태 변화가 없고 허사도 적은 편이다. 술어와 명사구의 의미관계를 나타낼 때에도 어순으로 표현하지 명시적인 문법표지가 많지 않다. 선행절과 후행절을 연결하는 접속표지도 thiŋ33 '~와' 같은 소수의 접속사만 사용된다. 그러다가 묘요어는 언어 접촉 과정에서 중국어에서 차용된 다양한 문법적 기능어가 사용되었다. 중국어에서 차용된 문법적 기능어로는 전치사, 조사, 접속사 등을 들 수 있다.

▪ 전치사

  a. pei434   ~보다 [비교]   b. tsoŋ31   ~에서부터 [기점]

    比   从

▪ 조사

  a. liu434   [완료]   b. tsə35   [지속, 진행]

    了   着

▪ 접속사

  a. sə33   비록 [양보]   b. so434i434   그래서 [인과]

    虽   所以

묘요어 계통의 언어 중에는 명사수식어가 중심명사 앞에도 오고 뒤에도 오는 사례가 적지 않다. 즉, '명사수식어＋중심명사' 어순과 '중심명사＋명사수식어' 어순이 혼재하는 것이다. 이러한 현상의 이면에도 역시 중국어와의 언어 접촉이 관련되어 있다. 묘요어 계통의 고유 어순은 '중심명사＋명사수식어'이지만 중국어의 영향을 받아 '명사수식어＋중심명사' 어순이 점점 많아지는 추세이다. 다음의 예를 보자.

▪ **포노어**(布努语)

  a. ŋka13   mpai41   돼지고기   b. kjuŋ33   nuŋ13   소뿔

    肉   猪   角   牛

▪ **형내어**(炯奈语)

  a. mpe35   ŋkai33   돼지고기   b. no33   kjaŋ44   소뿔

    猪   肉   牛   角

위의 예에서 포노어(布努语)는 명사수식어가 뒤에 위치한다. 그러나 형내어(炯奈语)는 그 순서가 반대이다. 같은 묘요어 계통이지만 어순 분포가 서로 다른 것은 역사적으로 언어 접촉에 따른 변화의 정도가 다르기 때문이다. 전자가 묘요어 고유의 어순을 보존한 경우라면 후자는 중국어 어순의 영향을 받아 변한 경우이다.

4 중국어와 북방 언어의 접촉과 어순 변화

● 중국어의 OV 어순과 후치사의 발달

　중국 대륙의 북쪽에는 중국어와 수많은 북방 소수민족언어가 분포한다. 몽골어, 만주어, 어원키어, 위구르어 등이 그러하다. 북방 소수민족과 한족은 역사적으로 대규모 인구이동으로 정치적·군사적·경제적 영향관계를 가져왔다. 여러 역사 기록에서도 이 지역에서는 북방 소수민족과 한족 사이에 빈번한 접촉이 일어났음을 알 수 있다. 이 과정에서 언어 접촉은 빈번하게 발생했으며 그 흔적은 언어의 여러 측면에 남아 있다.

　중국어와 북방 소수민족언어가 접촉하는 과정에서 중국어는 일반적으로 더 우세한 영향력을 가진다. 한족의 정치적·군사적·문화적 힘이 상대적으로 강했기에 소수민족은 중국의 언어와 문화의 영향을 더 많이 받았다. 그러나 역사를 거슬러 올라가면 항상 한족이 정치적으로 강성했던 것은 아니다. 오히려 송대 말기의 선비족이나 원대의 몽골족, 청대의 만주족은 한족을 통치할 정도로 세력이 막강하였다. 이 과정에서 중국어가 영향을 많이 받은 것도 사실이다. 다음 지도에서 그중 알타이어의 영향을 받은 사례를 중심으로 중국어의 변화를 살펴본다.

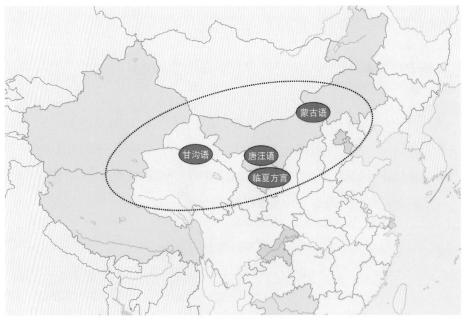

중국 북방 지역 언어의 접촉 현상

252

여기서는 칭하이성(青海省) 회족자치구 감구(甘沟)방언의 언어변화 상황을 중심으로 살펴본다.

감구방언은 중국 칭하이성 회족자치구에서 사용되는 방언이다. 감구 지역에서는 한족, 회족, 티베트족 등 여러 민족이 어울려 산다. 여러 민족이 한 지역에서 사는 만큼 그 언어 접촉에 따른 다양한 현상이 관찰된다. 감구방언의 기본어순은 OV 어순이다. 사용되는 단어는 중국어이지만 기본어순은 알타이어의 영향을 받아서 OV 어순으로 변했다. 다음의 예를 보자.

① 你　苞谷哈　吃哩不吃？ = 你吃玉米不吃？ 당신은 옥수수를 먹습니까?
② 狼　傢们的羊哈　吃过了 。 = 狼吃掉了他们的羊。 늑대가 그들의 양을 (잡아) 먹어 버렸다.

위의 예문에서 哈는 후치사로 목적격 조사로 분류된다. 이렇게 목적격을 나타내며 분포적으로 후치사에 속하는 문법표지가 사용되는 것도 표준중국어에는 없는 현상이다. 목적어가 동사 앞에 위치하고 목적격 후치사가 사용되는 어순 유형은 알타이어, 티베트어와 아주 유사한 현상이다. 감구방언에서 사용되는 중국어는 그 지역의 다수를 차지하는 알타이어 계통 화자들의 영향을 받아 어순 유형이 변해왔다고 할 수 있다.

감구방언에서 사용되는 계사 구문에서 계사(copula)는 문미에 위치하는데, 이 또한 알타이어를 비롯한 OV 어순의 특징으로 표준중국어와는 반대이다. 표준중국어의 계사 구문은 '是＋NP' 어순이지만 감구방언은 'NP＋是' 어순으로 표현된다. 다음의 예를 보자.

③ 噯傢　老师个　是　哩呀 。 그는 선생님이다. [NP+是]
④ 噯傢　老师　不是 。 그는 선생님이 아니다. [NP+不是]

감구방언에서 소유나 존재를 나타내는 구문에서는 有가 사용된다. 그런데 그 어순은 표준중국어와 다르게 'NP＋有' 형식이다. 이러한 어순도 북방 알타이어와 유사한 특징이다.

⑤ 我哈　书一本　有　哩啊 。 나는 책 한 권이 있다. [NP+有]
⑥ 我　学哩　有　哩啊 。 나는 학교에 있다. [NP+有]

감구방언에서 명사의 의미 관계를 나타내는 부치사는 모두 후치사이다. 표준중국어에서는 전치사(개사)가 많이 사용되지만 감구방언에서는 전치사가 거의 사용되지 않는다. 명사의 의미 관계나 격 관계는 모두 후치사로 표현된다. 예를 들어 표준중국어의 在, 从, 把, 被, 对 등과 같은 전치형 전치사는 감구방언에서 거의 사용되지 않는다. 이러한 장소, 기점, 처치, 피동, 대상 등의 의미를 나타낼 때는 후치사를 사용하여 표현한다. 감구방언에서 자주 사용되는 후치사에는 哈, 里, 些, 俩, 上 등이 있다.

⑦ 篮篮里 = 从篮子里 바구니에서

⑧ 刀子俩 = 用刀子 칼로

⑨ 我哈 = 对我 나에게, 나를, 나는

언어유형론적 관점에서 전치사가 사용되지 않고 후치사가 사용되는 것은 OV형 어순과 밀접한 관련이 있다. 동아시아 지역에서 후치사를 사용하는 대부분 언어는 OV형 어순을 가진다. 반대로 전치사를 사용하는 언어는 VO형 어순을 가지는 경향성이 강하다. 또한 후치사를 사용하여 문법 기능을 나타내는 것은 알타이 언어의 중요한 특징이다. 알타이 언어의 후치사는 매우 발달해서 여러 문법적 의미를 나타낼 수 있다. 이러한 측면에서 보면 후치사의 발달은 감구방언이 알타이 언어로 변했다는 강력한 증거가 된다.

감구방언에서는 부치사구(PP)가 동사 앞에 사용된다. 품사 측면에서 전치사는 거의 사용되지 않고 후치사가 사용되며, 통사적 측면에서 부치사구가 동사 앞에 사용된다. 그 어순은 '전치사구(PP)+동사(V)'이다. 다음 예문의 어순도 전형적인 알타이어와 유사하다.

⑩ 我 房子里 书 看着。 = 我在房间里看书。 나는 방에서 책을 보고 있다.

⑪ 嗳傢 北京些 来。 = 他从北京来。 그는 베이징에서 왔다.

위의 예문에서 감구방언의 후치사구는 모두 동사 앞에 위치한다. 이러한 어순은 감구 지역에서 사용되는 토착민의 언어, 티베트어와 완전히 같은 유형이다. 즉 지리적으로 인접한 지역에서 중국 방언이 토착어와 완전히 동화되어 어순 유형이 변한 것이다.

여기에서는 언어 접촉(language contact)의 관점에서 남방 중국어와 소수민족언어의 관계, 북방 중국어와 소수민족언어의 관계를 고찰하였다. 중국어와 인접 언어들은 역사적으로 오랫동안 밀접하게 접촉해 왔다. 특히 중국 남방 지역(광시성, 윈난성, 구이저우성, 후난성)과 북서부 지역(칭하이성, 간쑤성, 신장위구르자치구, 네이멍구자치구)은 중국어가 확산되는 가장자리에 위치하는 지역으로 토착민의 언어와 끊임없는 접촉·변화 과정을 거쳤다. 이 과정에서 두 민족이 사용하는 언어는 음운, 어휘, 문법 측면에서 상호 영향을 주고받게 된다. 물론 정치적으로나 문화적으로 중국어가 우세한 위치를 점한 것은 사실이다. 그러나 중국어만이 일방적으로 다른 언어에 영향을 준 것은 아니다. 중국어와 인접한 소수민족언어 간의 영향 관계는 일방적이지 않고 쌍방향적이다. 중국어도 다른 언어로부터 적지 않은 영향을 받았다. 남방 중국어는 티베트어, 동태어 계통의 언어와 많은 영향 관계를 가져왔다. 이에 비해 북방 중국어는 알타이어와 많은 영향 관계를 가져왔다. 요컨대 중국은 하나의 언어권이 아니라 다양한 언어권의 사람들이 크고 작은 접촉으로 언어가 역동적으로 변해 온 지역이라고 할 수 있다.

더 알아보기

원대에 몽골어의 영향으로 몽골어화한 중국어 '한아언어(汉儿言语)'

'한아언어(汉儿言语)'로 불리는 중국어는 원대에 몽골어의 영향으로 변화된 중국어를 가리킨다. 원대 시기의 중국어 자료에서는 어휘뿐 아니라 문법, 어순 등의 측면에서 몽골어의 영향에 따른 변화가 나타난다. 몽골어의 영향을 가장 잘 드러내주는 자료는 바로 14세기에 나온 『원본노걸대(原本老乞大)』이다. 여기에 나타난 중국어 문장 중에 상당수는 '목적어(O)+동사(V)'의 어순을 가진다.

① 我汉儿言语不理会的。 나는 중국말을 잘 모른다.

② 为甚麽这般的歹人有? 어떻게 이런 나쁜 놈이 있을까?

③ 过的义州，汉儿地面来，都是汉儿言语。
　　의주를 지나 한족지역에 왔더니 모두가 중국어를 쓰는구나.

『노걸대』에서 보이는 위의 예들은 OV형 언어인 몽골어와 접촉해 중국어의 기본어순이 영향을 받았음을 보여준다. 명대 이후에는 중국어에 대한 몽골어의 영향이 사라지게 된다. 이 과정에서 몽골어의 영향을 받았던 중국어도 본래의 중국어 구조에 부합하도록 변화하였다. 『노걸대』 판본 가운데 16세기에 나온 『번역노걸대』는 원래대로 복원된 명대 중국어의 모습을 잘 반영하고 있다.

정리해 봅시다

1. 중국의 남부 지역에서 중국어의 영향을 받아 언어가 변한 사례를 조사해 봅시다.

＿＿＿＿＿＿＿＿＿＿＿＿＿＿＿＿＿＿＿＿＿＿＿＿＿＿＿＿＿＿＿＿＿＿＿＿＿＿

2. 중국의 북부 지역에서 알타이어의 영향을 받아 변한 중국어의 사례를 조사해 봅시다.

＿＿＿＿＿＿＿＿＿＿＿＿＿＿＿＿＿＿＿＿＿＿＿＿＿＿＿＿＿＿＿＿＿＿＿＿＿＿

Chapter
4

중국인의 삶과 중국어

중국어라는 언어는 수천 년 전부터 중국인에 의해 탄생하고 사용되면서 지속적인 변화 과정을 거쳐 지금과 같은 모습을 띠게 되었다. 그리하여 세계 속의 다른 언어와는 다른 중국어만의 독특한 특징을 갖추게 되었고, 중국인은 또한 그 특징을 자신의 삶에 용해시키며 살고 있다. 한자라고 하는 독특한 문자체계 그리고 한자에 대응하는 중국어의 음절 체계, 지속적인 변화로 출현한 동음이의어의 증가, 형태적 변화 없이 실사의 나열만으로도 문장을 형성하는 고립어적 특징 등은 중국어의 기나긴 역사 과정에서 이루어졌지만 중국인은 이러한 특징을 충분히 활용하여 그들의 언어생활을 재미있고 풍부하게 만든다. 심지어 의식적으로 이것을 이용해 자신들의 사상을 나타내고 풍속을 형성한다. 그리하여 또 하나의 언어문화를 탄생시켰다. 중국인은 또한 자신들의 이 독특한 언어가 궁금했던 나머지 아주 오래전부터 관찰을 해왔고 '소학'이라고 하는 하나의 학문으로까지 발전시켰다. 단순히 언어를 관찰하는 것에 그치지 않고 이것을 정치·사회·문화적으로 자신들의 삶에 이용하고 살아온 것이다. Chapter 4에서는 중국인이 독창적인 중국어의 특징을 어떻게 이용하여 삶을 풍요롭게 해왔는지 그리고 얼마나 치밀하고 과학적으로 중국어를 관찰·연구해 왔는지 살펴본다.

Part

12

중국인의
언어 습관과 함축 의미

인간은 언어를 가지고 삶을 살아간다. 그런데 언어가 다르면 당연히 그에 따른 언어생활의 모습도 달라질 수 있다. 따라서 어떤 언어를 사용하는 집단이라 하더라도 그들 특유의 언어습관이 존재하기 마련이다. 중국인은 중국어의 갖가지 독특한 특징을 활용하여 자신들의 언어생활을 풍부히 해왔으며, 이것은 중국인의 재치 있는 해학적 문화로 자리 잡아왔다. 여기에는 대표적으로 해음과 대칭의 언어습관이 있다. 이렇게 그들만의 독특한 관습도 존재하지만 결국 하나의 언어이기에 중국어 역시 말을 사용하는 측면에서 인류 공통의 화행 습관이 나타나고 있다. 여기에는 대표적으로 완곡한 표현과 대화의 격률 그리고 함축도 있다. Part 12에서는 이와 같이 중국어라고 하는 도구를 삶에 이용하면서 발생하는 각종 관습적 현상을 살펴본다.

❶ 해음(諧音)에 드러나는 중국인의 언어 습관

● 동음자에 집착하다

조화를 추구하고 삶을 긍정하는 것은 비단 중국인에게만 나타나는 현상은 아니다. 사는 게 점점 팍팍해진다고는 하지만 2015년 호주대학의 연구진이 빅데이터로 전 세계 언어를 귀납한 결과 인류는 여전히 긍정적이고 조화로운 언어와 감정에 더 높은 점수를 주었다. 인간은 어떤 상황에 처하더라도 밝은 면을 보고 삶을 긍정하고자 한다는 폴리아나(Pollyanna)원리가 적어도 사회언어학적으로는 입증되고 있다고 하겠다. 중국어의 경우 이러한 해학과 긍정이 언어 사용에서 여러 가지 형태로 드러난다. Part 03에서 이미 중국어 성모와 운모의 결합 결과가 400여 개밖에 되지 않는다는 것을 배웠다. 그러다보니 중국어에는 음이 같지만 의미가 다른 '동음이의(同音異义)' 표현이 많을 수밖에 없다. 중국인들은 이런 동음이의 표현을 적극적으로 활용하여 우주와 인생에 대한 긍정적 사고를 그려낸다. 동음의 대비적인 리듬과 파격으로 사회를 풍자하고 속마음을 드러내며, 발복(发福)을 기원하는 중국인의 사고를 알아보자.

1. 풍자가 살아 있는 해음

삶은 가까이에서 보면 비극이고 멀리서 보면 희극이라는 채플린의 말은 동서고금을 막론하고 모든 이의 삶에 적용될 것이다. 어떤 시대에 사는 사람이든 자신이 살아내야 하는 생은 쉽지 않다. 그러다보니 개인의 삶을 둘러싼 일상, 관계, 사회, 조직을 풍자하는 기록들은 모든 문화권에 다 남아 있고, 이때 그것을 기록한 언어가 중요한 역할을 한다. 서양의 고전이라고 할 셰익스피어의 많은 작품에도 동음이의 말놀이 유희(pun)를 활용한 풍자들이 많이 드러난다. 햄릿의 대사 중 어머니와 결혼해 왕이 된 숙부 클라우디스의 "왜 구름에 쌓여 있느냐"라는 질문에 "햇볕을 너무 쬐고 있습니다(I am too much in the sun.).[60]"나 "어떻게 지내느

---

60 태양 sun의 발음이 아들 son과 같음을 사용한 풍자

냐"는 질문에 "약속만 가득한 빈 공기를 먹고 산다(I eat the air promise-crammed.).[61]"라는 대목은 그 시대를 살았던 사람들뿐 아니라 지금 고전을 읽는 현대인에게도 웃음과 공감을 유발하는 대목이다. 중국어는 한자의 수보다 그 발음인 음운의 수가 현저히 적고 이로써 음이 같은 글자들이 많아 이런 동음이의를 활용한 풍자가 매우 발달했다. 이렇게 음이 같은 표현을 사용해 다른 의미를 드러내는 것을 '해음(谐音)'이라고 한다.

중국 청말의 소설 『홍루몽(红楼梦)』은 중국어의 해음 교과서라고 해도 지나친 말이 아니다. 거의 모든 등장인물과 사건 설정에 해음이 활용된다. 예를 들어 주인공 가보옥(贾宝玉)은 贾의 발음이 假와 같아서 생기는 '가짜 보옥'이라는 의미가 연상된다. 이 가짜 보옥을 완성하려는 페르소나들로 다양한 인물들을 세운다. 예를 들어 주인공의 여인들인 설보채(薛宝钗)와 임대옥(林黛玉)의 가운데 글자 '보'와 '옥'을 합치면 '보옥'이 되며, 견보옥(甄宝玉)이라는 인물의 성 '견(甄)'의 발음이 眞과 같아 假와 대비를 이루면서 '진짜 보옥'이라는 의미가 생긴다. 또 보옥의 누이들인 元春, 迎春, 探春, 惜春 네 명의 앞 글자는 元迎探惜인데 이것은 原应嘆息라는 표현과 같은 음으로 '원래 마땅히 탄식하다'라는 뜻이 내포되어 이들의 삶이 비극적일 것임이 그려진다. 중국의 문학작품, 문인화, 민화 들에는 이런 해음이 많이 나타난다. 중국 중당(中唐)의 시인 유우석(劉禹锡)의 죽지사(竹枝词)에 '东边日出西边雨，道是无晴却有晴'이라는 대목은 '맑을 청(晴)'의 발음이 '정(情)'이 있다'라고 할 때의 발음과 같은 것을 이용해서, 무정한 듯하지만 사랑이 있는 마음을 그려냈다. 현대를 살아가는 사람들도 누군가에게 사랑을 고백할 때 이런 시를 활용해서 자신의 마음을 표현할 수 있다. 물론 그러려면 표현하는 사람과 받는 사람이 문해력을 갖추어야 함이 전제가 되겠다.

해음으로 직접 드러내기 힘든 풍자나 속마음을 표현하는 것은 오늘날 중국에서도 여전히 유효하다. 멀티미디어 매체가 발달한 지금은 단순히 언어뿐 아니라 삽화 형태까지도 같이 결합되어 온라인상의 다양한 밈으로 확산되고 있다. 밈(meme)은 1976년, 리처드 도킨스의 《이기적 유전자》에서 문화의 진화를 설명할 때 처음 등장한 용어로 한 사람이나 집단에서 다른 지성으로 생각 혹은 믿음이 전달될 때 전달되는 모방 가능한 사회적 단위를 총칭한다. 이 밈을 중국어로 梗이라고 하는데, 이 중 해음을 활용한 밈은 '谐音梗'이라고 한다. 최근 중국

---

61 공기 air의 발음이 상속자 heir와 같음을 이용한 풍자

젊은이들의 SNS상에 여러 논의를 자아냈던 밈 중 하나가 女拳과 관련된 谐音梗이다. 이 표현은 주먹을 나타내는 拳과 권리를 의미하는 权이 발음이 같은 것을 이용하여 '소통하지 않고 강성으로 주장만 펼치는 '여권(女权)운동'을 비판하는 어휘로 사용되었다. 아이러니하게도 처음 표현이 나왔을 때는 여성운동을 비하하는 의미로 사용되었지만, 여자의 주먹도 힘이 있다는 의미로 그 뜻이 다시 환유되어 해음을 통해 계속 의미가 재생산되는 과정을 관찰할 수 있다. 여성 페미니스트들의 女拳과 관련된 밈은 발음뿐 아니라 각종 그림도 생산되어 같이 사용되었다.

2. 해학과 기복의 해음

상성(相声)은 중국 곡예의 종류 중 현재 가장 활성화되어 있는 설창(说唱) 예술의 한 장르이다. 상성에 출현하는 사람들은 기지와 유머를 내포한 대화 형식으로 생활 속의 다양한 화두를 재치 있게 풀어내는데, 이때에도 청중이 예상하지 못하는 의미를 만들려고 다양한 해음 표현을 사용해 재미를 자아낸다.

예를 들어, 베이징의 상성 예술가 마지(马季)가 홍콩에 가서 상성을 공연할 때 상대방에게 어디에서 왔냐고 묻는다. 상대방이 타이베이(台北)에서 왔다고 하면, 자신은 타이난(台南)에서 왔다고 한다. 관중은 마지가 베이징 사람인 것을 이미 알기 때문에 처음에는 어리둥절해하다가 '타이(台)'가 '무대'를 뜻하고 '난(南)'이 '아래'의 의미가 있다는 것을 연상하고 웃게 된다.

상성과 같은 예능 장르 외에도 해음을 사용해 웃음을 유발하는 예는 많다. 일반 사람들이 인터넷에 올리는 유머에도 동음을 활용한 사례가 많이 보인다. 다음 예시를 보자.

> 예 有个员工叫师学笑，这天得罪了老板，老板一气之下把经理叫过来说: "我要开除师学笑!" 经理点点头，火速帮老板办了一所厨师学校。
>
> 스쉐샤오(师学笑 Shī xuéxiào)라는 직원이 있었다. 하루는 일을 잘 못해서 사장이 매니저를 불러 말했다. "스쉐샤오를 해고 해야겠소." 매니저는 고개를 끄덕끄덕하고 얼른 사장님 대신 요리학교(추스쉐샤오 厨师学校 chúshī xuéxiào)를 만들었다.

开除师学笑(kāichú Shī xuéxiào 카이츄스쉐샤오). '스쉐샤오를 해고하시오'가 开厨师学校(kāi chúshī xuéxiào 카이 츄스 쉐샤오). '요리학교를 여시오'와 발음이 같아서 매니저가 요리학교를 열었다는 유머이다. 동음을 활용한 유머는 중국어 범위에만 국한되지 않는다. 다음 대화를 보자.

A : 有一个中国人连续几周没吃饭了。你猜他最后怎么了?

어떤 중국 사람이 며칠 연속으로 밥을 안 먹었대. 그 사람 어떻게 되었게?

B : 他死了? 죽었대?

A : 他练成了Chinese空腹。 중국 쿵푸를 연마해냈어.

空腹의 발음이 중국 무술 功夫의 영어 표현인 kung fu와 유사한 점에 착안해 만들어진 유머이다. 이렇듯 해음의 범위는 이제 순수한 중국의 한자어를 넘어 중국 사람이 이해할 수 있는 간단한 외국어나 외래어에까지 확장될 수 있다.

하나의 발음을 듣고 여러 뜻이 연상된다면 어떤 문화현상이 생길까? 만약 어떤 발음을 듣고 좋고 길한 것이 자연스럽게 떠오르거나 반대로 불길한 의미가 떠오른다면 전자에는 당연히 심리적으로 긍정적인 반응이 따를 테고, 후자에는 부정적인 심리상태가 생길 수 있다. 이런 상황이 동음어가 많은 중국어에서는 타 문화권보다 빈번하여 소리가 연상시키는 길흉과 관련된 다양한 문화적 부산물을 낳게 되었다. 가장 많이 보이는 것이 '물고기 鱼(yú)'자의 사용이다. 鱼는 '넉넉하다'라는 의미의 '남을 余(yú)' 와 발음이 같아 '해마다 여유롭다'라는 의미의 年年有鱼라는 성어로 새해 인사를 나눈다. 단순히 말로 인사를 나누는 것뿐 아니라, 물고기가 그려진 그림이나 전지(剪纸)도 많이 주고받아 중국의 일반 가정이나 식당, 상점에서 이런 그림들이 붙어 있는 것을 자주 볼 수 있다.

박쥐도 중국인이 선호하는 문화 아이콘이다. 박쥐를 의미하는 한자 蝠(fú)의 발음이 좋은 운을 의미하는 福(fú)와 같아서 그릇, 옷, 건축물의 창살 등에 박쥐 문양을 넣는 것을 많이 볼 수 있다.

해마다 여유롭다(年年有鱼)

문인화나 시에도 이런 해음이 적극적으로 사용된다. 중국의 문인들이 많이 그리던 경물화 소재로 고양이와 나비, 부용꽃과 백로 등을 들수 있다. 고양이와 나비가 함께 나오는 그림인 '묘접도(猫蝶图)'는 猫蝶(māodié 고양이와 나비)의 발음이 '고령'을 의미하는 '모질(耄耋 màodié)' 과 유사해 장수를 기원하는 함의를 담고 있다. 또 부용꽃 아래 백로 두마리가 그려져 있는 그림은 부용꽃(芙蓉花 fúrónghuā)이 번영의 의미인영화(荣华 rónghuá)를 연상시키고, 백로(鹭 lù) 두 마리가 함께 있는 상황이 '쭉, 계속되다'는 의미인 路路(lùlù)를 연상시켜 '계속 영화롭다'는

묘접도(〈猫蝶图〉宋徽宗(款))

의미를 발생시킨다. 언어의 소리가 길상(吉祥)의 의미를 연상시키고, 그렇게 연상된 의미를 함축적인 그림으로 보여주어 극대화하는 것은 중국문화에 있는 아주 독특한 특성이다.

　길한 것을 추구하고 권장하는 중국인의 긍정적인 사고방식은 동음어가 많다는 언어적인 특징과 맞물려 글과 그림 등으로 함축적인 은유를 생산했고, 이런 은유가 현재까지도 일상에서 재생산 확산되고 있다. 사실 중국인의 긍정적이고 낙천적인 사고방식이 해음과 맞물려 작용하는 것은 문화적 양식뿐 아니라 인간의 행동양식에서도 종종 드러난다.

　앞서 서술한 것처럼 사실 긍정을 선호하는 것은 인간 보편의 성향이다. 중국의 독특한 지점은 이러한 인류 보편의 긍정 선호 성향이 언어학적 특징과 맞물려 시너지를 낸다는 점이다. 한국인도 뭔가 안 좋은 일이 생겼을 때 위로 차원에서 '액땜하려고 그러나보다'라는 말을 하지만 이게 말놀이 유희와 같은 형태로 드러나지는 않는다. 그런데 중국에서는 유독 이런 긍정을 추구하고 액운을 피하려는 경향이 말놀이 유희처럼 해음과 맞물려 생산되고 파생된다. 예를 들어, 중국에서는 실수로 그릇을 깨면 주변 사람들이 괜찮다고 안심시키며 碎碎平安이라고 말한다. '깨뜨리다'라는 의미의 碎(suì)가 '해, 년'을 의미하는 岁(suì)와 발음이 같아 '늘 평안하다'라는 의미인 岁岁平安으로 사용된 것이다. 풍속적인 예를 또 들어보자. 결혼식을 할 때 신혼부부에게 '대추(枣 zǎo), 땅콩(花生 huāshēng), 용안(桂圆 guìyuán), 연밥(莲子 liánzǐ)'을 주는데 이는 '얼른 자손을 본다는 의미'의 早生贵子(zǎoshēng guìzi)를 연상시킨다. 선물하는 물건에서도 해음어의 특징을 발견할 수 있다. 과일을 선물하는 경우, 배는 선물하지 않고 사과는 즐겨 선물한다. 배는 중국어로 梨(lí)라고 하는데 이는 '이별'을 뜻하는 离(lí)와 발음이 같아서 선물로 환영받지 못한다. 그런데 중국어로 苹果(píngguǒ)인 사과는 苹(píng)이 '평화'를 의미하는 和平의 平과 발음이 같아 평화가 가득하기를 바라는 선물로 선호된다. 재미있는 것은 이런 해음이 중국 전 지역의 공통이 아닐 수도 있다는 것이다. 상하이(上海)에서 병문안을 갈 때 사과는 절대로 선물해서는 안 되는 물품에 속한다. 상하이 지역의 방언으로 苹果는 病故(bìnggù 병으로 죽다)가 연상되는 발음이어서 선물하지 않는다.

　중국인들의 '피흉(避凶)'을 추구하는 사고는 타인에게 무엇인가를 선물할 때 적극적으로 표출된다. 시계, 우산 등은 중국인이 타인에게 선물하지 않는 대표 물품이다. '시계'를 의미하는 钟表(zhōngbiǎo)의 钟이 '임종하다'의 终(zhōng)과 발음이 같다. 钟에 '(선물을) 보내다'라는 의미의 동사 送을 붙이면 送终(sòngzhōng 임종을 지키다)이라는 어휘와 발음이 완전히 같다. 선물받는 대상에게 '내가 네 끝을 보겠다'라는 협박을 보내야 하는 상황이 아니라면 일반적으로 절대 하지 않을 선물이다. '우산'의 중국어 伞(sǎn)은 '헤어지다'라는 뜻의 散(sàn)과 발음이 같아서 남에게 주지 않는다. 한국은 기념품으로 우산을 제작해서 주는 경우가 많은데, 업무상 협력해야 하는 관계에서 서로 보지 말자는 의미를 전달할 게 아니라면 우산과 같은 기념품은 중국인이나 중국 기관에 선물하지 않는 것이 좋다.

3. 현대인의 행위와 산업에까지 영향을 주는 해음

해음현상은 오래전부터 내려온 풍습에서 주로 많이 드러나고, 해음과 관련된 어휘들도 역사적으로 형성된 것들이 많지만, 오늘을 사는 중국인의 일상에서도 여전히 해음과 관련된 어휘들이 생산되고 있다.

기존의 전통적 풍습에서 드러난 해음에는 '피흉'과 '기복'이라는 중국인의 사고가 크게 작용했다. 현대의 산업에서도 이런 사고는 여전히 영향을 미치고 있다. 외국의 기업들은 중국 진출 시 자사 브랜드명을 중국어로 표현할 때 발음이 좋은 의미를 연상시키는지를 많이 고민한다. 해음문화를 이용한 네이밍 전략은 중국에 진출하는 해외 기업들의 현지화 기본 전략으로 받아들여지고 있다.

▪ 정체성이 직관적으로 드러나는 제품명과 기업명

   ⑩ 肯德基 Kěndéjī 켄터키프라이드치킨(KFC)
      易买得 Yìmǎidé E마트
      帮宝适 Bāng bǎoshì 팸퍼스

肯德基는 표준중국어가 아닌 광동어의 독음이 '켄터키'와 더 유사한 데서 미국에 있는 화교들이 肯德基를 브랜드로 쓰기 시작했다. 그러나 표준중국어에서도 基가 닭을 뜻하는 '계(鷄)'와 발음이 같아 중국인들은 한 번만 들으면 닭을 파는 곳으로 인식하게 된다. 국내 기업 중 1997년 상하이에 진출한 한국의 이마트는 易买得라는 브랜드명으로 '물건을 싸게 살 수 있는 곳'이라는 정체성을 한번에 드러내 단기간에 중국 소비자들에게 이름을 알릴 수 있었다. 帮宝适 역시 '아기를 쾌적하게 하도록 돕는다'라는 帮助宝宝更舒适가 한번에 연상되어 아기를 위한 기저귀라는 상품의 정체성을 잘 드러내준다.

- 긍정 의미를 연상시키는 기업명의 예시

  예 可口可乐 Kěkǒu kělè 코카콜라

  百爱神 Bǎi ài shén POISON(Dior 향수 제품명)

  家乐福 Jiālèfú 까르푸

  宝洁 Bǎojié P&G

코카콜라의 중국식 이름은 '입이 즐겁다'는 의미의 可口可乐로, 발음뿐 아니라 의미까지 잘 살린 브랜드명으로 손꼽힌다. 향수 POISON은 중국어로 의역하면 '독약'이라는 의미가 되어서 부정적 이미지를 불러일으킬 수 있다. 그래서 디올은 향수가 이성을 매혹해 독약만큼 치명적이라는 POISON의 기저에 있는 의미에 주안점을 두고, POISON이라는 발음을 살리면서도 중국인이 듣기에 이 향수가 '모든 사랑의 신이다'라는 의미가 떠오르도록 이름을 지었다. 이러한 중국의 해음문화를 가장 잘 이해하는 중국식 작명의 대표적인 예로 家乐福를 빼놓을 수 없다. '가정에 즐거움과 복이 온다'라는 의미도 살리고 '까르푸'라는 발음도 살린 좋은 기업명이다. 생활위생용품을 만드는 회사인 P&G(Procter and Gamble)는 宝洁라는 기업명을 지었는데, 이 단어의 발음이 중국어의 保洁와 완전히 같아서 가정, 가족의 보건과 청결을 책임진다는 긍정 의미가 연상된다.

이러한 긍정적 브랜드 네이밍이 있다면 이름을 잘못 지어서 낭패를 본 경우도 있다. 글로벌 화장품 기업 입생로랑의 향수 '블랙오피움(Black Opium)'은 향수 이름을 그대로 직역했다가 구매거부 현상이 생겼다. 이 상품을 직역하면 黑色鸦片(Hēisè yāpiàn)이 되는데, 鸦片은 중국인에게 근대화 시기 서구열강이 들어오며 벌였던 아편전쟁과 강탈 이미지가 맞물려 정서적으로 거부감이 들게 했다. 기업은 뒤늦게 상품명을 奧飘茗(Àopiāomíng)이라고 음역하여 이미지를 중립적으로 만들고자 하였다. 일본의 자동차기업 도요타의 PRADO는 중국 출시 당시 음과 한자의 의미를 고려해 霸道(Bàdào)라고 지었다. 문제는 霸가 주는 감정색채가 일본어와 중국어에서 달라 부정적 의미를 연상시킨다는 점이다. 일본어에서는 '무력으로 제압하다'라는 의미도 있으나, '경기에서 우승하다'라는 사전적 의미가 있어 '이기다'에 초점이 있는 반면, 중국어에서는 '횡포하다, 사납다'라는 의미가 있다. 결국 이 자동차의 명칭도 앞서 예로 든 Opium과 마찬가지로 普拉多(Pǔlāduō)로 음역하여 의미를 중성화하는 데 노력하였다. 우리나라 기업 삼성의 대표 제품인 갤럭시는 이런 부정 의미의 연상을 극복하려고 긍정 의미를 연상시키는 제품명으로 개명한 좋은 예다. 처음 중국에 갤럭시를 출시했을 때, 중국 어휘의 운율적 특성을 반영하여 이음절인 蓋世로 작명했다. 그런데 蓋世의 발음이 gàishì로 该死(gāisǐ 죽어 마땅한, 혐오를 나타내는 말)와 유사해 부정적 의미의 연상이 일어났다. 그래서 기업 측은 고심 끝에 선호도 높은 운율인 이음절을 포기하고 3음절어인 蓋乐世(Gàilèshì)로 개명한 후 '즐거움으로 세상을 덮는다'라는 긍정적 의미로 소비자들에게 다가갈 수 있었다.

중국인의 일상에서 생산된 해음 관련 어휘에는 통신과 인터넷 용어가 두드러진다. 삐삐라고 불렸던 호출기가 사용됐던 1990년대에는 숫자로 의미를 나타내는 형태의 표현이 많이 등장했다. 我爱你(당신을 사랑한다)를 '520, 521'로 표현하거나, 一生一世(한평생)를 '1314'로 표현한 것이 그 예이다. 호출기는 텍스트 입력이 용이하지 않아 조금 더 긴 문장도 숫자로 표현하고자 하는 사람들이 많았다. '01925'로 你依旧爱我(당신은 여전히 나를 사랑하는가), '02746'으로 你恶心死了(당신 정말 최악이다, 너 정말 못 말리겠다)라는 의미를 표현하는 등 점점 더 긴 표현들도 출현했다. 그러나 이런 숫자 해음을 활용해 의미를 전달하는 표현은 스마트폰 보급 이후에는 거의 새롭게 생산되지는 않고 있다. 즉, 기술의 발달로 텍스트를 입력하기가 쉬워진 이후에는 텍스트를 입력하는 과정의 불편함보다 숫자로 나타낸 표현을 다시 한번 해독해야 하는 불편함이 더 컸다. 따라서 더는 해음을 활용한 숫자로 자신이 나타내고자 하는 바를 표현할 필요가 없어졌다. 텍스트 입력이 용이해진 이후에는 병음축약형 표현들이 많이 등장하였는데, 이는 문장 전체의 병음을 다 입력하는 것보다 대표가 되는 병음의 첫 글자를 따서 축약형으로 나타내면 더 빨리 쉽게 의미를 전달할 수 있기 때문이다. 알파벳 대문자로 의미를 표현하는 방식은 게임 채팅에서 많이 출현한다. 게임 중 '아, 나 죽었다'를 AWSL(啊我死了 à wǒ sǐ le)로 표현하는 것이나, '대세의 흐름'을 DSSQ(大势所趋 dàshì suǒqū)로 표현하는 방식들이 그 예이다.

이렇듯 동음어가 많다는 중국어의 특징에서 나타난 '해음'은 중국의 전통적 풍습과 문화, 현대 중국의 일상과 산업에도 두루 나타난다. 그리고 그 기저에는 풍자, 해학, 기복과 같은 중국인의 사유와 삶의 편리함을 추구하는 합리적 사고가 들어 있다.

2 대칭을 추구하는 중국인의 언어 습관

● 균형미를 중시하다

1. 대칭적 어휘와 구에서 드러나는 조화의 미

베이징에서 유학하거나 근무한 경험이 있는 사람들이 꼽는 중국 도시의 독특한 지점으로 사각형의 도시 규획이 있다. 중국 고대 왕조인 연나라에서 시작하여 금, 원, 명, 청의 수도였고, 현재 중화인민공화국의 수도인 베이징은 도시가 정방형으로 되어 있다. 이는 중국의 도시들이 예부터 '하늘은 둥글고 땅은 방형이다(天圆地方)'라는 사고에 기반해, 『주례(周礼)』에 따라 도성을 하나의 방형 성으로 지었기 때문이다.[62] 원형과 방형을 잘 활용해 방위를 잡는 도시의 규획 방식은 '조화와 균형'을 추구하는 중국인의 사고가 잘 드러나는 문화적 상징이다. 조화와 균형을 추구하는 중국인의 사고는 자연히 문화 전반에 걸쳐 대칭의 미를 추구하게 되는데, 방형의 서체, 전지공예, 그리고 언어에서도 그 미학을 찾아볼 수 있다. 중국어는 균형 있는 2음절어와 4음절어 운율을 많이 사용한다. 특히 어휘는 대부분 2음절로 구성되어 있고, 의미 또한 대칭으로 된 어휘가 많다.

▪ 대칭 의미의 2음절 어휘

예	公私 공과 사	矛盾 창과 방패	内外 안과 바깥
	日夜 낮과 밤	得失 득과 실	功过 공적과 과실

　성어의 경우, 네 글자의 형식을 가지고 있으며, 의미와 형식에서 대칭을 이루도록 한 것이 많다.

▪ 사자성어

예 破旧立新 낡은 것을 타파하고 새로운 것을 세우다
天长地久 하늘과 땅처럼 영원하다
眼高手低 눈은 높으나 솜씨는 서투르다
藏龙卧虎 숨어 있는 용과 누워 있는 호랑이

---

62 匠人营国，方九里，旁三门 장인영국, 방구리, 방삼문 『周礼·考工记』

이 예들과 같이 중국어는 짝을 이루는 운율, 대칭을 이루는 의미를 잘 활용해 어휘나 구를 구성하는 경우가 많다. 운율이나 의미에서 짝을 이루게 해 조화를 추구하는 경향은 어휘나 성어의 형식이 아닌 경우에도 드러난다.

▪ 4음절 운율

> 예 **边吃边道** 먹으면서 말을 한다
>
> **一看就懂** 한 번 보고 바로 이해한다

▪ 의미 대칭

> 예 **欲速则不达。** 빨리 하려 하면 도달하지 못한다.
>
> **文武之道，一张一弛。** 문무의 이치는, 당겼다 늦추었다 하는 것이다.
>
> **人往高处走，水往低处流。** 사람은 위를 향해 걸어가고, 물은 아래를 향해 흘러간다.
>
> **日出而作，日入而息。** 해가 뜨면 일을 하고, 해가 들어가면 쉰다.
>
> **鑿井而飲，耕田而食。** 우물 파서 마시고, 밭 갈아서 먹는다.

중국은 진한 시기 이전부터 전통적으로 쌍을 이루는 대구(对偶句)가 많았으며, 이것을 어휘와 구, 문장에까지 확장해서 사용해 왔다. 서로 대칭을 이루는 이런 표현들은 전달하고자 하는 의미를 더욱 균형 있게 표출해 균형과 조화를 추구하는 중국인의 사고방식이 많이 드러난다.

2. 삶의 기원을 대칭 형식으로 드러내는 대련

중국에 가면 가정집이나 가게의 대문 양쪽에 세로로 세운 문설주에다 대구를 이루는 글귀를 적어 붙여둔 것을 쉽게 만날 수 있다. 이를 '대련(对联)'이라고 한다. 대련의 기원은 진(秦)나라 이전 복숭아나무로 만든 나뭇조각에 마귀(魔鬼)를 쫓아주는 전설 속의 두 신인 신도(神荼)와 울루(郁垒)의 이름을 적어 붙이던 도부(桃符)이다. 이것이 점차 발전하여 길상(吉祥)한 문자를 적어 붙이는 형태로 자리 잡았다. 대련은 어학 자체보다는 문화적 풍습의 일환으로 여겨지기 쉽다. 그러나 그 글귀를 만드는 데 엄격한 언어적 규칙이 있는 점에서 분명 언어습관이라고 말할 수 있으며 실제로 중국의 대학입시에서 국어 문제로 대련을 짓는 문제가 종종 출제된다. 다음은 실제로 대련과 관련하여 출제되었던 문제 중 하나이다.

下列诗句与「墙头雨细垂纤草」对仗工整的一项是？(3分)
아래 시구 중 「장두우세추섬초」와 대구를 이루어 지어진 것은? (3분)

A. 水面风回聚落花 수면에 바람이 불어 떨어진 꽃을 모은다
B. 数峰无语立斜阳 여러 봉우리는 말이 없고, 석양만 드리운다
C. 楼上春容带雨来 건물 위 봄 모습, 비를 데려오네

答案: A

이 문제를 풀려면 대련을 짓기 위한 규칙인 '육상(六相)'을 알아야 한다. 첫째, 글자 수가 서로 같아야 한다(字数要相等). 둘째, 어휘성분이 서로 맞아야 한다(词性相当). 셋째, 구조가 서로 대칭을 이뤄야 한다(结构相称). 넷째, 운율이 서로 호응해야 한다(节奏相应). 다섯째, 평측이 서로 조화로워야 한다(平仄相谐). 여섯째, 내용이 서로 관련이 있어야 한다(内容相关). 이 규칙에 따라 위 문제의 답을 구하려면 주어진 문구와 품사를 맞추고, 문장 성분이 호응하도록 해야 한다. 墙头는 명사이므로 水面, 楼上과 품사가 맞는다. 雨细는 '주어+서술어'의 구조로 风回와만 호응한다. 따라서 정답은 A가 된다.

대련은 그 종류 또한 춘련(春联), 결혼대련(婚联), 장수대련(寿联), 장례대련(挽联) 등으로 다양하다.

춘련(春联)은 연초에 복을 기리는 문구나 시를 써서 대를 이뤄 붙이는 대구 글귀이며, 보통 입춘에 써서 붙인다. 가장 보편적으로 많이 보이는 대련이며 한자문화권에 속한 나라들은 다소간 영향을 받아 여전히 명절에 유사한 형태의 대련을 붙이기도 한다. 우리나라 역시 지금은 많이 보이지 않지만 일부 집에서 입춘 때 立春大吉 建陽多慶(입춘대길 건양다경)이라는 글귀를 써서 붙여두는 것을 볼 수 있다.

전체적인 양식은 문을 둘러싸고 좌우 양쪽에 대를 이루는 글귀를 쓰고, 가장 위의 가로축에 그 글귀의 중심이 되는 내용을 운율에 맞게 2음절 혹은 4음절로 써준다.

福到财到吉祥到　복이 오고 재물이 오고 길함이 온다 [좌축]
家和人和万事成　집이 화목하고 사람이 화목하고 만사가 이루어진다 [우축]
出入平安　　　　드나듦이 평안하다 [가로축]

결혼할 때 붙이는 대련인 결혼대련(婚联)은 고대에는 집에서 혼인잔치를 하니까, 결혼식을 하는 장소의 신방(洞房)에 붙여 혼인에 참석한 모든 사람이 축원의 글귀를 볼 수 있었다. 그러나 결혼은 예식장을 잡아서 집과 분리된 장소에서 치르고, 첫날밤도 보통 신혼여행지 호텔에서 보내게 되어 결혼대련을 생략하는 경우도 많다고 한다. 만약 하게 되면 신혼집 방문에 붙여둔다.

> **百年好合**　　백년해로 [위축]
> **永结同心成佳偶**　영원히 같은 마음으로 맺어져 좋은 짝을 이루다 [좌축]
> **天作之合结良缘**　하늘이 맺어준 부부의 합, 좋은 인연으로 맺어졌다 [우축]

장수를 기리는 대련인 장수대련(寿联)은 주변 웃어른의 생신에 선물한다. 보통 회갑연이나 고희연 등을 친지와 함께 할 때 그 잔치 장소의 문 앞에 붙인다. 요즘처럼 환갑, 칠순, 팔순의 생일잔치를 가족과 조촐하게 하는 상황에서는 생일을 맞는 어른에게 직접 장수대련을 선물하고 어른의 집 현관이나 방문 앞에 붙이는 경우가 많다.

장례대련(挽联)은 장례식장에 고인을 기리려고 고인의 살아생전 업적이나 성품을 칭송하는 내용이나, 고인의 명복을 기리는 글귀를 써서 걸어두는 것이다. 보통 가족이 글귀를 쓰기도 하고 고인의 가까운 지인들이 슬프고 안타까운 마음을 달래려고 고인을 기억하며 쓴다.

장수대련을 붙인 방

대련은 꼭 이렇게 기념할 만한 명절이나 잔치, 행사에만 붙이는 것은 아니어서 평소의 생각을 드러내려고도 사용한다. 이런 대련에서 자신이 처한 상황을 희화화하고 재치 있게 표현하는 중국인의 해학을 종종 마주하게 된다.

> **世界那么大**　세상이 그렇게 크다는데 [좌축]
> **我想去看看**　내가 가서 보고 싶다 [우축]
> **先看钱包**　먼저 지갑을 봐라 [가로축]

대련을 붙인 이는 넓은 세상을 가서 보고 싶다는 포부를 밝힌 뒤 주제를 쓰고, 가로축에는 '먼저 지갑을 봐봐라'라고 쓴다. 읽는 이들은 '아마도 이 화자가 세계여행을 못 가겠구나'라고 추측하며 하루하루 살아가기 쉽지 않은 현대인의 처지에서 허탈하게 웃을 수 있다. 아예 웃음을 유발하려고 써서 올린 코믹한 대련도 있다. 我爱的人名花有主(내가 사랑한 사람, 좋은 꽃은 주인이 있고), **爱我的人惨不忍睹**(나를 사랑한 사람, 처참하여 볼 수 없다), **命苦**(운명이 고달프다). 이 대련을 써 붙인 남학생은 괴로워하며 대련을 써 붙인 대문에 손을 짚고 있는 사진을 찍어 SNS에 올렸다. 연애를 가지고 자신의 처지를 희화화한 대련을 보고 웃은 많은 네티즌이 '힘내라'는 댓글을 달았다.

코로나19라는 세계적인 팬데믹 시국에는 코로나와 관련된 다양한 대련도 등장하였다.

코로나19 방역 대련

亲戚朋友别往来	친척 친구들 오지 마세요
新冠不去春不来	코로나가 가지 않으면 봄이 오지 않으니
暂不往来	잠시 왕래하지 맙시다
我去你家你紧张	내가 당신 집에 가면 당신이 긴장하고
你来我家我心慌	당신이 우리 집에 오면 내가 불안하니
暂不来往	잠시 오가지 맙시다

보통 입춘에 붙이는 대련에는 희망을 기원하는 말이 많은데 가족 친지를 오지 말라고 써 붙이는 대련들이 등장한 것이다. 팬데믹 당시 중국의 몇몇 성은 아예 봉쇄조치가 내려지며 철저히 격리되었는데, 이런 어려운 상황에 있던 사람들이 질병을 빨리 극복하고자 문 앞에 붙이는 대련으로 서로에게 각성과 격려의 메시지를 보낸 것으로 해석할 수 있다. 정확하게 대칭을 이루어 형식과 의미의 조화와 균형을 추구한 대련에서 일차적으로는 중국인이 추구하는 조화와 균형의 미를 엿볼 수 있다. 그리고 복을 기원하는 글, 유머, 재치 있고 가벼운 권고 등이 쓰인 대련의 글귀는 중국인의 긍정적인 삶의 태도를 여실히 보여준다.

③ 화용적 측면에서 본 중국인의 언어 습관

● 대화를 위한 기술

1. 완곡한 표현 방식

자신이나 상황을 직접 드러내는 직선적인 서구식 사고와 비교할 때 동양인들의 사고방식이나 태도가 완곡하다는 것은 잘 알려진 사실이다. 중국어에는 이런 완곡함이 어휘에서 많이 드러난다. '죽음, 성, 생리현상, 결점' 등 터부시하는 내용을 직접 말하기보다는 돌려 말하는 경향이 있어 관련 어휘가 많이 발달했다. 특히 이 중 '죽음'에 관한 표현을 완곡하게 에둘러 표현하는 어휘가 다양하게 발달했는데, 이는 피휘(避讳)를 하는 중국인의 사고 때문에 그러하다. 전통적인 봉건사회에서는 모두 사회적 지위의 존비(尊卑)와 맞물리는 완곡 표현으로 자신과 상대의 지위를 드러냈다. 특히 나라를 다스리는 지배계급, 또 더 나아가 가족 내의 윗사람에 대하여 직접 표현하지 못하는 문화로 그들의 이름을 직접적으로 말하지 않는 습관이 있었는데, 이것을 '피휘(避讳)'라고 한다.

중국인은 삶의 가장 무거운 순간인 '죽음'도 직접적으로 나타내지 못하고 상대와 나의 관계에 따라 어휘를 다르게 선택한다. 죽음을 직접적으로 나타내면 死이지만 완곡하게 표현하여 去世(세상을 떠났다)로 한다. 국가 지도자가 죽었을 때는 또 다른 표현인 逝世를 쓰는데, 우리말에서도 '서거하다'로 표현하는 것과 대응되어 쉽게 이해된다. 정치적인 지도자가 아닌 일반인 중 족적을 남긴 이가 죽으면 '큰 별이 졌다'라는 표현을 쓰는 것 역시 중국어에도 巨星陨落로 우리말 습관과 유사하게 쓰여서 쉽게 이해된다.

중국의 고대사회에서는 계급별로 죽음을 나타내는 어휘를 다르게 사용하였다. 『礼记·曲礼』에는 이렇게 기록되어 있다.

天子死曰崩，诸侯曰薨，大夫曰卒，士曰不禄，庶人曰死.
천자가 죽으면 崩(붕), 제후가 죽으면 薨(훙), 대부가 죽으면 卒(졸), 선비가 죽으면 不禄(불록), 백성이 죽으면 死(죽다)라고 한다.

위에서 보다시피 중국 봉건사회에서는 신분이나 계급에 따라 어휘 사용이 엄격하게 통제되었다. 한 나라의 제후가 죽으면 薨(훙, 무너지다)이라고 하였고, 대부가 죽으면 卒(졸, 마치다)이라고 하였고, 지식인 선비가 죽으면 나라에서 더는 봉록을 받을 수 없다는 의미인 不禄(불록)이라고 하였다. 즉, 死라는 어휘는 의미상 '죽음'을 나타내어 직접적으로 사용하지 않으려는 성향과 문화적으로 어휘를 통해 계급을 드러냈던 상황과 맞물려 去世, 逝世, 巨星隕落와 같은 다양한 형태의 표현을 낳게 되었다.

신분 차이를 드러내는 말 말고도 개인의 결점을 직접 표현하지 않고 에둘러 말하는 어휘들이 발달했다. 예를 들어 직접적으로 胖(뚱뚱하다)이라고 하지 않고 富态(부유해 보인다, 주로 남성에게 사용), 丰满(풍만하다, 주로 여성에게 사용)이라고 말하는 경향이 있다. 또 瘦(말랐다)라고 하지 않고 苗条(날씬하다)라고 표현한다. 실직 상태가 되었을 때에도 解雇라고 하지 않고 下岗(직에서 내려오다), 赋闲(한거하다)이라고 표현한다.

병, 생리현상 등도 돌려 말하려는 성향이 있다. 병색이 있는 사람에게 气色不好(기색이 좋지 않다)라고 돌려 말하는 것은 아주 일반적인 상황이다. 얼굴에 마른버짐 같은 게 피는 병을 牛皮癣이라고 하는데 이 표현을 직접 쓰기보다는 하얗게 일어나는 각질을 은색에 빗대어서 银屑(은색 부스러기)라는 표현을 구어에서는 더 많이 쓴다. 병명을 病(병)이라고 직접 사용하기보다 癌症(암), 痴呆症(치매)과 같이 症(증상)이라는 어휘와 결합해 쓰는 것도 보편적이다. 또 직접적으로 말하는 것이 터부시되는 성생활을 房事(방에서 있는 일)라고 말하는 것이나, 생리현상을 해결하러 화장실에 가는 것을 去一号(1번에 다녀올게)라고 말하는 것도 일상적이다.

위에서 말한 많은 완곡한 표현은 금기시되는 상황을 직접적으로 표현하는 것보다 에둘러 말하는 것을 좋아하는 아시아인들에게는 편안하게 이해된다. 한국어에도 비슷한 상황의 표현들이 많아 껄끄러운 상황을 돌려서 말하는 성향에서는 중국인과 한국인이 유사한 것을 알 수 있다.

2. 인류의 보편적 언어습관과 중국어

지금까지 아시아에서 어느 정도 공감대를 형성하면서 중국어의 어휘나 표현에 반영되는 중국인의 사고를 살펴보았다. 그러면 아시아를 넘어 인류라는 측면에서 중국인이 의사소통하는 과정에서 인류 보편적인 언어습관이 어떻게 드러나는지 화용적 측면에서 조금 더 살펴보자. 여기에는 '함축'과 '대화 격률'이 있다.

1) 함축

우리는 모든 것을 드러내면서 말하지 않는다. 어떤 의미들은 의식적으로 혹은 무의식중에 뒤로 숨겨지기도 한다. 이렇게 뒤에 숨어 보이지 않는 의미를 '함축의미'라고 한다. 함축의미를 잘 활용하는 대표적 언어가 바로 광고의 언어이다.

중국의 대표적 음료수 제조업체인 캉스푸(康師傅)에서 나온 재스민차(茉莉花茶)의 광고 중 이런 함축의미를 잘 살린 내용이 있다.

> 남: 你知道茉莉花的花语吗? 재스민의 꽃말이 뭔지 알아?
> 여: 你是我的。 너는 내 거.
> 남: 对，你是我的。 맞아, 너는 내 거야.

드라마 주인공인 두 남녀가 대본 연습을 하는 상황이다. 여자가 대본을 열심히 읽고 있는데, 남자가 다가와 "你知道茉莉花的花语吗?"하고 묻는다. 여자가 덤덤하게 "你是我的。"라고 대답하면, 남자는 바로 뒤이어 "对，你是我的。"라고 말한다. 여기에서 '你是我的'라는 표현에 함축의미가 발생한다. 그다음 장면에서는 "以后我的茶都给你喝。(앞으로 내 차는 모두 네가 마시도록 줄게.)"라고 말한다. 이 광고에서 일차적으로 발생하는 함축의미는 남자가 여자에게 '자신이 여자의 것이다, 나는 너를 좋아한다'라는 의미를 꽃말에 담아 전달하려는 의도이다. 그러나 광고의 의미가 발생하는 지점은 이 일차적 함축의미가 아니라 그 기저에 다시 깔린 캉스푸 회사가 전달하려는 또 다른 함축의미이다. 캉스푸는 그 대화 장면에서 자신들이 판매하는 재스민차(茉莉花茶)의 꽃말이 '你是我的(너는 내 거)'이니 우리 음료수를 많이 마셔달라고 얘기하고 있다. 이 지점이 광고를 보는 사람들에게 재미로 다가와 구매를 유도할 수 있다.

사람들이 말에 숨은 의미를 내포하는 것은 인류 보편적 현상이다. 오스틴이라는 사회언어학자는 인간의 '언어행위(speech act)'를 말이 소리로 출발해 타인에게 전달되고 특정 행위효과를 발생하게 하는 전체 과정으로 보고 그 과정을 세 단계로 분석했다. 소리로 말이 출발하는 '발화'과정, 그 발화의 의도가 전달되는 '발화수반의도'과정, 마지막 단계로 말을 한 사람의 의도한 바가 적절하게 효과를 발휘하는 '발화효과'과정이 그것이다. 이 언어행위의 각도로 인간의 발화를 분석하면, 직선적 표현도 함축이 담긴 표현도 비교적 객관적으로 '발화'와 '전달하고자 하는 의미', 그리고 '그 발화 뒤 소통이 이루어졌는가의 여부' 등으로 단순화해 볼 수 있다.

먼저 직선적인 발화행위를 단계별로 나눠보자. 1990년대에 유행했던 일본 애니메이션 〈세일러문〉에서는 달과 행성들의 수호자인 여자 주인공들이 악을 응징한다. 왜 그런지는 알 수 없지만 주인공은 항상 악을 응징하기 전에 자신의 구호를 외친다. 세일러문이 "사랑과 정의의 전사 세일러문! 정의의 이름으로 너를 용서하지 않겠다!(爱和正义的美少女战士，水兵月！我要替月行动，消灭你们！)"라고 외치면, 이 외침은 단순히 용서하지 않겠다는 의지만 표명되는 게 아니라 뒤이어 바로 악당에게 세일러문의 징벌이 가해지는 효과도 실현된다. 이 발화와 응징의 과정을 3단계로 나눠보자.

발화		발화 수반의도		발화 효과
너를 용서하지 않겠다	➡	정의의 이름으로 악을 응징	➡	징벌

세일러문의 '정의의 응징'은 이와 같이 단순하게 분석할 수 있다. 세일러문의 발화는 말과 행동이 일치되어 함축의미를 알아내고자 노력하지 않아도 된다.

그러나 커뮤니케이션이 어려운 이유는 많은 경우 화자의 발화수반의도가 겉으로 드러나지 않기 때문이다. 형이 동생과 티비를 보다가 '커피'라고 말한다. 형한테 뭔가 책이 잡혔는지 동생은 형이 다른 말은 하지 않고 '커피'만 말해도 부엌에 커피를 가지러 간다. 그리고 부엌에서 부아를 낸다.

발화와 함축

오스틴의 언어행위론에 따라 위의 상황을 분석해 보자. 형이 '咖啡(커피)'라고 말한다.

발화		발화 수반의도		발화 효과
咖啡	➡	给我拿杯咖啡来。	➡	给他一杯咖啡。
커피		커피 한 잔 주세요.		커피를 한 잔 가져다준다.

모든 사람이 세일러문처럼 직접적으로 발화의 목적을 제시하지는 않는다. 많은 사람이 자신이 그 말을 한 진짜 이유는 다른 것일 때가 많다. 그러나 어쩌겠는가? 우리는 사회를 구성하는 사람들로 서로의 말을 잘 듣고 거기에 함축된 의미를 이해해야 그 사회가 돌아가게 행동할 수 있다. 그것은 중국어를 쓰는 사람들도, 영어를 사용하는 사람들도, 한국어를 사용하는 사람들도 모두 마찬가지다.

2) 대화의 격률

함축적 의미를 발생시키는 상황들을 이해하려면 대화의 '협력원리'와 '격률(maxim)'을 알아야 한다. 대화의 '협력원리'는 '대화하는 사람들이 협력해야 대화가 이루어지고, 대화가 진행되는 각 단계에서 서로가 대화 방향과 목적에 맞게 협력해야 의사소통이 가능하다'라는 주장이다. '격률'은 이 과정에서 '구체적으로 어떻게 협력해야 하는지를 알려주는 방법'이다. 대화의 격률에는 네 가지가 있다.

질의 격률	참/충분한 근거가 있는 것을 말하라.
양의 격률	진행되는 대화의 목적에 필요한 만큼 정보를 제공하라.
관련성의 격률	주제와 관련된 이야기를 하라.
방식의 격률	명료하게 표현하라.

어떤 언어를 사용하든 이 격률을 지키며 대화할 때 대화의 협력원리가 작동해 의사소통이 성공적으로 진행될 수 있다.

다음은 바이두(百度)가 처음 길 찾기 서비스를 시작할 때 제시했던 광고를 표현한 그림과 그 내용이다.

대화의 격률 위배

A: 哥们，去哪儿啊?

B: 五棵松。

A: 您这够远的，我给你说啊。您这个得上二环知道吗? 走西直门立交桥，绕过二棵松大街，上三环奔四环再走四棵松路，再从五环下来一路向南扎，这才能到五棵松啊。

B: 那得多少钱呢?

A: 你算啊，一棵松五十，五棵松，二百五[63]。兄弟，我看你大包小裹的挺不容易，你给二百块钱，行不行。二百块钱，兹当我今天学雷锋做好事。

(바이두 길 찾기로 찾아서 기사에게 보여준다.)

B: 二十? 走了!

A: 형씨, 어디 가요?

B: 우커송(베이징올림픽 경기장)이요.

A: 거기 먼 데, 잘 들어요. 거기 가려면 2환을 타야 돼요. 알아요? 시즈먼 리쟈오챠오를 지나서 얼커송 거리를 돌아요. 3환에 올라가고 4환으로 가서 다시 쓰커송 거리로 가고, 거기서 다시 5환에서 내려오면서 줄곧 남쪽으로 가요. 그렇게 해야 우커송에 도착해요.

B: 그럼 얼마 정도 해요?

A: 직접 계산해 봐요. 이커송이 50위안이니까, 우커송이면 250위안이지. 형씨, 보아 하니 짐도 많고 힘들 텐데, 제가 200위안에 해줄게요. 어때요? 200위안, 오늘 레이펑 따라 좋은 일 하는 셈 칩시다.

B: 20위안? 갑시다!

위의 대화에서 위배된 격률은 어떤 것이 있을까? 운전기사는 대화 전체에 걸쳐 거짓정보를 준다. 즉, 참만 말해야 한다는 '질의 격률'을 위반했다. 그다음 우커송을 가는 길을 직선거리가 아니라 돌아가게 설명하는 부분에서는 '양의 격률'을 위배한 것을 알 수 있다. 그리고 비용을 얘기해 달라는데 대화 주제와 관계없는 레이펑(중국에서 영웅이었던 '뇌봉'이라는 인물)까지 거들먹거리는 것에서 '관련성의 격률'과 '방식의 격률'을 위배했다.

대부분 사람들이 협력원리에 따라 대화하지만 자연스럽게 격률을 위배하며 함축의미를 발생시키기도 한다. 이것은 의도적일 수도 있고 그렇지 않을 수도 있다. 예를 들어, 커피숍에

---

63 二百五 '250'은 중국어로 얼간이를 지칭하는 표현이다.

서 일하는 A가 매일 오는 단골손님 B에게 관심이 있을 경우, 친구들이 신비주의를 고수해야 한다고 팁을 주었다면, B가 A에게 "你明天上班啊？"라고 물어봤을 때, 자신의 근무시간에 대한 정보를 A는 다 알지만 의도적으로 "不一定…"이라고 대답할 수도 있다. 혹은 아직 근무시간이 확정되지 않은 상태에서, "下周星期四有空吗？"라는 질문을 받았을 때, 속으로 "(아쉽지만)不一定…"이라고 대답할 수도 있다. 전자와 후자의 A 대답은 모두 동일하게 "不一定…"이지만 화용론적 분석은 전혀 다를 수밖에 없다. 전자는 여성이 질의 격률을 위배하여 고의로 함축의미를 발생시킨 상황이고, 후자는 정말 정보가 없어서 그렇게 대답한 것으로 함축의미가 발생하지 않는다.

직선적으로 말하는 서양인과 완곡한 표현을 더 많이 쓰는 중국인, 이들의 언어 군중 사이에 발생하는 대화를 살펴보면 대화 격률은 각 언어커뮤니티별로 다르게 적용될 수 있음을 알 수 있다. 서양인들과 중국인들의 대화에서는 질의 격률이나 관련성의 격률에 대한 판단이 다르게 적용되어야 한다.

예를 들어, 어떤 젊은 중국인 부부가 신혼여행을 다녀와서 주변 친지에게 여행지에서 사온 선물을 주는 상황이라고 하자. 친지는 반가움의 표현으로 부인에게 "这件衣服真雅致，有颜色美极了。(오늘 입은 옷이 정말 우아하다, 색도 곱다.)"라고 칭찬할 수 있다. 그럴 때 새댁이 "没什么，这是件普通的衣服，我在中国买的。(아니예요, 이거 그냥 보통 옷이에요, 중국에서 산 거예요.)"라고 대답할 수 있다. 이 대답을 들은 청자가 '아니, 왜 어디서 샀는지 얘기하지? 그건 안 물어봤는데. 그리고 예쁜데 왜 아니라고 하지?'라고 생각한다면, 이 사람은 조금은 더 직선적인 사고를 하는 서구식 사고방식의 청자일 가능성이 높다. 대부분 중국인은 이것을 '칭찬을 완곡하게 받아들이는 겸허한 대답'이라고 판단하며, 이 대답이 질의 격률이나 관련성의 격률을 위배했다고 생각하지 않는다.

중국어는 3,000년이 넘는 동안 중국의 언중이 사용해 온 말로, 3,000년 전의 문자가 아직도 통용되고 사용되는 시공을 초월한 상징체계를 지닌 언어이다. 오랜 시간 넓은 지역에 걸쳐 다양한 문화와 접촉하며 발전해 온 문화적인 총체를 여기에서 모두 살펴보기에는 어려움이 있다. 그래도 여기에서는 중국어에 드러나는 중국인의 특수한 사고방식과 습관을 알아보고, 인류 보편적인 사고와 언어습관을 어떻게 받아들이는지를 간단히 살펴볼 수 있었다.

1. 중국언어학을 왜 배워야 하는지 해음현상과 중국의 문화를 예로 들어 설명해 봅시다.

_____

2. 왜 죽음과 같은 부정적 상황을 완곡하게 표현하였을지 중국어나 한국어 또는 다른 외국어의 예시를 찾아보고 설명해 봅시다.

_____

3. 남자가 문을 닫지 않고 들어갔습니다. 여자가 "不冷吗?"라고 얘기합니다. 이 상황을 화용론 이론 중 '언어행위'에 근거해 분석해 봅시다.

_____

Part

13

옛 중국인, 중국어를 관찰하다

　인간은 언어를 사용하여 생활하기에 누구든 자신의 언어를 고민하고 관찰할 수 있다. 고대 중국인은 일찍이 중국어에 대해 깊이 고민해 왔으며 그 전통은 일종의 전문적인 학문으로까지 발전하였다. 20세기 서양의 언어학이 전파되기 이전 중국의 전통 언어학을 흔히 '소학'이라고 한다. 소학은 일종의 철학인 '대학'을 뒷받침하려 함께 존재했던 학문영역이다. 그래서인지 중국의 전통 소학을 마치 비과학적·비논리적인 것으로 간주하기도 하는데, 일찍이 순자가 언어의 자의성과 사회적 약속이라는 기본 성격을 파악한 것을 볼 때, 중국의 소학 전통은 이미 독립적인 학문의 경지로 올라섰다고 해도 지나친 말이 아니다. 중국인은 한자라고 하는 특유의 문자를 매개로 언어생활을 함으로써 한자로 이루어진 경전의 의미를 연구하는 과정에서 그것의 의미와 발음을 자연스레 연구하게 되었다. 특히 청대 고증학으로 가면서 그 연구의 치밀함과 방대함은 타의 추종을 불허할 정도이다. Part 13에서는 이러한 중국인의 중국어 관찰 역사를 여러 각도에서 살펴보고 그 의미를 현대적으로 해석한다.

❶ 고대 중국인의 언어관

● 중국인의 언어학적 고민

1. 선진시대에 근대적 언어학 개념을 논하다: 순자(荀子)

언어학 용어나 전문적인 저술이 없었던 선진(先秦)시대에도 언어학적 개념이 존재하였을까? 선진의 철학가들이 지은 철학 저작을 살펴보면, 당시 사람들의 언어에 대한 견해를 알 수 있다. 그중에서도 대표적인 것이 순자(荀子)의 언어학 사상이다. 순자는 전국(戰國) 말기 조(趙)나라 사람으로, 비록 언어학자는 아니었으나 진보적이고 실증적인 관점으로 언어와 관련된 문제에 대해 언급하였다.

첫 번째는 낱말과 개념에 대한 것이다. 그는 사람들이 객관적인 사물에 대해 추상적인 개괄을 하여 개념을 형성한 후, 낱말을 가지고 개념을 표현한다고 말했다. 순자는 「정명편(正名篇)」에서 사람들이 여러 복잡한 사물을 추상적으로 개괄하여 '같은 사물이면 같은 명칭을, 다른 사물이면 다른 명칭을 붙이는(同則同之, 異則異之)' 개념을 형성한다고 지적하였다. 또한 물(物)이라는 가장 큰 공통 개념(大共名)이 있으면, 조수(鳥獸)라고 하는 큰 구별 명칭(別名)이 있음을 지적하여 낱말의 개괄성을 언급하기도 하였다. 두 번째로, 순자는 「정명편(正名篇)」에서 언어가 사회적 속성을 갖고 있음을 지적하였다. 그는 '명칭은 자연적으로 어떤 사물과 서로 맞아야만 하는 것이 결코 아니며, 사람들의 약속에 따라 어떤 사물과 맞는다고 약속하기만 하면 된다'라고 하여, 명칭과 사물 사이에는 필연적 관계가 없으며, 명칭은 사물을 표현하고자 사회 구성원들끼리 정한 것임을 말하였다. 이것이 바로 '약정속성(約定俗成)'의 개념이다. 세 번째로, 순자는 표준어와 방언을 논하였다. 그는 평생 초(楚), 연(燕), 제(齊), 노(魯), 진(秦) 등 여러 나라를 돌아다녔기에 여러 방언이 존재함을 잘 이해했다. 이에 「영욕편(榮辱篇)」에서는 '월(越)나라 사람은 월(越)나라 풍습에 안주하고, 초(楚)나라 사람은 초(楚)나라 풍습에 안주하며, 군자는 수도(雅)의 풍습에 안주한다'라고 하였다. 즉, 여러 나라에서 쓰이는 방언 이외에 아언(雅言)인 표준어가 존재함을 지적한 것이다. 네 번째로, 순자는 언어가 변화, 발전하는 것임을 언급하였다. 그는 "만약 왕자(王者)가 일어난다면 그는 반드시 이전의 명칭을 유지해야 하고, 또 새로운 명칭을 지을 것이다."라고 하여, 시간이 지남에 따라 언어가 유지되는 속성과 변화하는 속성을 모두 갖추었음을 지적하였다.

이와 같이 순자는 사유와 언어, 언어의 사회적 본질, 언어의 변화 등 언어의 중요한 속성을 언급하였다. 비록 이는 철학 저작 안에 담긴 내용이지만, 이미 언어에 대한 깊은 통찰력을 보여주어 중국 언어학 발전의 중요한 초석이 되었다.

2. 한대인의 언어학적 고민: 금고문경학(今古文經學)과 훈고학(訓詁學)

한대(漢代)에 들어와 문자를 중시하는 분위기는 더욱 고조되었다. 한대에는 유교를 국가가 인정하는 정통의 학문으로 규정하고 시(詩), 서(書), 예(禮), 역(易), 춘추(春秋)를 오경(五經)으로 정하였으며 이에 대한 박사(博士)를 두었다. 유교를 탐구하려면 유가의 경전이 필요했다. 하지만 유교 경전은 진시황(秦始皇) 때 분서갱유(焚書坑儒)로 많이 소실된 상태였다. 한편, 무제(武帝) 때 곡부(曲阜)의 공(孔)씨 자손이 살고 있던 집 벽에서 분서를 피해 숨겨놓았던 경서들이 발견되었고, 민간에서 책이 헌납되거나 성제(成帝) 때 각지에 사람을 파견하여 책을 수집하였는데, 여기에 쓰인 글자체는 위 오경에 쓰인 글자체와 달랐다. 또 새로 발견된 경전의 편장은 금문보다 더 많기도 하고 다르기도 하였으며, 기존에 없는 경전이 나오기도 하였다. 이로써 이들과 해석을 달리하는, 이른바 금고문경(今古文經) 논쟁이 일어나게 되었다.

금문경(今文經)은 유교의 경전을 한대에 유행한 예서(隷書)로 쓴 것을 말한다. 금문경학자(今文經學者)들은 오경을 탐구한 이유가 '미언대의(微言大義)', 즉 미묘한 언어와 큰 뜻을 궁구하는 데 있다고 하였다. 하지만 이는 극히 표면적인 이유였고, 실은 경전의 의미를 억지 해석해 통치자들의 정치적 견해를 정당화하여 통치를 공고화하는 데 목적이 있었다. 이에 따라 경전을 음양오행(陰陽五行)화하거나 참위설(讖緯說), 미신(迷信)과 결합해 학문이 가져야 할 객관성에서 거리가 멀어지게 되었다.

한편, 고문경(古文經)은 선진(先秦) 시기의 주문(籀文) 또는 육국고문(六國古文)으로 쓰였다. 고문경학자(古文經學者)들은 기본적으로 경전을 역사적 자료로 보았기에 문자, 음, 뜻 등을 정확하게 연구해야 경전의 뜻이 명확하게 잘 드러난다고 생각하였다. 이들은 금문경학파의 음양오행이나 미신적 요소를 배제하고, 견강부회식의 해석을 지양하여 경전의 뜻을 그대로 해석하고 고증하고자 하였다. 『이아(爾雅)』나 허신(許愼)의 『설문해자(說文解字)』 같은 자의(字義), 문자에 대한 연구서가 바로 이와 같은 배경에서 탄생하였다.

금고문경 논쟁으로 고문 경전의 지위는 날로 향상되었으며, 이는 한(漢)대에 본격적으로 언어와 문자 연구가 발전하는 계기가 되었다. 특히 한대에 훈고학(訓詁學)이 가장 먼저 흥기한 이유가 바로 여기에 있다고 할 수 있다.

3. 최초의 중국음운학 논문: 안지추의 『안씨가훈(顔氏家訓)』·「음사편(音辭編)」

우리는 또 하나의 개인 저작에서 남북조시대의 언어학적 고민을 살펴볼 수 있다. 안지추(顔之推)가 지은 가훈서인 『안씨가훈(顔氏家訓)』의 「음사편(音辭編)」이 바로 그것이다. 이 책은 본래 그의 집안 자손들을 훈계하려고 썼으나, 그중 「음사편」은 당시 어음의 표기 상황, 방언과 표준음, 남북 및 고금음에 대한 인식을 엿볼 수 있는 중요한 기록이 된다.

안지추는 남조의 양(梁) 왕조 시기에 태어나서 진(陳)을 거쳐 수(隋) 왕조 시기까지 생존하였는데, 난세의 전란 속에서 그야말로 파란만장한 삶을 살았다. 그는 오랜 시간 타향살이를 하고 여러 지역의 방언을 접촉하면서, 언어에 대해 자신만의 심도 있는 견해를 가질 수 있었다. 이것이 바로 그의 「음사편」에 드러나 있다. 「음사편」의 첫머리에는 다음과 같은 기록이 있다.

무릇 세상 사람들은 언어가 같지 않다. 이는 사람들이 있은 이래로 늘 그러하였다. 『춘추(春秋)』에 제(齊)나라 말의 전(傳)을 달고, 『이소(離騷)』가 초(楚)나라의 경(經)으로 주목받게 되었는데, 이는 그것(방언)이 비교적 분명해진 시초가 된다.

이는 방언은 자연적으로 생겨났으며, 『춘추(春秋)』의 전(傳)이 제(齊)나라의 방언, 『이소(離騷)』가 초(楚)나라의 방언을 바탕으로 쓰여졌음을 언급하였다. 또한 방언과 지리적 영향, 남북 간의 차이를 다음과 같이 말하였다.

남방의 풍토는 온화하고 부드러우며 음이 경쾌하고 명확하다. 단점이라면 경박하고 비속한 단어가 많다는 것이다. 북방의 자연은 깊고 심후하여 그 음이 무겁고 거칠지만, 장점은 질박하며 속어가 많다는 것이다. 이리하여 갓과 관을 쓴 벼슬하는 이에게는 남방이 낫고, 마을의 일반 사람들의 말은 북방이 더 낫다. 만약 옷을 바꿔 입고 이야기하더라도, 남방의 선비와 평민은 몇 마디 말만 해도 금방 알 수 있지만 벽을 사이에 두고 말을 들어보면 북방의 선비와 평민은 온종일 들어도 구분하기 어렵다. 이는 남방음에는 오월(吳越)음이, 북방음에는 오랑캐의 음이 섞여 모두 폐단이 있기 때문에 하나로 논의할 수가 없다.

위의 내용은 크게 두 가지를 언급하였다. 첫 번째는 남방과 북방의 자연환경 차이가 어음에도 영향을 미친다는 것으로, 남방에는 비속한 단어가 많고, 북방에는 질박한 속어가 많다는 것이다. 두 번째는 남방음과 북방음의 계층 간 차이에 관한 것이다. 즉, 남방은 뤄양(洛陽)에서 건너온 선비와 본래 남방의 서민이 쓰던 말 사이에 큰 차이가 존재하는 반면, 북방에서는 이러한 차이는 없지만, 이민족이 왕조를 세우면서 이들의 어음에 영향을 받았다는 사실을 알 수 있다. 다음의 기록도 살펴보자.

제왕(帝王)의 도읍(都邑)을 기준으로 각 지역의 방언을 참고하고, 고금의 음을 살피고 따져서 그것을 절충하여 헤아려 본다면, 오직 금릉(金陵)과 낙하(洛下)의 음을 표준으로 삼을 수 있을 것이다.

금릉은 지금의 난징(南京)으로, 서진(西晉) 말 북방 이민족의 침입으로 한족들이 남쪽으로 내려가 금릉에 도읍을 정하였기 때문에 여전히 북방의 중원 지역인 뤄양(洛陽)의 음이 표준음으로 인식되었다. 위에서 말한 낙하(洛下)는 북제의 수도였던 업(鄴)을 가리키는데, 여기에도 역시 뤄양(洛陽)음이 표준음으로 쓰였다. 따라서 안지추가 언급한 '금릉과 낙하의 음'은 공통적으로 뤄양음을 가리키며, 이것이 당시의 표준음이 되었음을 알 수 있다. 이외에도 그는 '고금의 말은 때와 풍속에 따라 다르며, 저술한 사람이 초(楚)나라 사람이냐 하(夏)나라 사람이냐에 따라 다르다'에서 언급한 바와 같이 옛말과 지금의 말이 다름을 지적하기도 하였다.

이와 같이 안지추의 「음사편」에 나온 기록은 당시 중국인의 중국어에 대한 고민의 일면을 확인하는 동시에 언어에 대한 전문적 저술이 부재한 당시 언어 상황을 이해하는 데 중요한 자료 역할을 한다.

4. 인성구의(因聲求義): 소리에서 의미를 찾다!

고대 중국인은 의미를 해석하는 데 다양한 방법을 사용하였다. 기본적으로 한자는 형태소-음절문자이기에 중국인은 흔히 자형(字形)에서 의미를 탐색하였다. 그러나 자형으로도 그 의미를 알 수 없는 한계에 봉착하는 경우가 생겨났다. 이때 중국인은 '소리'에서 돌파구를 찾았다. 즉, 그 글자와 의미가 동일하면서 음이 비슷한 다른 글자를 이용해 의미를 해석한다는 생각이다. 이와 같이 소리를 통해 뜻을 풀이하는 방법을 '성훈(聲訓)'이라 한다. 이러한 예는 이미 선진(先秦) 시기의 문헌에도 출현한다.

정치(政)는 바른 것(正)이다. 『論語』·「顔淵」

어짊(仁)은 곧 사람(人)이다. 『禮記』·「表記」

政과 正, 仁과 人은 상고 시기 성모와 운모가 모두 동일하다. 한대에 이르면 『이아(爾雅)』, 『설문해자(說文解字)』에서 소리를 이용해 의미를 풀이한 예가 본격적으로 등장하였으며, 『석명(釋名)』처럼 같은 음이나 비슷한 음의 단어로만 글자를 풀이한 서적도 출현하였다.

계(係)는 잇는 것(繼)이다. 『爾雅』

공(公)은 넓다는 것(廣)이다. 『釋名』

천(天)은 꼭대기(顚)의 뜻이다. 『說文解字』

여기서 係와 繼는 동음(同音) 관계이며, 公과 廣은 성모가 동일하고, 天과 顚은 운모가 동일하다. 성모가 동일한 것을 '쌍성(雙聲)', 운모가 동일한 것을 '첩운(疊韻)'이라 한다.

청대(清代) 건륭(乾隆), 가경(嘉慶)년간 훈고학이 전면적으로 발전하면서 학자들이 한자의 자형보다는 어음과 의미의 관계에 초점을 맞추어 연구한 많은 저술이 탄생한다. 이때의 연구 방법은 성훈과 같이 소리에서 뜻을 찾기도 했으나 더 나아가 음을 근거로 가차자(假借字)나 본래 글자(本字)를 찾고 글자의 의미를 탐구하기도 하는 등 더 체계화된 이론으로 발전하였다. 이와 같은 훈고학의 방법을 '인성구의(因聲求義)'라 한다. 왕인지(王引之)의 『경전석사』의 예를 들면 다음과 같다.

『설문해자』 13권 상 훼(虫)부 雖자는 唯를 성부(聲符)로 삼았다. 따라서 雖는 唯로 통하여 쓰기도 하고 唯는 雖로 통하여 쓰기도 한다.

왕인지는 雖와 唯가 같은 음인 것에 근거하여 『설문해자』의 雖를 설명하였다.

이외에도 대진(戴震)의 『방언소증(方言疏證)』이나 단옥재(段玉裁)의 『설문해자주(說文解字注)』, 왕념손(王念孫)의 『광아소증(廣雅疏證)』, 『독서잡지(讀書雜志)』 등에서 인성구의(因聲求義) 방법으로 어음과 의미를 탐구하였다. 이처럼 인성구의 이론은 단순히 문자에만 국한되지 않고 음과 의미를 유기적으로 연결해 언어를 입체적으로 이해하고자 했던 고대 중국인의 효과적인 치학방법이었다.

② 고대 중국인의 음운 연구

●한자의 음운적 한계를 극복하고자 하다!

1. 본격적 중국어의 발음인식: 반절(反切), 사성(四聲) 그리고 운서(韻書)

고대 중국인은 당시 중국어 발음을 어떻게 인식하였고, 또 어떻게 발음을 표현하였는가? 한자는 형태소-음절문자이다. 음소문자인 한글처럼 자음이나 모음의 발음을 익히면 한글로 된 단어나 문장을 모두 읽을 수 있는 것과 달리, 한자는 그것이 불가능하다. 고대 중국인들이 이를 자각하고, 그 차이를 인식하기 시작한 것은 불경의 유입이 매우 중요한 발단이 되었다.

먼저, 불경의 유입으로 산스크리트어의 14개 글자(발음)를 인식하게 된 것이다. 또한 남조(南朝) 시기의 시인 사령운(謝靈運)은 산스크리트어의 '반어성자(반어로 글자를 이루다)' 개념을 깨닫게 되었다. 여기서 말하는 '반어성자(反語成字)'가 바로 산스크리트어에서 모음과 자음이 결합하여 음절을 이루는 것이다. 이는 후대에 한 글자의 성모와 또 다른 글자의 운모를 결합하여 발음을 나타내는 방식인 '반절(反切)'의 기초가 되는 개념이다. 사실, 반절 이전에 고대 중국인은 음을 표기하려고 '독약(讀若)'이나 '직음(直音)'과 같은 방법을 사용하기도 하였다. 예를 들어, 허신(許愼)의 『설문해자(說文解字)』에서 '珣은 宣과 같이 읽는다(珣讀若宣)'라든가, 『이아(爾雅)』에서 '釗는 招와 같다(釗音招)'라고 한 것과 같다. 그러나 독약(讀若)은 동일한 음이 아닐 수 있으며, 직음(直音)도 역시 음이 같은 글자가 잘 쓰이지 않거나, 음이 같은 글자가 없을 수 있다는 단점이 있다. 이와 같은 한계로 더 정확하게 글자의 발음을 나타내는 방법으로 반절이 쓰이게 되었다.

반절은 앞에서 말했듯이 한자 두 개를 사용하여 각각의 성모와 운모를 취해 음을 나타내는 방법이다. 가령, 同, 徒紅切의 예를 보자.

> **예** t óng = t u+h óng
> 同   徒 紅

피절자(被切字)인 同은 반절상자(反切上字)인 徒의 성모인 t와 반절하자(反切下字)인 紅의 운모와 성조인 óng을 취하여 tóng으로 발음된다. 이로써 피절자(被切字)와 반절상자(反切上字)는 성모가 같은 '쌍성(雙聲)'관계가 되며, 반절하자(反切下字)와는 운모가 같은 '첩운(疊韻)'관계가 된다.

반절이 본격적으로 쓰이면서 위진남북조 시기에는 반절을 바탕으로 한 운서(韻書)가 성행하였다. 그 시초로 위(魏)나라 이등(李登)의 『성류(聲類)』를 들 수 있으며, 진(晉)나라 여정(呂靜)의 『운집(韻集)』, 양휴지(陽休之)의 『운략(韻略)』 등이 있다.

한편, 이 시기 성조에 대한 연구도 두드러졌다. 심약(沈約)의 『사성보(四聲譜)』에서는 최초로 평성(平聲), 상성(上聲), 거성(去聲), 입성(入聲)에 따라 글자를 배열했다. 이는 당시 문학계에서 성률(聲律)과 형식미를 강조한 것과 관계가 깊다. 사성(四聲) 중 평성(平聲)이 아닌 나머지 성조를 측성(仄聲)이라 하는데, 성률(聲律)은 문장을 짓는 데 평측(平仄)의 규칙을 엄격히 따라 짓는 방식을 의미한다. 이렇게 성률(聲律)을 중시하는 풍토는 자연스럽게 성조에 대한 지식을 요구했고, 이로써 육조(六朝)시대 많은 운서가 출현하게 되었다.

2. 남북조 발음의 통합: 절운(切韻)과 절운계 운서

반절(反切)의 발명, 육조(六朝)시대 여러 운서의 출현은 『절운(切韻)』과 같은 대작(大作)이 탄생하는 배경이 되었다. 『절운』은 후대에 막강한 영향력을 미친 운서로, 수(隋)나라 음운학자인 육법언(陸法言)이 편찬한 것이다. 모두 5권으로 되어 있으며, 수 문제(文帝) 인수(仁壽) 원년(元年) 601년에 편찬되었다. 이 책은 지금은 비록 실전되고 일부 잔권(殘卷)이 전해 내려오지만, 송(宋)나라 때 지은 『광운(廣韻)』이 『절운』을 기초로 하였으므로 그 면모를 파악할 수가 있다.

육법언은 왜 『절운』을 편찬하였는가? 『절운』은 어떤 성격의 책인가? 그 답은 당시의 서(序)에서 확인할 수 있다.

서(序)에서 언급된 인물 중 유진(劉臻), 안지추, 소해(蕭該)는 남방인이며, 노사도(盧思道), 이약(李若), 신덕원(辛德源), 설도형(薛道衡), 위언연(魏彦淵)은 북방인에 속한다. 남방인은 강동(江東)지역, 즉 금릉(金陵) 발음을 배경으로 하고, 북방인은 하북(河北)지역, 즉 뤄양(洛陽) 발음을 바탕으로 한다. 이와 같이 언어적 배경이 서로 다른 사람들의 논의는 『절운』의 편찬에 영향을 미치게 된다. 서(序)에서는 '남북(南北)의 옳고 그름과 고금(古今)의 통하고 막힘을 논하여(論南北是非, 古今通塞)'라고 했는데, 『절운』이 남북 방언과 고금음을 모두 고려하여 어음의 기준을 마련하고자 하였음을 알 수 있다.

『절운』이 후대 운서에 미친 영향은 매우 컸다. 후대 사람들은 『절운』의 글자 수와 해설을 보충하여 여러 운서를 지었으니, 이를 '절운계 운서'라 한다. 예를 들어 왕인후(王仁煦)의 『간류보결절운(刊謬補缺切韻)』, 손면(孫愐)의 『당운(唐韻)』, 이주(李舟)의 『절운(切韻)』 등이 있다. 그중에서도 대표적인 것은 송(宋)나라 시기 편찬된 『광운(廣韻)』이다. 『광운』은 송(宋) 진종(眞宗) 경덕(景德) 4년(1007)에 진팽년(陳彭年), 구옹(丘雍) 등이 왕의 칙명을 받아 편찬하였으며, 이듬해 수정을 거쳐 『대송중수광운(大宋重修廣韻)』으로 칭하게 되었다. 이는 관(官)에서 출판된 최초의 운서이며 현재까지 전해 내려오는 온전한 형태의 운서 중 가장 역사가 오래된 것이다. 이 책은 모두 5권으로 구성되어 있으며, 2만 6,000여 자를 수록하고 있다. 또한 당시의 성조 체계인 평성(平聲), 상성(上聲), 거성(去聲), 입성(入聲)의 네 가지 성조로 글자를 배열하였다. 그중에서도 평성의 글자 수가 제일 많아 상평성(上平聲), 하평성(下平聲) 두 권으로 나뉘고, 상성, 거성, 입성의 글자가 모두 1권씩으로 총 5권으로 구성되어 있다. 『광운』의 첫 번째 권 상평성(上平聲)의 첫 장을 살펴보면 오른쪽 사진과 같다.

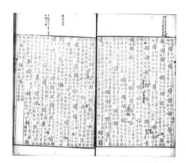

『광운(廣韻)』

『광운』은 현전하는 운서 중에서도 많은 글자와 이에 대한 어음, 풍부한 해설을 싣고 있다. 이 책은 중고음을 대표하는 『절운』을 계승하여 편찬되었기에 현대 학자들은 『광운』을 곧 중고음으로 보고 후대의 운서나 방언 자료를 분석하는 데 중요한 근거 자료로 쓴다.

『절운』과 그 뒤의 절운계 운서들은 이른바 '독서음'을 기록한 것이다. 물론 『절운』의 탄생 시기엔 그 당시 실제 구어 발음도 어느 정도 반영되었다고 할 수 있겠으나, 193운(또는 206운)의 체계가 이후에 비록 106운의 평수운으로 어느 정도 통합되었다 해도 여전히 구어보다는 독서음을 반영하도록 되어 있다. 그리하여 원(元)나라 당시의 실제 구어음을 반영해 지은 『중원음운(中原音韻)』과 비교했을 때, 그 발음체계는 여전히 보수적이다. 이로써 『절운』이 당시 중국 사회에 얼마나 영향력이 있었는지를 가늠할 수 있다.

3 고대 중국인의 문자 연구

● 한자의 구조를 정확히 인식하다!

한대(漢代)에 이르러 최초로 부수(部首)에 따라 한자를 나열한 자서(字書)인 『설문해자(說文解字)』가 출현하였다. 이는 여남(汝南) 소릉(召陵), 즉 지금의 허난성(河南省) 옌청셴(郾城縣) 출신의 문자학자 허신(許愼)이 121년에 편찬한, 중국에서 가장 오래된 자서(字書)이다.

『설문해자』가 편찬된 때는 동한 전기에 금문경학이 쇠퇴하고 고문경학이 흥성하던 시기였다. 당시 금문경학자들은 문자에 대한 지식이 없어 한대에 성행하던 예서(隸書)가 창힐(蒼頡) 시대에 만들어졌다고 하는 등 문자 해석에서 오류를 범하였다. 이에 허신은 기존 금문경학자들의 오류를 수정하는 한편 고문경학자들이 이룩한 문자학적 성과 위에 자신의 창의성을 더하여 『설문해자』을 내놓게 되었다.

『설문해자』가 문자학사상 중요한 의미를 갖는 이유는 다음 몇 가지가 있다. 먼저, 형식과 체제에 대한 것이다. 과거의 자서가 글자의 뜻에 따라 4언이나 7언으로 모아놓은 것과 달리, 허신은 540부수에 따라 각 부수에 해당하는 글자를 배열하였다. 이는 문자학사상 최초의 시도로, 부수를 글자를 구성하는 기본 요소로 보는 인식의 전환을 보여주었을 뿐만 아니라, 사람들이 글자를 찾기 편리하게 해주었다. 글자를 설명하는 형식에도 일정한 규칙이 존재한다. 먼저, 표제자를 소전(小篆)으로 쓰고, 글자의 구조를 설명하는 것이다. 이때 일반적으로 '○, ○也. 从○, ○聲.'의 형식을 가장 많이 사용하였다. '从○는 ○를 의부(義符)로 삼는다'는 뜻으로 해당 글자와 '의미적으로 밀접한 관계가

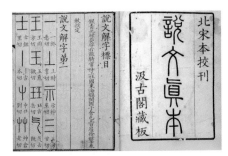

북송본교간 설문해자(北宋本校刊 說文解字)
표지 및 부수 목록 첫 장

있음'을 나타낸 것이고, '○聲은 ○를 성부(聲符)로 삼는다'는 뜻으로 해당 글자와 '음이 같거나 비슷함'을 의미한다.

『설문해자』의 가장 큰 공헌은 바로 상형(象形), 지사(指事), 회의(會意), 형성(形聲), 전주(轉注), 가차(假借)의 육서(六書)를 정리한 것이다. 이에 대해서는 **Part 02**를 참고하기 바란다.

다음은 글자 해석에서 허신의 원칙이다. 먼저, 그는 기본적으로 자형(字形)에 근거하여 음

과 의미를 설명하였다. '자형과 의미는 서로 의존한다(形義相依)'는 『설문해자』의 중요한 원칙이다. 두 번째, 허신은 글자의 본의(本義)를 밝혔다. 예를 들어, '구(句)는 굽다(曲)는 뜻이다. 구(口)를 따랐고, 소리는 구(丩)이다'라 하였고, '석(析)은 나무를 쪼개는 것(破木)이다. 절(折)이라고도 한다. 목(木)을 따르고, 근(斤)을 따른다'라고 하였다. 마지막으로, 글자의 음(音)을 설명하였다. 『설문해자』에서 글자의 음을 나타내려고 사용한 방법은 '~와 같이 읽는다'라는 뜻의 독약(讀若)이다. 예를 들면, '접(慴)은 첩(疊)과 같이 읽는다(慴, 讀若疊)', '기(丌)는 기(箕)와 같이 읽는다(丌, 讀若箕同)'와 같은 것이다.

　종합하면, 형(形), 음(音), 의(義) 세 가지는 허신의 글자 해석상 핵심 요소이며, 후대 언어와 문자 연구의 중요한 기초가 되었다. 『설문해자』는 수록한 모든 글자의 자형을 기초로 본의(本義)를 설명하고, 또한 음(音)도 설명하기에 상용하는 글자의 기본 정보를 파악할 수 있을 뿐 아니라, 인신(引伸)된 의미까지 파악할 수 있다. 그뿐만 아니라, 여러 가지 문물, 동식물, 신분 제도, 경제 무역, 가족 명칭, 동식물, 종교관, 천문, 지리, 제도 등 문화상을 총체적으로 파악할 수 있는 백과사전적 특징을 지녔다. 예를 들어, '동(童)'에 대해 '죄 있는 남자를 노(奴)라 하고, 노(奴)를 동(童)이라 한다. 여자는 첩(妾)이라 한다'라고 하였고, '패(貝)'에 대해서 '…고대에는 패(貝)를 화폐로 사용하고, …진(秦)에 이르러서는 패(貝)를 사용하지 않고 전(錢)이 사용되었다'라고 하였다.

　『설문해자』는 오늘날에도 문자학의 경전과도 같은 자료이다. 그리고 청대(淸代)에 이르러 고대 소학 연구 성과를 다시 연구하는 분위기가 흥기하면서, 『설문해자』에 대한 다양한 연구서가 출현하기도 하였다.

4 고대 중국인의 훈고 연구

● 한자가 내포한 의미를 밝혀내다!

1. 훈고학 연구의 시초: 『이아(爾雅)』

한대는 소학(小學)이 창립되고 연구가 시작된 시기로, 글자와 문장을 탐구한 훈고서도 나오기 시작하였다. 한대에 가장 먼저 출현한 훈고서가 바로 『이아(爾雅)』이다. 이는 당시의 말로 옛말을 해석한 것으로, 고금의 다른 말을 해석한 책이다.

『한서(漢書)』「예문지(藝文志)」에서는 '고문을 읽을 때 마땅히 바른 것에 가까워야 한다. 고금의 말을 이해하여야 알 수 있다(古文讀爾雅, 故解古今語而可知也)'라고 하여 『이아(爾雅)』가 '바른 것에 가깝다'는 말로 쓰였음을 알 수 있다. 『이아』가 편찬된 시기는, 한무제시대에 이미 『이아주(爾雅注)』가 있었으므로 그 이전인 기원전 2세기 이전으로 추측한다. 또한 『이아』는 후대에 또 다른 단어를 발견하면 다시 배열한 부분이 등장하고, 체재가 일치하지 않는 부분이 있는 것으로 보아 한 사람이 아닌 여러 사람이 지은 것으로 보인다.

『이아』는 현재 19권으로 되어있는데, '일반단어'와 '백과명사' 부분으로 나뉠 수 있다. 이 중 백과명사는 다시 '사회 및 일상생활에 대한 명칭'과 '자연 만물에 대한 명칭'으로 구성된다. 일반단어 풀이는 동의어를 나열하는 방법을 취하였는데, 예를 들면 다음과 같다.

임(林)·증(烝)·천(天)·제(帝)·황(皇)·왕(王)·후(后)·벽(辟)·공(公)·후(侯)는 군(君)이다.
林·烝·天·帝·皇·王·后·辟·公·侯, 君也. 「석고(釋古)」

『이아』는 다양한 옛 뜻을 기록하였기에 『논어(論語)』, 『맹자(孟子)』, 『효경(孝經)』 등의 경전을 읽고 배우는 기본서로 여겨졌다. 이에 그 중요성을 인정받아 당(唐) 문종(文宗) 시기 『이아』는 경(經)으로 편입되어 『십이경(十二經)』이 되었다.

『이아』가 보여주는 일반단어와 백과명사의 구분 방식이나, 여러 주제를 아우르는 백과사전식의 체재는 후대 사서(辭書)의 편찬에 선구적 역할을 하였다. 공부(孔鮒)의 이름으로 된 『소이아(小爾雅)』, 삼국(三國)시대 위(魏)나라 장읍(張揖)이 지은 『광아(廣雅)』, 명(明)대 방이지(方以智)의 『통아(通雅)』와 같은 유사한 저작도 편찬되었다. 한편, 『이아』의 해석이 간략하고 파악하기가 쉽지 않아 여러 주석서가 나오기도 하였는데, 진(晉)대 곽박(郭璞)의 『이아주』

나 청대 소진함(邵晉涵)의 『이아정의(爾雅正義)』, 학의행(郝懿行)의 『이아의소(爾雅義疏)』 등을 꼽을 수 있다.

2. 최초의 본격적 어원 탐구: '성훈(聲訓)'과 『석명(釋名)』

한대에는 '음이 같거나 비슷한 글자를 이용하여 그 어원을 탐구하는 방식'인 '성훈(聲訓)'을 이용한 서적이 나오기도 하였다. 그 대표적 저작이 바로 『석명(釋名)』이다. 이는 한말(漢末)의 훈고학자인 유희(劉熙)가 지은 어원 연구 서적이다. 이 책은 앞서 살펴본 『이아』처럼 옛말에 대한 풀이가 아니라, 당시 백성들이 실제 사용하는 낱말에 대하여 천(天), 지(地), 산(山), 수(水), 구(丘), 도(道), 주국(州國), 형체(形體), 자용(姿容), 장유(長幼), 친속(親屬), 언어(言語) 등 27가지 주제로 나누어 풀이한 것이다. 따라서 『석명』은 당시의 문화, 문물, 풍습을 파악하는 데 중요한 가치를 지닌다.

석명(釋名)

앞서 '소리'에서 그 의미를 파악하고 탐구하는 성훈을 살펴보았다. 이는 일찍이 선진(先秦) 시기 자료에서 이미 나타날 뿐 아니라 한대의 『이아』에서도 '이(履)는 예(禮)이다(履, 禮也)', '공(恭)은 경(敬)이다(恭, 敬也)'와 같이 성훈을 사용한 부분이 등장한다.

그리하여 한대에 이르면 『석명』과 같이 성훈만으로 내용이 구성된 서적이 등장한다. 당시 동음자(同音字), 음이 비슷한 글자, 쌍성(雙聲), 첩운(疊韻) 관계에 있는 글자를 이용하여 뜻풀이를 하였다.

> **동음** 탐(貪)은 탐하는 것(探)이다. 탐하여 남의 것을 취하는 것이다.
>
> **쌍성** 하(河)는 내려간다(下)는 뜻이다. 땅을 따라 아래로 내려가 흐르는 것이다.
>
> **첩운** 월(月)은 모자란다(闕)는 뜻이다. 가득 차면 다시 모자라게 된다.

貪과 探는 '음'이 같으며, 河와 下는 '성모'가 같고, 月과 闕은 '운모'가 같다. 이와 같이, 『석명』에 나타난 성훈으로 이 시기의 음운 체계에 대한 증명이 가능하다. 예를 들어, '부(腐)'를 '포(鮑)'로 풀이하고, '핍(偪)'을 '핍(幅)'으로 풀이한 것에서 이 시기 현대 중국어의 f에 해당하는 경순음(輕脣音)이 없었음을 알 수 있다. 또 당시 방언을 연구하는 데도 좋은 자료를 제공한다. 예를 들어, '형(兄)은 황(荒)이다. 황(荒)은 나이가 많다는 것이다. 고로 청(靑), 서(徐) 지역 사람들은 형(兄)을 황(荒)이라 한다'라고 하여 청(靑), 서(徐)의 방언음도 언급하였다.

성훈은 과거에 봉건제도나 유가 사상을 선양하려고 쓰이는 경우가 많았다. 동중서(董仲舒)는 『춘추번로(春秋繁露)』「심찰명호(深察名號)」편에서 다음과 같이 왕을 찬미하고 있다.

왕(王)은 크다(皇)는 의미이고, 왕(王)은 단정하다(方)는 의미이고, 왕(王)은 바르다(匡)는 의미이며, 왕(王)은 아름다운 색(黃)이고, 왕(王)은 돌아가다(往)는 의미이다. 왕의 뜻이 널리 발양될 수 없다면 일이 정직하고 단정하지 못하고, 일이 정직하고 단정하지 않으면 덕(德)이 주위에 널리 퍼질 수 없으며, 덕(德)이 널리 퍼지지 못하면 아름다울 수 없고, 아름답지 못하면 사방(의 사람들)이 돌아오지 못하며, 사방(의 사람들)이 돌아오지 못하면 왕도가 온전하지 못하게 된다.

그러나 『석명』은 순수하게 언어학적 관점에서 성훈을 연구하여 후대의 '소리로써 뜻을 풀이하는 방법'에서 선구 역할을 하였다.

이 책에는 억지로 해석되어 오류를 범한 부분도 있다. 예를 들어, '부(斧)는 보(甫)이다. 보(甫)는 시(始)이다. 무릇 기계를 만듦에 비로소 도끼로 나무를 베어야 하기에 기계는 모두 도끼로 만든다고 할 수 있는 것이다'라는 견강부회식 해석이 그것이다. 그러나 『석명』이 당시의 문물, 풍습, 문화에 대해 어음으로 그 어원을 전면적으로 탐색한 독창적 훈고서라는 사실은 변함이 없다.

3. 청대 훈고 연구의 백미: 『경전석사(經傳釋詞)』

청대에 이르러 언어 연구는 한족의 정신과 문화를 계승·회복하고, 실용성을 꾀하며 발전하게 된다. 『이아』나 『석명』에서 등장했던 '어음으로 어원을 탐색하는 방법'인 '성훈'은 이 시기에 더 나아가 가차자(假借字)나 본래 글자(本字)를 탐구하고 글자의 의미를 탐구하는 등 더 체계적인 훈고학 방법인 '인성구의(因聲求義)'로 발전하게 된다. 이러한 인성구의의 방법 아래 쓰인 훈고학 연구서가 바로 『경전석사(經傳釋詞)』이다.

『경전석사』는 왕인지(王引之)가 가경(嘉慶) 3년인 1798년에 지은 것으로, 그는 『광아소증(廣雅疏證)』, 『독서잡지(讀書雜志)』로 유명한 청대의 언어학자 왕념손(王念孫)의 아들이다. 이들 부자는 '고우왕씨부자(高郵王氏父子)' 혹은 '고우이왕(高郵二王)'으로 불리며 청대 훈고학 연구에 큰 획을 그었다.

『경전석사』의 의의는 크게 두 가지 면을 언급할 수 있다. 첫 번째는 '인성구의'로 압축되는 그의 연구 방법이다. '소리로써 뜻을 구한다'는 그의 연구 방법은 이 책의 단어 배열에서 엿볼 수 있다. 권1과 권2에는 影母, 喩母, 권3과 권4에는 影母, 喩母, 曉母, 匣母, 권5에는 見組, 권6에는 端組, 권7에는 來母, 日母, 권8에는 精組, 권9에는 照組, 권10에는 순음자(脣音字)처럼 성모의 발음을 기준으로 나열하였다. 또한 일부 허사가 비슷하게 쓰일 수 있는 이유를 소리에 근거하여 설명하였다. 예를 들어, '能과 而은 옛 소리가 서로 비슷하다(能與而古聲相近)'와 같은 것이다. 두 번째는, 허사(虛詞)에 대한 최초의 전문적 저술로 후대 어법 연구에 선구적 역할을 하였다는 것이다. 그는 주(周), 진(秦), 서한(西漢)의 서적에서 수집한 허사를 모아 용법을 설명하고 예증을 인용하여 그 변화를 고찰하였다.

이후 『경전석사』를 보충하여 손경세(孫經世)의 『경전석사보(經傳釋詞補)』, 『경전석사재보(經傳釋詞再補)』, 오창영(吳昌瑩)의 『경사연석(經詞衍釋)』과 같은 저작이 출현하였는데, 무엇보다 중국 최초의 현대적 문법 연구서인 『마씨문통(馬氏文通)』의 편찬에 상당한 영향을 미쳤다.

5 최초의 현대적 문법 연구

● '소학'에서 '언어학'으로

1. 최초의 문법(葛朗玛, grammar) 연구: 『마씨문통(馬氏文通)』

중국에서 편찬된 최초의 문법서는 무엇일까? 중국 언어학사상 전문적인 문법 연구서의 시초는 마건충(馬建忠, 1845~1900)의 『마씨문통(馬氏文通)』이라 할 수 있다. 마건충은 서양의 학문, 과학, 문화 지식을 받아들여 중국의 부강을 꾀하려는 양무운동(洋務運動)에 힘쓴 인물이다. 『마씨문통』은 이와 같은 그의 사상에 기반한 것으로, 서양 언어학을 바탕으로 지어진 최초의 어법서이다. 이는 1898년 출판되었으며, 총 10권으로 이루어져 있다.

마건충(馬建忠)　　　　　『마씨문통(馬氏文通)』

『마씨문통』은 크게 네 부분으로 나뉘어 있다. 첫 번째 부분은 「정명(正名)」으로, 여러 문법 용어를 설명하였다. 두 번째와 세 번째 부분은 「자류(字類)」, 즉 품사에 대한 것으로 두 번째 부분에서는 실사 다섯 개를, 세 번째 부분에서는 허사 네 개를 언급하였다. 네 번째 부분은 「구두(句讀)」로, 통사론에 해당한다.

먼저, 「정명(正名)」에서는 실자(實字), 허자(虛字)를 정의하였다. 그는 '글자 가운데 이치를 풀이할 수 있으면 '실자(實字)'라 한다. 뜻이 없고 실자(實字)의 정태(靜態)를 도와주는 것은 '허자(虛字)'라 한다'라고 하였다. 이외에도 명자(名字), 대자(代字), 동자(動字), 정자(靜字), 장자(狀字), 개자(介字), 연자(連字), 조자(助字), 탄자(歎字)의 9개 품사로 분류하고, 문장성분 및 격에 해당하는 구(句), 기사(起詞), 어사(語詞), 내동자(內動字), 외동자(外動字), 지사(止詞), 차(次), 주차(主次), 빈차(賓次), 정차(正次), 편차(偏次), 사사(司詞), 두(讀)를 설명하였다.

마건충은 품사를 '자류(字類)'라고 명명하며 9품사로 나누었다.

자류(字類)	9품사	
실자(實字)	명자(名字)	모든 사물에 이름을 붙이는 것
	대자(代字)	명자를 지시하는 것으로 사용되는 것
	동자(動字)	사물의 움직임을 말하는 것
	정자(靜字)	사물의 형상을 모방하는 것
	장자(狀字)	동작, 움직임의 모습을 묘사하는 것

	개자(介字)	실자에 관련된 의미를 연결하는 것
허자(虛字)	연자(連字)	글자와 문장을 일으키고, 잇고, 펼치고, 바꾸는 것
	조자(助字)	글자와 구두의 끝을 맺는 것
	탄자(歎字)	사람 마음의 평정되지 않은 소리를 내는 것

'실자(實字)'와 '허자(虛字)'의 개념은 현대 중국어에서 '실사(實詞)'와 '허사(虛詞)'의 의미와 거의 일치한다. 실자나 허자는 이미 송대(宋代)에 존재했던 개념으로 당시 이미 실자나 허자 개념을 바탕으로 한 연구가 유행하였다. 따라서 마건충은 전통 언어학에서 이미 존재했던 개념인 실자나 허자를 바탕으로 하고 서양의 품사론에 입각하여 품사를 분류한 것임을 알 수 있다.

마지막으로 구두론은 중국어의 문장 안에서 위치, 어휘와 어순, 허사 간의 관계로 중국어의 어법적 특징을 고찰한 것이다. 사실, '구두'는 전통적으로 이미 '말의 뜻이 끊이지 않는 단위'를 의미하였으나, 마건충은 이를 기사, 어사, 지사 등 새롭게 정의한 문장 요소로 정의하였다. 먼저, 구(句)는 '글자가 서로 조합되어 말의 의미가 완전한 것', 두(讀)는 '언급되는 사물을 말하는 것'을 의미한다. 그 외에 기사(起詞)는 '언급한 사물을 말하는 것', 어사(語詞)는 '주어의 움직임, 상태', 지사(止詞)는 '명자, 대자가 외동자 뒤에 와서 그 행위가 미치는 것', 표사(表詞)는 '정자(靜字)가 어사(語詞)가 되는 것', 사사(司詞)는 '명자, 대자 중 개자의 지배를 받는 단어'를 의미한다. 이외에도 격(格) 개념에 해당하는 '차(次)'를 도입하여 각각 주격, 목적격, 피수식격, 수식격에 해당하는 주차(主次), 빈차(賓次), 정차(正次), 편차(偏次)의 개념을 활용하기도 하였다. 비록 이러한 용어는 서양 언어학의 영향을 받은 것이지만, 마건충은 『마씨문통』을 저술한 주목적이 구두를 논의함에 있음을 역설했다.

2. 『마씨문통(馬氏文通)』의 의미: 전통 언어학의 계승과 서양 언어학의 수용

『마씨문통』은 서양 언어 이론의 영향을 받아 편찬된 최초의 문법서이지만, 이미 중국의 전통 언어학에서 쓰인 개념이나 용어를 계승하였다. 첫 번째는 실자와 허자의 개념을 사용한 것이다. 뜻을 풀이할 수 있는 것을 '실자(實字)', 풀이할 수는 없지만 실사의 상태를 도와주는 역할을 하는 것을 '허자(虛字)'라고 하였다. 두 번째는 품사를 명명할 때 전통 용어학에 존재했던 용어를 사용한 것이다. 정자를 '사물의 형상' 혹은 '상태'를 뜻하는 말로 사용하거나, 동자를 '사물의 움직임'을 뜻하는 말로 사용하는 것이 그러하고, 이외에도 상자, 조자, 명자, 탄자, 연자의 정의가 이미 기존에 사용되던 의미와 비슷하다.

『마씨문통』의 예언(例言)에서 '이 책은 grammar(葛郞瑪)에 따라 지은 것이다'라고 지적한 바와 같이 서양 언어학의 여러 개념을 전격적으로 수용하였다. 예를 들어, '개사'나 '대사'는 전통 언어학에 없는 용어로, 각각 영어의 '전치사'와 '대명사'의 영향을 받아 명명한 것이다. 또한 서양 언어학의 '격(格)'에 해당하는 '차(次)' 개념을 도입하였다. 주차(主次)는 영어의 주격, 빈차(賓次)는 목적격, 편차(偏次)는 소유격, 동차(同次)는 동격에 대응한다고 할 수 있다. 이외에도 서양 언어학의 '정식동사(Finite verbs)'를 '좌동(坐動)'으로, '부정식동사(Infinite verbs)'를 '산동(散動)'으로 지칭한 것이나, 서양의 조동사(Auxiliary verbs)의 개념에 따라 '조동자(助動字)'를 설정한 것 등을 들 수 있다.

『마씨문통』이 후대에 미친 영향은 지대했다. 진승택(陳承澤)의 『국문법초창(國文法草創)』, 양수달(楊樹達)의 『고등국문법(高等國文法)』, 『사전(詞詮)』, 『마씨문통간오(馬氏文通刊誤)』, 여금희(黎錦熙)의 『신저국어문법(新著國語文法)』 등은 『마씨문통』의 영향을 받아 편찬된 문법서이다. 비록 『마씨문통』이 서양 언어학 체계를 모방하면서 중국어의 특수성이 간과되거나, 용어의 정의나 활용에서 문제가 있는 점도 있지만, 최초의 문법서로서 현대 문법 연구의 길을 개척했다는 것은 분명한 사실이다.

최초의 고대중국어 형태연구 저작: 군경음변(群經音辨)

송대(宋代)의 가창조(賈昌朝)라는 인물은 일찍이 경전의 발음을 의미에 따라 적어놓은 『경전석문(經典釋文)』이란 저작에 대해 거기에 나와 있는 발음과 의미의 관계를 귀납하여 『군경음변(群經音辨)』이란 저서를 찬술하였다. 이 책에서 저자는 아래의 예처럼 표제자를 소개한다.

▪ 封
 ① 封, 授爵土也. 봉하다 – 甫容切(平聲) [동사]
 ② 謂所受爵土曰封. 수여하는 封地 – 甫用切(去聲) [명사]

▪ 空
 ① 空, 虛也. 비다 – 苦紅切(平聲) [형용사]
 ② 虛之曰空. 공허하게 하다 – 苦貢切(去聲) [동사]

▪ 解
 ① 解, 釋也. 풀다, 가르다 – 古買切(見母/上聲) [청성모] [타동사]
 ② 旣釋曰解. 이미 풀린, 흩어지다, 풀리다 – 胡買切(匣母/上聲) [탁성모] [자동사]

먼저 封의 경우 ①은 동사의 용법, ②는 명사의 용법이다. 여기서 동사에서 명사로 변화하면서 평성이 거성으로 변화한 것을 알 수 있다. 空은 ①에서는 '비다'라는 형용사이고, ②는 '비게 하다'라는 동사이다. 거성으로 바뀌면서 품사도 변화하였으나 그와 더불어 사동 용법을 동시에 나타내고 있다. 解의 경우는 ①과 ② 모두 동사이나, 청성모일 때는 '타동사'이고, 탁성모로 바뀌면서 '풀린'이란 의미가 되는데, 이것은 동사의 과거분사형으로, 자동사도 나타낼 수 있다. 이와 같이 가창조는 하나의 한자 발음이 규칙적으로 바뀌면서 모종의 문법적 의미를 나타내는 현상을 발견하였으며, 심지어 이것을 虛之의 之나 旣釋의 旣 같은 일정한 표지로 표현하였다. 무려 1,000년 전 이러한 형태적 현상을 발견한 그의 창견이 매우 놀라울 따름이다.

1. 중국인들은 자형(字形)을 통해 의미를 파악하지 못하는 글자를 소리로 파악하였는데, 선진 시기부터 이러한 방법으로 글자의 뜻을 풀이한 저서와 그 예를 설명해 봅시다.

2. 중국에서 반절(反切)이 생겨나게 된 역사적 배경이 무엇이며, 반절의 원리는 어떠한 것인지 설명해 봅시다.

3. 허신의 『설문해자』에서 아래의 글자들에 대한 자형분석을 어떻게 하였는지 찾아봅시다.
   ① 月   ② 鳥   ③ 末   ④ 刀   ⑤ 河   ⑥ 鳴   ⑦ 休

4. 다음 단어를 『마씨문통(馬氏文通)』의 정의에 따라 실자(實字)와 허자(虛字)로 분류하고, 명자(名字), 대자(代字), 정자(靜字), 개자(介字), 조자(助字), 탄자(嘆字) 중 어디에 속하는지 말해 봅시다.
   ① 獸   ② 吾   ③ 長, 短   ④ 於   ⑤ 已, 矣   ⑥ 噫

부록

◆ 정리해 봅시다 모범 답안

◆ 참고 문헌 출처 & 더 읽을 거리

1.

① 中华民族具有悠久的历史。

- 단어(6개)　　中华　　民族　　具有　　悠久　　的　　历史
- 형태소(11개)　中 华 民 族 具 有 悠 久 的 历 史

② 他手上拿着一杯白兰地。

- 단어(8개)　　他 手 上 拿 着 一 杯 白兰地
- 형태소(8개)　他 手 上 拿 着 一 杯 白兰地

③ 我喜欢弹琵琶。

- 단어(4개)　　我 喜欢 弹 琵琶
- 형태소(5개)　我 喜 欢 弹 琵琶

◎ 단어는 형태소로 구성되며, 독립적으로 활용할 수 있는 가장 작은 언어 단위이다. 즉 具有, 的 등과 같이 단독으로 사용하여 대답할 수 있거나(单说), 단독으로 문장에서 쓰일 수 있는(单用) 단위를 말한다. 형태소는 단독으로 사용되는 언어 단위가 아니며, 주요 역할은 단어를 구성하는 것이다.

형태소는 단어를 구성한 후에 문장을 이루는 성분이 될 수 있다. 중국어의 형태소는 대부분 1음절로 이루어지며, 琵琶, 白兰地와 같은 다음절 형태소도 일부 있다. 음역 외래어는 대표적인 다음절 형태소이다. 모두 스스로 온전한 의미를 나타내면서 의미를 갖는 더 작은 단위로 나눌 수 없기 때문이다.

2.

① 接近: 술보식　② 头昏: 주술식　③ 卫生: 술목식　④ 改善: 술보식

⑤ 推广: 술보식　⑥ 道路: 연합식　⑦ 高级: 편정식　⑧ 赏罚: 연합식

◎ 합성어(复合词)는 어근과 어근이 일정한 관계에 따라 결합하여 이루어지는 단어를 말한다. 합성어는 내부 형태소 간의 관계에 따라 연합식, 편정식, 주술식, 술목식, 술보식으로 다시 나눌 수 있다.

3.

반의어는 의미가 서로 상반되거나 상대적인 뜻을 나타내는 단어를 말한다. 반의어 관계가 되려면 조건이 필요하다. 단어의 의미가 서로 모순적이고 대립적인 관계에 있어야 하며, 동일한 범주에 속해야 한다. 妈妈와 父亲, 妈妈와 哥哥 모두 반의어 관계가 성립하지 않는다. 妈妈와 父亲의 의미는 서로 대립을 이루지만 '구어'와 '서면어'라는 서로 다른 범주에 속해 있으며, 妈妈와 哥哥는 모두 구어체에 속하지만 나타내는 의미가 대립적인 관계에 있지 않기 때문이다.

4.

- 愚公移山
  - **축자적 의미:** 우공(愚公)이 산을 옮기다.
  - **함축적 의미:** 의지만 있다면 어떠한 어려움도 두렵지 않다.
- 水落石出
  - **축자적 의미:** 물이 마르니 돌이 나타난다.
  - **함축적 의미:** 일의 진상이 드러나다.
- 汗牛充栋
  - **축자적 의미:** 땀 흘리는 소, 들보를 채우다.(짐으로 실으면 소가 땀을 흘리고, 쌓으면 들보에까지 찬다)
  - **함축적 의미:** 장서가 아주 많다. 혹은 저서가 아주 많다.

5.

- **可口可乐:** Coca Cola의 음역어이다. 동사 可는 '~에 딱 들어맞는다, ~할 만하다'의 의미로, 可口可乐는 '입(혹은 입맛)에 맞아 즐거워할 만하다'의 의미를 나타낸다.
- **易买得:** '이마트'의 음역어이다. 형용사 易는 술어 앞에 쓰여 '쉽다, 간편하다' 등의 의미로, 易买得는 '물건을 사기 쉽고 편리하다'의 의미를 나타낸다.
- **初饮初乐:** '처음처럼'의 음역어이다. 명사 初는 '처음, 최초' 등의 의미로, 初饮初乐는 '처음 마시고 처음 즐긴다'의 의미를 나타낸다.

◉ 외국 상품명 중 상당수는 발음과 의미를 동시에 고려한 음역겸의역(音译兼意译)의 방식으로 번역되었다.

Part 02 • 079쪽

1.

한자는 하나의 글자가 최소한 중국어의 형태소와 대응되며, 하나의 음절을 나타내는데, 예를 들면 다음과 같다.

- **旅:** '여행하다'라는 형태소 의미와 lǚ라는 음절을 나타낸다.
- **朋:** '벗'이라는 형태소 의미와 péng이라는 음절을 나타낸다.
- **知:** '알다'라는 형태소 의미와 zhī라는 음절을 나타낸다.
- **衣:** '옷'이라는 형태소 의미와 yī라는 음절을 나타낸다.
- **孩:** '어린아이'라는 형태소 의미와 hái라는 음절을 나타낸다.

2.

도기 기호를 문자로 볼 수 있는 가능성이 없지는 않다. 아직 발견되지 않은 갑골문 이전의 도기 기호 가운데, 문장 구조를 갖춘 형태로 나열된 기호가 있을 수도 있기 때문이다. 따라서 만일 이러한 기호들이 새롭게 발견된다면 문자로 볼 수 있을 것이다. 다양한 상상력과 추정을 통하여 도기 기호가 문자인지에 대한 개인의 견해를 말해 볼 수 있다.

3.

小學堂 사이트에서 安자의 갑골문을 검색하면, 𤲮을 찾을 수 있을 것이다. 『說文解字』에서는 이 글자에 대하여 '여자가 집에 있어서 편안하다'는 의미로 해석하였는데, 갑골문을 보면 女자 아래 무릎을 꿇은 부분에 짧은 가로획이 있는 것을 볼 수 있다. 그리고 점차 시간이 흐르면서 이 가로획이 사라져 지금은 安으로 쓴다는 것을 알 수 있다. 본래 安은 앉아 있는 여자를 본뜬 글자의 무릎 부분에 '앉다'를 강조하기 위하여 표식을 한 글자였다. 집을 뜻하는 宀이 있는 것은 바깥 보다 집 안이 '안전'하기 때문일 것이다. 따라서 安자의 본래 뜻은 여성과 관련이 없고, 앉아 있는 형태를 통하여 '편안하다'는 의미를 나타낸 것이며, '편안'의 의미가 '안전'으로 확대되면서 宀이 구성요소로 들어가게 된 것이다.

4.
- 글자의 일부만 취한 것: 麼 ➡ 么 / 開 ➡ 开
- 복잡한 편방을 간단한 편방으로 교체한 것: 過 ➡ 过 / 漢 ➡ 汉
- 필획이 적은 동음자로 대체한 것: 鬪 ➡ 斗 / 隻 ➡ 只
- 고자(古字)로 대체한 것: 無 ➡ 无 / 爾 ➡ 尔
- 간단한 회의자를 만든 것: 筆 ➡ 笔 / 滅 ➡ 灭
- 간단한 형성자를 만든 것: 燈 ➡ 灯 / 優 ➡ 优
- 초서체 글자를 해서체 스타일로 바꾼 것: 爲 ➡ 为 / 長 ➡ 长
- 자형 전체를 간단한 윤곽으로 바꾼 것: 傘 ➡ 伞 / 養 ➡ 养

5.
① 照(비출 조): 昭(밝을 소)와 火(불 화)로 구성된 글자이다. 昭는 의부이면서 동시에 음부이기도 한 편방이고, 火는 의부 편방이다. [회의/형성자]

② 教(가르칠 교): 爻(효 효), 子(아들 자), 攵(칠 복)으로 구성된 글자이다. 爻는 음부 편방이고, 子와 攵은 의부 편방이다. 子는 교육의 대상이고, 攵은 교육 행위를 나타내는데, '때리다'는 의미는 아니다. 갑골문에서 유래한 글자로 본래 고대 한자에서 攵은 손과 관련된 동작을 나타내는 의부로 많이 사용되었다. 즉, 교육 행위에서의 손동작을 강조한 것이다. [형성자]

③ 析(쪼갤 석): 木(나무 목)과 斤(도끼 근)으로 구성된 글자이다. 木과 斤 '모두 도끼로 나무를 쪼갠다'는 의미에서 의부 편방이다. [회의자]

④ 护(보호할 호): 手(손 수)와 戶(지게 호)로 구성된 글자이다. 手는 의부 편방이고, 戶는 음부 편방이다. [형성자]

⑤ 态(태도 태): 太(클 태)와 心(마음 심)으로 구성된 글자이다. 太는 음부 편방이고, 心은 의부 편방이다. [형성자]

⑥ 娶(장가들 취): 取(취할 취)와 女(여자 여)로 구성된 글자이다. 取는 의부이면서 동시에 음부이기도 한 편방이고, 女는 의부 편방이다. [회의/형성자]

⑦ 肝(간 간): 肉(고기 육)과 干(방패 간)으로 구성된 글자이다. 肉은 의부 편방이고, 干은 음부 편방이다. [형성자]

⑧ 笔(붓 필): 竹(대 죽)과 毛(털 모)로 구성된 글자이다. 붓은 대나무와 털로 만든다는 의미에서 竹과 毛 모두 의부 편방이다. [형성자]

⑨ 库(곳집 고): 广(집 엄)과 車(수레 차)로 구성된 글자이다. 본래 무기를 넣는 창고인 무기고를 나타낸 글자로 广과 車 모두 의부 편방으로 구성된 것이다. 지금은 일반 창고 의미로 확대되어 사용된다. [회의자]

⑩ 灶(부엌 조): 火(불 화)와 土(흙 토)로 구성된 글자이다. 아궁이를 뜻하는 의미에서 火와 土 모두 의부 편방이다. [회의자]

Part 03 • 103쪽

1.

중국어의 성모와 운모를 이해하기 쉽게 접근하면, 중국어 음절의 소리를 나누어 말하는 것이라고 할 수 있다. 즉, 음절의 첫소리인 음절어두음에 해당한다. 이중 '영성모'라고 하는 음운은 한국어 음절에서 '아, 어'와 같이 자음이 오지 않을 때 표시하는 어두음 'ㅇ'과 같은 기능이라고 생각할 수 있다. 그래서 '영성모'를 제외하고는 우리가 일반적으로 알고 있는 '어두자음'과 같다. 그런데 운모의 경우에는 모음과 아주 다르다. 모음보다 그 범위가 넓은 소리이다. 중국어 음절은 음절의 시작에 해당하는 '운두', 음절의 핵심인 '운복', 음절의 끝인 '운미'로 구성되어 있다. 운모는 이 중 '운복과 운미'를 결합한 것으로 [-n], [-ŋ]과 같이 한국어의 음운체계에서는 음절어말자음에 해당하는 소리까지 같이 결합이 되어 있는 단위이다.

2.

표준중국어의 성모는 영성모를 제외하고 모두 21개이다. 한국어의 자음은 19개이다. 중국어의 성모는 조음위치와 혀의 위치에 따라 '쌍순음, 순치음, 설첨전음, 설첨중음, 설첨후음, 설면음, 설근음'으로 구분되고, 조음방법에 따라 '파열음, 마찰음, 파찰음, 비음, 접근음(설측음)'으로 구분된다. 한국어의 자음은 조음위치에 따라 '양순음, 치경음, 치경구개음, 연구개음, 성문음'으로 구분되고, 조음방법에 따라 '파열음, 마찰음, 파찰음, 비음, 설측음'으로 구분된다. 중국어의 성모와 한국어의 자음에서 가장 두드러지게 드러나는 차이로, 권설음이라고 불리는 중국어의 '설첨후음'이 한국어에는 없다는 것과 한국어는 '평음, 경음, 격음'의 삼중대립체계인데 중국어는 '유기음, 무기음' 두 가지 대립만 있다는 점이다. 그래서 한국인이 처음 중국어 권설음을 배울 때 어려움이 있고, 중국인도 한국어 학습초기에 평음(ㄱ, ㄷ, ㅂ, ㅈ)과 경음(ㄲ, ㄸ, ㅃ, ㅉ)을 구분해서 발음할 때 어려움을 겪는다.

3.

iu를 발음하기 위해서 먼저 모음 '이'를 발음하는 것과 같이 입천장과 혓바닥을 가까이하고, 입술은 힘을 주어 일자로 굳게 다물었다가 살짝 뗀다. 그 상태에서 '이'라고 발음을 한 뒤, 입술을 동그란 모양으로 만들며 앞으로 쭉 내밀고, 혓바닥은 자연스럽게 입천장에서 멀어지며 '우' 발음을 하듯 연결하여 발음해 본다. 짧게 줄여서 '유'처럼 발음되지 않도록 주의한다.

ui의 경우 반대로 먼저 입술을 동그랗게 힘을 주어 '우'라는 발음을 한 뒤 입술을 평평하게 일자로 펴면서 부드럽게 이어 '이'를 발음한다. 이 때 u에서 i로 이동하는 사이에 혀의 위치 이동으로 인해 자연스럽게 '에'와 같은 모음이 들 어간다.

4.

각자 연습할 수 있는 방법은 다양하게 개발가능하다. 원어민의 발음을 들으면서 따라 읽는 소리를 녹음해서 원어민 과 자신의 발음을 비교해 보며 다시 들어보는 것도 하나의 방법이 될 수 있다. 다른 방법은 말소리를 눈으로 보여주 는 어플리케이션이나 프로그램을 이용해서 중국어 음성을 플레이한 뒤 나타나는 운율곡선을 보면서 자신도 발음 을 하고, 곡선이 얼마나 일치하는지를 살펴보는 방법도 좋은 학습법이다. 따로 설치하지 않아도 되는 wasp를 활용 하면 좋다. (https://www.speechandhearing.net/laboratory/wasp/)

[wasp를 활용한 학습 방법]

wasp는 UCL에서 만든 무료프로그램으로 인터넷 웹페이지 상에서 구현이 된다. 페이지에 가서 마이크를 클릭하고 자신의 발음 을 녹음한 뒤 Fx를 누르면 성조곡선과 유사한 피치곡선이 표시된다. 그렇게 표시되는 자신의 발음의 운율곡선을 원어민의 운율 곡선과 확인하면서 연습하면 직관적인 교정이 가능하다. 원어민 발음의 운율곡선을 보고 싶으면 wasp2 옆의 업로드 아이콘을 누 르면 음성파일을 업로드할 수 있고, 업로드 후 Fx를 누르면 동일하게 운율곡선이 나타난다.

[휴대전화를 활용한 학습 방법]

저자가 개발한 구글플레이스토어에서 무료 다운로드되는 INTONE VIEWER을 추천한다. 자신이 학습하는 중국어 음성파일을 업로드하고 플레이하면 운율곡선이 나타나고, 뒤이어 자신의 발음을 녹음하면 운율 곡선을 눈으로 볼 수 있다. 이것으로 원어민 의 운율과 얼마나 일치하는지에 따라 'excellent, good, ok, try again'으로 피드백을 받게 된다.

Part 04 • 122쪽

1.

선행문의 목적어 两本书를 통해 청자는 '두 권의 책을 샀다'라는 신정보를 얻은 후에 나오는 '한 권'이라는 표현이므 로 이때 一本书는 불특정한 '어떤 책 한 권'이라는 뜻이 아니라 '두 권 가운데 한 권'이라는 한정적인 정보가 된다. 또한 이때 一本书의 一는 구체적인 수량 '하나'라는 의미를 나타낸다.

2.

- **처치문**: 대상 목적어의 처치 결과를 문장의 끝에 놓아 '행위자가 대상을 어떻게 처치했다'는 의미를 나타낸다.
- **존현문**: 존재·출현·소실하는 목적어가 문장의 끝에 위치한다.
- **술보 구조**: 술어동사 뒤에 보어가 출현한다. 이 구조에서 중요한 내용은 바로 보어가 전달하는 의미이다.

3.

五个苹果两个坏了。에서 五个苹果는 술어 坏의 주어로, 주어가 문장의 화제로 기능하고 있다. 반면, 那本书我已经看好了。에서 那本书는 술어 看好의 목적어로 목적어가 화제가 된 문장이다.

Part 05 • 137쪽

1.

중국어에서 左右도 공간 개념을 통해 시간을 나타낼 수 있다. 左右는 왼쪽과 오른쪽이라는 공간적인 개념을 통해 대략적인 시간을 나타내는데, 九点左右라고 하면 9시에 비해 약간 늦거나 이른 시간을 나타내고, 三个小时左右라고 하면 세 시간보다 약간 길거나 짧은 시간의 길이를 나타낸다.

2.

吃大碗(큰 그릇으로 먹는다)에서 大碗은 '용기류(도구)' 목적어이다. 吃大碗은 매체와 목표 사이에 전체와 부분의 관계가 있는데, 우리가 실제로 먹는 것은 '큰 그릇 안에 담긴 음식(吃大碗里的东西)'이지만, '큰 그릇(大碗)'으로 안의 내용물을 대신 가리키고 있다.

3.

중국어에서는 사회적 거리가 가까울수록 호칭의 길이가 짧고, 멀수록 호칭의 길이가 길어진다. 예를 들어, 친한 사이라면 직접 이름을 부를 수도 있고, 더 가까운 사이라면 성을 생략하고 이름만 부른다든지, 성 앞에 小나 老를 붙여 小王, 老张이라고 한다. 그러나 만일 이름 뒤에 小姐, 先生, 老师, 教授, 局长, 科长 등을 붙일 경우 두 사람의 사회적 거리는 그다지 가깝지 않게 된다.
단어나 문장의 길이가 길어진다는 것은 그만큼 그 속에 포함된 정보의 양도 많아짐을 뜻한다. 비슷한 의미의 무표지 형식이 있는데도 불구하고 把나 被 등의 표지를 넣어 유표지문으로 만드는 이유는 이러한 표지가 나타내는 특별한 의미가 있기 때문이며, 사람들이 그러한 의미를 전달하기 위해 특정 유표지문을 선택한다.

4.

중국어에서 관형어와 중심어 사이의 거리는 그들이 나타내는 개념 간의 거리에 달려있다. 예를 들어, 我的一把小瓷茶壶(나의 작은 자기 찻주전자)라고 할 때 소유를 나타내는 관형어가 중심어인 壶에서 가장 먼데, 이는 소유자가 사물에 대한 영향력이 별로 크지 않기 때문이다. 즉, 일반적인 상황에서 소유자가 달라진다고 해서 사물에 변화가 생기지는 않는다. 수량을 나타내는 관형어도 사물의 외연에만 영향을 미치기 때문에 一把도 중심어에서 멀리 위치한다. 반대로 茶처럼 속성을 나타내는 명사 관형어는 중심어에서 가장 가까운데, 이는 사물이 그 속성의 변화에 따라 달라지기 때문이다. 즉, 명사가 나타내는 속성은 대부분이 사물의 고정적인 성질로서 바뀌기 어려운 사물의 구성재료이거나 이 사물의 기능이나 용도를 반영하므로 중심어에 가장 가까이 위치한다.

5.

한국어 시간어의 경우 대부분 부사어로서 동사 앞에 위치하지만, 중국어 시간어의 경우 동사의 앞뒤에 모두 출현 가능한데, 시간어가 나타내는 시간의 범위 속에서 동사의 동작 행위가 이루어질 경우 시간어는 동사 앞에 오고, 시간어가 동사의 동작 행위가 이루어진 시간의 길이를 나타내는 경우에는 동사 뒤에 온다. 시간의 길이는 동작의 행위가 이루어진 결과로 알 수 있는 것이기 때문이다. 따라서 他昨天玩了半天了。의 昨天처럼 동사의 시간 범위를 한정하는 역할을 하는 시점 시간어는 동사 앞에 부사어로 오고, 半天처럼 동작이 지속된 시간의 길이를 나타내는 시간량 시간어는 동사 뒤에 시량보어로 온다.

Part 06 • 154쪽

1.

처치문에서 把의 목적어는 화자와 청자가 모두 알고 있는 구정보로서 '한정적'인 대상이 와야 한다. 따라서 일반적으로 수사 一가 把의 목적어 앞에 출현하면 '비한정적'인 대상으로 처치문은 성립하지 않는다(*我把一本书放了。). 그러나 수량명사구가 언제나 비한정적인 것은 아니다. 我把一本书放在桌子上，把一本书放在书包里。와 같은 병렬구조에 쓰인 一本书는 한정성이 강화되어 一本书가 지시하는 대상이 무엇인지 알 수 있는 '한정적'인 대상이 되므로 처치문에도 올 수 있다.

2.

존현문: S장소/시간 + V是/有 + O사람/사물		일반문: S사람/사물 + V在 + O장소
有자문	是자문	在자문
A: 桌子上有什么东西? B: 桌子上有一本书，还有一只笔。	A: 桌子上是什么? B: 桌子上是书。	A: 那本书在哪儿? B: 那本书在桌子上。

◉ 존재를 나타내는 동사 有, 是, 在는 문장 구조에 따라 의미적 차이가 발생한다.

在자문은 화자와 청자가 확실히 알고 있는 특정 대상이 주어 자리에 오고, 목적어 자리에 장소가 오는 중국어의 일반적인 어순으로 존재문이 아니다.

반면 有자문과 是자문은 장소가 문두에 오고 존재하는 비한정적적인 대상이 동사 뒤에 오는 존재문이다. 그러나 이 둘은 의미상, 용법상 차이가 있다. 有자문의 목적어는 반드시 비한정적인 명사를 수반하여 화자는 청자가 목적어가 어떤 대상인지 확인할 수 없다고 가정하고 장면에 대한 객관적 묘사만을 나타낸다. 반면에 是자문의 목적어는 한정/비한정적인 명사가 모두 출현할 수 있다. 是자문은 존재를 나타낼 뿐 아니라, '어떤 장소에 어떤 대상이 존재하고 있다'라는 사실을 전제로 화자가 존재하는 대상을 확인하고 판단하는 의미도 나타낼 수 있기 때문이다. 보다 구체적으로 有자문에서 질문자는 책상 위에 물건이 있는지 없는지를 모르며 더욱이 얼마나 있는지 알지 못한다. 이에 대한 대답으로 화자는 아무것도 없거나, 한 개 이상의 사물이 있다고 대답할 수 있다. 또한 존재하는 대상 B가 A라는 공간의 일부인 경우에만 有자문을 사용할 수 있다. 그러나 是자문에서 질문자는 이미 책상 위에 무언가 있다는 것을 인지하고 있으나 그것이 무엇인지 모른다. 이에 대한 대답으로 화자는 是자문으로 대답함으로써 책상 위에 있는 것은 책이며 다른 물건은 없다는 의미를 나타낸다. 또한 존재하는 대상 B가 장소 A보다 크거나 비슷한 경우에는 是자문을 有자문과 서로 바꿔 쓸 수 있다.

3.
비교문도 PTS를 반영하는 특수 구문 중 하나이다.
① 我比你大。 나는 너보다 나이가 많다.
② *我大比你。

비교문은 PTS에 의거하여 '비교 주체(我) + 비교 표지(比) + 비교 기준(你) + 비교 결과(大)'의 어순으로 배열된다. 즉 ①처럼 '너와 비교하는(比你)'는 동작이 선행된 후에 '나이가 많다(大)'라는 비교의 결과를 얻을 수 있다. 하지만 ②처럼 '나이가 많다(大)'라는 비교 결과 뒤에 '너와 비교하는(比你)'하는 행위가 오는 동작의 시간 순서는 PTS에 위배되어 비문이 된다.

4.
① 我把黑板上的字写了。. ② 我把黑板上的字擦了。 중 비문은 ①이다. 그 이유는 동사 写가 쓰인 처치문에서 칠판 위의 글자는 내가 쓰기 전에는 존재할 수 없으므로 PTS에 부합하지 않아서 비문이 되기 때문이다. 하지만 ②에서 동사 擦가 쓰인 처치문은 칠판 위의 글자는 내가 지우기 전에 이미 존재하고 있던 것이므로 PTS에 부합한다.

Part 07 ・175쪽

1.
예시의 밑줄 친 晚은 모두 '기준치에 부합하지 않음(즉, 늦음)'을 나타낸다. 다만 그 활용에는 약간의 차이가 존재한다.

① 他来晚了。
→ 결과보어 晚은 '늦었다'는 객관적인 사실을 나타낸다. 즉, '그가 왔고, (그가) 온 것이 늦음'을 객관적으로 나타낸다.

② 他来得很晚。
→ 상태보어 晚은 동작/사건에 대해 묘사한다. 즉, '그가 온' 사건에 대한 묘사로서, '온 상태가 늦었다'는 화자의 주관적 평가를 나타낸다.

③ 他晚来了十分钟。

➜ 부사어 晚은 '그가 10분 늦게 왔다'를 나타내며 구체적으로 늦은 양인 十分钟이 동사 뒤에 함께 제시되고 있다. 중국어에서 부사어로 사용될 수 있는 단음절 형용사는 많지 않은데, 晚은 早, 多, 少 등과 함께 부사어로 사용될 수 있는 몇 안 되는 단음절 형용사 중 하나이다. 이 경우 동사 뒤에 수량을 나타내는 보어가 함께 사용되어야 하며, 그렇지 않으면 문장이 성립되지 않는다.

2.

'결과'와 '목표'는 모두 해당 사건이 실현되었는지의 여부에 차이가 있을 뿐, 시간 축에서 선행 사건에 따라 발생하는 후행 사건인 것에는 차이가 없다. 따라서 ①의 밑줄친 开心이 아직 발생하지 않은 사건의 후행 사건으로서 '목표'를 나타낸다면, ②의 开心은 이미 발생한 사건의 후행 사건으로서 '결과'를 나타낸다.

3.

시간의 개념은 인류 언어에 보편적으로 존재하지만, 언어마다 시간을 나타내는 전략에는 차이가 있다.
한국어와 영어는 사건이 발생한 시간의 위치, 즉 '시제'를 표현하는 어법적 수단이 발달한 언어로, 한국어는 '-았/었(과거)', '-겠(미래)', '-은/는/ㄴ-' 및 무표적 Ø(현재) 등을 통해, 영어는 '-s(현재/비과거)', '-ed(과거)' 등을 통해 사건이 발생한 시간의 위치를 나타낸다.
반면, 중국어는 사건이 시간 속에서 띠고 있는 모습이나 형상, 즉 '상'을 표현하는 어법적 수단이 발달한 언어로, 사건을 하나의 전체로 보는 완료상 및 내부의 다양한 국면을 바라보는 미완료상 등을 표현하는 각종 어법 수단이 다양하게 활용된다. 물론, 중국어에도 시간의 위치를 나타내는 각종 명사 등이 사용되기는 하지만, 이것이 어법적 수단으로서 발달했다고 보기는 어렵다.

4.

① 他去年去过北京。 그는 작년에 베이징에 간 적이 있다.

➜ 过가 쓰여 경험을 나타낸다.

② 他去年去了北京。 그는 작년에 베이징에 갔다.

➜ 了₁이 쓰여 그가 베이징에 간 사건은 완료되었으나 그 이후에 그가 베이징에서 돌아왔는지, 계속 베이징에 있는지 등에 대해서는 정보를 제공하지 않는다.

③ 他去年去北京了。 그는 작년에 베이징에 갔다.

➜ 了₁+了₂가 쓰여 그는 작년에 베이징에 갔고 그것이 현재까지 영향을 미치고 있다. 즉, 그가 베이징으로 가버려서 현재 이곳에 있지 않음을 나타낸다.

◉ '동사+목적어'에서 목적어가 단순 목적어인 경우, 동사 뒤 了₁은 생략 가능하다.

1.

조선시대의 한문은 중국 고대의 '문언문'과 유사하며, 조선시대의 훈민정음, 즉 국문은 '백화문'과 유사하다. 우리의 '한문'은 사실상 중국의 문언문과 동일한 셈이며, 조선시대 내내 정식 서면어 역할을 하였다. 반면, 국문은 우리말을 그대로 표현한 글이지만 마치 백화문이 중국에서 정식 서면어의 지위를 나중에서야 차지하듯이 갑오개혁 이후에서야 그 지위를 차지하게 된다. 이처럼 우리 조선 시대의 서면어는 중국의 서면어 상황과 유사하게 한문과 국문의 이중 시스템으로 발전해왔다.

2.

대표적인 예로 청나라의 경우, 지배민족인 만주족은 만주어를 계속 사용하여 왔으나, 20세기이후 결국 민족이 소멸되면서 그 언어 또한 사실상 소멸되기에 이르렀다. 만주족은 여전히 존재하나 그들은 결국 한족의 한어를 사용하게 되었으니 피지배종족인 한족에 동화된 것이라 할 수 있다. 이러한 케이스는 흉노족, 선비족, 거란족 등 소멸된 민족으로부터 재차 확인할 수 있다.

3.

상고중국어의 경우 頒白者不負戴於道路, 殺人以政與刃 등과 같이 술어동사 뒤에 전치사구가 출현하는 것을 자주 목격할 수 있다. 그런데 현대 영어의 경우도 이와 매우 유사하다. 전자의 경우는 The old man is carrying his luggage on the road. 후자는 kill with politics and clubs.으로 나타낼 수 있다. 물론 在 등 일부 전치사구의 경우, 상고중국어에서 술어동사 앞에 나오기도 하지만 이와 같이 뒤에 나오는 경우가 다수이다. 영어는 특히 이처럼 전치사구가 술어동사 뒤에 나오고 있어 이른바 시간순서원칙을 지키고 있지는 않은데, 이 점이 상고중국어와 매우 유사하다.

4.

예를 들어 數의 경우, 제3성이면 동사로 '세다'가 되고, 제4성이면 명사로 '수'가 되는데 이는 상고중국어의 '數(수) *s-roᴮ: 세다', '數(수) *s-ros: 수(명사)'라는 형태체계가 현대중국어까지 계승되어 이루어진 것이다. 다른 예로 轉의 경우, 제3성이면 '좌·우회전하다'가 되나, 제4성이면 '회전하다'라는 의미가 되는데, 역시 유사한 현상으로 볼 수 있다.

5.

다음과 같은 문장을 살펴보자.

爲政以德，譬如北辰居其所而衆星共之. 『논어(위정편)』

■ 현대중국어

用道德来治理国政，自己便会像北极星一样，在一定的位置上，别的星辰都环绕着它。
도덕으로 정치를 하는 것은 비유하자면 마치 북극성과 같은데, 일정한 장소에 위치하되 다른 별들이 그것을
공유하며 돌고 있는 것과 같다.

◉ ① 以라는 전치사는 用…来로 대체하고 있다. ② 德같은 1음절 단어나 옛 표현을 道德, 国政, 北极星, 别的
星辰 등의 현대적인 쌍음절 단어나 구를 사용하여 대체하고 있다. ③ 居其所의 경우 동사로 在와 一定的位
置上이란 명사구를 사용하여 其 등의 옛 표현을 대체하고 있고 보다 쉽게 풀어 쓰고 있다. ④ 共之는 '여러 별
들이 북극성을 중심으로 도는 것'을 의미하므로 현대적인 동사 环绕와 대명사 它로 环绕着它를 표현하고 있다.
⑤ 譬如같은 문어적 표현 역시 像…一样 같은 구어적인 표현으로 대체하고 있으며, ⑥ 着나 都 등의 조사, 부사
등 현대적 허사를 이용하여 보다 정확하게 표현하고 있다. ⑦ 전체적으로 쌍음절 단어가 많이 쓰이고 현대적인
전치사, 조사, 부사, 대사 등의 허사가 사용되고 있음을 확인할 수 있다. ⑧ 以德이란 전치사구를 대체한 用道
德来를 통해, 전치사구의 위치가 달라졌음도 확인할 수 있다.

Part 09 · 220쪽

1.

현대중국어 접두사 老는 형용사 老에서 비롯되었다. 처음에는 '늙은(年老)'의 의미가 있어서 '老+명사'는 '늙은 ~'라
고 해석이 되었다. 그러나 이후 점차 年老의 의미가 사라져 갔고, 이미 唐代에 동물명과 인명 앞에 老가 쓰이기 시
작했다. 이 시기에 이미 老兄, 老弟라는 단어가 사용되었다. 그리고 姓 앞에 쓰이는 老元 같은 형식도 당대에 등장
했다. 그러나 여기서의 老는 여전히 원래의 의미가 남아 있었다. 그 이후 宋代에 와서 老婆나 老師 등의 표현이 등
장했는데, 이때도 여전히 '늙은'이란 의미가 살아 있었고, 元代에 와서야 老婆는 '아내'의 의미가 되었다. 그리고 老
師는 淸代에 와서야 지금의 '선생님' 의미가 되었다. 그 외의 老鼠나 老虎는 唐代에 이미 등장하였다. 단어마다 약
간씩 시간적 차이가 있지만, 중국어가 전반적으로 쌍음절화하는 추세에 맞춰 기존에 '늙은'의 의미가 있던 老婆나
老師 등의 '늙은'의 의미가 사라져가면서 老라는 형태소는 단순히 쌍음절 명사를 만드는 문법적 기능 즉, 접두사로
문법화하게 된 것이다. 📖 王力『漢語史稿』 참조

2.

예를 들어, 語, 子 등은 고대중국어에서는 하나의 단어였다. 각각 '~에게 말하다'와 '아들'이란 단어였으나 현대로 오
면서 더이상 단독으로 사용될 수 없고 반드시 다른 형태소와 결합하여 복합어를 구성해야 한다. 그래서 語言이나
子女 등의 형식으로 사용된다.

3.

'ㄱ'으로 끝나는 한자는 朴, 'ㅂ'으로 끝나는 한자는 立을 들 수 있다. 전자는 pǔ, 후자는 lì로 변화하였으며, 각각 제3성과 제4성으로 변화한 것을 알 수 있다.

4.

把는 원래 고대중국어에서 하나의 독립된 동사로 '쥐다, 잡다'란 뜻이다. 그런데 'O_1을 잡고 O_2을 하다'라는 의미의 '把+O_1+V+O_2'라는 연동 구문을 자주 구성하면서 뒤의 동사구를 수식하는 용도로 점차 변모해 가게 되었다. 그러면서 唐代에는 급기야 아래와 같은 문장도 출현하였다.

醉把茱萸仔細看. 술에 취해 수유를 자세히 살펴본다. 「두보의 시」

이 문장은 '수유를 잡고 자세히 보다'라고 할 수도 있고, '수유를 자세히 보다'라고 할 수도 있다. 이렇게 중의적인 이유는 여기서 '把+O'가 여전히 동사구일 수도 있고, 또 '~을'에 해당하는 전치사구로 볼 수도 있기 때문이다. 이러한 과도적 과정을 거쳐 동일한 唐代에 莫把杭州刺史欺(항주자사를 속이지 마시오)와 같이 현대중국어와 유사한 처치식을 구성하는 전치사 把가 출현하게 되었다. 즉, 把를 '처치식 전치사'로 문법화한 것이다. 여기서 把는 원래의 동사 기능을 잃고 '전치사'라는 허사가 되었다.

Part 10 • 239쪽

1.

중국의 방언은 대규모 인구 이동, 지리적 요인 등의 다양한 요인으로 인해 북쪽과 남쪽으로 나뉘고 서로 다른 특징을 가지게 되었다. 수천 년에 걸쳐 중국의 인구 이동은 주로 북쪽에서 남쪽으로 이루어지면서 중국어도 지속적으로 남쪽으로 확장되었다. 남쪽으로 확장된 중국어는 시간이 지나면서 서로 다른 방향으로 발전해 왔다. 또한 산맥, 강, 평야 등과 같은 지리적 요인도 방언의 분화와 확산에 영향을 미친다. 중국의 북방은 평지가 많고 이동이 자유로워 언어 간의 동질성을 유지하기가 수월했다. 그러니 중국의 남부 지역은 큰 산과 강이 자리잡고 있어 지리적으로 고립된 지역이 많아 독립적으로 발전해 왔다. 이러한 이유로 북부 방언과 남부 방언은 시간이 지나면서 더 큰 차이를 보이게 되었다.

2.

베이징방언과 상하이방언 그리고 홍콩방언(광둥어)의 단어는 상당한 차이가 있다. 아래의 표에서 보이듯이 인칭대명사, 상용동사, 명사에 해당하는 단어가 다른 경우가 많다. 제시된 어휘에서 한자와 성조를 제외한 발음만 보더라도 매우 다른 것을 알 수 있다.

방언 \ 단어	우리	그들	먹다	마시다	집
베이징방언	我们 (women)	他们 (tamen)	吃 (chi)	喝 (he)	家 (jia)
상하이방언	阿拉 (aklak)	伊拉 (yhila)	吃 (cha)	喝 (ho)	窝里 (wuli)
홍콩방언	我哋 (ngo dei)	佢哋 (keoi dei)	食 (sik)	飲 (jam)	屋企 (uk kei)

3.

표에서 보이는 것처럼 중국의 외래어는 광둥어에서 유입된 것도 있고 상하이어에서 유입된 것도 있다. 택시, 맥도널드, 스위스 등의 외래어는 광둥어에서 보통화로 유입되었다. 소파, 캐나다 등의 단어는 상하이어에서 사용되던 외래어가 보통화로 유입된 것이다.

Part 11 • 255쪽

1.

중국 대륙의 남쪽에는 여러 소수민족의 언어가 사용된다. 이러한 소수민족 언어들은 직간접적으로 중국어의 영향을 받았다. 그 중에 중국어의 영향을 받아서 단어나 문법을 많이 차용한 언어로는 동태어(侗台语) 계통의 소수민족 언어, 묘요어(苗瑶语) 계통의 소수민족 언어를 들 수 있다.

2.

중국의 북쪽 지역에는 몽골어, 만주어, 어윈키어, 위구르어 등이 사용된다. 특히 중국의 북서부 지역(칭하이성, 간쑤성, 신장위구르자치구, 네이멍구자치구)은 중국어가 확산되는 가장자리에 위치하는 곳으로서 토착민의 언어와 끊임없이 접촉하면서 변화해 왔다. 이러한 언어는 중국어의 영향을 많이 받기도 했지만 소수민족 언어가 중국어와 혼합되어 사용되는 예들도 적지 않다. 예를 들어 교재 본문에서 제시된 감구방언은 중국어, 티베트어, 몽골어 등의 언어가 혼합되어 독특한 어휘와 문법 체계를 가지고 있다.

Part 12 • 280쪽

1.

사람은 경험과 이해의 정도에 따라 세계를 보는 시각이 달라진다. 그저 중국어를 배워서 회화를 잘 하는 사람이 무역업에 종사해 거래처를 만날 일이 있다고 가정해 보자. 만약 해음에 대한 지식들이 있다면, 거래처에게 줄 선물로 시계, 우산 등을 선물하지는 않을 것이다. 중국어에서 '시계'는 钟이라고 하는데 시계를 선물하면 送钟으로 '죽음을 보낸다(送终)'와 발음이 같기 때문에 서로 간에 선물을 하지 않는다. 또, '우산'의 伞은 '헤어지다' 散과 발음이 같아서 역시 서로 간에 선물하지 않는다. 이와 같이 단순히 중국어만 배우는 것이 아니라, 문화를 잘 이해해야 중국인의 사고방식을 잘 이해하고 진정한 소통을 할 수 있다.

2.

한국어에서는 누군가 죽었다는 표현을 '돌아가셨다'라고 한다. 중국어에서는 去世, 过世와 같이 '세상에서 떠나(건너)갔다'라고 말을 한다. 영어에서도 유사하게 pass away '멀리 지나가다'라는 표현을 쓴다. 인간은 누구나 죽음을 맞는다. 그리고 그 죽음 이후에 무엇이 있는지 아무도 모른다. 죽음은 곧 완전한 '미지'의 영역이다. 인간은 자신이 모르는, 예측할 수 없는 상황에 대한 두려움과 소멸되고 싶지 않은 바람을 언어에 투영한다. 이것이 여러 언어권에서 '돌아가셨다'라는 우회적인 표현으로 죽음을 나타내는 이유이다.

3.

남자가 문을 닫지 않고 들어가는데, 여자가 "不冷吗?"라고 얘기한다면 다음과 같은 과정을 분석해 볼 수 있다.

먼저 여성의 발화이다. "不冷吗?(춥지 않아?)"라는 말에는 '추우니 문을 닫아 달라'는 속 뜻이 담겨 있다. 만약 여자의 속내를 남자가 제대로 이해했다면, 문을 닫는 행위로까지 이어진다. 아니면 '춥지만 잠깐 열어두자, 환기를 하자' 등의 말을 하고 계속 열어 둘 수도 있다. 이렇게 최초의 발화에서 마지막 행위까지 이어지는 과정을 '언어행위'라고 하고, 마지막으로 이루어지는 행위를 '발화효과'라고 정의한다.

不冷吗? [발화] ➡ 문 좀 닫아라. [발화 수반의도] ➡ 문을 닫는다/다른 변명을 한다. [발화 효과]

Part 13 • 300쪽

1.

중국인들이 글자와 의미가 동일하면서 비슷한 음을 갖는 다른 글자를 이용해 뜻을 풀이한 방법을 '성훈(聲訓)'이라 한다. 선진(先秦) 시기 『論語』의 「顔淵」에서는 政(정치)을 正(바른 것)으로 풀이하고, 『禮記』의 「表記」에서는 仁(어짊)을 人(사람)으로 풀이했다. 또한 한대(漢代)『爾雅』에서는 係를 繼(잇는 것)으로, 『釋名』에서는 公을 廣(넓다)으로, 『說文解字』에서는 天을 顚(꼭대기)로 풀이했다. 청대(淸代)『경전석사』에서는 雖는 唯(비록 ~하더라도)로 풀이하였다.

2.

고대 불경의 유입으로 산스크리트어에 모음, 자음이 결합하여 음절을 이루어지는 것을 인식하게 되었다. 반절은 성모의 발음이 같은 반절상자(反切上字)와 운모의 발음이 같은 반절하자(反切下字)를 결합하여 피절자(被切字)의 음을 나타내는 방식이다.

3.

① 月: 闕也。大陰之精。象形。凡月之屬皆从月。

비어있다는 것이다. 큰 음(陰)의 정수이다. 모양을 본 딴 것(상형)이다. 무릇 月에 속하는 것은 모두 月을 따른다.
[상형자]

② **鳥**: 長尾禽總名也。象形。鳥之足似匕，从匕。凡鳥之屬皆从鳥。

긴꼬리 조류의 총칭이다. 상형자이다. 새의 발이 匕자 같이 생겨서 匕를 따른다. 무릇 鳥에 속하는 글자는 모두

鳥를 따른다. [상형자]

③ **末**: 木上曰末。从木，一在其上。

나무의 윗부분을 末이라 한다. 木을 따르고, 一이 그 위에 있다. [지사자]

④ **刃**: 刀堅也。象刀有刃之形。凡刃之屬皆从刃。

칼의 비침이다. 칼에 칼날이 있음을 상형한 것이다. 무릇 刃에 속하는 것은 모두 刃을 따른다. [지사자]

⑤ **河**: 水。出焞煌塞外昆侖山，發原注海。从水可聲。

물이다. 돈황 외곽의 곤륜산에서 발원하여 바다로 흘러간다. 水를 따르고 可에서 소리를 취했다. [형성자]

⑥ **鳴**: 鳥聲也。从鳥从口。

새가 우는 소리이다. 鳥를 따르고 口를 따른다. [회의자]

⑦ **休**: 息止也。从人依木。

쉬는 것이다. 人을 따르고 木을 따른다. [회의자]

4.

▪ 실자 : ① **獸**[명자]　② **吾**[대자]　③ **長, 短**[정자]
▪ 허자 : ④ **於**[개자]　⑤ **已, 矣**[조자]　⑥ **噫**[탄자]

참고 문헌 출처 & 더 읽을 거리

들어가기

박종한 · 양세욱 · 김석영(2012), 《중국어의 비밀》(궁리)
조성식 외 편(1990), 《영어학사전》(신아사)
최영애(2008), 《중국어란 무엇인가》(통나무)
허용(2020), 《외국어로서의 한국어학의 이해》(소통)
Norman, Jerry(1988), 전광진 옮김(1996), 《중국언어학총론(Chinese)》(동문선)
Li, C. & Thompson, S.(1981), 박정구 등 옮김(1989), 《표준 중국어 문법(Mandarin Chinese)》(한울아카데미)

Part 01

공상철 · 권석환 · 이경원 · 이창호 · 정진강(2001), 《중국 중국인 그리고 중국문화》(다락원)
蔣紹愚 저(2012), 이강재 옮김, 《고대중국어 어휘의미론》(차이나하우스)
葛本仪(2003), 《汉语词汇学》(济南: 山东大学出版社)
王希杰(2018), 《汉语词汇学》(北京: 商務印書館)
叶蜚声 · 徐通锵(2010), 《语言学纲要》(北京: 北京大学出版社)
赵晓华 · 劉焱(2007), 「从汉语外来词的译借方式看汉民族的语言文化心理」, 「肇庆学院学报」第6期
Chaofun Sun(孙朝奋, 2004(2012)), 최규발 등 옮김, 《중국언어학 입문(Chinese: a linguistic introduction)》(한국문화사)

Part 02

김현철 · 김시연 · 김태은(2019), 《중국어학입문》(학고방)
김혁(2020), 《한자, 그것이 알고 싶다》(신아사)
문명대(1973), 「울산의 선사시대 암벽각화」, 「문화재」 7호
이규갑(2015), 《漢字學敎程》(차이나하우스)
        (2016), 《한자의 즐거움》(차이나하우스)
季旭昇(2010), 《说文新证》(福建人民出版社)
刘钊(2016), 《古文字构形学(修订本)》(福建人民出版社)
裘錫圭(2015), 《文字学概要(修订本)》(商务印书馆)
苏培成(2007), 이규갑 옮김, 《现代漢字學》(학고방)
小學堂(https://xiaoxue.iis.sinica.edu.tw/)

Part 03

신지영 · 차재은(2003), 《우리말 소리의 체계》(한국문화사)
엄익상(2016), 《중국어 음운론과 응용》(한국문화사)
이선희 · 성은경(2021), 「영어파열음 유무성 범주와 관련된 중국인 유학생의 VOT와 F0 음향단서 지각 양상 연구」, 「외국어교육연구」 제35(1)호
北京大学中文系(2004), 《现代汉语》(商务印书馆)
Ladefoged, Peter(2005), Vowels and Consonants, Wiley
Maddieson, Ian(2011), PHONOLOGICAL COMPLEXITY IN LINGUISTIC PATTERNING, Conference: 17th International Congress of the Phonetic Sciences, Hong Kong

Yen-Hwei Lin(林燕慧), 엄익상 등 옮김(2010), 《중국어 말소리》(역락)

Part 04

강병규(2019), 《중국어 어순의 지리적 변이와 유형학적인 의미》(역락)
김영민(2010), 「현대중국어의 복수 표현 연구」, 「중국어문학논총」 제63호
박종한 · 양세욱 · 김석영(2012), 《중국어의 비밀》(궁리)
백은희(2005), 「중국어의 정보구조 구현방법에 대한 연구」, 「중국어문학지」 제17호
이범열(2020), 「현대중국어 초점 표현과 의사소통 효과」, 「동북아문화연구」 제64집
陈 平(1987), 「释汉语中与名词性成分相关的四组概念」, 「中国语文」 第2期
方 梅(1995), 「汉语对比焦点的句法表现手」, 「中国语文」 第4期
方玉清(2001), 《实用汉语语法(修订本)》(北京大学出版社)
袁毓林(2003), 「句子的焦点结构及其对语义解释的影响」, 「当代语言学」 第2期
Li, C. & Thompson, S.(1981), 박정구 등 옮김(1989), 《표준 중국어 문법(Mandarin Chinese)》(한울아카데미)

Part 05

임지룡(2009), 《의미의 인지언어학적 탐색》(한국문화사)
전기정(2010), 「도상성과 중국어 어법 교육」, 「건지인문학」 제3권
        (2021), 「현대중국어 '정도부사+명사' 구문에 대한 인지적 접근: '很+명사' 구문을 중심으로」, 「중국어문논총」 제104집
戴浩一(1988), 「时间顺序和汉语的语序」, 「国外语言学」 第1期
沈家煊(2004), 「句法的象似性问题」, 《语言的认知研究》(上海外语教育出版社)
王寅(1998), 「标记象似性」, 「外语学刊(黑龙江大学学报)」 第3期
        (2003), 「象似性原则的语用分析」, 「现代外语(季刊)」 第1期
张敏(1998), 「认知语言学与汉语名词短语」(中国社会科学出版社)
张莹(2008), 「象似性理论与汉语语法教学」, 「辽宁医学院学报(社会科学版)」 第2期
Dirven, R. & M. Verspoor(2004), 이기동 외 옮김(1999), Cognitive Exploration of Language and Linguistics, 《언어와 언어학: 인지적 탐색》(한국문화사)
Hiraga Masako(2005), 김동환 · 최영호 옮김(2007), Metaphor and Iconicity, 《은유와 도상성》(연세대학교 출판부)
Lakoff & Johnson(1980), 노양진 · 나익주 옮김(1995), Metaphors We Live By, 《삶으로서의 은유》(서광사)
Li, C. & Thompson, S.(1981), 박정구 등 옮김(1989), 《표준 중국어 문법(Mandarin Chinese)》(한울아카데미)

Part 06

박원기(2012), 《중국어와 문법화: 현대중국어의 탄생》(학고방)
박종한 · 양세욱 · 김석영(2012), 《중국어의 비밀》(궁리출판)
조경환(2014), 《중국어 구문론》(한국문화사)

(2018), 《중국어 문법의 토대》(한국문화사)

(2019), 「把字句의 교학 순서에 관한 소고」, 「중국어 교육과 연구」 제30호

허성도(2005), 《현대 중국어 어법의 이해》(사람과 책)

陆庆和(2006), 문유미·오유정·최진이 옮김(2021), 《실용대외한어교학어법(实用对外汉语教学语法)》(전남대학교출판문화원)

Li, C. & Thompson, S.(1981), 박정구 등 옮김(1989), 《표준 중국어 문법(Mandarin Chinese)》(한울아카데미)

Part 07

오유정(2019), 「중국어 부사어의 유형 분류와 후치 부사어 '得' 자문의 성립—전치 부사어 '地' 자문과의 비교를 중심으로」, 「중국학논총」 제66집

오유정·문유미(2022), 「현대중국어 정도보어 'V/A+極+(了)'와 '了'에 관한 고찰」, 「중국어문학논집」 제135호

이명정(2011), 「현대중국어 상 체계 분석」(고려대학교 박사학위논문)

戴耀晶(1998), 「试说汉语重动句的语法价值」, 「汉语学习」 第2期

丁声树 等(1961), 《现代汉语语法讲话》(商务印书馆)

金立鑫(2017), 「普通话 "NP的VP" 非限定动词假设」, 「国际学论丛」 第25集

李劲荣(2017), 「"宾补争动"的焦点实质」, 「汉语学习」 第5期

刘月华 等(2019), 《实用现代汉语语法(第三版)》(商务印书馆)

陆庆和(2006), 문유미·오유정·최진이 옮김(2021), 《실용대외한어교학어법(实用对外汉语教学语法)》(전남대학교출판문화원)

吴有晶(2017), 「致使/非致使交替以及反致使化研究—以现代汉语动结式为例」(复旦大学博士论文)

影山太郎(1996), 于康·张勤·王占华 译(2001), 《动词语义学—语言与认知的接点》(北京: 中央广播电视大学出版社)

朱德熙(1982, 2012), 《语法讲义》(商务印书馆)

Comrie, B.(1976), Aspect: An introduction ot the study of verbal aspect and related problems, Cambridge university press.

Li, C. & Thompson, S.(1981), 박정구 등 옮김(1989), 《표준 중국어 문법(Mandarin Chinese)》(한울아카데미)

Vendler, Z.(1967), Linguistics and Philosophy, Ithaca: Cornell University Press.

Part 08

박원기(2012), 《중국어와 문법화: 현대중국어의 탄생》(학고방)

(2015), 《百喩經의 언어: 중고중국어의 세계》(학고방)

洪 波(2021), 「语言接触视角下的上古汉语形态句法问题—兼论 "也""矣"的来源」, 「古汉语研究」 第1期

金理新(2006), 《上古汉语形态研究》(黄山书社)

(2021), 《上古汉语形态导论》(黄山书社)

李新魁(1987), 「汉语共同语的形成和发展」, 《李新魁自选集》(大象出版社)

刘丹青(2004), 「先秦汉语语序特点的类型学观照」, 「语言研究」 第3期

梅祖麟(1994), 「唐代, 宋代共同语的语法和现代方言的语法」, 《梅祖麟语言学論文集》(商务印书馆)

太田辰夫(1991), 江蓝生, 白维国 译, 《汉语使通考》(重庆出版社)

杨作玲(2014), 박원기 옮김(2020), 《상고한어의 비대격동사와 형태현상》(학고방)

姚振武(2015), 《上古汉语语法史》(上海古籍出版社)

Pulleyblank, E. D.(1995), 양세욱 옮김, 《고전중국어 문법 강의》(궁리)

Part 09

박원기(2012), 《중국어와 문법화: 현대중국어의 탄생》(학고방)

(2015), 《百喩經의 언어: 중고중국어의 세계》(학고방)

何九盈(2000), 《中国古代语言学史》(广东教育出版社)

蒋绍愚(1999), 「汉语动结式产生的时代」, 「古汉语研究」 第4期

蒋绍愚·曹广顺 主编(2005), 《近代汉语语法史研究综述》(商务印书馆)

梅祖麟(1994), 「唐代, 宋代共同语的语法和现代方言的语法」, 《梅祖麟语言学論文集》(商务印书馆)

太田辰夫(1991), 江蓝生, 白维国 译, 《汉语使通考》(重庆出版社)

杨作玲(2014), 박원기 옮김(2020), 《상고한어의 비대격동사와 형태현상》(학고방)

Chaofun Sun(孙朝奋, 2004), 최규발 등 옮김(2012), 《중국언어학입문(Chinese: a linguistic introduction)》(한국문화사)

Part 10

강병규(2019), 《중국어 어순의 지리적 변이와 유형학적인 의미》(역락출판사)

曹志耘(2008), 《汉语方言地图集》(商务印书馆)

李如龙(2007), 《汉语方言学》(高等教育出版社)

袁家骅(2006), 《汉语方言概要》(语文出版社)

Part 11

강병규(2019), 《중국어 어순의 지리적 변이와 유형학적인 의미》(역락출판사)

이연주(2005), 「중국어와의 언어접촉으로 인한 백어의 혼합적 특성에 관한 고찰」, 「중국문학」 제45집

李义祝(2012), 「云南鹤庆方言和白语的语言接触研究」(暨南大学硕士学位论文)

李云兵(2008), 《中国南方民族语言语序类型研究》(北京大学出版社)

Part 12

윤재식·김진규(2010), 「중국 문화코드 연구」(한국콘텐츠진흥원 보고서)

전정미(2009), 「칭찬에 대한 응답 화행의 실현 양상 연구」, 「겨레어문학」 제42집

蔡春玉(2014), 「한중 대조를 통한 완곡표현 연구」(서울대학교 문학박사학위논문)

常敬宇(2009), 《汉语词汇文化》(北京: 北京大学出版社)

黃 涛(2002), 《语言民俗与中国文化》(北京: 人民出版社)
罗朝晖(2004), 「汉语"道歉"话语模式」, 『暨南大学华文学学报』
张琦(2010), 「汉韩"感谢"言语行为对比浅探」, 『중국학연구』 제53집
Chen, R.(1993), Responding to compliments A contrastive study
of politeness strategies between American English and Chinese
speaker, Journal of Prragmatics 20.

Part 13

최영애(2000), 《中國語音韻學》(통나무)
郭在贻(2005), 이종진 등 옮김(2012), 《훈고학 입문》(이화여자대학교
출판부)
濮之珍(1987), 김현철 등 옮김(1997), 《중국언어학사》(신아사)
韩鉴堂(2010), 문준혜 옮김(2013), 《한자문화》(역락)
胡奇光(1987), 李宰碩 옮김(1997), 《中國小學史》(동문선)
黄德寬·陈秉新(1990), 河永三 옮김(2000), 《漢語文字學史》(동
문선)
裘锡奎(1990), 이홍진 옮김(2001), 《중국문자학》(신아사)
唐作藩(2002), 심소희 옮김(2015), 《한자음운학》(교육과학사)
王力(1981), 이종진 등 옮김(1983), 《중국어언학사》(계명대학교출
판부)
阿辻哲次(1985), 심경호 옮김(2008), 《漢字學: 설문해자의 세계》(보
고사)